Nelson Mandela By Himself

NELSON MANDELA BY HIMSELF

Text copyright © 2011 by Nelson R. Mandela and
The Nelson Mandela Foundation
Concept and design copyright © 2011 by PQ Blackwell Limited

All rights reserved. No part of this publication may be
reproduced, stored in or introduced into a retrieval system,
or transmitted, in any form, or by any means (electronic,
mechanical, photocopying, recording or otherwise) without
the prior written permission of the publisher. Any person
who does any unauthorized act in relation to this publication
may be liable to criminal prosecution and civil claims for damages.

First produced and originated by PQ Blackwell Limited
116 Symonds Street, Auckland 1010, New Zealand
www.pqblackwell.com

Korean translation copyright © 2013 by RH Korea Co., Ltd.
Korean translation rights arranged with
PQ Blackwell Limited c/o Curtis Brown Group Limited
through EYA (Eric Yang Agency), Seoul.

이 책의 한국어판 저작권은 EYA(Eric Yang Agency)를 통해
PQ Blackwell Limited c/o Curtis Brown Group Limited와
독점계약한 '㈜알에이치코리아'가 소유합니다.
저작권법에 의하여 한국 내에서 보호를 받는 저작물이므로
무단전재와 무단복제를 금합니다.

넬슨 만델라 어록

넬슨 만델라 지음 | 셀로 하탕·삼 벤터 엮음 | 윤길순 옮김

일러두기

- 외국의 인명, 지명, 기타 고유명사는 되도록 '외래어 표기법'(1986년 1월 문교부 고시)과 이에 근거한 『편수자료』(1987년 국어연구소 편)를 참조해 표기했으나, 주로 원어에 근접하게 표기하는 것을 원칙으로 삼았다.
- 원주原註는 뜻을 보충하고 풀이하는 경우에는 '( )', 생략된 문맥에 대한 첨언을 한 경우에는 '[ ]'로 표시했다. 옮긴이주와 편집자주는 해당 단어, 구, 문장 뒤에 숫자로 나타내고 본문 하단에 내용을 밝히는 각주로 처리하였다.
- 단행본·전집에는 겹낫표(『 』)를, 단편 작품이나 논문·논설·기고문 등에는 낫표(「 」)를, 그리고 정기간행물(신문, 잡지 등)·연설·공연·영상에는 꺾쇠표(〈 〉)를 사용했다.

서문
Nelson Mandela By Himself

넬슨 롤리랄라 만델라는 세계에서 가장 많이 인용되는, 그리고 또 가장 많이 잘못 인용되는 인물 가운데 한 명이다. 그가 성인이 된 후 아주 오랫동안 그의 말을 인용할 수 없었던 현실을 생각하면 아이러니한 일이다. 남아프리카공화국에서 만델라의 말을 인용했다가는 전과 기록을 남기고 징역형까지 살 수 있었다. 아파르트헤이트 정권 아래에서는 금지령을 받거나 교도소에 수감된 사람들의 말을 인용할 수 없었는데, 만델라는 1952년 12월부터 줄곧 금지령에 묶여 있었고, 1962년 8월 5일부터 1990년 2월 11일까지는 옥중에 있었다.

물론 피고인이 공개 법정에서 하는 말에 대해서는 그러한 규제가 없어, 만델라가 1962년 10~11월에 재판을 받으면서 한 말과 1964년 4월 20일 리보니아 재판 때 피고인석에서 했던 그 유명한 진술은 언론에 공개되었다. 그래도 사람들은 여전히 그의 말을 입에 담기를 두려워했다. 리보니아 재판에서 장장 4시간 반 동안 이어진 그의 진술 중 마지막 부분은 반反아파르트헤이트 투쟁의 역사에서 하나의 전설이 되었다.

나는 평생 이러한 아프리카 사람들의 투쟁에 헌신했다. 백인 지배에 맞서 싸웠고, 흑인 지배에도 맞서 싸웠다. 모든 사람이 조화롭게 동등한 기회를 누리며 함께 사는 민주적이고 자유로운 사회라는 이상을 품었다. 나는 그러한 이상을 위해 살고 그러한 이상을 실현하고 싶다. 그러나 필요하다면, 그것을 위해 죽을 준비도 되어 있다.

이 진술은 만델라와 그의 동지들이 아파르트헤이트 종식 투쟁에서 발휘한 용기와 헌신, 지도력의 본질을 잘 보여 준다. 1964년 6월 12일에 재판이 끝난 뒤 사반세기 동안 남아프리카공화국에서 넬슨 만델라라는 이름은 두려움이 낳은 침묵에 잠겨 있었다. 수십 년 동안, 아파르트헤이트 정권과 그 하수인들의 갈수록 억압적인 책략에 저항하는 의미로 혹은 비밀리에만 그의 이름을 입에 담을 수 있었다. 그의 발언 가운데 일부가 교도소에서 몰래 빼내어져 망명 중이던 ANC(African National Congress, 아프리카 민족회의)에 의해 발표된 적도 있었지만, 사실상 만델라는 완전히 입막음을 당하고 있었다.

이러한 침묵은 갓 석방된 만델라가 1990년 2월 11일 일요일에 케이프타운 시청 발코니에서 연설했을 때 깨졌다. 그의 목소리를 듣기 위해 그랜드 퍼레이드 광장에 모여든 수천 명의 지지자들뿐 아니라 텔레비전과 라디오를 통해 수백만 명의 사람들이 그의 연설을 들었다.

친구들과 동지들, 그리고 남아프리카공화국 동포 여러분. 모두를 위한 평화와 민주주의, 자유의 이름으로 여러분 모두에게 인사드린다. 나는 선각자가 아니라 국민 여러분의 보잘것없는 종으로서 여기 여러분 앞에 섰다. 여러분의 지칠 줄 모르는 영웅적 희생 덕분에 오늘 내가 이 자리에 설 수 있게 되었다. 따라서 나의 남은 생도 여러분에게 맡긴다.

이번에는 전 세계가 그의 말을 듣거나 읽었고, 이후로 그의 말은 전 세계 사람들에게 전해지며 널리 인용되었다. 그가 동지들과 함께 백인 지배 종식을 위해 협상하는 동안에도, 남아프리카공화국에서 최초로 실시되는 민주주의 선거를 위해 선거 운동을 벌일 때에도, 대통령에 당선되어 취임할 때에도, 남아프리카공화국과 아프리카 대륙과 세계 곳곳을 여행하는 동안에도, 자선 사업을 벌일 때에도, 은퇴 후 다양한 활동 중에도 줄곧 그랬다. 그가 2004년 6월 1일에 "은퇴에서도 은퇴하겠다."라고 공식 발표하고 "내게 전화하지 마십시오. 내가 여러분에게 전화하겠습니다."라는 유명한 말을 남긴 지 이미 오래되었건만 우리 넬슨 만델라 재단 메모리 센터(The Nelson Mandela Centre of Memory)에는 넬슨 만델라 인용문의 진위를 확인해 달라는 문의가 수천 건이나 들어오고 있다.

그 가운데에는 부정확한 내용도 많았는데, 만델라에 관한 정확한 정보를 담고 있다고 주장하는 웹사이트들에서 뽑아 온 경우가 태반이었다. 만델라의 말로 잘못 인용되고 있는 주요 '인용구들' 중 하나는 사실 미국 작가 매리앤 윌리엄슨이 자신의 저서 『사랑의 기적(A Return to Love : Reflections on the Principles of a Course in Miracles)』에 쓴 문장이다. 그녀는 "우리의 가장 깊은 두려움은 우리가 지나치게 강하다는 것이다."라고 했다. 이와 더불어 윌리엄슨이 책의 끝머리에 쓴 "우리가 우리 자신의 두려움으로부터 해방되면 우리의 존재는 자동적으로 다른 이들을 해방시킨다."라는 말은 만델라의 발언으로 빈번히 잘못 인용되고 있다.

따라서 이 책을 내는 우리의 목적은 첫째, 정확하고 폭넓은 자료를 일반 대중에게 제공하고 둘째, 상당히 다양한 영역에 걸친 만델라의 말들을 한데 모아 기록하는 것이었다. 그 결과물로 60년이 넘는 세월 동안의 발언들을 모은 어록이 탄생했다. 이 책을 편집하면서 우리는 그의 말의 담백함 못지않게 엄숙함에도 큰 감명을 받았다. 특히, 1964년 사형 선고를 눈앞에 두었을 때, 그리고 아파르트헤이트에 맞서 싸울 때 했던 발언들이 그랬다.

우리는 그의 말이 그의 가치관과 원칙에 직결된다는 사실에도 감동했는데, 바로 이런 점 때문에 넬슨 만델라는 21세기에 가장 큰 사랑과 존경을 받는 인물이 될 수 있었다. 만델라는 신중하게 말을 고르고, 진심을 이야기하며, 사람들이 그의 진의를 쉽게 파악하기를 바란다. 그는 2000년 7월 14일에 다음과 같이 말한 바 있다.

나는 말을 가볍게 하지 않는다. 교도소에서 보낸 27년 동안 고독의 침묵 덕분에 말이 얼마나 소중한지, 말이 사람들의 생사에 얼마나 큰 영향을 미치는지 알게 되었다.

그가 명료한 말을 통해 청중과 교감하는 것을 중시했다는 사실은 1953년 9월 21일의 연설에서도 증명된다.

장황하게 말을 늘어놓고, 주먹을 휘두르고, 탁자를 쾅 내리치고, 객관적 상황과 관계없이 강경한 표현으로 결의를 다지는 것은 대중의 행동을 불러일으키지 못한다. 오히려 우리 조직과 투쟁에 큰 해를 끼칠 수 있다.

물론 만델라는 아무리 힘든 상황에서라도 즐거움을 잃지 않는 유머 감각으로 잘 알려져 있다. 우리는 자료 조사를 하는 동안 아주 재미있는 그의 발언들을 찾아냈는데, 2005년에 그는 유머의 가치에 대해 다음과 같이 설명했다.

함께하는 사람들의 수준으로 자신을 낮추면 생각을 날카롭게 가다듬을 수 있다. 아주 심각한 일을 논의할 때에도 완전히 긴장을 풀고 유머 감각을 발휘하면 주변에 쉽게 친구들이 모여든다. 그래서 나는 그런 방식을 좋아한다.

우리는 지난 63년 동안 만델라가 생각하고 느낀 바를 엿볼 수 있도록 그의 수많은 발언들 가운데 2,000여 개를 골랐다. 그러고 나서 317개의 주제로 분류하고 각 주제 안의 내용들을 연대순으로 정리하여 그의 생각이 어떻게 발전했는지, 또는 많은 경우 그랬지만 어떻게 끝까지 변하지 않았는지를 알 수 있게 했다. 예를 들어, 그가 인종차별 폐지 원칙에 대해 1964년과 2005년에 각각 했던 발언을 보자.

우리 ANC는 언제나 인종차별 없는 민주주의를 지지했고, 그렇지 않아도 이미 분열되어 있는 인종들을 더욱 분열시킬 수 있는 어떤 행동도 삼갔다.

나는 우리 운동이 앞으로도 사상, 정책, 행동에서 인종차별 폐지 신념을 견지하기를 바란다. 우리가 세계의 존경을 받을 수 있었던 것은 용서를 구할 수 있는 피치 못할 상황에서도 인종차별 철폐에 헌신했기 때문이다.

이 책에는 시기가 저 1951년까지 거슬러 올라가는 만델라의 연설문들, 그가 투옥되기 전부터의 인터뷰 기록들, 1948년부터의 편지들, 그가 1962년에 아프리카와 영국을 여행했을 때 쓴 것을 포함한 일기들과 더불어 그의 즉흥적인 발언들도 담겨 있다. 인용문은 대개 생략 없이 수록되었고, 각각의 출처가 모두 표기되어 있다.

넬슨 만델라의 말을 올바르게 정확히 인용하는 것도, 그리고 그가 어떤 맥락에서 어떤 말을 했는지 제대로 아는 것도 그에게 경의를 표현하는 방식이 될 수 있다.

2011년 3월
넬슨 만델라 메모리 센터를 대표해
편집자 셀로 하탕과 샴 벤터

· 차례 ·

· Nelson Mandela By Himself ·

서문   5

책임 Accountability   23
업적 Achievements   24
적응력 Adaptability   25
조언 Advice   26
차별 철폐 조치 Affirmative Action   26
아프리카 Africa   31
아프리카 : 장소 Africa : Places   42
　보츠와나 | 부룬디 | 이집트 | 가나 |
　리비아 | 모잠비크 | 르완다 | 사하라
　사막 | 탄자니아 | 짐바브웨
아프리카 민족회의 African National
　Congress   49
아프리카 민족회의 청년 동맹
　African National Congress Youth
　League   60
아프리카 민족주의 African
　Nationalism   61
아프리카의 르네상스 African
　Renaissance   62
아프리카너 Afrikaners   64

나이 Age   65
에이즈 AIDS   68
아파르트헤이트 Apartheid   82
외모 Appearance   91
인정 Appreciation   93
무장 투쟁 Armed Struggle   93
체포 Arrest   106
예술 Arts, The   107
암살 Assassination   109
자서전 Autobiography   110
상 Awards   111
금지령 Banning   111
붕가 Bhunga   112
비통함 Bitterness   113
흑인 의식 운동 Black Consciousness   114
흑인 기업 육성 정책 Black Economic
　Empowerment   117
남 탓 Blame   118
몸 Body, The   118

권투 Boxing 119
사형 Capital Punishment 120
카리브 해 Caribbean 121
검열관 Censors 121
세기 Century 122
도전 Challenges 122
변화 Change 127
사람됨 Character 128
족장 Chieftaincy 130
아동 학대 Child Abuse 131
어린 시절 Childhood 131
아이 Children 133
중국 China 140
시민 단체 Civic Associations 141
공동의 노력 Collective Effort 141
식민주의 Colonialism 144
소통 Communication 146
공산주의 Communism 146
지역사회 일꾼들 Community Workers 148
타협 Compromise 148
갈등 Conflict 151
양심 Conscience 151
남아프리카공화국 헌법 Constitution of South Africa 153
모순 Contradictions 155
협력 Cooperation 155
부패 Corruption 156
시골 Countryside 157

용기 Courage 158
범죄 Crime 159
비판 Criticism 161
쿠바 Cuba 166
관습 Custom 167
죽음 Death 169
불복종 운동 Defiance Campaign 176
민주주의 Democracy 179
운명 Destiny 188
결심 Determination 189
대화 Dialogue 190
안네 프랑크의 일기 Diary of Anne Frank, The 191
차이 Differences 192
존엄성 Dignity 192
장애 Disability 195
재난 Disasters 196
절제력 Discipline 196
차별 Discrimination 197
토론 Discussion 197
질병 Disease 198
꿈 Dreams 199
의무 Duty 199
경제 Economy 200
교육 Education 203
이기심 Ego 209
어른 Elders 209
디 엘더스 Elders, The 210

선거 Elections   211
감정 Emotion   213
적 Enemies   215
자격 Entitlement   215
환경 Environment   216
평등 Equality   219
유럽 : 장소 Europe : Places   221
　프랑스 | 영국 | 그리스 | 아일랜드 | 스웨덴
악 Evil   226
운동 Exercise   226
기대 Expectations   228
시력 Eyesight   228
명성 Fame   229
가족 Family   229
농사 Farming   233
운명 Fate   234
아버지 Father   234
두려움 Fears   235
최초의 아메리카 민족 First American Nation   236
음식 Food and Drink   236
예측 Foresight   238
용서 Forgiveness   238
자유 Freedom   239
자유헌장 Freedom Charter, The   249
자유의 투사 Freedom Fighters   251
표현의 자유 Freedom of Expression   254

자유 투쟁 Freedom Struggle   256
우정 Friendship   256
미래 Future   259
원예 Gardening   265
성차별 Gender Discrimination   266
세계화 Globalisation   268
목표 Goals   268
지하 활동 Going Underground   269
선량함 Goodness   272
선의 Goodwill   273
위대함 Greatness   273
죄책감 Guilt   274
행복 Happiness   274
건강 Health   275
천국 Heaven   276
영웅 Heroes   277
자신에 대하여 Himself, On   282
역사 History   291
할리우드 Hollywood   292
집 Home   292
명예 Honour   293
희망 Hope   294
인권 Human Rights   296
인간애 Humanity   300
겸손 Humility   301
유머 Humour   301
단식 투쟁 Hunger Strikes   302
이데올로기 Ideology   303
병 Illness   304

제국주의 Imperialism　304
인도 India　305
불의 Injustice　307
귀감 Inspiration　308
진실성 Integrity　308
국제 협력 International Cooperation
　309
인터뷰 Interviews　311
이슬람 Islam　312
사법부 Judiciary　313
정의 Justice　314
학살 Killing　315
지뢰 Landmines　317
언어 Language　317
지도력 Leadership　320
유산 Legacy　331
해방 운동 Liberation Movement　332
인생 Life　349
경청 Listening　349
사랑 Love　350
만델라의 날 Mandela Day　352
만델라 로즈 재단 Mandela Rhodes
　Foundation　353
결혼 Marriage　353
순교자 Martyrs　354
언론 Media　356
명상 Meditation　359
기억 Memory　359
중동 Middle East, The　364

새 천년 Millennium, The　368
실수 Mistakes　369
군주제 Monarchy　369
도덕 Morality　370
어머니 Mother　370
음악 Music　372
신화 Mythology　373
나치즘 Nazism　374
협상 Negotiation　374
넬슨 만델라 아동 기금 Nelson
　Mandela Children's Fund　384
넬슨 만델라 재단 Nelson Mandela
　Foundation　384
노벨 평화상 Nobel Peace Prize　385
비인종주의 Non-racialism　386
비폭력 Non-violence　391
기회 Opportunity　392
억압 Oppression　392
낙관주의 Optimism　393
아프리카 통일 기구 Organization of
　African Unity　393
아픔 Pain　394
소극적 저항 Passive Resistance　394
과거 Past, The　394
평화 Peace　398
사람들 People　404
인식 Perceptions　407
박해 Persecution　407
개인의 발전 Personal Development
　408

개인의 책임 Personal Responsibility 409
계획 Planning 409
즐거움 Pleasure 410
정치범 Political Prisoners 410
정치 Politics 412
일부다처제 Polygamy 413
빈곤 Poverty 414
현실성 Practicality 422
대통령 President 422
자부심 Pride 424
교도소 Prison 424
교도소 : 동료들 Prison : Comrades 425
교도소 : 환경 Prison : Conditions 426
교도소 : 꿈 Prison : Dreams 429
교도소 : 인내 Prison : Endurance 429
교도소 : 탈옥 Prison : Escape 432
교도소 : 강제 노역 Prison : Hard Labour 432
교도소 : 외로움 Prison : Loneliness 433
교도소 : 학대 Prison : Mistreatment 434
교도소 : 내다보기 Prison : Outlook 437
교도소 : 폴스무어 교도소 Prison : Pollsmoor Prison 438

교도소 : 반성 Prison : Reflections 438
교도소 : 갱생 Prison : Rehabilitation 442
교도소 : 석방 거부 Prison : Rejection of Release 443
교도소 : 석방 Prison : Release 444
교도소 : 명성 Prison : Reputation 449
교도소 : 로벤 섬 교도소 Prison : Robben Island Prison 449
교도소 : 일과 Prison : Routine 453
교도소 : 노래 Prison : Singing 453
교도소 : 공부 Prison : Study 454
교도소 : 고통 Prison : Suffering 454
교도소 : 석방 운동 Prison : Support for Release 455
교도소 : 화합 Prison : Unity 457
교도소 : 빅터버스터 교도소 Prison : Victor Verster Prison 458
교도소 : 면회자 Prison : Visitors 459
교도소 : 교도관 Prison : Warders 460
사생활 Privacy 460
약속 Promises 461
항의 Protest Action 461
공공 서비스 Public Service 461
인종차별 Racism 462
무지개 국가 Rainbow Nation 470

독서 Reading　471
현실주의자 Realists　473
화해 Reconciliation　473
재건과 발전 Reconstruction and Development　478
적십자 Red Cross　481
후회 Regret　482
관계 Relationships　483
종교 Religion　483
탄압 Repression　494
결심 Resolutions　494
존경 Respect　494
은퇴 Retirement　495
리보니아 재판 Rivonia Trial　500
일상 Routine　501
성인과 죄인 Saints and Sinners　501
제재 Sanctions　503
과학 Science　503
자제력 Self-control　504
이타심 Selflessness　505
성 Sexuality　506
노예제 Slavery　506
흡연 Smoking　507
사회주의 Socialism　507
연대 Solidarity　508
해결책 Solutions　509
남아프리카공화국 South Africa　510
남아프리카공화국 : 한 국민으로서 South Africa : As One Nation　511

남아프리카공화국 : 과제 South Africa : Challenges　512
남아프리카공화국 : 민주 국가 South Africa : Democratic Nation　512
남아프리카공화국 : 치유 과정 South Africa : Healing Process　526
남아프리카공화국 : 유대인 사회 South Africa : Jewish Community　527
남아프리카공화국 : 이슬람 사회 South Africa : Muslim Community　527
남아프리카공화국 : 국유화 South Africa : Nationalisation　527
남아프리카공화국 : 국민 South Africa : People　530
남아프리카공화국 : 장소 South Africa : Places　532
　알렉산드라 | 블룸폰테인 | 케이프타운 | 요하네스버그 | 콜바드 하우스 | 랑가 | 릴리스리프 | 음케케즈웨니 | 파를 | 쿠누 | 소웨토
남아프리카공화국 : 인종차별적 억압 South Africa : Racial Oppression　540
남아프리카공화국 : 명성 South Africa : Reputation　542
남아프리카공화국 : 전쟁 South Africa : War　544
연설 Speaking　544
스포츠 Sport　546
　FIFA 월드컵 | 럭비 월드컵 결승전

무단결근 투쟁 Stay-at-Home 549
계승 Succession 550
고통 Suffering 551
미신 Superstition 552
지지 Support 552
의혹 Suspicion 553
과학 기술 Technology 553
절약 Thriftiness 554
시간 Time 555
타이밍 Timing 555
관용 Tolerance 556
노동조합 Trade Unions 557
전통적 구조 Traditional Structures 559
반역죄 재판 Treason Trial 559
부족주의 Tribalism 560
진실 Truth 560
진실과 화해 위원회 Truth and Reconciliation Commission 561
결핵 Tuberculosis 562
우분투 Ubuntu 562
민주 연합 전선 United Democratic Front 563
국제연합 United Nations 563
아메리카합중국 United States of America 564
여성 회의 연합 United Women's Congress 567
통합 Unity 567
가치 Values 570

허세 Vanity 571
복수 Vengeance 571
승리 Victory 572
폭력 Violence 574
비전 Vision 577
투표 Voting 578
전쟁 War 582
물 Water 583
소망 Wish 583
여성 Women 584
말 Words 587
일 Work 588
노동자 Workers 588
세계 World 589
글쓰기 Writing 590
외국인 혐오 Xenophobia 592
젊은이 Youth 593
시오니즘 Zionism 601

감사의 말 602
연표 604
참고자료 608

삶에서 중요한 것은
우리가 살았다는 단순한 사실이 아니다.
다른 사람들의 삶을 어떻게 변화시켰는지가
우리 삶의 의미를 결정할 것이다.

월터 시술루의 아흔 번째 생일을 축하하며,
남아프리카공화국 요하네스버그 란드버그, 월터 시술루 홀,
2002년 5월 18일

책임 Accountability

양심의 붕괴, 책임감과 대중 감시의 부재가 반인류적 범죄 그리고 국제법 위반을 낳았다.
— 집회에서, 남아프리카공화국 블룸폰테인, 1990년 2월 25일

지도자의 일반 대중에 대한 책임과 조직 구성원의 조직에 대한 책임은 민주주의라는 동전의 뒷면과도 같다. 그러한 책임은 나아가 해방 운동과 우리 국민 사이에 존재하는 관계에도 적용되어야 한다.
— ANC 전국 평의회 폐막 집회에서, 남아프리카공화국 소웨토, 사커시티, 1990년 12월 16일

어떤 행동을 취하고 싶고 그것이 옳은 행동이라는 확신이 들면, 그렇게 하고 그 상황에 맞서야 합니다.
— 리처드 스텡글[1]과 나눈 대화에서, 1993년 4월 5일

정부와 국가의 모든 영역에 민주적 책임과 통제가 결여되어 있다. 이 해로운 유산을 처리하려면, 위기에 빠진 현재의 우리 사회를 모든 남아프리카 국민이 진정으로 자랑스러워할 수 있는 곳으로 탈바꿈시키는 일에 진심으로 헌신하고 결연한 행동을 취해야 한다.
— 국제 언론인 협회 대회에서, 남아프리카공화국 케이프타운, 1994년 2월 14일

---

1 넬슨 만델라의 자서전 『자유를 향한 머나먼 길(Long Walk to Freedom)』을 공동 집필한 편집자이자 저술가.

우리는 민주주의에 책임이 중요하다는 사실을 처음부터 마음에 새겨 두고 있었다. 투명성도 없고 책임감도 없는 정부는 위험할 수 있음을 경험으로 깨달았기 때문이다. 이리하여 우리 헌법에는 정부가 문제의 일부가 아니라 해결책의 일부가 되도록 하는 여러 장치가 포함되어 있다.
— 세계 옴부즈맨 협회 아프리카 지역 워크숍에서, 남아프리카공화국 프리토리아, 1996년 8월 26일

업적 Achievements

하지만 우리의 업적을 평계 삼아 우리의 성공을 과장하거나 시급한 관심을 기울여야 하는 취약점들을 간과하거나 우리가 저지른 실수들을 무시해서는 안 된다.
— 〈아프리카 사우스(Africa South : Viewpoints)〉 6권 1호, 1961년 10~12월호에 발표된 글에서

업적은 그 크기에 상관없이 상으로든 소박한 보상으로든 인정을 받기 마련입니다. 어떤 사람들은 그러한 영광을 사양하지만, 어떤 사람들은 그것을 기꺼이 받아들여 이기적으로 사용하지요. 그러나 사심 없이 공동체에 봉사한 결과로서 그 영예를 받아들이고, 정의와 인간의 존엄을 찾기 위한 노력에 유익한 도구로 쓰는 사람들도 있습니다.
— 데즈먼드 투투 대주교[2]와 리아 투투 부부에게 쓴 편지에서, 남아프리카공화국 파를, 빅터버스터 교도소, 1989년 8월 21일

우리의 결점을 돌이켜보면 모든 인류가 해서는 안 되는 일이 무엇인지를 알 수 있다. 또한 우리의 영광은 인간의 천재성이 얼마나 높은 것까지 성취할 수 있는지 보여 준다.

— 첫 국정연설에서, 남아프리카공화국 케이프타운, 의회, 1994년 5월 24일

우리는 앞으로도 계속 우리의 업적에 대해 겸손해야 한다.

— 움콘토 웨 시즈웨(Umkhonto We Sizwe, 민족의 창) 창설 40주년 기념식에서, 남아프리카공화국 요하네스버그 소웨토, 2001년 12월 16일

적응력 Adaptability

인간의 몸과 마음은 무한한 적응력을 지니고 있어요. 인간이 얼마나 단단해질 수 있는지, 한때는 별로 중요치 않아 보였던 개념들이 어떻게 갑자기 중대하고 의미 깊은 것이 되는지를 보면 정말 놀랍습니다.

— 애들레이드 탐보[3]에게 쓴 편지에서, 로벤 섬[4], 1970년 1월 1일

인간은 어느 것에나 적응할 수 있는 능력이 있다.

— 다큐멘터리 〈전설 : 넬슨 만델라(Legends : Nelson Mandela)〉에서, 2005년

---

2   1931년~. 남아프리카 성공회의 대주교, 인권 운동가이자 반아파르트헤이트 활동가. 1984년에 노벨 평화상을 받았다.
3   1929~2007년. 간호사이자 반아파르트헤이트 활동가, 올리버 탐보의 아내로, 아프리카 민족회의 청년 동맹의 회원이었다.
4   테이블 만에 위치한 섬. 주로 유형지와 감옥으로 사용되었으며, 특히 정치범들이 수용되었다.

조언 Advice

나는 상대가 누구든 완전히 평등한 상태에서 토론하는 것이 좋단다. 내 의견을 조언으로 제시하면 상대방이 그 수용 여부를 자유롭게 결정할 수 있는 그런 토론 말이다.

— 마카토 만델라[5]에게 쓴 편지에서, 로벤 섬, 1969년 7월 28일

[나는] 부탁을 받지 않는 한 다른 사람들 일에 끼어들지 않아요. 설사 부탁을 받는다 해도 나의 관심사는 언제나 사람들의 화합에 있지요.

— 리처드 스텡글과 나눈 대화에서, 1993년 5월 3일

차별 철폐 조치 Affirmative Action

해방 운동 단체로서 우리는 가장 불우한 국민들의 권익을 향상하는 일에 전념하고 있다. 이러한 과정은 인종과 성의 불균형이 존재하는 지역에서 차별 철폐 조치와 흑인 지위 향상 정책을 실시함으로써 시작될 수 있다고 믿는다. 우리는 인종·성별 간 분열, 특정 인종 집단이 지적 노동을 지배하는 구조를 타파해야 한다. 민주주의로의 의미 있는 이행을 이끌려면, 인적 자원의 개발을 바로 지금 시작해야 한다.

---

5   1950~2005년. 만델라가 첫 번째 아내 에벌린과의 사이에서 낳은 둘째 아들. 2005년에 에이즈 합병증으로 사망했다.

— 경제 연구와 정책 입안에 대한 국가 역량을 키우자는 취지의 성명서에 서명하며, 남아프리카공화국, 1991년 11월 23일

차별 철폐 조치는 규범에도 개인에도 위협이 되지 않는다. 오히려 과거의 잘못을 바로잡는 방법으로 전 세계가 인정하고 있다. 이러한 장치를 거부하는 것은 곧 현상에 순응하는 것이요, 전쟁과 식민주의, 인종차별, 성차별, 억압을 우리 사회에 번성시키는 것이다.
— 법학 박사 학위를 받으며, 타이완, 쑤저우 대학교, 1993년 8월 1일

민주 국가는 시장을 유지하고 발전시키지만, 성장과 발전에 국가가 개입해야 할 경우도 있을 것이다. 차별 철폐 조치를 채택하여 과거에 흑인, 여성, 농촌 지역 사람들, 신체장애자들에게 가해진 차별들을 바로잡는 것도 그 중 하나일 것이다.
— 국제 언론인 협회 대회에서, 남아프리카공화국 케이프타운,
 1994년 2월 14일

우리가 그동안 수없이 말했듯이, 차별 철폐 조치는 아파르트헤이트 체제하에서 권리를 거부당한 사람들, 즉 아프리카인과 혼혈인, 인도인, 모든 인종의 여성, 장애인, 시골 사람들 등에게 도움이 되어야 한다.
— 제49차 ANC 전국 회의에서, 남아프리카공화국 블룸폰테인,
 1994년 12월 17일

이 정책이 혼혈인 공동체들 사이에 두려움을 불러일으켰다. 아프리카인에게만 혜택이 돌아가는 정책이라는 소문도 가끔 들리고, 일부

고용주들이 이런 식으로 잘못 해석하고 있다는 얘기도 있다. 따라서 차별 철폐 조치가 아프리카인에게만 일자리나 기회를 보장해 준다는 주장은 정부와 ANC의 정책을 심각하게 왜곡한 것이라는 사실을 명백하게 밝힐 필요가 있다. 그동안 사회적 약자들이 거부당해 왔던 권리들을 모든 사람들이 당당히 누릴 수 있어야 한다.
— 민주 남아프리카를 위한 연구소 전국 회의에서, 남아프리카공화국 케이프타운, 1995년 8월 18일

차별 철폐 조치와 흑인 권익 신장, 여성 해방에 대해 입에 발린 말만 하는 사람들, 실제로는 이러한 목표에 반대하는 사람들을 권력과 영향력을 행사할 수 있는 자리에 계속 둔다면 첫 국정연설에서 우리가 호소한 바에도 아랑곳없이 계속 오만하게 직장과 학교에서 인종차별을 저지르는 사람들을 그대로 둔다면, 치유도 건설도 불가능해진다. 우리 사회에서 부와 기회, 권력이 평등하게 분배되도록 모두가 힘을 합쳐야 한다.
— 국정연설에서, 남아프리카공화국 케이프타운, 의회, 1966년 2월 9일

정부와 ANC가 의도한 차별 철폐 조치는 이전에 아파르트헤이트로 인해 불이익을 받았던 사람들, 즉 아프리카인과 혼혈인, 인도인 모두에게 기회를 주기 위한 것이다. 우리는 그 조치가 오로지 아프리카인들을 위해서만 적용되는 데 전적으로 반대한다. 과거에 혜택을 받은 백인들에게 불이익을 주는 데 쓰여서도 안 된다. 차별 철폐 조치는 기회를 빼앗는 것이 아니라 창출해야 하며, 새로운 잘못을 저지르기 위한 것이 아니라 과거의 잘못을 바로잡기 위한 도구이다. 제대로 시행하면 아파르트헤이트로 인해 가로막혔던 우리 국민의

엄청난 잠재력이 발휘될 것이다.
— 웨스턴케이프 재계와의 회동에서, 남아프리카공화국 케이프타운,
1996년 12월 6일

특히 차별 철폐 조치, 교육, 빈곤, 주거, 실업에 대한 두려움을 해소해야 한다. 이러한 두려움을 이용하려는 일부 정치가들의 인종차별적 발언, 사람들의 불안감 밑에 깔려 있는 현실, 그리고 혼혈인들이 ANC에 대해 느끼는 불편함, 이들을 서로 구별할 줄 알아야 한다.
— ANC 웨스턴케이프와 지부 집행위원들과 만난 자리에서, 남아프리카공화국 케이프타운, 1996년 12월 8일

차별 철폐 조치 건에 대하여 : 정부가 몇 번이나 입장을 밝혔듯이, 우리는 교육, 승진, 공정한 기회를 법에 의해 박탈당했던 사람들에게 그러한 권리들을 확실히 보장해 주는 일에 주력하고 있다. 오랜 세월 그 일을 고의로 방치하고 배제했으니, 그 어떤 다른 방침도 처참한 결과를 낳을 것이 뻔하다. 어떠한 경우에도 우리는 헌법에 따라 이 계획에 착수해야 한다.
— 국정연설에 대한 토론을 마무리하며, 남아프리카공화국 케이프타운, 의회, 1997년 2월 12일

우리 학생들은 남아프리카뿐만 아니라 국외의 다른 학생들과도 경쟁할 수 있어야 한다. 차별 철폐 조치가 과거의 태만을 바로잡는 데 도움이 되긴 하지만, 그것이 우리 사회의 영원한 특징이 되지는 않을 것이다.
— 전국 교육·학습 운동을 시작하며, 남아프리카공화국 요하네스버그 소웨토, 1997년 2월 20일

차별 철폐 조치는 시정 조치이다. 인종차별에서 벗어나 진정한 평등으로 나아갈 다른 방도는 없다.
── 국정연설에서, 남아프리카공화국 케이프타운, 의회, 1998년 2월 6일

우리 연맹이 자랑스러운 인종차별 폐지 정책의 수호자로서 힘을 합친다면, 차별 철폐 조치라는 이 도구가 특정 집단의 지위를 향상시키기 위해 나머지 집단들을 희생시키는 데 쓰일 일은 절대 없을 것이다.
── 노동절 집회에서, 남아프리카공화국 킴벌리, 1998년 5월 1일

민주 정부와 차별 철폐 조치가 영향을 끼치기 시작했다. 여성의 삶을 바꾸고 우리의 국가적 목표들을 달성하려면 우리나라 정치경제의 모든 영역에 여성들이 전면적으로 참여할 수 있도록 해야 한다.
── 세계 농촌 여성의 날 심포지엄에서, 남아프리카공화국 음타타,
   1998년 10월 15일

공공 부문과 민간 부문 모두에서 차별 철폐 조치와 고용 평등을 통해, 나아가 근면·능률·정직 문화의 강화를 통해 우리의 사회구조와 기업을 변혁하는 데 다시금 힘차게 전념하자는 TRC(Truth and Reconciliation Commission, 진실과 화해 위원회)의 요청에 우리는 강력한 지지를 보내는 바이다.
── 진실과 화해 위원회 보고서에 대한 특별 토론회에서, 남아프리카공화국
   케이프타운, 의회, 1999년 2월 25일

아프리카 Africa

아프리카 사람들의 직접적인 적들, 즉 영국과 에스파냐, 프랑스, 포르투갈, 이탈리아, 남아프리카를 생각할 때에는 융자와 자본, 무기로 저들을 지탱해 주며 우리를 간접적으로 위협하고 있는 훨씬 더 위험한 적들도 잊어서는 안 된다. 전 세계 사람들과 마찬가지로 아프리카인들 역시 이들 세력과 싸우고 있다.

— ANC 청년 동맹 연례회의 의장 연설에서, 남아프리카공화국, 1951년 12월

이 대륙의 미래는 미 제국주의와 연합하여 신임을 잃은 정권의 손에 있지 않다. 그것은 대중 운동으로 제 역할을 다하고 있는 아프리카 민중의 손에 달려 있다.

— 「아프리카를 위협하는 새로운 존재(A New Menace in Africa)」라는 글에서, 〈해방(Liberation)〉, 1958년 3월

아프리카 여행은 내게 강력한 인상을 남겼다. 평생 처음으로 나는 자유로웠다. 백인의 억압으로부터, 아파르트헤이트와 인종차별적 오만의 어리석음으로부터, 경찰의 학대로부터, 멸시와 모욕으로부터 자유로웠다. 어딜 가나 인간 대접을 받았다.

— 노동자 파업 선동 및 불법 출국 혐의로 유죄 판결을 받은 후 연설에서, 남아프리카공화국 프리토리아, 올드 시나고그, 1962년 11월 7일

나는 언제나 나 자신을 아프리카 애국자로 생각해 왔다.
— 리보니아 재판[6]의 피고인석에서 진술하며, 남아프리카공화국 프리토리아, 법원, 1964년 4월 20일

서양 문명은 내 아프리카적 배경을 완전히 지우지 못했다.
— 미출간 자서전 원고에서, 로벤 섬, 1975년

일반화는 항상 위험하지만, 비동맹 회원 국가들은 일반적으로, 그 중에서도 특히 이 대륙의 사람들은 자본주의 국가와 사회주의 국가를 구분 짓는 많은 문제에 있어서 자신만의 독특한 관점으로 접근한다는 말은 사실입니다.
— 니컬러스 베델 경[7]에게 쓴 편지에서, 남아프리카공화국 케이프타운, 폴스무어 교도소, 1985년 4월 1일

아프리카 대륙은 환경의 중요성을 잘 인식하고 있다. 그러나 이 대륙에서 생기는 환경 문제의 대부분은 빈곤과 교육의 부재가 낳은 결과이다. 사막화와 삼림 파괴, 토양 침식, 오염을 해결할 자원이나 기술이 아프리카에는 없다.
— 공책에서, 1991년 12월

---

6   1963~1964년에 열린 재판으로, 회의 동맹 지도자 10명이 사보타주 혐의로 기소되었다.
7   1938~2007년. 영국의 정치가이자 역사가, 인권 운동가, 유럽 의회 의원. 1985년에 폴스무어 교도소에서 만델라를 인터뷰했다.

분명 아프리카는 권위주의적 지배에서 벗어나 모든 정당이 자유롭게 정치적 견해를 펼치는 다당제 민주주의로 옮겨가고 있다. 그러한 움직임이 이제 아프리카에서 아주 강력해졌다. 내가 보기에는 그것이 곧 큰 물줄기를 이룰 것 같다.
— 다큐멘터리 〈마지막 마일 : 만델라-아프리카와 민주주의(The Last Mile : Mandela-Africa and Democracy)〉에서, 1991년

아프리카의 전반적인 상황에서는 적용하기가 쉽지 않은 민주주의적 가치 개념들이 있으며, 아프리카의 모든 나라는 아니어도 일부 나라에 그동안 많은 부패가 일어났다.
— 같은 곳

'아프리카인을 위한 아프리카'는 인종차별적 의미를 담은 말이 아니었어요······. 아프리카에 정착한 백인들을 쫓아내야 한다는 뜻이 아니었습니다. 식민주의 체제를 종식시켜야 한다는 뜻이었지요.
— 리처드 스텡글과 나눈 대화에서, 1992년 12월 21일

'케이프에서 카이로까지 통일하자', 이 말은 언제나 꿈이었습니다. 모로코에서 마다가스카르까지도 마찬가지이고요. 그들은 하나의 정부를 꾀했지만, 나는 처음부터 그것을 거부했습니다. 그들이 여러 정부의 노력을 하나로 통합할 수 있는 범아프리카주의 조직에 관해 얘기했을 때에는 나도 지지를 보냈어요. 하지만 하나의 정부라는 개념은 말이 안 된다고 생각했지요.
— 같은 곳

우리나라에 들어온 백인들 때문에 성장을 방해받지만 않았어도, 아프리카인들은 누구와의 접촉도 없이 유럽처럼 성장하여 같은 수준까지 도달했을 겁니다.
— 리처드 스텡글과 나눈 대화에서, 1993년 12월 22일

남아프리카를 해방시키고 아프리카의 완전한 해방을 확실히 이루어낸 거대한 노력은 전 세계 흑인들에게 구원의 행위였다. 그것은 백인이라는 이유로 모든 인류의 통치자라는 중책을 자임한 사람들에게도 해방을 선물했다.
— OAU(Organization of African Unity, 아프리카 통일 기구) 정상회담에서, 튀니지 튀니스, 1994년 6월 13일

아프리카는 모든 자녀들을 자유롭게 하기 위하여 자신의 피를 흘리고 자녀들의 목숨을 바쳤다. 아프리카는 모든 아프리카인들을 해방시키기 위하여 자신의 얼마 안 되는 부와 자원을 아낌없이 내주었다. 아프리카는 우리의 승리를 위하여 그 상냥한 마음과 현명한 머리를 열었다. 아프리카는 수백 년 동안 쌓이고 쌓인 억압의 더께를 수백만 번의 쟁기질로 걷어냈다.
— 같은 곳

우리 투쟁의 역사를 글로 쓴다면 아프리카의 단결, 아프리카 사람들의 신념 고수에 대한 거룩한 이야기가 될 것이다. 인류의 존엄성에 대한 저 참을 수 없는 모독인 아파르트헤이트의 반인륜적 범죄가 과거의 일이 될 수 있도록 만든 우리 대륙 사람들의 희생에 대한

감동적인 이야기가 될 것이다.
— 같은 곳

해방의 투사들이 어머니 아프리카의 머리에 자유라는 왕관을 씌우고자 했다면, 그 자녀들의 희망과 행복, 번영과 안락이 그 왕관을 장식하는 보석이 되기를.
— 같은 곳

잘 보살피고 관심을 기울여야 나무가 꽃을 피우듯이, 우리가 따뜻하게 돌보고 열심히 노력하면 우리나라와 우리 지역도 꽃을 피우며 승승장구할 것이다. 나무가 하늘을 향해 뻗어 나가듯, 우리 역시 새로운 도전에 맞서며 더 높은 목표를 향해 나아갈 수 있기를. 나뭇가지가 무성하게 뻗어 나가듯, 우리의 협력도 널리 퍼져 나가 우리 지역 전체와 우리 아프리카 대륙을 보듬기를.
— 코틀라(Kgotla, 전통적 집회)에서, 보츠와나 세로웨, 1995년 9월 6일

아프리카 대륙 사람들은 모든 분야에서 최고가 되려는 열의가 대단하다. 우리는 마치 우리가 인간 이하인 양 우리를 낮은 기준으로 판단해야 한다는 그 어떤 말도 마음껏 비웃어 줄 권리가 있다. 우리는 정치 행위에서, 우리가 누리는 자유에서, 우리가 삶을 영위하는 사회 환경에서, 우리가 거주하는 자연 환경에서 더 나은 삶을 만들어 줄 조건을 누릴 자격이 있고, 또 그런 조건을 만들기 위해 열심히 노력하고 있다.
— OAU(아프리카 통일 기구) 정상회담에서, 카메룬 야운데, 1996년 7월 8일

전 세계 많은 국가의 탐욕과 권력에 희생된 과거를 겪었기에 우리는 많은 부분 우리의 희생으로 이루어진 경제적·과학적 이득의 정당한 몫을 요구할 자격이 있다. 그러나 바로 그러한 과거 때문에 우리는 강력한 재력가들, 시장을 마음대로 쥐고 흔드는 자들, 감히 세상을 자기들 입맛대로 만들려는 자들이 우리에게 강요하는 종속 관계의 악순환에서 벗어나야 한다.

— 같은 곳

아주 오래된 한 대륙이 수백 년 동안 수없이 칼로 난자당해 피를 흘렸다. 그 초기에는 아프리카인들이 아프리카인이라는 이유로 노예에 적합하다고 단정 지어 버린 노예무역 때문에 재능 있는 아들딸을 수백만 명 잃었다.

— 영국 상하원 합동 회의에서 연설하며, 영국 런던, 웨스트민스터 홀, 1996년 7월 11일

지금까지도 계속 우리가 우리의 뛰어난 인재들을 잃는 이유는 선진국들의 빛이 더 밝게 빛나기 때문이다.

— 같은 곳

우리는 아프리카의 몇몇 갈등을 평화적으로 해결할 수 있는 정치적 방안을 함께 모색했다. 그러한 갈등이 우리가 얻어 낸 수확뿐만 아니라 우리 모두의 미래까지 위협할 수 있다는 인식 때문이었다.

— 우간다의 무세베니 대통령을 위한 연회에서, 남아프리카공화국 케이프타운, 1997년 5월 27일

아프리카 대륙을 재건하려는 활동이 아프리카 쟁탈전을 다시금 일으킨다면, 그것은 역사의 잔인한 아이러니일 것이다. 만일 그렇게 된다면, 19세기에 그랬듯이 아프리카 대륙은 부를 약탈당해 또다시 빈곤에 처할 것이다.
— 옥스퍼드 대학교 부설 이슬람 연구소에서 강연하며, 영국 옥스퍼드, 셀도니언 극장, 1997년 7월 11일

어떤 대륙보다도 아프리카는 그 역사적 역할과 국민의 변혁·진보 능력을 인정받지 못한 채 정복의 여파와 경쟁해야 했다. 하지만 오늘날에는 세계의 인식이 나아졌다. 우리의 시야를 가렸던 안개가 완전히 걷혔다.
— 같은 곳

비코와 그의 동지들이 요구했던 마음가짐과 생활방식은 오늘날에도 꼭 필요하다. 우리가 스스로를 아프리카 대륙의 아프리카 국가로 정의한다면 그 덕목들은 중요한 의미를 지닌다. 다른 국민들의 복제품이 되고 싶은 유혹을 떨치는 데 도움이 되기 때문이다.
— 경찰서 유치장에서 죽은 스티브 비코[8]의 사망 20주기 추모 행사에서, 남아프리카공화국 이스트런던, 1997년 9월 1일

---

[8] 1946~1977년. 반아파르트헤이트 활동가. 학생 지도자로서 흑인 의식 운동을 주창했으며, 경찰 구금 중 사망했다.

대륙 어디에서든 안정을 해치는 갈등은 방해만 될 뿐이다. 아프리카 사람과 지도자로서 우리가 해야 할 일은 반대측을 매도하는 것이 아니라 우리에게 손짓하는 기회를 붙잡는 것이다.
— 모잠비크에 아프리카 평화상을 수여하며, 남아프리카공화국 더반, 1997년 11월 1일

진정 아프리카는 부흥의 꿈을 실현하는 데 필요한 것을 가지고 있다. 우리는 전쟁의 잿더미에서 일어서고 있다.
— 같은 곳

대륙의 대다수 사람들이 억압을 느끼고, 의사 결정 과정에 민주적으로 참여하지 못하고, 자유롭고 공정한 선거로 지도자를 뽑을 수 없다면, 긴장과 갈등은 언제나 끊이지 않을 것이다. 합법적인 대의 기구가 압박을 느낀다면, 비열한 자들이 정당한 불만을 앞세워 파괴와 살인과 폭력을 자행할 것이다.
— 같은 곳

고대에는 인간 삶의 진화를 이끌고 교육과 기술, 예술을 선도하는 중심지였던 한 대륙이 힘든 시대를 여러 번 겪으면서 점점 더 빈곤과 퇴보의 늪에 빠지고 말았다.
— 제50차 ANC 전국 회의 개회식에서, 남아프리카공화국, 노스웨스트 대학교 마피켕 캠퍼스, 1997년 12월 16일

정적들을 재판 없이 구금하는 것은 민주주의 정치의 기본 원리에 위배되며, 하라레 선언[9]이 우리에게 약속하는 자유로운 정치 활동에 대한 자신감을 키우는 데 도움이 되지 않을 것이다.
— 전 잠비아 대통령 케네스 카운다의 체포에 대해 발표한 성명서에서,
　1997년 12월 26일

우리 가운데 슈퍼스타는 없으며, 다른 사람의 성공 없이는 누구도 성공할 수 없다. 이런 공동 운명체로서 우리는 우리 대륙의 평화와 안정의 문제를 공동의 과제로 삼아야 한다.
— OAU(아프리카 통일 기구) 정상회담에서, 부르키나파소 와가두구,
　1998년 6월 8일

국가 자주권이라는 개념을 남용하여, 그런 자주권의 경계선 뒤에서 독재를 지키기 위한 수단으로 사람들이 학살당할 때 대륙의 다른 국가들이 개입할 권리와 의무를 부정해서는 안 된다. 이 사실을 우리 모두 받아들여야 한다.
— 같은 곳

민주주의와 지속 가능한 경제 발전, 그리고 우리의 풍부한 문화적 가치와 유산에 대한 새로운 각성을 특징으로 하는 새로운 아프리카 시대로 나아가는 문턱에서, 아프리카의 통일은 여전히 우리의 좌우명이요, 아프리카 통일 기구는 우리의 길잡이이다. 아프리카의 빈

9　1989년에 짐바브웨의 수도 하라레에서 아프리카 통일 기구 특별 위원회가 아프리카 민족회의와 남아프리카공화국 정부와의 교섭에 앞서 그 원칙을 명시한 선언.

민 구제 노력을 방해하는 부채 부담을 덜어 주어야 할 필요성을 세계 금융기관들에게 피력해야 하는 지금, 우리 대륙은 그 어느 때보다 한목소리를 내야 한다.
— 가나의 롤링스 대통령을 위한 연회에서, 남아프리카공화국 프리토리아,
  1998년 7월 9일

우리 대륙은 불행히도 여전히 전쟁과 폭력적 갈등, 불안정에 심각하게 시달리고 있다. 이렇듯 불안정한 상황에서 가장 고통받는 사람은 이런 갈등을 바라지도, 거기에 참여하지도 않는 일반 시민이다. 그들 대부분은 그저 품위 있고 버젓한 삶을 영위할 수 있는 기회를 바랄 뿐이다. 우리가 해야 할 일은 그들의 자녀와 그들이 보살펴야 하는 이들에게 교육을 제공하는 것이다.
— SADTU(South African Democratic Teachers' Union, 남아프리카공화국 민주 교사 조합) 회의에서, 남아프리카공화국 요하네스버그,
  2001년 7월 19일

우리는 아프리카 대륙의 동지들과 동포들에게 큰 빚을 졌다. 지금까지도 계속 아프리카의 일부로서 민주 남아프리카공화국에 대해 얘기할 수 있는 것도 아주 많은 아프리카 국가들이 우리 해방 운동과 군을 따뜻하게 맞이해 주었기 때문이다. 그들의 물질적·도덕적 도움이 없었다면 우리는 운동 단체로서, 그리고 한 나라로서 지금 이 자리에 있지 못했을 것이다.
— 움콘토 웨 시즈웨(MK, 민족의 창) 창설 40주년 기념식에서, 남아프리카공화국 요하네스버그 소웨토, 2001년 12월 16일

국민의 이익을 가장 중시하는 지도자만 있었다면 막을 수도 있었을 폐해가 우리 대륙에 아직까지 수없이 남아 있다. 우리 대륙의 많은 부분에서 벌어지고 있는 전쟁과 갈등, 불안정한 상황은 개인적이고 파벌주의적인 문제보다 국민의 행복과 공동선共同善을 우선시할 능력과 의지를 지닌 지도자가 없는 탓이 크다.
— 바킬리 물루지 대통령에게 말라위의 사자 훈장을 받으며, 말라위, 2002년 5월

우리는 아프리카와 개발도상국 사람들의 존엄성을 회복하고 재천명할 필요가 있다. 빈곤의 근절을 세계의 급선무로 생각해야 한다. 우리 모두 공통된 인간애를 지니고 있으며 인류의 다양성이 모든 이들의 미래에 큰 힘이 된다는 확신을 새로이 다져야 한다.
— 20세기 아프리카의 100대 양서 선정 기념 연회에서, 남아프리카공화국 케이프타운, 2002년 7월

아프리카가 세계 국가들 속에서 정당한 제자리를 찾을 아프리카 세기가 곧 시작될 것이다.
— 로터리 클럽 모임에서, 남아프리카공화국 프리토리아 이스트, 2003년 11월

인류의 미래를 위해서는 아프리카의 소외가 종식되고 세계화 속에서 세계의 모든 지역들이 동등한 관심과 주목을 받아야 한다.
— 아프리카를 주제로 한 로마 회의에 전한 메시지에서, 이탈리아 로마, 2004년 4월

아프리카와 세계를 위해 행동에 나서야 한다, 바로 지금.

— 다큐멘터리 〈저명인사들과 전설들 : 넬슨 만델라(Headliners and Legends : Nelson Mandela)〉에서, 2006년

파괴된 카르타고의 폐허와 아름답게 재건된 도시 튀니스를 방문한 이후 우리 대륙은 크게 진보했다. 비관주의자들도 새로운 민주 국가들, 일당 독재 국가와 군사 독재의 종말, 경제 성장률에 관한 통계만 읽어 보면 아프리카가 부상하고 있다는 사실을 알 수 있을 것이다.

— 높은 업적을 올린 아프리카 지도자에게 수여하는 모 이브라힘 상 시상식에 전한 영상 메시지에서, 이집트 알렉산드리아, 2007년 11월 26일

아프리카 : 장소 Africa : Places

보츠와나

보츠와나는 남아프리카공화국과 아주 달랐어. 그곳에는 통행증 자체가 없어 길거리에서 통행증을 요구하는 사람들에게 제지당할 일도 없었지. 그곳의 아프리카인들은 그 시절 우리로서는 꿈도 꾸지 못할 만큼 독립적이었어.

— 아메드 카트라다[10]와 나눈 대화에서, 1993~1994년경

---

10 1929년~. 반아파르트헤이트 활동가이자 정치가. 아프리카 민족회의와 남아프리카 공산당의 지도부.

1962년 내 생애 첫 외국 여행으로 이 나라를 두루 돌아다녔다. 당시 우리 두 나라의 상황은 완전히 딴판이었다. 베추아날란드로 불렸던 보츠와나는 평화로운 독립 전 단계에 있었다. 자유가 가까운 곳에서 손짓하고 있었다. 그러나 남아프리카에서는 아파르트헤이트 억압이라는 먹구름이 짙게 내려앉고 있었다.

— 케투밀레 마시레 대통령이 주최한 연회에서, 보츠와나 가보로네, 1995년 9월 5일

부룬디

공동체마다 좋은 사람들이 있다. 구체적으로 말하면, 후투족과 투치족, 트와족 사이에 좋은 사람들이 있다. 진정한 지도자라면 그런 좋은 사람들을 파악하여 공동체에 봉사하는 임무를 맡겨야 한다.

— 개인 서류에서, 2000년 1월 16일

부룬디의 지도자들이 개인의 권력이나 분파주의보다는 인고의 세월을 보낸 국민의 이익을 우위에 두는 도전에 응한 것을 축하한다. 여러분은 기꺼이 타협하고 과거의 분열에서 벗어나 미래를 맞을 준비를 함으로써 우리 대륙의 역사에서 여러분 자신과 여러분의 나라에 영광스러운 길을 열었다.

— 부룬디 임시 정부 출범을 맞이하여, 부룬디 부줌부라, 2001년 11월 1일

현세대와 후세를 위해 평화롭고 안정된 미래를 건설하는 일은 이제 부룬디의 지도자와 국민의 몫이다. 그 과업을 성공시킬 수 있는 것은 결국 여러분뿐이다. 지역과 대륙, 국제 사회가 지지를 약속했지만, 여러분의 미래는 여러분의 손에 달려 있다.

— 같은 곳

이집트

식민주의자들에게 약탈당했는데도 이집트는 여전히 고대 예술과 문화가 놀라울 정도로 풍부한 나라이다.

— 미출간 자서전 원고에서, 로벤 섬, 1975년

사실, 아프리카의 최대 도시가 자유를 향한 우리의 기나긴 여정에서 각 단계마다 기항지 노릇을 했던 것도 우연이 아니다. 우리가 무장 투쟁을 시작했을 때 나는 자유의 투사로서 1962년에 처음으로 카이로를 찾았다. 그 후 남아프리카 국민이 자유를 사랑하는 전 세계 사람들과 함께 아파르트헤이트라는 감옥의 문을 열어젖힌 1990년에 다시 찾아왔다. 그때 우리는 남아프리카 국민이 이집트 정부와 국민의 지지를 절대 잊지 않을 거라고 말했는데, 오늘 다시 한 번 여러분에게 진심으로 고마움을 전한다.

— 호스니 무바라크 대통령에게 나일 훈장을 받고 그에게 희망봉 훈장을 수여하며, 이집트 카이로, 1997년 10월 21일

가나

거의 30년 만에 가나에 돌아왔는데, 마치 집에 돌아온 것 같은 기분이다.
— 다큐멘터리 〈마지막 마일 : 만델라-아프리카와 민주주의〉에서, 1991년

가나를 생각하면 아프리카인을 위한 자유, 아프리카의 자결권, 아프리카인의 자존과 존엄이 떠오른다. 콰메 은크루마[11], 아프리카 사람들과 대륙에 대한 그의 깊은 사랑, 국경과 지리적 경계가 우리를 갈라놓으려 해도 우리는 하나라는 그의 열정적 믿음이 떠오른다.
— 가나 대학교로부터 명예 학위를 받으며, 남아프리카공화국 요하네스버그, 2002년 4월 24일

리비아

리비아 국민은 자유를 얻기 위한 우리의 투쟁에서 우리와 뜻을 함께 해주었다. 여러분은 그 누구보다 앞장서서 사심 없는 현실적 지원으로 승리를 굳히는 데 일조했다. 그 승리는 우리뿐만 아니라 여러분의 승리이기도 하다.
— 무아마르 카다피가 주최한 연회에서, 리비아, 1997년 10월 22일

---

[11] 1909~1972년. 콜드코스트(현재의 가나)가 영국령일 당시 독립운동을 지휘하였고, 1957년에 가나로 독립하자 초대 대통령이 되었다.

민주 남아프리카공화국에게 리비아와 카다피를 등지라고 요구하는 것은 순전히 편의주의적인 발상이다. 그런 요구를 하는 사람들이 남아프리카공화국의 민주화를 방해하는 자들의 편에 섰을 때, 리비아와 카다피는 우리가 민주주의를 성취하도록 도와주었다.

— 무아마르 카다피를 위한 오찬에서, 남아프리카공화국 케이프타운, 1999년 6월 13일

모잠비크

세계는 여러분의 편입니다. 세계는 여러분을 배신할 수 없고, 배신하지 않을 것입니다. 세계의 지지와 모잠비크 국민의 전설적인 결단력이 있는 한 여러분은 승리할 수밖에 없습니다.

— 위니 만델라[12]와 함께 사모라 마셸 대통령의 죽음을 애도하며, 1986년 10월 28일

사모라 [마셸] 동지를 잃은 깊은 슬픔 때문에 우리의 가슴이 찢어질 것만 같습니다. 밤에는 여러분과 함께 경야를 지낼 것입니다. 낮에는 저 강력한 군인이자 용감한 아들, 훌륭한 정치가였던 이를 잃은 슬픔으로 여러분과 함께 눈물을 흘리겠습니다.

— 같은 곳

---

12 1936년~. 사회복지사이자 반아파르트헤이트 운동가. 넬슨 만델라의 두 번째 부인으로, 1958년부터 1996년(1992년에 별거)까지 부부로 살았다.

그의 죽음은 언젠가 자유를 찾겠다는 여러분과 우리의 결심을 새로이 다져 줄 것입니다. 여러분은 부도덕한 아첨꾼 악당들을 물리침으로써, 우리는 억압을 극복해 냄으로써 그 일을 이룰 것입니다.
— 같은 곳

르완다

우리 시대의 큰 쟁점인 평화와 안정, 민주주의, 인권, 협력, 발전이 서로 긴밀하게 연결되어 있음을 우리 모두에게 이해시키기 위해 부단히 노력하고 있는 우리 대륙의 위대한 사상가들에게 찬사를 보낸다. 르완다 사태는 서로 연관된 이 문제들을 해결하지 못한 우리에 대한 준엄한 질책이다. 그 결과, 무고한 사람들에 대한 무자비한 학살이 바로 우리 눈앞에서 벌어지고 있다.
— OAU(아프리카 통일 기구) 정상회담에서, 튀니지 튀니스, 1994년 6월 13일

절망의 울부짖음이 더 커지고 날카로워질수록, 그 절망이 르완다에서 50만 명의 죽음을 초래하든 말든 우리는 본능적으로 두 손을 들어 눈과 귀를 막으려 하고 있는 것 같다.
— 영국 상하원 합동 회의에서 연설하며, 영국 런던, 웨스트민스터 홀, 1996년 7월 11일

우리 두 나라 모두 지금 펼쳐지고 있는 비극의 일부였고, 이 초인적인 고통에서 어떤 짐승이 태어날지, 아일랜드 시인의 말을 빌리자면 어떤 짐승이 태어나려고 베들레헴을 향해 휘청휘청 걷고 있는

지[13] 알지 못한 채 지켜보고 기다리고 불안해했다. 그러나 우리는 명심해야 한다. 그토록 파멸적인 인간의 고통을 피할 수 있는 사람은 아무도 없음을.
— 같은 곳

사하라 사막

사하라 사막만큼 무서운 사막도 없을 거요. 그곳에는 우주에서도 보일 만큼 엄청난 모래가 드넓게 펼쳐져 있다오. 나무 한 그루 풀 한 포기 보이지 않더군.
— 위니 만델라에게 쓴 편지에서, 로벤 섬, 1976년 10월 26일

탄자니아

탄자니아 국민은 남아프리카의 해방에 아낌없는 지원을 보내 주었다. 그들은 우리의 자유와 그들의 자유가 상호의존적이라는 원칙을 가장 현실적으로 인정했다.
— 줄리어스 니에레레[14]를 위한 만찬에서, 남아프리카공화국 요하네스버그, 1997년 10월 17일

---

13 윌리엄 B. 예이츠의 시 「재림(The Second Coming)」에서 인용.
14 1922~1999년. 1962년에 탕가니카 초대 대통령이 되었고, 1964년 탕가니카와 잔지바르가 통합하여 탄자니아 연합공화국이 성립되자 초대 대통령에 취임했다.

짐바브웨

우리는 다르푸르에서 계속되는 비극을 슬프게 지켜보고 있다. 더 가까이에서는 바로 우리나라에서 아프리카 동포들에게 가해지는 폭력과 이웃 나라인 짐바브웨 지도부의 비극적인 실패를 목격했다.

— 46664 콘서트에서, 영국 런던, 하이드 파크, 2008년 6월 27일

아프리카 민족회의 African National Congress

우리 운동의 느슨함과 규율 부재를 없앨 수 있는 방도를 찾고 투쟁에 대한 진지한 접근법을 개발해야 한다.

— ANC 청년 동맹 연례회의 의장 연설에서, 남아프리카공화국, 1951년 12월

정치 운동은 늘 현실과 지배적인 상황에 밀착되어 있어야 한다.

— ANC 트란스발 회의 중 〈자유를 향한 험난한 길(No Easy Walk to Freedom)〉로도 알려진 의장 연설에서, 남아프리카공화국 트란스발, 1953년 9월 21일

나는 변호사로서 첫발을 내딛었을 때부터 피부색으로 인해 어려움을 겪었고, 회원으로서 아프리카 민족회의를 지지하면서 더욱 힘들어졌다.

— 노동자 파업 선동 및 불법 출국 혐의로 유죄 판결을 받은 후 연설에서, 남아프리카공화국 프리토리아, 올드 시나고그, 1962년 11월 7일

아프리카 민족회의는 창설된 후 50년 동안 잇따른 남아프리카 정부에게 요구 사항을 관철시키기 위해 최선을 다했다. 언제나 우리나라의 병폐와 문제를 평화적으로 해결할 길을 모색했다.
— 같은 곳

나는 성인이 되었을 때 아프리카 민족회의의 일원이 되었다. 그것이 1944년이었으니, 나는 18년 동안 ANC의 정책을 따르고 지지하며, ANC의 목적과 전망을 신뢰해 왔다. 아프리카 민족회의의 정책은 내 가장 깊은 내면의 신념에 깊이 와 닿았다.
— 같은 곳

가장 암울한 순간에도 내가 쓰러지지 않을 수 있었던 이유는, 많은 어려움을 이겨내며 시련 속에 단단해진 가족이 내게 있다는 사실을 잊지 않았기 때문입니다.
— 애들레이드 탐보에게 쓴 편지에서, 로벤 섬, 1970년 1월 31일

아프리카 민족회의에 참여하면서 폭넓은 민족 운동에는 여러 가지 다양한 모순이 있다는 사실을 깨달았다. 거기에는 근본적인 것도 있고 그렇지 않은 것도 있다.
— 미출간 자서전 원고에서, 로벤 섬, 1975년

고향에서 나는 [족장인 욘긴타바] 달린디예보가 부족을 대표하여 가입비 30파운드를 지불했기 때문에 템부족 모두가 움부토 웨 시즈웨의 일원이라는 말을 몇 번이나 들었다. 그러나 아프리카 민족

회의라는 이름은 그때 처음 들었고, 이 움부토 웨 시즈웨가 바로 아프리카 민족회의라는 사실은 그로부터 한참 뒤에 알았다.

— 같은 곳

아프리카 민족회의는 프렐리모(모잠비크 해방 전선), ZAPU(Zimbabwe African People's Union, 짐바브웨 아프리카 인민 동맹), MPLA(People's Movement for the Liberation of Angola, 앙골라 인민 해방 운동), SWAPO(South West Africa People's Organization, 남서아프리카 인민 기구)를 포함하는 남아프리카의 강력한 동맹에 속해 있다. 모잠비크와 앙골라의 해방으로 새로운 시대의 전망이 활짝 열렸다는 낙관적 기대를 하지 않을 수 없다.

— 「장애물을 없애고 적에 맞서라(Clear the Obstacles and Confront the Enemy)」라는 글에서, 로벤 섬, 1976년

아프리카 민족회의는 필요하면 혼자 힘으로도 역사적 사명을 완수할 수 있다. 적의 맹렬한 공격에도 살아남아 지하에서 강력한 운동을 개시하고 세계 여론을 우리 편으로 결집시켰으며, 이제는 우리나라의 백인우월주의에 대항한 투쟁에서 새로운 시대를 열 준비가 되어 있다.

— 같은 곳

인종차별 없는 남아프리카를 실현하기 위한 싸움에서 아프리카 민족회의는 민주주의에 대한 꺼지지 않는 열망, 그리고 이 싸움의 대상이 외세가 아니라 바로 우리나라에 확고하게 자리 잡은 백인 소수 집단이라는 중요한 사실에 의해 움직인다. 아프리카 민족회의가

끈질기게 버틸 수 있는 것은 변화하는 상황에 빠르게 적응할 줄 아는 능력 덕분이다.
— 「흑인 의식 운동은 어디로(Whither the Black Consciousness Movement)」라는 글에서, 로벤 섬, 1978년

나는 아프리카 민족회의의 일원이다. 언제나 아프리카 민족회의의 일원이었고, 죽는 날까지 아프리카 민족회의의 일원으로 남을 것이다.
— 진드지 만델라[15]가 집회에서 대독한 조건부 석방 제안에 대한 응답에서, 남아프리카공화국 소웨토, 자불라니 스타디움, 1985년 2월 10일

의회 안팎을 막론하고 우리나라의 정치 조직 중에, 평화에 절대적으로 헌신한다는 점에서 아프리카 민족회의에 필적할 만한 것은 없다.
— 석방 후 처음 열린 기자회견에서, 남아프리카공화국 케이프타운 비숍스 코트, 데즈먼드 투투 대주교 관저, 1990년 2월 12일

아프리카 민족회의 없이는 우리나라에 평화적 해결이 있을 수 없다는 사실을 이제는 모든 사람이 알고 있다.
— 집에서, 남아프리카공화국 소웨토, 1990년 2월 14일

아프리카 민족회의는 자유롭고 민주적이며 인종차별 없는 통일된 남아프리카공화국이라는 원칙에 동의하는 모든 사람을 환영한다.

---

15 1960년~. 만델라가 두 번째 아내 위니와의 사이에서 얻은 둘째 딸.

우리는 우리나라에 하나의 국가를 세우는 데 전념하고 있다.
— 집회에서 연설하며, 남아프리카공화국 더반, 킹스파크 스타디움, 1990년 2월 25일

어떤 형태의 폭력, 어떤 형태의 강요, 어떤 형태의 괴롭힘도 아프리카 민족회의의 정책에 어긋난다.
— 젊은이들에게 한 연설에서, 남아프리카공화국, 1990년 4월 13일

아프리카 민족회의는 사회주의를 신봉하지 않는다. 우리는 극우부터 극좌까지 다양한 정치사상을 아우르는 폭넓은 민족 운동으로서, 자유주의와 보수주의를 모두 포용한다.
— 다큐멘터리 〈마지막 마일 : 만델라-아프리카와 민주주의〉에서, 1991년

아프리카 민족회의 같은 대중 운동에서 배출된 사람은 동료들의 안녕을 생각하지 않을 수 없어요, 동료들의 희생을 생각하면 말이죠. 게다가 그들 중에는 우리보다 훨씬 더 큰 희생을 감내한 이들이 있기 때문에 그들을 신경 써줘야 합니다.
— 리처드 스텡글과 나눈 대화에서, 1992년 12월 24일

아프리카 민족회의에서는 어떤 문제를 해결할 때 일반적으로 정반대되는 관점들에서 출발하여 그 문제를 철저히 토론한 뒤 합의에 도달하지요. 그러니 우리의 결정이 그토록 강력한 겁니다.
— 리처드 스텡글과 나눈 대화에서, 1993년 3월 16일

1944년에 가입한 후 나는 우리나라의 변화를 위한 투쟁과 내가 펼치고 있는 운동에 관련된 사상들을 좀 더 알기 위해 노력했어요.
— 리처드 스텡글과 나눈 대화에서, 1993년 3월경

우리가 비합법적인 상황 속에 지내다 보니 과거처럼 공개 모임에만 의존할 수 없다는 것이 걱정거리였습니다. 전국적 차원으로 결정을 내려서 그 결정을 가능한 한 짧은 시간에 전국의 우리 회원들에게 전달하는 것이 관건이었어요.
— 리처드 스텡글과 나눈 대화에서, 1993년 3월 19일

조직을 분열시켜서는 안 돼요. 사람들이 언제든 나를 찾아올 수 있게 해야 합니다. 그래야 내가 조직의 통합을 유지하는 역할을 할 수 있지요.
— 리처드 스텡글과 나눈 대화에서, 1993년 4월 29일

그 일원은 바뀌겠지만 조직은 계속될 것이다, 영원히.
— BBC(영국)와의 인터뷰에서, 날짜 미상

우리가 결속력 있는 세력으로, 전투적인 운동으로 제 역할을 다할 수 있으려면 일상적인 일에서 개인으로서나 조직으로서나 규율을 몸에 익혀야 한다.
— 1976년 소웨토 봉기 17주년 기념식에서, 남아프리카공화국 소웨토, 올랜도 스타디움, 1993년 6월 16일

우리는 인종차별과 억압의 적이다.
— 재건과 전략 수립을 위한 ANC 전국 회의에서, 남아프리카공화국,
   1994년 1월 21일

여러분 앞에 서니 여러분의 용기에 겸허해지고 여러분 모두에 대한 사랑으로 마음이 그득해진다. 우리 역사의 지금 이 순간 아프리카민족회의를 이끄는 것, 우리나라를 새로운 세기로 이끌도록 우리가 선택받은 것을 최고의 영광으로 생각한다.
— ANC의 선거 승리를 축하하는 연회에서, 남아프리카공화국 요하네스버그, 칼턴 호텔, 1994년 5월 2일

작은 기적이라고밖에 할 수 없는 것을 이루기 위해 그토록 열심히 일한 여러분 모두를 위해 건배하겠다. 선거 때처럼 평화롭고 정중하며 질서 정연한 축하연으로, 우리가 정부의 책임을 맡을 준비가 되어 있음을 보여 주자.
— 같은 곳

우리나라와 우리 국민을 인종차별과 아파르트헤이트라는 늪에서 건져 올리려면 결단과 노력이 필요할 것이다. 정부로서 아프리카민족회의는 피폐해진 우리 사회를 재건하고 발전시키는 크나큰 임무에 방해보다는 도움이 될 법적 틀을 만들어 낼 것이다.
— 대통령에 당선된 후 연설하며, 남아프리카공화국 케이프타운, 시청,
   1994년 5월 9일

나는 아프리카 민족회의에 들어가고 나서야 코사족이 아프리카 사람들의 일부에 지나지 않는다는 사실을 깨달았다. ANC의 임무는 아프리카 사람들을 하나로 묶어 그들로부터 한 국가를 세우는 것이었다.
― BBC 다큐멘터리에서, 1996년

우리 회원 가운데에는 ANC 회원이라는 지위를 이용하여 권력과 욕구 충족이라는 개인적 야심을 채우려는 사람이 많다.
― 제50차 ANC 전국 회의 개회식에서, 남아프리카공화국, 노스웨스트 대학교 마피켕 캠퍼스, 1997년 12월 16일

나는 평생 이 경험을 즐겁게 기억할 것이다. 우리가 내린 결정은 아프리카 민족회의가 항상 고집해 왔던 신념들을 재확인해 준다. 즉, 남아프리카공화국의 모든 국민, 그중에서도 가난한 사람들의 삶을 근본적으로 변화시키고, 우리 사회가 당면한 모순을 인식하여 그것을 용감하게 발언할 뿐만 아니라 그 해결책을 찾고, 사회적 갈등을 더욱 악화시키는 일을 피하고, 부족중심주의와 인종차별과 종교적 불관용 같은 폐해를 몰아내어 새로운 나라를 세우는 것이다.
― 제50차 ANC 전국 회의 폐회식에서, 남아프리카공화국, 노스웨스트 대학교 마피켕 캠퍼스, 1997년 12월 20일

내가 조직에 갓 들어가 새파란 애송이였던 초창기에 아프리카 민족회의 트란스발 지부장이던 콘스탄틴 라모아노에가 나를 데려 나가 기차를 타거나 걸어서 마을과 도시와 소도시를 돌아다니면서, 나와

내 세대에게 절대 국민과의 접촉을 잃어서는 안 된다고 가르쳤다.
— 같은 곳

한 시대는 종종 그 시대의 우여곡절을 연상시키는 개인을 만들고 길러 낸다. 그래서 하나의 이름이 시대의 상징이 된다. 우리가 바통을 넘길 때, ANC가 나를 그 지향점의 상징으로 만들어 준 데 대해 감사의 말을 전해야 마땅할 것이다. 내가 누린 사랑과 존경이 ANC와 그 이념에 대한 사랑과 존경임을 나도 잘 안다. 남아프리카가 이룬 기적과 남아프리카 국민의 존엄에 대한 전 세계의 인정은 누가 뭐래도 ANC의 업적에 대한 인정이다.
— 같은 곳

여러분과 우리나라 국민에게 확언하건대, 앞으로도 계속 변혁에, 그리고 그런 변혁을 가져올 수 있는 유일한 운동인 ANC에 미약하나마 나의 힘을 보태겠다.
— 같은 곳

우리나라가 민주주의를 향해, 인종차별과 성차별의 철폐를 향해 몇 걸음이라도 나아가는 데 내가 도움이 됐다면, 그것은 내가 아프리카 민족회의의 산물이기 때문이다. 정의와 인간의 존엄, 자유를 얻기 위해 싸우는 이 운동이 배출한 수많은 거인들의 그늘 속에서 우리는 행복을 얻고 있다.
— 민주적으로 선출된 첫 의회의 마지막 회기에, 남아프리카공화국 케이프타운, 1999년 3월 26일

아프리카 민족회의는 망명 중에 사람들을 모으고 재정비하여 낯선 외국 땅에서 투쟁해야 했다. 올리버 [탐보][16]는 국외 활동의 지휘자로 파견되어, 망명 중인 아프리카 민족회의를 이끄는 일을 맡았다.

— 제5차 스티브 비코 강연에서, 남아프리카공화국 케이프타운, 케이프타운 대학교, 2004년 9월 10일

요즘 우리 조직에 깊은 분열의 조짐이 있다. 조직에서 견해 차이와 갈등이 생기는 것은 흔히 있는 정상적인 일이다. 우리는 중요한 견해 차이가 생길 때마다 이런 관점에서 처리한다.

— 제52차 아프리카 민족회의 전국 회의에 전한 메시지에서, 남아프리카공화국 폴로콰네, 림포포 대학교, 2007년 12월

나는 ANC가 없다면 아무것도 아닐 것이다.

— 만델라의 아흔 번째 생일을 축하하는 ANC 집회에서, 남아프리카공화국 프리토리아, 로프터스 버스펠드 스타디움, 2008년 8월 2일

여러분은 거의 한 세기 동안 이어져 내려온 위대한 조직의 후계자들이다. 이제 그 역사에서 가장 좋고 가장 고귀한 것을 유지하는 일은 여러분의 몫이다.

— 같은 곳

---

16 1917~1993년. 변호사이자 정치가, 반아파르트헤이트 활동가. 아프리카 민족회의 지도부이며 아프리카 민족회의 청년 동맹의 공동 설립자.

어떤 개인, 분파, 파벌, 집단도 국민 모두의 공동선과 조직보다 스스로를 더 중요하게 여겨서는 안 된다.

— 같은 곳

조직이 그 과거를 찬미하며 가깝고 먼 미래를 내다볼 때에는 심사숙고해야 한다. 우리나라의 가장 큰 도전 과제는 민주주의를 굳건히 다지고 심화하여 남아프리카 국민의 삶을 개선하는 것이다. 이 모든 일에서 ANC의 역할은 여전히 중요하다.

— ANC 선거 공약 선언식과 창립 97주년 기념식에 전한 메시지에서, 남아프리카공화국 이스트런던, 압사 스타디움, 2009년 1월 10일

우리가 위험을 무릅쓰고 그토록 많은 희생을 치러 가며 쟁취하려고 애썼던 민주적 권리를 우리 국민이 누리고 행사할 수 있는 환경을 만드는 데 ANC가 주도적 역할을 하리라 다시 한 번 기대해 본다. 우리 조직은 그 자랑스러운 역사에 누가 되지 않도록 늘 품위 있게 처신해야 한다. 그리고 우리 국민의 행복을 그 무엇보다 최우선으로 숙고해야 한다.

— 같은 곳

아프리카 민족회의 청년 동맹
African National Congress Youth League

아프리카 민족주의의 수호자인 아프리카 민족회의 청년 동맹, 그리고 다소 차이는 있을지라도 ANC의 시니어 동맹은 하나로 단결된 자유롭고 민주적이고 독립적이며 번영하는 남아프리카에 살기를 꿈꾸는 아프리카인들, 아니 모든 억압받는 사람들에게 가장 큰 희망이다.

— ANC 청년 동맹 연례회의 의장 연설에서, 남아프리카공화국, 1951년 12월

아프리카 민족주의는 단 하나뿐이며, 그것은 바로 아프리카 민족회의와 청년 동맹이 제의한 아프리카 민족주의임을 힘주어 말하고 싶다.

— 같은 곳

나는 잘 단련된 충성스러운 ANC 회원이다. 내게 어떤 지시가 내려와도 그것을 수행할 것이다.

— 집에서, 남아프리카공화국 소웨토, 1990년 2월 14일

우리가 국가 정치를 접하고 거기에 첫발을 내딛는 데 대단히 중요한 역할을 한 청년 동맹의 현 세대 일원들과 이 역사적인 행사를 함께 축하할 수 있어서 큰 영광이다.

— ANC 청년 동맹 창립 58주년을 기념하는 집회에서, 남아프리카공화국, 2002년 10월 27일

해방 투쟁에서 태어난 우리 청년 동맹에게 가장 큰 난제는 한층 정상화된 사회의 요구에 걸맞은 프로그램, 프로젝트, 메시지로 부응하는 일일 것이다.
— 같은 곳

우리는 ANC 청년 동맹이 피해의식에서 벗어나 이제는 우리의 운명을 스스로 개척할 수 있다는 확신을 가지고 새로운 사회의 자신만만한 건설자로서 우리나라 젊은이들에게 모범을 보여 주리라 기대한다.
— 같은 곳

ANC 청년 동맹의 역사는 한 나라의 청년 조직이 그 사회의 진로를 결정하는 데 건설적인 역할을 할 수 있고 또한 그래야 한다는 것을 증명해 준다.
— 같은 곳

아프리카 민족주의 African Nationalism

친구가 한번은 내게 아프리카 민족주의와 변증법적 유물론을 어떻게 동시에 신봉할 수 있느냐고 물었다. 그러나 두 이데올로기 사이에는 어떤 모순도 없다. 오히려 서로 보완적이다.
— 미출간 자서전 원고에서, 로벤 섬, 1975년

나는 아프리카 민족주의자로서 아프리카인의 통합, 소수 지배로부터의 해방, 정무 처리권을 쟁취하기 위해 애쓰고 있다.
— 같은 곳

아프리카의 르네상스 African Renaissance

아프리카는 오랫동안 모든 것을 과거 탓으로, 다른 사람들 탓으로 돌리려는 버릇이 있었다. 그러나 곧 시작될 르네상스 시대는 아프리카인으로서 아프리카의 상황을 개선하려는 우리 스스로의 노력을 바탕으로 하고 있으며, 또 그래야 한다.
— 아프리카 평화상을 받으며, 남아프리카공화국 더반, 1995년 3월 18일

머지않아 아프리카의 르네상스가 도래할 것이며, 우리 과제는 역사의 파도 속에서 아프리카 대륙을 잘 이끌어 나가는 것이다. 지도부는 덧없는 권력에 눈멀어 자기만족의 늪에 빠지는 행동을 보여서는 안 된다.
— OAU(아프리카 통일 기구) 정상회담에서, 카메룬 야운데, 1996년 7월 8일

한 국가 속에서 서로 다른 피부색과 인종이 어우러져 있는 우리는 아프리카 사람이다. 우리는 아프리카 르네상스의 일환으로 정치, 경제, 사회 발전에서 아프리카적인 성공을 모색하고 꼭 성취해야 한다.
— 영국 상하원 합동 회의에서 연설하며, 영국 런던, 웨스트민스터 홀,
　1996년 7월 11일

아프리카의 부활은 이제 단순한 관념만이 아니다. 우리가 바쁘게 건설하고 있는 지역 공동체와 아프리카 대륙 전체에 그 씨앗이 뿌려지고 있다.
— 우간다의 무세베니 대통령을 위한 연회에서, 남아프리카공화국 케이프타운, 1997년 5월 27일

아프리카가 부활할 때가, 우리 대륙이 승자의 자리를 차지할 때가 왔다. 아프리카는 예전의 영광을 되찾고, 수세기 동안 경제와 정치, 문화, 예술에 기여한 바를 재천명하고, 인간 활동의 많은 방면에서 다시 한 번 선구자가 되기를 열망하며, 또 그럴 자격이 충분하다.
— 모잠비크에 아프리카 평화상을 수여하며, 남아프리카공화국 더반, 1997년 11월 1일

우리 대륙의 부흥을 꿈꾸고 이를 위해 노력하는 와중에도 우리는 과거에 식민지화되어 주변부로 밀려났던 곳들이 모두 제자리를 찾아 다른 국가의 소유물이 아닌 역사의 주체가 되는 공정하고 새로운 세계 질서가 만들어져야 아프리카의 르네상스도 성공할 수 있음을 잊지 않고 있다.
— 제19회 CARICOM(Caribbean Community and Common Market, 카리브 공동체) 정부 수반 회의 폐막식에서, 세인트루시아, 1998년 7월 4일

아프리카너 Afrikaners

흑인이든 백인이든 정직한 사람들이 있으며, 아프리카너[17]도 예외가 아니다. 국민이 중대 쟁점들을 알아채지 못하는 한 아프리카너 지도자들이 전적인 지지를 받으리라는 강력한 논거가 있다. 우리는 아프리카너들을 제대로 간파해야만 현 문제들에 대한 생각의 동향을 읽고 단순한 추측이 아닌 정확한 자료를 토대로 행동할 수 있다.

— 「장애물을 없애고 적에 맞서라」라는 글에서, 로벤 섬, 1976년

모든 공동체들, 흑인과 백인, 특히 아프리카너들의 반응이 더할 나위 없이 대단하다. 그 덕분에 우리는 힘을 얻고 미래에 대한 희망을 품는다.

— 브람 피셔[18] 추모 강연에서, 남아프리카공화국 요하네스버그, 마켓 시어터, 1995년 6월 9일

여러 차례 말했듯이, 우리나라의 아프리카너들은 우리에게 많은 고통과 많은 괴로움을 안겨 주었다. 그들은 이루 말할 수 없이 무신경했다. 차마 인간이 할 수 있으리라 생각도 할 수 없는 짓을 우리나라의 흑인들에게 저질렀다. 그러나 수습변호사로서, 변호사로서, 죄수로서, 정치가로서 나는 한 가지 분명한 사실을 발견했다. 아프리카너가 한번 변하면 완전히 변하여 진짜 친구가 된다는 것이다.

— 같은 곳

---

17 남아프리카 태생의 백인.
18 1908~1975년. 아프리카너계 변호사이자 반아파르트헤이트 활동가.

한때 우리나라 대다수 사람들에게 마치 죄수들을 대하듯 무자비하고 무신경하게 행동했던 많은 아프리카너들이 완전히 변하여 믿음직하고 충실한 남아프리카 사람이 되었다. 과거의 유산, 특히 많은 국민들의 빈곤을 해결하기 위해 다 함께 협력함으로써 우리나라를 진정으로 치유하려면, 다른 면에서도 그런 변화가 이루어져야 한다.
— 레지나 문디의 날에 레지나 문디 교회[19]에서, 남아프리카공화국 소웨토, 1997년 11월 30일

나이 Age

사랑하는 이들이 말하기도 끔찍한 온갖 종류의 정신적·육체적 문제로 순식간에 늙어 버렸어요. 이상주의자들은 떨어져 있으면 그리움이 커진다고 말하지만, 애정의 끈은 약해지기 쉽지요.
— 토로베차네 추쿠두(애들레이드 탐보의 가명)에게 쓴 편지에서, 로벤 섬, 1977년 1월 1일

무릎이 뻣뻣해지고 눈이 침침해지고 백발이 성성해져도, 이 격동적 상황에 당신이 중요한 기여를 했다는 사실에 위안을 얻어야 할 것입니다.
— 힐다 번스타인[20]에게 쓴 편지에서, 남아프리카공화국 케이프타운, 폴스무어 교도소, 1985년 7월 8일

---

19 만델라가 젊은 시절 혁명을 도모했던 곳으로, 아파르트헤이트 저항의 상징이 되었다.
20 1925~2006년. 영국 태생의 저술가이자 화가, 반아파르트헤이트 활동가, 인권 운동가. 동료 운동가인 라이어넬 러스티 번스타인과 결혼했다.

내가 데클레르크 대통령[21]보다 한참 위인 것이 하나 있는데, 바로 나이이다.

── CODESA(Convention for a Democratic South Africa, 민주 남아프리카를 위한 회의) 기자회견에서, 남아프리카공화국, 켐프턴 파크, 1991년

나는 나이가 들어 쇠약하며 내 나이의 특권인 편견이라는 족쇄를 차고 있다. 그런데 오늘 여기 있으니, 내 정신이 젊은이처럼 팔팔해진 것 같다.

── 제106차 국제 올림픽 위원회 총회에서 케이프타운의 올림픽 유치 입후보를 발표하며, 스위스 로잔, 1997년 9월 5일

우리 뒤를 이어 새로운 세기와 새 천년으로 들어가는 사람들이 진척해야 할 복잡한 일들이 있다. 나이의 무게에 짓눌린 우리 같은 사람들이 "통한의 나무는 다 자랐다."라고, 우리 삶의 가을은 아프리카의 봄을 예고한다고 자신 있게 말할 수 있도록 말이다.

── OAU(아프리카 통일 기구) 정상회담에서, 부르키나파소 와가두구, 1998년 6월 8일

나이 들어 좋은 점 하나는 그저 머리가 허옇다는 이유로 사람들이 나를 존경하고 내 참모습에 상관없이 온갖 좋은 말을 해준다는 것이다.

── 만델라의 여든 번째 생일을 축하하는 행사에서, 남아프리카공화국 미드랜드, 갤러거 이스테이트, 1998년 7월 19일

---

21 프레데리크 빌렘(F. W.) 데클레르크(1936년~). 1989~1994년에 남아프리카공화국 대통령을 지냈다.

노인이 존경받는 것은 실제로 이룬 업적보다는 허연 머리 덕분이라는 나의 빈번한 주장이 점차 사실로 증명되고 있다.
— 걸프 협력 회의 정상회담에서, 아랍에미리트연합국 아부다비,
1998년 12월 7일

오늘 토이토이[22]를 출 수 있는 힘과 튼튼한 팔다리가 있으면 얼마나 좋을까.
— 피터 모카바[23]의 장례식에서, 남아프리카공화국 만켕, 노스 대학교 오스카 음페타 스타디움, 2002년 6월 15일

우리는 세월이 흐르면서 점점 더 허리가 굽어지는 서로의 모습을 지켜보았다.
— 월터 시술루[24]의 묘비 제막식에서, 남아프리카공화국 요하네스버그, 뉴클레어 공동묘지, 2003년 12월 16일

이제는 내가 늙어가는 것이 느껴진다. 세월은 유수 같지만 난 별로 걱정하지 않는다. 사람들이 나를 보면, 특히 나를 처음 보는 사람들이 "참 젊어 보인다."라고 말해 주니 말이다.
— 만델라 환영 위원회와 재회하여, 남아프리카공화국 요하네스버그,
2010년 2월 4일

---

22 남아프리카공화국에서 정치적 시위를 할 때 다리를 들었다 내렸다 하며 추는 춤.
23 1959~2002년. 넬슨 만델라 정부의 차관, 아프리카 민족회의 청년 동맹의 회장을 역임했다.
24 1912~2003년. 반아파르트헤이트 운동가. 1944년에 아프리카 민족회의 청년 동맹을 공동 창설했다.

나는 아픈 게 아니다. 늙었다.

— 남아프리카공화국 요하네스버그, 2011년 1월 27일

에이즈 AIDS

에이즈는 전 세계가 맞붙어 싸워야 할 중대한 문제이다. 그 해결을 위해서는 한 대륙의 역량을 훨씬 뛰어넘는 자원이 필요하다. 그 문제를 혼자 힘으로 해결할 수 있는 나라는 어디에도 없다.

— 공책에서, 1991년 12월

많은 사람들이 자녀에게 섹스에 대해 얘기하기를 어려워하지만, 우리가 젊은이들을 안전한 섹스로 인도해 주지 않으면 결국엔 치명적인 질병의 손에 놀아나게 된다.

— 전국 에이즈 회의에서, 남아프리카공화국 요하네스버그, 나스렉,
  1992년 10월 23일

치열한 연구가 무색하게도 에이즈에는 치료법도 백신도 없다는 사실을 우리는 이미 알고 있다. 따라서 우리가 채택해야 할 전략은 여전히 예방이다.

— 같은 곳

젊은이들이나 어른들이나 이 유행병과 싸우는 데 도움이 되는 생활 방식을 선택해야 한다.

— 세계 에이즈의 날에 전한 메시지에서, 남아프리카공화국, 1994년 12월 1일

우리가 에이즈 환자들의 권리를 보호하는 일에, 그리고 이 유행병을 저지하고 배려와 지원을 아끼지 않는 환경을 조성하는 일에 앞장서고 있음을 행동으로 증명해 보이자.
— 같은 곳

사람들이 콘돔, 성병 치료약, 건강관리와 검사, 상담 기관에 쉽게 접근하여 스스로를 지킬 수 있는 환경을 마련해야 한다. 지금껏 이 유행병을 따라 다녔던 오명과 비난, 수치심과 거부감을 버리고 숨김없이 얘기할 수 있어야 한다.
— 같은 곳

에이즈라는 난제는 우리가 세계 공동체로서 협력해야 극복할 수 있다.
— 세계 경제 포럼에서, 스위스 다보스, 1997년 2월 3일

젊은이들에게 되도록이면 섹스를 삼가라고 거듭 호소해야 한다. 그래도 섹스를 하겠다면 콘돔을 쓰도록 해야 한다. 모든 남녀에게 서로 정절을 지키라고, 혹시라도 그렇지 않을 경우엔 콘돔을 쓰라고 거듭 호소해야 한다.
— 세계 에이즈의 날에 열린 집회에서, 남아프리카공화국 음투바투바,
  1998년 12월 1일

침묵을 깨고 에이즈에 관해 솔직하게 공개적으로 말하고, 에이즈에 걸린 사람들에 대한 차별을 종식시키자. 에이즈 환자들과 고아들을

보살피고, 사랑과 연민으로 그들을 지원하자.
— 같은 곳

세상을 떠난 이들을 기리며, 그리고 에이즈 환자들과의 연대를 위하여 오늘도 붉은 리본을 달자. 이 서약을 반드시 지키겠다는 표시로 붉은 리본을 달자.
— 같은 곳

아이들에게 안전한 섹스를 가르칠 때가 왔다. 섹스는 한 상대하고만 해라, 피임을 해라 같은 말들을 할 때가 왔다. 내가 그런 얘기를 꺼내면 아이들은 반감을 드러냈다.
— 신문·방송 편집인들과 여론 주도자들에게 브리핑하며, 남아프리카공화국 프리토리아, 1999년 5월 10일

이제는 낡은 전통과 금기를 버려야 한다고 일반 대중을 설득하기 위해서 대대적인 교육 캠페인을 벌여야 한다. 에이즈는 경제 활동 인구를 해치는 병이기 때문이다. 그것이 나라 경제를 무너뜨릴 수도 있다.
— 같은 곳

일반 대중을 교육하는 다수의 프로그램이 필요하다. 그리고 물론 이 약을 지금보다 낮은 가격에 이용할 수 있게 해야 한다. 환자들이 적당한 비용으로 살 수 있어야 하는데, 현재로서 우리는 그 약을 공짜로 제공할 만한 재원이 없다.
— 같은 곳

얼버무리지 말고 분명히 말하자. 유례없는 비극이 아프리카에서 펼쳐지고 있다. 지금 아프리카에서는 전쟁과 기근, 홍수, 말라리아 같은 치명적인 병으로 죽는 사람을 모두 합친 것보다도 에이즈가 더 많은 사람의 목숨을 앗아가고 있다. 그 병이 가족과 공동체를 결딴내고, 의료 서비스를 집어삼켜 고갈시키고, 학교에서 학생들과 교사들을 빼앗아가고 있다.
— 제13차 국제 에이즈 회의 폐막식 연설에서, 남아프리카공화국 더반, 2000년 7월 14일

HIV(인간 면역 결핍 바이러스)·에이즈의 엄청난 위협 앞에서 우리는 서로의 차이를 뛰어넘어 함께 손잡고 사람들의 목숨을 구해야 한다. 지금 당장 그렇게 하지 않으면, 역사가 우리를 가차 없이 심판할 것이다.
— 같은 곳

침묵을 깨고, 오명과 차별을 추방하고 에이즈에 맞선 투쟁에서 우리 모두 하나가 되어야 한다. 이 끔찍한 병에 걸린 사람들은 오명이 아닌 사랑을 원한다.
— 같은 곳

말로만 떠들 것이 아니라 행동에, 그것도 유례없이 치열하고 대대적인 행동에 나서야 한다. 효과가 있는 방식에 집중해야 한다.
— 같은 곳

HIV는 전쟁보다 더 심각하다. 그러나 여러분이 변화를 만들어 낼 수 있는 전쟁이다. 여러분의 부모님과 친구, 선생님에게 섹스에 대해, HIV·에이즈의 위험에 대해 이야기하라.
— 에이즈 공익 광고에서, 2000년 12월 1일

섹스를 하기 전 섹스에 관해 배우고, 안전한 섹스에 관해 배우라. 기다렸다가 성인이 되면 그때 섹스를 하는 것이 좋다. 섹스를 할 때는 자신을 생각하고 자신이 사랑하는 사람들을 생각하라. 콘돔을 쓰라.
— 같은 곳

여러분은 미래이다. 반드시 HIV·에이즈를 피하여 여러분의 생명과 여러분이 사랑하는 사람의 생명을 지켜야 한다. 자기 자신과 자신이 사랑하는 사람을 지켜야 한다. 나는 여러분을 사랑하며, 여러분이 여러분의 미래와 우리 모두의 미래에 관심을 기울이는 것을 고맙게 생각한다.
— 같은 곳

에이즈 반대 메시지가 성공을 거두지 못하는 것은 한 가지 큰 장애물 때문이다. 바로 낙인찍기이다.
— COSATU(Congress of South African Trade Union, 남아프리카 노동조합 회의) 집행위원회에게 연설하며, 남아프리카공화국 요하네스버그, 2001년 7월 25일

에이즈는 부정해야 할 저주가 아니라 물리칠 수 있는 병이다. HIV에 감염된 사람들에게 계속 오명을 씌우는 것에 저항하는 것은 연

민 어린 행동일 뿐만 아니라 현실적이고 실용적이기도 하다.
— 같은 곳

부족 지도자들은 부족민들에게 솔직하게 얘기해야 하고, 더 나아가 국회의원들도 연설의 10퍼센트를 먼저 이 문제에 할애해야 하며, 의사들도 상담할 때마다 환자들에게 에이즈에 대해 얘기해야 한다. 모든 노동조합 지도자 및 간부, 모든 고용주, 모든 법률가는 매일의 일상 업무 속에 자문해야 한다. HIV의 확산을 막기 위해 우리가 할 수 있는 일은 무엇일까?
— 같은 곳

에이즈를 우리나라의 적으로 삼고 전쟁을 벌일 에이즈 반대 캠페인 단체를 만들어야 한다. 그들은 노동 현장에서, 사무실에서, 경기장과 교실에서 매일 이 전쟁을 치러야 한다.
— 같은 곳

오명이 때로는 불치병 자체보다 더 위험하다. 여러분은 치료를 받을 수 있으니 약의 도움으로 가능한 한 오래 싸우며 살 수 있다. 그러나 오명은 여러분의 자신감을 무너뜨린다.
— 졸라 병원 개원식에서, 남아프리카공화국 소웨토, 2002년 3월 7일

공동체로부터 자주 거부당하고 배척당하는 에이즈 고아들만큼 시급한 관심이 필요하며 비통한 일도 없다. 자신이 저지르지도 않은 행위의 결과로 어쩔 수 없이 신체적, 사회적, 감정적으로 고통받고

있는 이 어린아이들만큼 내 마음을 흔드는 것도 없다.
― 2002년도 제14차 에이즈 회의 폐막식에서, 에스파냐 바르셀로나, 2002년 7월 12일

더 나은 세상을 건설하기 위한 투쟁에 거의 평생을 바치며 때로는 극복할 수 없을 것 같은 역경과 맞서 싸운 사람으로서, 에이즈와의 전쟁을 벌이고 있는 모든 이들에게 말하고 싶다. "여러분에게 크게 감탄하고 있다. 계속 싸우다 보면 인류를 위협하는 이 끔찍한 재앙을 이길 수 있을 것이다."
― 같은 곳

우리 모두는 인간이며, 따라서 결국엔 누구나 HIV·에이즈에 영향을 받을 수밖에 없다. 에이즈로 죽어가고 있는 사람들을 버린다면, 더는 우리 자신을 인간이라 부를 수 없다.
― 같은 곳

우리가 힘을 합하면 수세기 만에 인류가 직면한 가장 심각한 재앙과의 이 전쟁에서 이길 수 있고, 반드시 그래야 한다.
― 넬슨 만델라 HSRC 프레스(인문과학 연구소 출판부)의 에이즈 연구 출범식에서, 남아프리카공화국 요하네스버그, 2002년 9월

에이즈와의 싸움에는 또 다른 사회 혁명이 필요할 것이다. 아파르트헤이트에 대항한 혁명적 투쟁에서 영웅적으로 싸웠듯이 우리나라 젊은이들은 다시 한 번 사회 혁명에서 주도적 역할을 해야 한다.
― 에이즈 청년 포럼에서, 남아프리카공화국 요하네스버그, 비트바테르스란트 대학교, 2002년 9월 22일

에이즈는 감기처럼 어쩌다 걸리는 병이 아니라, 안전하지 않은 섹스의 결과이다. 우리 모두 자신의 행동에 책임을 져야 한다. 그래서 특히 부모들에게 부탁하고 싶다. 자녀들에게 에이즈와 섹스, 인간관계에 대한 솔직한 이야기를 자주 해주라고 말이다.
— 넬슨 만델라 재단과 카이저 가족 재단의 러브라이프 캠페인 공동 지원을 축하하는 의식에서, 남아프리카공화국 요하네스버그, 2002년 9월 28일

성에 관해, 인간관계에 관해, HIV·에이즈에 관해, 이 세계적인 유행병과의 전쟁에 우리가 기여하고 참여할 수 있는 방법에 관해 터놓고 이야기하자. 전쟁은 자각과 함께 시작된다.
— 건설업계의 에이즈 인식 제고 전략을 이야기하며, 남아프리카공화국 쿠누, 넬슨 만델라 국립 박물관, 2002년 10월 21일

우리는 HIV 감염자들을 사랑하고 격려하고 용기를 북돋워 주어야 한다. 이것이 우리가 에이즈와의 싸움에 가장 크게 기여할 수 있는 길이다.
— 놀룽길 진료소에서, 남아프리카공화국 케이프타운, 카이얼리처, 2002년 12월 12일

HIV·에이즈와의 싸움은 우리가 아파르트헤이트와의 투쟁에서 발휘했던 인도적 배려와 연민을 다시 한 번 한껏 뽐낼 기회이다. 배경이나 성별, 연령에 관계없이 모든 국민이 함께 손잡고 우리나라가 무너지는 것을 막기 위해 나설 것이다.
— 에이즈 청년 포럼에서, 남아프리카공화국 요하네스버그, 비트바테르스란트 대학교, 2003년 9월 22일

HIV·에이즈가 가족과 공동체, 사회, 경제에 아주 파괴적인 영향을 끼치고 있다. 남아프리카공화국을 포함하여 에이즈로 심한 타격을 받은 아프리카 국가들에서는 기대 수명이 수십 년 줄어들었고, 아동 사망률도 두 배 이상 증가할 것으로 예상된다. 에이즈는 분명 재난이다. 지난 수십 년 동안의 성장 결과물들을 모조리 지워 버리고, 미래까지 파괴하고 있다.

— 같은 곳

우리는 많은 투쟁을 했고 이겼다. 지금은 어린이에 대한 비인간적 대우뿐만 아니라 HIV·에이즈와도 싸워 이겨야 한다. 우리는 감히 포기하거나 항복하지 않을 것이다.

— 연례 어린이 축하 행사에서, 남아프리카공화국 블룸폰테인,
2003년 9월 27일

우리나라를 재건하고 발전시키는 과정에서 우리는 그 어느 때보다도 큰 위협과 적을 마주하고 있다. 바로 HIV·에이즈이다. 전 세계를 휩쓸고 있는 이 병이 상상조차 할 수 없는 규모와 방식으로 우리의 미래를 위협하고 있다.

— 46664 캠페인을 위한 기자회견에서, 로벤 섬, 2003년 11월 28일

46664는 내 수인번호였다. 로벤 섬에 수감된 18년 동안 나는 그 숫자로 취급당했다. HIV·에이즈에 감염된 수백만 명의 사람들 역시 우리가 행동하지 않으면 그저 숫자로 취급될지도 모른다. 그들도 감옥에 갇힌 삶을 살고 있다, 그것도 평생. 그래서 나는 이 캠페인을

추진하는 데 도움이 된다면 내 수인번호 '46664'를 써도 좋다고 허락했다.
— 46664 콘서트에서, 남아프리카공화국 케이프타운, 그린포인트 스타디움, 2003년 11월 29일

에이즈는 이제 그냥 병이 아니다. 그것은 인권 문제이다.
— 같은 곳

치료가 필요한 사람들, 특히 치료할 여유가 없는 사람들도 치료를 받을 수 있어야 한다. 건강은 수입의 문제가 될 수 없으며, 기본적으로 누려야 할 인권이다. 사람들에게 HIV·에이즈에 감염돼도 건강하고 충만한 삶을 살 수 있다는 희망을 주어야 한다.
— 남아프리카공화국 최초의 공공-민간 에이즈 치료소를 개설하며, 남아프리카공화국 케이프타운, GF 주스트 병원, 2003년 12월 1일

전 세계를 휩쓰는 이 파괴적인 병으로 인해 인간의 가장 기본적인 존엄성이, 살 권리와 건강하게 살 권리가 위협받고 있다.
— 제28차 국제 적십자·적신월사 회의에서, 스위스 제네바, 2003년 12월 2일

에이즈를 사형 선고에서 만성 질환으로 바꾸는 데 도움이 되는 약이 있다. 어머니와 임신부가 그 병을 갓난아이에게 옮기는 것을 막는 약도 있다.
— 46664 캠페인 CD와 DVD 발간을 위한 메시지에서, 2004년 4월 1일

에이즈와의 싸움은 21세기 벽두에 세계가 직면한 가장 큰 과제 가운데 하나이다.
— 제15차 국제 에이즈 회의 폐막식에서, 타이 방콕, 2004년 7월 16일

인간의 역사에서 HIV·에이즈보다 큰 위협은 없었다. 언뜻 더 시급해 보이는 문제에 한눈을 팔아서는 안 된다. HIV·에이즈와의 싸움에 우리의 에너지와 자원을 총동원하지 않으면 역사가 우리를 가차 없이 심판할 것이다.
— 같은 곳

내 아들이 에이즈로 죽었다.
— 기자회견에서 아들 마카토가 에이즈로 사망한 사실을 알리며, 남아프리카공화국 요하네스버그, 2005년 1월 6일

에이즈로 죽는 사람들에 관해 솔직하게 이야기하는 것이 중요하다는 사실을 점차 깨달았으면 좋겠다.
— 같은 곳

HIV·에이즈를 숨기지 말고 공개적으로 알리자. 그 병을 결핵이나 암 같은 일반적인 병으로 보이게 하는 유일한 길은 누군가가 에이즈로 죽었다는 사실을 공개적으로 알리는 것이기 때문이다. 그래야 사람들은 에이즈를 희한한 병으로, 천당이 아니라 지옥에 갈 사람들이나 걸리는 병으로 보지 않을 것이다.
— 같은 곳

HIV·에이즈와의 싸움에서 아프리카 여성들에게 발언권을 주자. 그들의 목소리가 정치권에 울려 퍼지게 하자. 그들의 목소리가 집에서 들리게 하자. 그들의 목소리가 농장과 공장에서, 도시와 마을에서 들리게 하자.
— 46664 콘서트에서, 남아프리카공화국 조지, 팬코트, 2005년 3월 19일

전 세계에서 점점 기세를 더해 가고 있는 거대한 물결에 여러분의 목소리를 더할 것을 촉구한다. 우리가 소심하게 움츠러들수록 우리의 형제자매와 자녀들, 손자손녀들에게 사형 선고를 내리는 꼴이 된다. 우리 시대의 역사가 글로 남겨진다면, 우리는 전 세계가 위기에 처했을 때 등을 돌린 세대로 기억될까, 아니면 옳은 일을 한 세대로 기록될까?
— 46664 콘서트에서, 노르웨이 트롬소, 2005년 6월 11일

오늘날 에이즈가 전 세계를 휩쓸며 우리 삶의 바탕 자체를 위협하고 있다. 그런데 우리는 HIV에 감염된 수백만 명을 치료하고 지원해 주는 일보다 무기에 더 많은 돈을 쓰고 있다. 우리가 살고 있는 곳은 위대한 약속과 희망의 세계이지만, 절망과 질병, 기아의 세계이기도 하다.
— 라이브 8 콘서트[25]에서, 남아프리카공화국 요하네스버그, 메리피츠제럴드 광장, 2005년 7월 2일

---

25 2005년 7월 2일 지구촌 4개 대륙 10개 도시에서 아프리카 빈곤 퇴치를 촉구하며 열린 초대형 콘서트.

그간의 모든 전쟁보다 에이즈가 더 많은 인명을 앗아간 만큼, 우리는 가능한 방법을 총동원하여 우리 자신과 아이들, 손자손녀들을 이 질병으로부터 보호해야 한다. 질병이 우리 자유의 미래를 파괴하도록 내버려둘 수는 없다.
— 46664 성화 릴레이를 위한 집회에서, 남아프리카공화국 미들버그, 2005년 7월 22일

HIV·에이즈는 우리 국민이 직면한 가장 큰 도전 과제이다. 포괄적인 예방과 치료, 관심, 모든 차원에서의 지원이 고루 이루어지는 장기적이고 헌신적인 대응이 필요하다.
— 언론에 발표한 성명에서, 2005년 11월 5일

에이즈라는 세계적 유행병이 우리 모두에게 영향을 끼치고 있는 지금, HIV와 에이즈의 짐을 가장 무겁게 지고 있는 사람은 여성들이다. 여성들은 딸, 어머니, 자매, 할머니로서 날마다 이 유행병을 겪으며 이겨 내고 있다. 그들은 오늘날의 잊힌 죄수들이다.
— 국제 엠네스티로부터 양심 대사상을 받으며, 남아프리카공화국 요하네스버그, 넬슨 만델라 재단, 2006년 11월 1일

우리는 행동하고, 또 단호히 행동해야 하며, 무엇보다 함께 노력해야 한다. 이 유행병의 참혹한 파괴력을 막는 길은 우리 안에 있다.
— 세계 에이즈의 날에 전한 메시지에서, 2006년 12월 1일

HIV에 대응하는 것이 전 세계 나라와 지역에 따라 큰 차이가 나고 그 차이가 갈수록 점점 더 커지고 있는 점이 큰 문제이다. 에이즈 환자들에 대한 낙인찍기와 차별이 만연해 있으며, 이는 이 질병의 확산을 멈추는 데 실질적인 장애가 되고 있다.

— 같은 곳

우리는 치명적인 HIV·에이즈의 창궐을 깊이 우려하고 있으며, 이 비극적 질병에 붙어 다니는 오명을 없앨 수 있도록 전 세계 사람들이 도와주기를 간절히 바란다. 그와 더불어, 우리는 HIV·에이즈에 감염된 사람들이 더 긴 삶과 더 밝은 미래를 꿈꿀 수 있도록 도울 것이다.

— 중국 싼야 시에 전한 육성 메시지에서, 날짜 미상

에이즈는 예외적인 질병이라 역시 예외적인 대응이 필요하다. 국제적·국가적·공동체적 차원에서 강력한 지도력이 발휘되어야 한다.

— 국제 에이즈 백신 회의에 전한 육성 메시지에서, 날짜 미상

HIV·에이즈가 사회의 모든 부문에 악영향을 끼치며 위협을 가하고 있지만, 우리의 동정심과 관심을 불러일으키는 가장 가슴 아픈 일은 그 병이 아이들에게 미치는 영향일 것이다.

— 넬슨 만델라 재단 홍보 DVD에서

아파르트헤이트 Apartheid

아프리카 사람들이 뼈아픈 가난과 낮은 임금, 극심한 토지 부족, 비인간적 착취, 백인 지배 정책을 비난하는 목소리를 높였건만, 더 많은 자유를 찾기는커녕 억압의 규모와 강도가 커지기 시작했다.
— ANC 트란스발 회의 중 〈자유로 향하는 험난한 길〉로도 알려진 의장 연설에서, 남아프리카공화국 트란스발, 1953년 9월 21일

정부의 인종차별 정책은 선의를 가진 사람들의 양심을 괴롭히고 깊은 분노를 불러일으켰다. 억압받은 국민들은 그 어느 때보다 비통한 심정이었다.
— 같은 곳

민생보다 당의 권력 유지가 훨씬 더 중시되고 있다. 헌법상의 안전장치들은 모두 내팽개쳐지고, 개인의 자유는 무참히 짓밟히고 있다.
— 「사람들이 죽음에 내몰리고 있다(People are Destroyed)」라는 글에서, 〈해방〉, 1955년 10월

아프리카인의 가정과 가족을 파괴해 아이들과 어머니를 생이별시키고, 아프리카인 죄수들을 학대하고, 거짓 죄를 뒤집어씌워 아프리카인들을 집단 농장에 강제로 가두는 행패는 극악무도한 인종차별주의의 만행을 여실히 보여 준다.
— 같은 곳

거대한 강압적 국가 기구를 만들어 우리나라의 민주주의를 짓밟고, 아파르트헤이트와 백인우월주의 정책에 항의하는 이들의 입을 막으려는 파시스트 정부가 우리의 상대라는 사실을 한시도 잊을 수 없다.
— 「대학까지 확대되는 반투 교육법(Bantu Education Goes to University)」이라는 글에서, 〈해방〉, 1957년 6월

투표권이 없는 사람들에게 백인 정부에 계속 세금을 내라고 요구할 수는 없다. 빈민들을 고소하고 구속하겠다며 협박하여 집세를 거두기란 어렵다. 무엇보다, 억압받는 사람들이 그들을 억압하는 조직을 스스로 유지해야 하는 상황을 참을 리 없다.
— 전국 대회를 지지하는 1961년 5월 29~31일의 무단결근 투쟁 후 전국행동위원회를 대표하여 발표한 성명에서, 남아프리카공화국, 1961년

나를 대변해 주는 사람이 없는 국회에서 만들어진 법을 내가 법적으로나 도덕적으로나 따라야 할 의무는 없다고 생각한다.
— W. A. 판 헬즈딩언 치안판사 기피 신청서에서, 남아프리카공화국 프리토리아, 올드 시나고그, 1962년 10월 22일

아프리카 사람들을 영원히 종속시키려는 노력을 멈추지 않는다면 남아프리카는 쇠할 것이고, 그럴 수밖에 없다.
— 노동자 파업 선동 및 불법 출국 혐의로 유죄 판결을 받은 후 연설에서, 남아프리카공화국 프리토리아, 올드 시나고그, 1962년 11월 7일

행복한 삶을 소수의 사람들만이 누릴 수 있는 독점적 권리로 만들고, 대다수의 국민을 비굴하고 열등한 지위로 강등시켜 소수 지배층이 시키는 대로 일하고 행동하는, 투표권 없는 노예로 만드는 인종차별적 오만을 혐오한다.

— 같은 곳

현재 적용되고 있는 법, 역사적으로 오랜 기간에 걸쳐 발전된 법, 특히 국민당 정부가 설계하고 제정한 법은 우리가 보기에는 부도덕하고 부당하며 용납할 수 없는 법이다. 우리의 양심이 호소하는바, 우리는 그 법에 반대하고 그것을 고치기 위해 노력해야 한다.

— 같은 곳

백인들은 최고 수준이라 할 만한 생활을 누리고 있는 반면, 아프리카 사람들은 빈곤과 고통 속에 살고 있다.

— 리보니아 재판의 피고인석에서 진술하며, 남아프리카공화국 프리토리아, 법원, 1964년 4월 20일

아프리카 사람들이 인간의 존엄성을 박탈당한 것은 백인우월주의 정책의 직접적인 결과이다.

— 같은 곳

아파르트헤이트는 백인우월주의를 영원히 유지할 수단으로 고안되었다. 하지만 우리가 그 정책에 끝까지 저항하리라는 것이 분명해지고 모든 곳에서 식민주의가 완전히 물러나자, 정권은 태도를 바

꾸어 반투스탄[26]에 자치를 허용하고 궁극적으로는 그곳을 독립시키기로 결정했다.

— 「장애물을 없애고 적에 맞서라」라는 글에서, 로벤 섬, 1976년

3세기 동안 백인들은 흑인들에게 흑인은 내세울 만한 역사와 문명, 정체성이 없으며, 백인만이 과거와 문화유산, 그리고 인생에 대한 공통적인 사명감을 가지고 있다고 가르치려 했다.

— 「흑인 의식 운동은 어디로」라는 글에서, 로벤 섬, 1978년

승리가 확실하다. 아파르트헤이트에 대한 세계의 반감이 커지고, 백인우월주의의 세력이 점차 줄어들고 있다.

— 1976년 소웨토 봉기에 관한 성명서에서, 망명 중이던 ANC가 로벤 섬 교도소에서 몰래 빼내어 발표, 1980년

저 평결은 분명하다. 아파르트헤이트는 실패했다는 것이다. 우리 국민은 여전히 단호하게 그것을 거부하고 있다. 젊은이나 늙은이나, 부모나 자식이나 모두 거부하고 있다.

— 같은 곳

아파르트헤이트는 총과 교수형 집행인으로 유지되는 정책이다. 장갑차와 에프엔 소총, 교수대가 그 진정한 상징물들이다. 이들은 인종에 미친 남아프리카 통치자들이 가장 쉽게 찾는 의지처이자, 언

---

[26] 1960년대에 남아프리카공화국 영토 안에 있는 흑인들을 격리하고 인종분리 정책을 추진하기 위하여 설정한 보호령으로, 1993년에 폐지되었다.

제라도 쓸 수 있는 해결책이다.
— 같은 곳

아파르트헤이트는 과거 백인우월주의 정권들의 인종차별과 억압, 비인간성을 전형적으로 보여 준다. 아파르트헤이트의 진면모를 보려면 헌법의 탈을 쓴 기만적인 구절과 말장난에 가려진 이면을 보아야 한다.
— 같은 곳

온갖 눈속임과 그럴 듯한 치렛말에도 아파르트헤이트는 인내의 한계를 넘어섰다. 이러한 의식은 우리가 처한 노예 상태의 특수한 측면들에 국한되지 않고 전반으로 확산되었다. 아파르트헤이트 아래에서는 우리의 삶이 개인적으로나 집단적으로나 아무런 의미가 없다는 우리 국민의 인식이 그러한 사실을 잘 보여 준다.
— 같은 곳

흑인뿐만 아니라 상당수의 백인도 비난하는 아파르트헤이트야말로 우리 국민에 대한 폭력의 가장 큰 근원입니다.
— P. W. 보타 대통령[27]에게 쓴 편지에서, 남아프리카공화국 케이프타운, 폴스무어 교도소, 1985년 2월 13일

---

[27] 피터르 빌럼 보타(1916~2006년). 1978~1984년에 남아프리카공화국 수상을 지냈으며, 1984~1989년에 최초로 집행권을 가진 대통령을 지냈다. 국민당 당수로서 아파르트헤이트 체제를 옹호했다.

아파르트헤이트 체제가 우리나라를 완전히 짓밟았다. 빈곤이 전염병처럼 널리 퍼져 있다. 국민의 형편이 나날이 나빠지고 있다.
— 프랑스 의회에서 연설하며, 프랑스 파리, 부르봉 궁전, 1990년 6월 7일

아파르트헤이트라는 범죄가 발생했다는 사실 자체가 인류 역사에 영원히 지워지지 않는 오점으로 남을 것이다.
— 국제연합 반아파르트헤이트 특별 위원회에서, 미국 뉴욕 시, 국제연합, 1990년 6월 22일

인종차별적인 독재 체제가 국민 전체를 산짐승만도 못한 처지로 떨어뜨리려고 할 때 침묵을 지키고 있는 것은 부도덕한 일이었을 것이다.
— 미국 상하원 합동 회의 연설에서, 미국 워싱턴 D. C., 1990년 6월 26일

우리 국민이 아파르트헤이트라는 역겨운 체제를 강요받고 있는데 가만히 앉아만 있을 수는 없었다.
— 같은 곳

아파르트헤이트라는 사악한 체제는 이미 그 기세가 기울기 시작했다. 흑인이 아무런 이유 없이 백인들의 하인으로 전락하는 일이 더는 일어나지 않는 날이 곧 올 것이다.
— 집회에서, 모잠비크 마푸토, 1990년 7월 16일

우리는 전속력으로 움직여 아파르트헤이트 체제를 없애고 남아프리카를 인종차별과 성차별 없이 하나로 통합된 민주 국가로 바꾸어야 한다.
— SACP(South Africa Communist Party, 남아프리카 공산당) 재출범 집회에서, 남아프리카공화국, 1990년 7월 29일

모두 목격했다시피, 아파르트헤이트는 한 인종이 자신의 우월성을 주장하며 순전히 폭력에만 의존하는 현대판 나치즘입니다. 부당해 보이는 것에 항의하며 시위하는 사람들을 죽이고 무방비 상태의 군중에게 총알을 쓰다니, 나치즘과 다를 바 없지요.
— 리처드 스텡글과 나눈 대화에서, 1993년 4월 29일

아파르트헤이트 정권의 무자비함이 가장 두려웠다.
— 인터뷰에서, 1993년

40년간의 아파르트헤이트는 40년 전쟁과도 같았다. 우리 경제와 사회생활이 완전히 박살났고, 어떤 점에서는 복구가 불가능할 정도이다. 마지막 전쟁 전의 유럽 상황이 바로 그랬다. 그때 서구 세계는 자원을 동원하고 마셜 플랜을 가동하여 전쟁으로 폐허가 된 유럽 국가들의 회복을 도왔다.
— 출처 미상

그동안 우리 사회는 법과 경찰을 이용해 불법적인 체계를 지키고 유지하는, 심하게 분열된 사회였다.

— 전국 안전과 안보의 날에, 남아프리카공화국 포슬루뢰스,
1994년 10월 15일

분열을 강요하는 분위기 속에서 우리 국민은 자유와 평화의 필요조건으로서 통합을 강력하게 요구하게 되었다.

— 상원에서 열린 대통령의 예산안 심의회에서, 남아프리카공화국 케이프타운, 1996년 6월 18일

아파르트헤이트 체제라는 대재앙에서 빠져나온 사회는 과거의 오점을 그대로 지닌 채 앞으로 나아갈 수 없다. 새로운 남아프리카공화국이 아무 근거 없이 불쑥 나타났다면 계속 생존하지 못할 것이다. 새로운 남아프리카공화국이라는 존재는 그 태생의 영향을 받을 수밖에 없는 만큼, 아파르트헤이트 체제를 종식시키기 위해 필요한 일이 무엇인지를 배울 수 있는 진정한 학교가 된다.

— 영국 상하원 합동 회의에서 연설하며, 영국 런던, 웨스트민스터 홀,
1996년 7월 11일

남아프리카공화국 사람 대다수는 아파르트헤이트가 여전히 지속되고 있음을 일상 속에서 깨닫는다. 판잣집의 물 새는 지붕과 주름진 벽에서, 굶주린 아이들의 불룩한 배에서, 전기가 들어오지 않아 어두컴컴한 집에서, 시골 여자들이 음식을 만들고 갈증을 풀기 위해 멀리서 양동이로 날라 오는 더러운 물에서.

— 외신 기자 협회 연례 만찬에서, 남아프리카공화국 요하네스버그, 트란스발 오토모빌 클럽, 1997년 11월 21일

아파르트헤이트 정권은 법과 질서를 시궁창에 처박아 놓았다. 국민 대다수의 인권을 무참히 짓밟고, 재판 없이 구금하고, 정치 활동가를 고문·살해하고, 정권에 맞서 독립적인 판결을 내린 항소 법원 판사를 공개적으로 비난하고, 사법부를 보수적인 법률가들로 가득 채웠다.

― 미출간 자서전 속편 원고에서, 1998년경

우리는 인종을 근거로 우리를 갈라놓고 억압자와 피억압자로 서로 대립시킴으로써 우리 모두의 인간성을 모욕하는 체제로부터 벗어나고 있다.

― TRC(진실과 화해 위원회)의 보고서를 받으며, 남아프리카공화국 프리토리아, 1998년 10월 29일

우리가 서로 힘을 합친다면 아파르트헤이트의 어둠을 자유와 평화, 발전의 빛으로 바꿔 놓을 수 있다.

― 대통령의 예산안 심의회 개막 연설에서, 남아프리카공화국 케이프타운, 의회, 1999년 3월 2일

우리는 고향땅에서 자유롭게 살고 싶은 우리의 끝없는 갈망을 억누르려 하는 아파르트헤이트라는 비인간적이고 불법적인 체제와 만나고 말았다.

― 선거 유세에서, 남아프리카공화국 소웨토, 1999년

우리가 아파르트헤이트를 물리칠 수 있었던 이유는 우리 국민이 서로를 해쳐 결국엔 나라 전체를 해치기보다는 서로 협력하기로 결심했기 때문이다.
— 46664 캠페인 출범식에서, 남아프리카공화국 로벤 섬,
 2003년 11월 28일

온 국민이 힘을 합쳐 아파르트헤이트라는 재앙을 종식시켰다. 이제 우리의 과제는 빈곤과 그에 따르는 모든 고통을 끝내는 것이다.
— 만델라의 아흔 번째 생일을 축하하는 ANC 집회에서, 남아프리카공화국 프리토리아, 로프터스 버스펠드 스타디움, 2008년 8월 2일

외모 Appearance

체중이 급격히 늘어 점심식사와 오후 간식을 끊었습니다.
— 교도소장 킬더 준장에게 쓴 편지에서, 남아프리카공화국 파를, 빅터버스터 교도소, 1989년 10월 9일

어떤 것에 애착이 갈 때가 있잖은가? 나는 턱수염에 애착을 갖게 됐다네.
— 지하에 있을 때 독특한 턱수염을 깎지 않은 이유에 대해 아메드 카트라다와 나눈 대화에서, 1993~1994년경

[데즈먼드] 투투 대주교와 나는 이 문제를 논의했다. 대주교가 내게 "…… 대통령 각하, 저는 각하가 옷차림만 빼면 모든 일을 잘하고

있다고 생각합니다."라고 했다. 그래서 나는 존경해 마지않는 대주
교에게 이렇게 답했다. "음, 해결책이 없는 문제는 꺼내지 맙시다."

— 벳시 페르부르트 여사[28]를 만난 뒤의 논평에서, 남아프리카공화국 오라니
아, 1995년 8월 15일

그걸 매기만 하면 말이 제대로 안 나와. 말하기도 어려워진다니까.

— 다큐멘터리 〈만델라(Mandela)〉에서 나비넥타이를 매고 공식 취임 만찬에
나가라고 하는 보좌관들에게, 1996년

내 유명한 조카 한 명은 언론에게 "당신 삼촌의 옷차림에 대해 어떻
게 생각하느냐?"라는 질문을 받자, "아주 망신스럽다. 대통령은 언
제나 흰 셔츠에 넥타이를 맨 정장 차림에 모자를 써야 하는데, 우리
삼촌의 옷차림새는 보기 흉하다. 꼭 술주정뱅이 같다."라고 답했다.

— TRC(진실과 화해 위원회)의 보고서를 받으며, 남아프리카공화국 프리토리
아, 1998년 10월 29일

내가 한 가지 자랑할 만한 것이 있다면, 미국 대통령보다 키가 더
크다는 것이다.

— 졸라 병원 개원식에서 지미 카터 대통령을 언급하며, 남아프리카공화국
소웨토, 2002년 3월 7일

이것 때문에 머리를 망치면 안 돼요. 머리 빗는 데 한 시간이나 걸
렸거든요.

---

28 아파르트헤이트 정책의 입안자인 전 수상 헨드릭 페르부르트의 부인.

─── 다큐멘터리 〈만델라 : 살아 있는 전설(Mandela : The Living Legend)〉에서
      헤드폰을 거꾸로 끼며, 2003년

나는 코가 뾰족한 구두는 좋아한 적이 없다.
─── 다큐멘터리 〈90세의 만델라(Mandela at 90)〉에서, 2008년

인정 Appreciation

내 노력이 널리 인정받고 있다는 걸 알면 언제나 큰 위안이 되지요.
─── 헬렌 수즈먼[29]에게 쓴 편지에서, 로벤 섬, 1974년 3월 1일

나는 감옥에 갇히기 전에는 아주 오만했다. 내게 친절을 베푸는 사람들에게 짐승처럼 행동했다. 그래서 기회가 되면 그들이 내게 해준 일들을 그들 스스로 인정하게 하고 나도 그들에게 고마움을 전해야겠다고 결심했다.
─── 다큐멘터리 〈만델라 : 살아 있는 전설〉에서, 2003년

무장 투쟁 Armed Struggle

우리가 무단결근 투쟁을 벌이자 정부는 총동원령을 내리고, 수만 명의 아프리카인들에 맞서 백인 공동체를 무장시키고, 전국에서 군

---

29 1917~2009년. 학자이자 정치가, 반아파르트헤이트 활동가, 하원 의원.

사력을 과시했으며, 비폭력적이고 평화로운 캠페인을 펼치겠다는 우리의 발표를 무시해 버렸다. 이 일을 계기로 우리의 정치 투쟁 방식이 바뀌어야 한다고 생각하는 사람들이 많아졌다.
— ITN 텔레비전(영국)의 브라이언 위들레이크와 인터뷰하며, 남아프리카공화국 요하네스버그, 1961년 5월 31일

무장하지 않은 무방비 상태의 사람들에게 오로지 야만적인 공격으로만 대응하는 정부를 상대로 계속 평화와 비폭력을 얘기하는 것은 쓸데없는 짓이라고 생각하는 사람들이 많다. 이번 무단결근 투쟁을 비추어 볼 때, 우리가 지금까지 써왔던 방법이 과연 적절한지 깊이 생각할 때가 온 것 같다.
— 같은 곳

지금까지도 전국 곳곳에서 변함없이 제기되는 의문이 있다. 야만적인 행동으로 아프리카인들을 그토록 괴롭히고 핍박하는 정부를 상대로 계속 평화와 비폭력을 설교하는 것이 과연 정치적으로 올바른가 하는 문제이다.
— 전국 대회를 지지하는 1961년 5월 29~31일의 무단결근 투쟁 후 전국행동위원회를 대표하여 발표한 성명에서, 남아프리카공화국, 1961년

자유의 투사가 목숨으로 대가를 치러야 하는 나라에서, 국민의 투쟁을 짓밟기 위해 가장 정교한 군사 준비가 이루어지고 있는 시점에서, 정부 기구에 대한 계획된 사보타주는 정치 상황을 새로운 국면으로 변화시키고, 자유를 얻기 위해서라면 어떤 대가도 치르겠다

는 사람들의 흔들리지 않는 결의를 보여 준다.
— PAFMECA(Pan African Freedom Movement of East and Central Africa, 동아프리카와 중앙아프리카의 범아프리카 자유 운동)에 파견된 ANC 위원단을 대표한 연설에서, 에티오피아 아디스아바바, 1962년 2월 3일

정부는 우리 국민과 그들의 요구에 오로지 폭력으로 답함으로써 폭력으로의 길을 트고 말았다. 정부의 대응 조치는 갈수록 커지는 그들의 불안감을 보여 주었다. 그들이 불안해하는 이유는 우리의 정책과 달리 그들의 정책이 국민 대다수의 지지를 받지 못한다는 사실을 잘 알고 있기 때문이다.
— 노동자 파업 선동 및 불법 출국 혐의로 유죄 판결을 받은 후 연설에서, 남아프리카공화국 프리토리아, 올드 시나고그, 1962년 11월 7일

하지만 내가 사보타주를 계획한 사실을 부인하지는 않겠다. 무모해서 혹은 폭력을 좋아해서 그런 계획을 세운 것이 아니다. 오랜 세월 백인들이 우리 국민을 학대하고 착취하고 억압한 후 발생한 정국을 차분하고 냉정하게 평가한 결과였다.
— 리보니아 재판의 피고인석에서 진술하며, 남아프리카공화국 프리토리아, 법원, 1964년 4월 20일

우리는 정부 정책의 결과로 아프리카인들이 폭력을 행사할 수밖에 없는 지경에 이르렀다고, 책임감 있는 지도부가 우리 국민의 감정을 잘 달래 주지 않으면 테러가 일어날 것이라고 믿었다. 그런 테러가 일어나면, 우리나라의 다양한 인종 사이에 전쟁 때도 없었던 격렬한 적대감과 고통이 발생할 터였다.
— 같은 곳

우리는 계속 싸워 나가야 한다는 믿음에 추호의 의심도 없었다. 그 외의 다른 것은 비굴한 항복일 뿐이었다. 우리의 문제는 싸울 것인가 말 것인가가 아니라 어떻게 계속 싸울 것인가였다.

— 같은 곳

나는 전술과 혁명에 관해 공부하기 시작했고, 외국에 있는 동안 군사 훈련도 받았다. 만일 게릴라전이 일어난다면, 나도 국민과 함께 일어나 싸우고 전쟁의 위험을 함께 나누고 싶었다.

— 같은 곳

MK(움콘토 웨 시즈웨)는 군사 훈련을 할 만한 시설이 있는지 조사하는 일을 나에게 맡겼다. 군사 훈련은 게릴라전을 준비하는 첫 단계였다.

— 같은 곳

남아프리카의 상황을 오랫동안 마음 졸이며 지켜본 나와 몇몇 동료들은 1961년 6월 초 다음과 같은 결론에 이르렀다. 우리나라에서 폭력은 피할 수 없는바, 정부가 우리의 평화로운 요구에 무력으로 대응하는 지금 아프리카인 지도자들이 계속 평화와 비폭력을 설파하는 것은 비현실적이고 잘못되었다는 것이다.

— 같은 곳

처음에 우리는 법을 어기더라도 폭력을 쓰는 일은 피했다. 정부가 이러한 형식의 항의를 법으로 금지하고 정책에 대한 반대를 무력 과시로 짓밟자 그제야 우리는 폭력에 폭력으로 대응하기로 했다.
— 같은 곳

이러한 원칙에 대한 반대 의사를 합법적인 방식으로 표현할 수 있는 길이 법률로 봉쇄되었고, 우리는 영원히 열등한 지위를 받아들이거나 아니면 정부에 저항해야 하는 처지에 놓였다. 결국 우리는 법을 무시하기로 정했다.
— 같은 곳

사보타주는 인명 손실을 초래하지 않았으며, 미래의 인종 관계를 낙관하게 해주었다. 고통은 최소한으로 줄어들 것이고, 만일 그 정책이 열매를 맺는다면 민주 정부가 현실이 될 수 있을 것이다.
— 같은 곳

내전을 피해야 한다는 생각이 오랫동안 우리를 지배해 왔다. 그러나 폭력을 정책의 일부로 채택하면서 우리는 언젠가 그런 전쟁이 일어날 수도 있다는 사실을 깨달았다.
— 같은 곳

경험에 비추어 보건대, 반란이 일어나면 정부는 이때다 하고 우리 국민을 닥치는 대로 학살할 것이 뻔했다. 그러나 남아프리카 땅은 이미 무고한 아프리카인들의 피로 물들어 있기 때문에, 폭력에 맞서 우리 자신을 지키기 위해 무력 사용을 장기 프로젝트로서 준비하는 것이 의무로 느껴졌다.

— 같은 곳

다른 모든 계획이 실패로 돌아가고 평화적인 항의의 모든 경로가 차단되었을 때에야 비로소 우리는 폭력적 형태의 정치 투쟁에 나서서 움콘토 웨 시즈웨를 결성하기로 결정했다.

— 같은 곳

내가 할 수 있는 말은, 도덕적으로 의무가 느껴지는 일을 했다는 것뿐이다.

— 같은 곳

움콘토 [웨 시즈웨]는 사보타주를 단행하기로 결정했고, 처음부터 회원들에게 작전을 짜거나 수행할 때 사람이 다치거나 죽는 일이 있어서는 절대 안 된다고 엄격한 지시를 내렸다.

— 같은 곳

용기 있게 소신을 따르는 자유의 투사들은 그런 상황에서 폭력적인 수단을 대안으로 생각할 수밖에 없었습니다. 원칙과 소신이 있는 사람이라면 달리 어쩔 도리가 없었을 겁니다. 팔짱을 끼고 수수방관하는 것은 소수 통치 정부에 항복하고 우리의 대의를 저버리는 행위였으니까요. 세계 역사는, 특히 남아프리카의 역사는 어떤 경우에는 폭력적 수단이 완전히 정당할 수도 있음을 가르쳐 주지요.

— 법무장관에게 쓴 편지에서, 로벤 섬, 1969년 4월

우리 중에 사보타주 훈련을 전문적으로 받은 사람은 거의 없었다. 그렇지만 우리는 전반적으로 훌륭하게 임무를 수행했고, 우리에게 쏟아진 칭찬을 들을 자격이 충분했다. 하지만 공세를 유지할 수 있을 만큼 강하지 못했다.
── 「장애물을 없애고 적에 맞서라」라는 글에서, 로벤 섬, 1976년

우리는 언제나 평화적 해결책을 선호해 우리 국민에게 어떻게든 폭력을 피하도록 촉구했다. 그러나 정권이 평화를 바라는 우리의 열망을 이용하여 우리를 더욱 탄압한 탓에 결국 폭력으로 선회할 수밖에 없었다.
── 같은 곳

24개월이 지나기도 전에 정권은 우리를 강력하게 단속하여 우리 조직을 손상시키고 사보타주 행동을 진압했다.
── 같은 곳

비교적 수행하기 쉬운 사보타주를 포기할 수밖에 없게 되자 우리는 한층 더 어려운 무장 투쟁 준비에 집중했다. 움콘토 웨 시즈웨는 1962년에 신병들을 군사 훈련에 보내기 시작했다.
── 같은 곳

사보타주의 열기가 사그라진 이유는, 우리가 적을 타격하는 무기로서 폭력에 열중하느라 새로운 사람을 모으고 지부 모임을 열고 정치 학습을 실시하고 합법적인 통로로 인민 대중에게 다가감으로써

정치 조직을 강화하는 중요한 일을 간과했기 때문이다.
— 같은 곳

ANC와 PAC(범아프리카 회의)에는 군기가 바짝 든 잘 훈련된 분견대가 있다. 그 존재 자체가 우리의 긍지이며, 우리가 직접 우리 군을 통솔하여 자유를 지킬 수 있었던 옛 시절을 떠올리게 한다.
— 같은 곳

무장 투쟁은 그저 총을 얻어 쏘면 되는 문제가 아니다. 사람들을 끌어들여야 하고, 최전선에 열 명이 있다면 그들을 도와서 싸울 사람이 백 명은 있어야 한다.
— 같은 곳

무장 투쟁을 인민 전쟁으로 발전시키는 것을 처음부터 목표로 삼아야 한다. 그렇게 하지 못하면 우리는 승리할 수 없다.
— 같은 곳

아파르트헤이트의 강화, 정치 조직 금지, 평화적 시위 차단은 우리 원칙과 모순되었고 결국 ANC는 폭력에 의지할 수밖에 없었습니다.
— P. W. 보타 대통령에게 쓴 편지에서, 남아프리카공화국 케이프타운, 폴스무어 교도소, 1985년 2월 13일

무장 투쟁을 불가피하게 만들었던 요인들이 지금도 여전히 존재한다. 그래서 우리는 멈출 수가 없다. 협상을 통한 타결의 분위기가 하

루빨리 조성되어 무장 투쟁이 필요 없어졌으면 하는 것이 우리의 소망이다.

— 석방 후 첫 연설에서, 남아프리카공화국 케이프타운, 시청,
　1990년 2월 11일

무장 투쟁은 방어책일 뿐이다. 아파르트헤이트의 폭력으로부터 우리 스스로를 지키기 위한 행위이다.

— 석방 후 처음 열린 기자회견에서, 남아프리카공화국 케이프타운 비숍스코트, 데즈먼드 투투 대주교 관저, 1990년 2월 12일

아파르트헤이트가 폐지되기 전까지는 무장 투쟁을 중단하거나 포기할 이유가 없다. 1961년에 우리가 선언했던 대로 무장 투쟁은 계속될 것이다. 민중의 기본적 요구가 충족될 때까지 계속될 것이다.

— 집에서, 남아프리카공화국 소웨토, 1990년 2월

평화적으로 의사소통할 수 있는 통로가 있었다면 폭력에 의지할 생각은 결코 하지 않았을 것이다. 아파르트헤이트의 폭력이 없었다면 우리의 폭력도 없었을 것이다.

— 같은 곳

우리가 무기를 들기로 결정한 것은, 그렇지 않으면 굴복하여 노예가 되는 길밖에 없었기 때문이다.

— 제48차 ANC 전국 회의에서, 남아프리카공화국 더반, 1991년 7월 2일

데클레르크 대통령이 정부 수반으로서의 의무를 다하여 폭력을 종식시키고 보안 기관의 활동을 제한하고 무고한 사람들을 죽이는 암살단 따위를 우리나라에서 깨끗이 없애겠다고 약속한다면, "여러분이 우리에게 무기를 넘기고 공동 관리했으면 좋겠다."라는 그의 말을 들어 줄 용의가 있다. 그러나 대통령이 이렇듯 표리부동한 행태를 멈추지 않는 한 우리는 이 문제와 관련하여 절대 협력하지 않을 것이다. 대통령은 자신이 원하는 바대로 해도 좋다. 우리는 움콘토웨 시즈웨를 해산하지 않을 것이다.

— F. W. 데클레르크가 이끈 정당 간 협의회의 첫 회의에 대한 응답에서, 남아프리카공화국, 켐프턴 파크, 세계무역센터, 1991년 12월 20일

우리는 전장에서 적을 물리칠 희망이 전혀 없었지만, 해방의 이념이 사그라지지 않도록 맞서 싸웠습니다.

— 리처드 스텡글과 나눈 대화에서, 1993년 1월 13일

진일보하여 문제를 해결하려면 폭력을 쓸 수밖에 없는 상황에서, 평화적 방식은 적절하지 못해요. 세계 모든 곳의 수백 년 역사가 가르쳐 준 교훈이지요.

— 리처드 스텡글과 나눈 대화에서, 1993년 2월 8일

우리는 원칙에 어긋나지 않고 생명을 구하며 억압의 상징을 공격하는 품위 있는 게릴라전, 무장 투쟁을 원합니다. 그런데 그것이 테러 조직이라면 인간의 학살을 초래할 겁니다.

— 리처드 스텡글과 나눈 대화에서, 1993년 4월 5일

움콘토(Umkhonto, 창)가 아프리카 사람들 사이에서는 강력한 무기였습니다. 그들은 아세가이(Assegai, 투창)로 전쟁을 했고, 수세기 동안 창으로 백인우월주의에 저항했어요. 그래서 우리는 상징성이 크고 감정을 자극하는 창을 사용했지요.
— 같은 곳

억압의 상징인 정부 기구들을 공격할 생각이었습니다. 그러나 리보니아 재판에서 판사가 인정했듯이, MK(움콘토 웨 시즈웨)는 생명을, 민간인의 생명을 해치지 않으려고 주의했어요.
— 리처드 스텡글과 나눈 대화에서, 1993년 4월 9일

주변국들이 자유로워지기 전에 국내에서 게릴라전을 시작하기에는 아직 우리 국내 상황이 여의치 않았어요. 나는 우리나라와 접해 있는 그런 기지들에서 작전을 벌여야 한다고 말했고, 결국 그렇게 됐지요.
— 리처드 스텡글과 나눈 대화에서, 1993년 4월 17일

움콘토 웨 시즈웨는 평화적 해결의 분위기를 조성하는 데 일조하기 위하여 무장 행동을 유보하기로 자발적인 결정을 내렸습니다. 처음에는 못마땅했지만 밤에 고민해 보니 좋은 전략이라는 생각이 들어 받아들이고, 조 [슬로보][30]에게 전국집행위원회에서 그 문제를 제기하면 지지하겠다고 말했어요. 이렇게 해서 움콘토 웨 시즈웨의

---

30 1926~1995년. 반아파르트헤이트 활동가로, 아프리카 민족회의와 남아프리카 공산당의 지도부이자 움콘토 웨 시즈웨의 사령관이었다.

활동이 유보됐던 겁니다.
— 리처드 스텡글과 나눈 대화에서, 1993년 4월 23일

게릴라군의 지도자가 되려면 게릴라전의 의미와 그 원리를 알아야 하고, 총 쓰는 법을 알아야 하고, 군사학 전반을 알아야 해. 전쟁을 하고 싸워서 체제를 바꾸겠다는 일이니 인간의 죽음을 피할 수 없지.
— 아메드 카트라다와 나눈 대화에서, 1993~1994년경

새로운 방식의 정치 활동을 시작하면 사상자가 생길 수밖에 없어.
— 같은 곳

우리의 상대는 옮겨 다닐 수 있는 시설들을 갖추고 지상에서 벌어지는 일을 탐지할 수 있는 강한 정부, 강적이었어. 그런 상황에서 우리는 불과 몇 사람만 훈련시킬 수 있었지.
— 같은 곳

우리는 중앙 정치 조직 밑에서 그 지시를 받는 군대를 만들고 싶었고, 그런 원칙 아래 MK를 창설했어.
— 같은 곳

나는 에티오피아에 가서야 실제로 군사 훈련을 받고, 모로코에서 보충 훈련을 받았다네.
— 같은 곳

우리는 군사 훈련과 정치 교육이 병행되어야 한다고 강조했지. 왜 무기를 들고 싸우는지 알아야 하니까 말이야. 그저 방아쇠를 당겨 쏜다고 해서 혁명이 아니라는 걸 가르쳐야지. 정권을 인계받는 것이 목적인 조직이었으니까.
— 같은 곳

나는 그때 움콘토 웨 시즈웨의 초대 사령관이었다. 그런 내가 나서서 국제 사회에 우리가 그런 조치를 취한 이유를 설명하고 우리 국민을 훈련시키고 우리에게 자원을 제공해 달라고 설득한 것은 당연한 일이었다.
— 인터뷰에서, 1993년

우리는 이 정권을 병력으로 이길 수 있으리라는 그릇된 생각은 단 한 번도 한 적이 없다. 우리가 수적으로 유리하기 때문에 언젠가는 이 정부를 물리칠 가능성이 있다는 것은 알았다. 그러나 우리의 단호한 목표는 우리나라의 억압받는 사람들이 스스로 일어나서 반격을 가할 수 있게 하는 것이었다.
— 콰줄루나탈 대학교에서 연설하며, 남아프리카공화국 더반, 1993년

그런 상황에서 우리는 무장 투쟁에 호소하는 길 외에 다른 대안이 없었다. 그러나 그런 결정을 내릴 때에도 우리는 그 책임이 바로 정부에 있으며, 마지막 순간에라도 정부가 우리와 만나 협상 테이블에 앉겠다고 한다면 이러한 행동을 그만둘 수 있음을 분명히 했다.
— BBC 다큐멘터리에서, 1996년

우리 군의 철두철미한 충성심이 없었다면, 국가와 국민에게 헌신하겠다는 그들의 확고한 신념이 없었다면, 우리가 이룬 성과는 불가능했을 것이다.
— 자유의 날 기념식에서, 남아프리카공화국 음타타, 1999년 4월 27일

억압자의 방식이 결국엔 저항의 방식을 좌우한다는 것이 처음부터 우리의 생각이었다. 그렇기에 우리의 무장 투쟁은 결코 단순한 폭력이 아니었다. 우리나라 국민을 폭력적으로 지배하려는 자들을 정신 차리게 하려는 정치적으로 통제된 행동이었다.
— 간디의 소극적 저항 운동 기념관 개관식에서, 남아프리카공화국 더반, 움빌로 공원, 2002년 5월 27일

체포 Arrest

내 주변 세계가 말 그대로 무너지고, 소득이 사라지고, 많은 의무를 이행할 수 없었지.
— 1956년 반역죄로 체포된 일에 관하여 진드지 만델라에게 쓴 편지에서, 로벤 섬, 1981년 3월 1일

나는 탈출 시도는 도박임을 깨달았다.
— 1962년 8월 5일에 체포당했던 현장을 다시 방문하여, 남아프리카공화국 호윅, 1993년 11월 15일

체포 자체는 아주 예의 바르게, 아주 정중하게 이루어졌다.
— 같은 곳

경찰은 자신의 의무를 다하고 있었고, 법에 따랐으며, 또한 정중했다. 그는 나를 공손하게 대했고, 자기 임무를 수행하는 그에게 내가 앙심을 품을 이유는 전혀 없었다. 우리가 불쾌해지는 것은 경찰이 권력을 남용해 허용되지 않은 일을 할 때이다.
— 같은 곳

난 모든 게 끝났다는 판단을 내렸지.
— 아메드 카트라다와 나눈 대화에서, 1993~1994년경

예술 Arts, The

사진을 잘 이용하면 누더기, 오물, 해충이 넘쳐나는 가난도 현실에서와는 달리 조금은 신성해 보일 수 있단다.
— 진드지 만델라에게 쓴 편지에서, 로벤 섬, 1980년 1월 27일

좋은 예술은 언제나 보편적이고 시간을 초월하지.
— 진드지 만델라에게 쓴 편지에서, 로벤 섬, 1980년 2월 10일

억압이 최고조에 달했을 때, 긴급조치법으로 합법적 항의의 모든 길이 막혀 버리자 우리 국민이 처한 곤경과 민주주의에 대한 열망

을 분명하게 표현해 준 것이 바로 예술이었다. 아파르트헤이트가 강요한 침묵에 우리는 연극, 무용, 노래, 영화, 그림, 조각 등으로 저항했다.
— 시빅 시어터에서 열린 문화 발전 회의 개회식 행사에서, 남아프리카공화국 요하네스버그, 1993년 4월 25일

추방당하고 혼란에 빠진 고통을 표현하고 그와 동시에 강렬한 희망을 불러일으킨 미리암 마케바의 잊지 못할 노래에 감동받지 않은 남아프리카 사람은 거의 없었다. 그리고 많은 이들이 부시 말라셀라와 조니 클레그의 강렬한 연주에서 희망과 절망이 교차하는 선율에 감명을 받았다.
— 상원에서 열린 대통령의 예산안 심의회에서, 남아프리카공화국 케이프타운, 의회, 1996년 6월 18일

우리 예술가들과 작가들은 그들이 뿌리 내리고 있는 문화에 대한 강한 애착과 그에 못지않게 강렬한 남아프리카에 대한 사랑을 겸비하고 있었다.
— 같은 곳

훌륭한 문학이 늘 다루는 인간사의 단순한 교훈을 진지하게 받아들이고 그것을 우선시해야 우리 대륙의 평범한 사람들과 시민들에게 더 나은 삶을 안겨 줄 수 있다. 문학과 인간 정신의 활동을 진지하게 받아들이고, 우리 사회와 사회적 활동의 가치를 거기에 조화시켜야 한다.
— 20세기 아프리카의 100대 양서 선정 기념 연회에서, 남아프리카공화국 케이프타운, 2002년 7월

암살 Assassination

좌익, 이른바 과격파로부터는 어떤 위협도 받고 있지 않다, 전혀. 여기 우리 사람들 사이에서는 호위를 받지 않아도 자유롭게 다닐 수 있다. 내 안전에 추호의 불안도 없다. 이들 모두가 나의 안전을 책임질 것이다. 그러나 우익에 대해서는 그렇게 말할 수 없다.
— 집에서, 남아프리카공화국 소웨토, 1990년 2월 14일

죽음은, 어떤 개인의 암살은 결코 유쾌한 일이 아닙니다. 공동체가 정책에 대한 불만을 전달할 때 암살 같은 방법은 쓰지 않는 편이 좋지요.
— 리처드 스텡글과 나눈 대화에서, 1992년 12월 9일

오늘밤 나는 흑인과 백인을 막론하고 남아프리카공화국 국민 모두에게 마음 깊이 진정으로 호소하려고 한다. 편견과 증오에 가득 찬 한 백인 남자가 우리나라에 와서 더러운 짓을 저질러, 나라 전체가 풍전등화와 같은 위기에 빠졌다. 아프리카너 출신의 백인 여성이 목숨을 걸고 신고한 덕에 우리는 그 사실을 알고 암살자를 심판대에 세울 수 있게 되었다.
— 크리스 하니[31]가 암살된 뒤 텔레비전을 통해 발표한 대국민 담화에서, 남아프리카공화국 요하네스버그, 1993년 4월 13일

---

31 1943~1993년. 아프리카 민족회의의 지도자이자 남아프리카 공산당의 사무총장을 역임했으며, 1993년 4월 10일에 피살되었다.

자서전 Autobiography

영어는 자화자찬을 얼마나 듣기 좋게 표현합니까!
Autobiography.
— 파티마 미어[32]에게 쓴 편지에서, 로벤 섬, 1971년 3월 1일

설령 내가 자서전을 쓸 위치에 있더라도, 그것의 출판은 우리가 죽을 때까지 미루어질 것입니다.
— 같은 곳

한 사람의 일대기는 정치적 동료들의 인간성과 관점을 솔직하게 다루어야 한다. 독자들은 저자의 됨됨이와 인간관계를 알고 싶어 한다. 이런 점들이 수식어보다는 사실 자체에서 드러나야 한다.
— 미출간 자서전 원고에서, 로벤 섬, 1975년

자서전이란 한 사람이 겪은 사건과 경험을 단순히 나열해 놓은 것이 아니라, 다른 사람들이 삶의 본보기로 삼아도 좋을 청사진 역할도 해야 한다.
— 미출간 자서전 속편 원고에서, 1998년경

---

[32] 1928~2010. 작가이자 학자, 반아파르트헤이트 활동가. 흑인 여성 최초로 남아프리카 백인 대학(나탈 대학교)의 강사로 임명되었다.

상 Awards

금세기에 용감하게도 우리 본성의 비열한 본능에 순응하지 않고 평화와 관용, 다양성의 존중을 추구하며 살아 온 전 세계의 이름 모를 수많은 보통 사람들에게 이 상들을 바친다.
— 세계 종교 회의에서, 남아프리카공화국 케이프타운, 1999년 12월

나는 소박한 시골 사람이라, 어떤 이해할 수 없는 이유로 사람들이 내게 상이나 영예를 안겨 줄 때마다 여전히 놀랍고 겁이 난다.
— 국제 지리학 연합으로부터 '지구와 인류 상'을 받으며, 남아프리카공화국 더반, 2002년 8월 4일

금지령 Banning

한마디로 나는 범죄자, 미결수로 취급받았다. 함께 있을 사람을 고르거나 친구들과 자주 어울리거나 정치 활동에 참여하거나 조직에 가입하는 것이 허락되지 않았다. 나는 경찰의 끊임없는 감시 속에 지내야 했다.
— 노동자 파업 선동 및 불법 출국 혐의로 유죄 판결을 받은 후 연설에서, 남아프리카공화국 프리토리아, 올드 시나고그, 1962년 11월 7일

1960년에 샤프빌 학살[33]이 일어나자, 그 결과 국가 비상사태가 선포되고 ANC가 불법 조직으로 공표되었다. 내 동료들과 나는 심사숙고 끝에 그 포고령에 따르지 않기로 결정했다.
― 리보니아 재판의 피고인석에서 진술하며, 남아프리카공화국 프리토리아, 법원, 1964년 4월 20일

나는 우리나라를 꼭 여행하리라 마음먹었습니다. 내가 정치 활동을 활발하게 하는 한, 금지령과 거주지 제한이 평생 나를 따라다닐 테니까요.
― 리처드 스텡글과 나눈 대화에서, 1992년 12월 24일

금지령은 사람의 육체뿐만 아니라 정신까지 가둔다. 그것은 자유로운 활동과 더불어 정신적 탈출도 갈망하게 되는 일종의 심리적 폐소공포증을 유발한다.
― 『자유를 향한 머나먼 길』에서, 1994년

붕가 Bhunga

그곳에는 붕가라는 것이 있었어요. 지역의 선도적인 사상가들과 전통적 지도자들이 함께 모여서 트란스케이[34]와 관련된 문제를 논의

---

[33] 1960년 3월 21일, 통행법에 항의하는 흑인 시위대에 백인 경찰이 무차별 발포하여 250여 명의 사상자를 낸 사건.
[34] 남아프리카공화국 동남부 바닷가에 있는 아프리카인 거주지.

하는 정치 행정 기구였지요. 우리나라 어느 곳에도 존재하지 않는 독특한 통치 기구였어요.

— 리처드 스텡글과 나눈 대화에서, 1993년 3월 23일

비통함 Bitterness

당신이 견디기 힘든 시련을 겪고 있는데 난 아무것도 해줄 수 없으니 어찌나 비통한지, 내 모든 것이, 내 살과 피, 뼈와 살이 울분에 젖어 있는 것 같소.

— 당시 프리토리아 중앙 교도소에 수감되어 있던 위니 만델라에게 쓴 편지에서, 로벤 섬, 1970년 8월 1일

만약 내가 할 일이 없어 한가했다면 다른 사람들처럼 비통함에 빠졌을 것이다. 그러나 나는 할 일이 있었기에 내가 겪은 비참한 일에 대해 생각할 겨를이 없었다. 난 특이한 사람이 아니다. 다른 사람들은 나보다 더 비통해할 충분한 이유가 있다. 그러나 감옥에 갇혀서도 전혀 비통해하지 않는 사람도 수없이 많다. 왜냐하면 자신의 희생이 헛되지 않았음을, 자신을 희생하면서까지 추구한 이상이 곧 실현되리라는 것을 알기 때문이다. 그래서 그들의 마음에는 비통함이 없다.

— 출처 미상, 1993년 6월 14일

투쟁에 바친 평생의 시간을 뒤로하고 이 연단에서 우리는 칠레인 [파블로 네루다]의 정신을 이어받아, 우리 세기가 지면 우리 마음속에 쌓인 통한, 식민주의와 신식민주의, 백인 소수 지배가 낳은 통한도 함께 사라질 거라는 우리의 확신을 밝히고 싶다.

— OAU(아프리카 통일 기구) 정상회담에서, 부르키나파소 와가두구, 1998년 6월 8일

흑인 의식 운동 Black Consciousness

흑인 의식 운동의 짧은 역사와 역할을 객관적으로 평가해 보면, 약점과 실수도 있었지만 유능하고 신중한 젊은이들을 끌어 모았다는 점을 이야기할 수밖에 없다. 그들은 맡은 일을 잘해냈으며, 단합의 가치를 제대로 이해하고 그 목표를 위해 노력했다. 그들 가운데 현실주의자들은 열띤 연설과 대중 캠페인, 맨주먹, 돌과 화염병으로는 적을 물리칠 수 없고, 잘 훈련된 자유의 전사들이 통일된 명령 체계 아래에서 현대적 무기를 사용해 싸우고 단합된 사람들의 지지를 받아야 승리의 월계관이 우리 것이 될 수 있다는 사실을 받아들였다.

— 「흑인 의식 운동은 어디로」라는 글에서, 로벤 섬, 1978년

MK(움콘토 웨 시즈웨)가 출현한 뒤로 흑인 의식 운동만큼 젊은이의 상상력을 사로잡고 그렇게 많은 건설적 대중 프로젝트를 시도하고 그렇게 끈질기게 공격적으로 대중 운동을 펼치고 그렇게 큰 예산을 들인 운동은 없었다.

— 같은 곳

흑인 의식 운동이 처음 시작되었을 때 적은 반대자들을 무자비하게 처리하고 있었고, 많은 활동가들이 감옥에 갇히거나 구금된 채 죽음을 당하거나 일정 지역에 갇혀 있거나 망명을 떠나야 했으며, 해방 운동은 제 기능을 못하고 대중 정치 활동은 근절된 상태였다. 이런 사실들을 생각하면 흑인 의식 운동의 기여는 한층 더 놀랍다.

— 같은 곳

아바트와족과 코이코이족은 나라와 민족을 위해 싸웠다. 그 과정에서 그들 자신의 정체성과 자유에 대한 사랑을 분명히 밝혔다. 그 빛나는 유산은 18세기 후반부터 아프리카인들이 전선에서 저마다의 입장을 취하면서 한층 풍요로워졌다. 그런 애국 전쟁에서 우리 조상들은 사실상 이렇게 말하고 있었다. "우리는 흑인이며, 독립적 존재이다. 이곳은 우리 땅이고, 우리는 이 땅을 끝까지 지킬 것이다."

— 같은 곳

[스티브] 비코가 목숨 바쳐 헌신한 투쟁이 남긴 위대한 유산 가운데 하나는 아파르트헤이트 피해자들의 자부심이 치솟았다는 것이다. 흑인 의식 운동이 강조한 문화의 중요성이 우리나라 전역에, 우리 감옥에, 망명 중인 공동체들 사이에 울려 퍼졌다. 한때 창조의 자양분을 유럽과 미국에서 찾도록 강요받았던 우리 국민들이 아프리카로 눈을 돌렸다. 내가 문화와 창조력을 강조하는 것은 진실처럼 영원한 것들이기 때문이다.

— 경찰서 유치장에서 죽은 스티브 비코의 사망 20주기 추모 행사에서, 남아프리카공화국 이스트런던, 1997년 9월 1일

처음부터 흑인 의식 운동은 '마음가짐, 생활방식'임을 자처했다. 이러한 마음가짐과 생활방식은 그 전이나 그 후나 다양한 형태와 다양한 이름으로 투쟁의 모든 원동력 속으로 흘러 들어갔고, 이로 인해 지도자들과 일반 대중의 투지가 불타올랐다.

— 같은 곳

ANC는 흑인 의식 운동을 진정한 혁명 세력으로 환영했다. 우리 사회에서 억압당하고 있는 집단들의 감정 분출을 조직화하는 데 도움이 되고 있다고 생각했기 때문이다. 무엇보다 이 해방 운동의 주장에 따르면, 민중은 집단행동이든 지하 조직 활동이든 무장 행동이든 국제적 동원이든 이런 투쟁을 통해서 자긍심, 평등, 그리고 역사를 새로 쓸 수 있는 스스로의 능력을 가장 쉽게 자각하게 된다.

— 제5차 스티브 비코 강연에서, 남아프리카공화국 케이프타운, 케이프타운대학교, 2004년 9월 10일

흑인 의식 운동의 취지는 억압받는 사람들의 긍지와 단합을 구축하고, 분할 통치 전략을 저지하며, 우리 국민들에게 자부심을 심어주고 억압에서 벗어날 수 있는 능력을 자신할 수 있게 해주는 것이었다.

— 같은 곳

그들은 당국과 협력하기를 원치 않았지만, 우리는 소신의 문제와 단호히 싸우면서도 질서를 믿었다. 질서는 반드시 있어야 하며 재소자와 교도관, 관리가 서로 협력할 수 있어야 한다고 믿었다.

── 다큐멘터리 〈남아프리카공화국의 러브 스토리 : 월터와 알버티나(A South African Love Story : Walter and Albertina)〉에서 흑인 의식 운동을 펼치다 수감된 사람들에 관해 이야기하며, 2004년

흑인 기업 육성 정책 Black Economic Empowerment

기존의 금융기관들이 흑인 기업을 육성하고 중소기업의 발전을 지원하는 중요한 일에 더욱 폭넓게 참여해 주기를 바란다.
── 첫 국정연설에서, 남아프리카공화국 케이프타운, 의회, 1994년 5월 24일

흑인 기업 육성 정책을 실행할 때 새로운 엘리트의 탄생으로 불평등만 영속시키는 일이 일어나지 않도록 경계해야 한다. 그러나 극히 어려운 상황에서도 선구적인 기업가들이 나타나고 있다는 사실 또한 묵과해서는 안 된다.
── 〈소웨탄(The Sowetan's)〉[35]의 국가 건설 계획 추진 10주년에, 남아프리카공화국 요하네스버그, 1998년 6월 30일

거의 기적 같은 우리의 정치적 변화가 그 과실을 온전히 거두려면 사회의 모든 부문이 경제에서도 서로 협력해야 한다는 사실을 민간 부문과 정부 모두 깊이 인식하고 있다. 그래서 광범위한 흑인 기업 육성을 이렇듯 공동으로 추진하고 있는 것이다.
── 인베스텍 행사에서, 영국 런던, 화이트홀, 2003년 10월 21일

---

35 영어로 발행되는 해방 투쟁 노선 일간지.

남 탓 Blame

과거 탓을 하면 더 나아질 수 없다.
— 롤리랄라 초등학교에서, 남아프리카공화국 워렌턴, 1996년 8월 30일

그동안 우리는 곤경에 처할 때마다 정체불명의 체제, 정부, 교회, 계급 제도, 세계화, 다국적 기업, 아파르트헤이트 정책 탓으로 돌렸다. 남 탓을 하기란 어려운 일이 아니다. 그러나 앞으로도 계속 불평이나 늘어놓고 변명이나 하지 않으려면 우리 내부를 들여다보고 책임감 있게 새로운 해결책을 내놓아야 한다.
— 세계 댐 위원회 최종 보고서 발표회장에서, 영국 런던, 캐벗홀, 2000년 11월 16일

앞으로 우리는 우리 처지를 남 탓으로 돌리거나 우리의 발전을 남이 책임져 주기를 바라지 않을 것이다. 우리 운명의 주인은 우리이다.
— 20세기 아프리카의 100대 양서 선정 기념 연회에서, 남아프리카공화국 케이프타운, 2002년 7월

몸 Body, The

몸은 스스로를 돌볼 줄 알아요. 우리가 해야 할 일은 어떤 병에도 대처할 수 있는 힘을 갖추도록 우리의 몸을 격려하는 것이지요.
— 리처드 스텡글과 나눈 대화에서, 1993년 4월 29일

권투 Boxing

권투는 평등주의적인 스포츠이다. 링 안에서는 계급과 나이, 피부색, 재산이 무의미해진다. 선수들은 서로의 주위를 맴돌며 강점과 약점을 찾을 때 상대의 피부색이나 사회적 지위 같은 건 생각하지 않는다.
— 『자유를 향한 머나먼 길』에서, 1994년

나는 권투의 폭력성보다는 그 기술을 즐겼다.
— 같은 곳

세계 헤비급 챔피언이 된 것 같은 지금 이 기분을 내 친구 에반더 홀리필드[36]에게 알려 주고 싶다.
— 의회 명예 황금 훈장을 받으며, 미국 워싱턴 D. C., 의회, 1998년 9월 23일

높은 수준의 권투는 예술이고, 볼거리 많은 흥미로운 운동이며, 빈곤에서 탈출할 수 있는 길이 되어 주기도 한다.
— 세계 권투 평의회 제36차 연례총회에서, 남아프리카공화국 요하네스버그, 1998년 10월 26일

---

36 몇 차례나 세계 권투 헤비급 챔피언에 등극한 남아프리카공화국 권투 선수.

나는 비록 권투 세계 챔피언이 되지 못했지만, 그다음으로 가장 좋은 것은 명성 높은 연례 권투 총회를 개막하는 특권을 누리는 일일 것이다.
— 같은 곳

나는 권투 선수였다.
— 권투 선수 라일라 알리와 만나서, 남아프리카공화국 요하네스버그, 넬슨 만델라 재단, 2006년 1월 30일

우리는 이제까지 남성이 독점해 온 역할에 도전하겠다고 나선 여성들을 환영한다.
— 권투 선수 그웬돌린 오닐과 만나서, 남아프리카공화국 요하네스버그, 넬슨 만델라 재단, 2007년 1월 31일

사형 Capital Punishment

범죄 문제를 사형으로만 해결할 것이 아니라 범죄를 저지르고도 처벌받지 않는 문화를 없애야 한다. 죄를 짓는 사람은 반드시 체포되고 기소되어 벌을 받아야 한다.
— 범죄와 폭력을 주제로 한 국가 경제 발전 및 노동 위원회 회의에서, 남아프리카공화국 요하네스버그, 1996년 11월 21일

사형을 부활시키자는 주장은 사실상 흑인과 빈민들, 주로 자기들끼리 살인을 저지르는 사람들의 목을 매달자는 것이다. 이런 요구를

하는 사람들은 아파르트헤이트 체제가 국민들에게 강제한 비인간
적 빈곤이 범죄의 원인이라는 사실을 부인하려고 한다.
— 제50차 ANC 전국 회의 개회식에서, 남아프리카공화국, 노스웨스트 대학
 교 마피켕 캠퍼스, 1997년 12월 16일

카리브 해 Caribbean

이 지역은 오래전부터 노래와 시, 정치 철학과 행동으로 전 세계 흑인의 한과 열망을 표출하는 길을 열었다. 우리는 공통의 아프리카 유산으로 한데 묶여 있다. 아프리카인들은 고향 땅에서 강제로 쫓겨날 때 아프리카도 함께 가져가 카리브 해를 아프리카의 일부로 만들었다.
— 제19회 CARICOM(카리브 공동체) 정부 수반 회의에서, 세인트루시아,
 1998년 7월 4일

검열관 Censors

무자비한 운명 때문에 서신 왕래를 내내 하지 못하고 중대한 순간에 가족과 떨어지고 말았지만, 이 편지는 공평하고 정직한 배려를 받아 부디 잘 전달되기를 바랍니다.
— 스와질란드 상원 의원 더글러스 루켈레에게 쓴 편지에서, 로벤 섬,
 1970년 8월 1일

편지를 검열할 때 이중적인 잣대를 들이대는 것은 비겁한 행위이며, 우리가 밖으로 보내는 편지가 검열당하지 않는다는 거짓된 인상을 대중에게 심으려는 수작입니다.
— 교도소에서 더반의 변호사들에게 몰래 보낸 편지에서, 로벤 섬, 1977년 1월

우리는 반송된 편지에 볼펜 대신 연필로 표시를 해달라고 검열관들에게 몇 번이나 요청했습니다.
— 로벤 섬 교도소 소장인 하딩 소령에게 쓴 편지에서, 1979년 12월 23일

세기 Century

우리 세대는 갈등과 유혈 참사, 증오와 편협으로 점철된 세기, 부자와 빈자, 개발도상국과 선진국 사이의 불균형 문제를 해결하려고 시도했으나 완전히는 성공하지 못한 세기를 건너왔다.
— 제50차 ANC 전국 회의 폐회식에서, 남아프리카공화국, 노스웨스트 대학교 마피켕 캠퍼스, 1997년 12월 20일

도전 Challenges

개인적 재앙이 파도처럼 밀려와도 단호한 혁명가를 익사시킬 수 없고, 비극으로 인한 고통이 쌓여간다 해도 단호한 혁명가를 질식시

킬 수 없다고 확신하오.
— 위니 만델라에게 쓴 편지에서, 로벤 섬, 1970년 8월 1일

고난은 사람을 무너뜨리기도 하고 일으켜 세우기도 한다오. 결국엔 일어서리라는 희망을 품고 포기하지 않는 죄인의 영혼은 아무리 날카로운 도끼도 벨 수 없는 법이오.
— 위니 만델라에게 쓴 편지에서, 로벤 섬, 1975년 2월 1일

나는 모든 문제에 낙관적으로 접근한다.
— 집에서, 남아프리카공화국 소웨토, 1990년 2월 14일

나는 문제가 있으면 얼렁뚱땅 넘어갈 것이 아니라 용감하게 맞서야 한다는 사실을 받아들였습니다.
— 리처드 스텡글과 나눈 대화에서, 1992년 12월 29일

변혁이라는 도전 과제를 해결하려면 우리의 정치적·사회적·경제적 삶의 틀 전체를 재평가하고 아파르트헤이트 정책이 강요한 불평등과 인종차별의 흔적을 완전히 지워야 한다. 그래야만 새로운 사회를 건설하고, 수많은 사람들이 구금, 추방, 투옥, 고문, 살인까지 당하며 세웠던 평화와 번영의 비전을 실현할 수 있다.
— 사하라 사막 이남 지역 석유 광물 회의 개회식에서, 남아프리카공화국 케이프타운, 1993년 11월 29~30일

모든 정당의 당수들과 그 의원들에게 우정 어린 손을 내밀어 우리 나라가 직면한 문제들을 모두 다 함께 해결해 보자고 부탁하고 싶다.
— ANC의 선거 승리를 축하하는 연회에서, 남아프리카공화국 요하네스버그, 칼턴 호텔, 1994년 5월 2일

남아프리카의 안녕을 빌어 주는 친구들이 있기에 나는 우리가 중대한 도전 과제들에 직면해 있음을 솔직하게 인정할 수 있다. 우리의 새로운 민주주의가 국제 자본의 도움으로 평화롭게 성공하고 성장해 나가기를 우리 모두 바라고 있다.
— 런던 시 명예시민권을 받으며, 영국 런던, 길드홀, 1996년 7월 10일

우리는 중대한 도전 과제에 직면해 있지만, 이미 극복해낸 것들을 생각하면 겁낼 것이 없다.
— 같은 곳

우리 대륙이나 나라, 공동체들이 민족, 종교, 인종, 언어의 차이로 서로 다투는 포연 자욱한 전쟁터로 전락하는 일이 다시는 없을 거라고 장담할 수 있을까? 세계의 엄청난 경제 성장 역량이 강자뿐만 아니라 세상의 모든 이들에게 이득이 되도록 하는 어려운 역사적 과제를 우리가 과연 잘 해결해 낼 수 있을까?
— 옥스퍼드 대학교 부설 이슬람 연구소에서 강의하며, 영국 옥스퍼드, 셸도니언 극장, 1997년 7월 11일

우리는 이 과업에 이제 막 첫발을 내디뎠다. 결코 녹록치 않을 이 일을 해내려면 오랜 시간이 걸릴 것이다. 그러나 기꺼이 손잡을 준

비가 되어 있는 사람들은 아무리 큰 난관이라도 헤쳐 나갈 수 있다는 걸 알기에 우리는 자신만만하게 미래를 맞는다.
— 네게브의 벤구리온 대학교로부터 명예박사 학위를 받으며, 남아프리카공화국 케이프타운, 1997년 9월 19일

우리는 지금 새롭고 훨씬 더 어려운 싸움에 직면해 있다. 자유를 찾은 첫해에 우리나라는 좋은 출발을 했다. 그렇지만 어떤 공동체를 막론하고 우리 모두는 해야 할 일이 아직 더 많이 남았다는 사실을 알고 있다.
— 서로 다른 문화들이 한데 어울려 이슬람교 축제 이드를 축하하는 자리에서, 남아프리카공화국 요하네스버그, 1998년 1월 30일

나를 비롯한 구세대로부터 바통을 이어받을 미래의 지도자들 여러분은 한층 더 어려운 과제 앞에 서 있다. 20세기에 세계는 크게 진보했지만, 수많은 이들이 아직도 빈곤과 폭력, 굶주림, 질병, 환경오염에 찌든 인생을 살고 있다.
— 넬슨 만델라 아동 기금의 캐나다 친구들 발대식에서, 캐나다 토론토, 1998년 9월 25일.

우리의 과거를 생각하면 이런 문제에 봉착하리라는 것은 예상할 수 있었다. 그러나 얼마나 큰 문제가 될지는 예상하지 못했고, 그런 문제를 근절하기 위해 우리 사회를 결집하여 협력을 이끌어내기가 이렇게 어려울지도 역시 예상하지 못했다.
— 윤리 정상회담 개회식에서, 남아프리카공화국 요하네스버그, 1998년 10월 22일

세계의 모든 나라가 도전에 직면해 있으며, 우리의 도전 과제 중 하나는 빈곤과 교육 부족의 문제를 해결하고 우리 국민의 건강한 삶을 보장해 주는 것이다.
— 투표 후에, 남아프리카공화국, 날짜 미상

우리 앞에는 수많은 과제가 놓여 있고, 과거의 흔적을 깨끗이 지워 완전히 통합되고 화합한 국가를 이루려면 아직 갈 길이 멀지만, 우리는 그 토대를 이미 마련해 놓았다.
— 대통령의 예산안 심의회 개막 연설에서, 남아프리카공화국 케이프타운, 의회, 1999년 3월 2일

세계의 모든 나라가 도전에 직면해 있다.
— 시의원 선거에서 투표한 후에, 남아프리카공화국 요하네스버그, 2006년 3월 11일

한 사회의 일반 대중이 기본적으로 바라는 것 네 가지가 있다면, 안전한 환경에서 사는 것, 일해서 자기 힘으로 사는 것, 좋은 공공 의료 서비스를 받는 것, 자녀들에게 괜찮은 교육의 기회를 주는 것이라 할 수 있다. 현재 우리 사회는 그 네 가지 영역 모두에서 고전하고 있기는 하지만, 모든 이들이 개인적으로 헌신하면 발전을 방해하는 장애물들을 극복할 수 있으리라는 확신을 가져야 한다.
— 오프라 윈프리 리더십 아카데미 개원식에서, 남아프리카공화국 헨리온클립, 2007년 1월 2일

우리나라의 미래 지도자인 여러분이 도전해야 할 과제는 인종, 피부색, 성별, 종교, 신조에 관계없이 모든 국민이 사회적 결속을 단언할 수 있는 나라를 만드는 것이다. 이 과제를 염두에 두고, 영속적인 자유와 민주주의라는 원칙을 굳세게 밀고 나가야 한다. 그런 토대가 있어야 인권 문제가 깊이 있게 스며들 수 있기 때문이다.
— 전국 청년 축제에 보낸 영상 메시지에서, 남아프리카공화국, 2008년 6월

변화 Change

우리는 이런 변화를 실제로 이루어 낸 사람들을 잊을 수 없다.
— BBC와의 인터뷰에서, 1993년

우리나라의 백인들이 변화를 지지한다는 사실을 보여 주는 많은 증거가 있다.
— 인터뷰에서, 1994년경

이루 말할 수 없는 변화가 일어났다.
— 같은 곳

모든 인구 집단이 변화를 지지하지만 소수는 진정으로 두려워하고 있다는 확실한 증거가 있다.
— 같은 곳

국가의 재건, 대륙의 부활, 새로운 세계 질서의 출현은 저마다 독립적으로 진행되는 과정이다. 그러나 오늘날 이 세 가지는 역사적 의미가 있는 단일한 변화 속에서 이루어진다. 변화하고 새로워질 수 있다는 믿음은 정치와 종교의 본질적 특징 가운데 하나일 것이다.

— 옥스퍼드 대학교 부설 이슬람 연구소에서 강연하며, 영국 옥스퍼드, 셸도니언 극장, 1997년 7월 11일

정말 어려운 일은 사회를 변화시키는 것이 아니다. 자신을 변화시키는 것이다.

— 존 배터스비와의 인터뷰에서, 남아프리카공화국 요하네스버그, 2000년 2월 10일자 〈크리스천 사이언스 모니터(The Christian Science Monitor)〉에 게재

평화 구축의 실질적인 주체가 되려면 공동체와 세계의 변화만 꾀해서는 안 된다. 그보다 어려운 일은 남을 바꾸기 전에 자신을 바꾸는 것이다.

— 제1회 라우레우스 평생 공로상을 받으며, 모나코 몬테카를로, 스포팅 클럽, 2000년 5월 25일

사람됨 Character

언젠가는 우리도 곧고 올바른 고위자의 진실하고 확고한 지지를 받을지도 모르오. 지금 우리나라에서 벌어지고 있는 이념 전쟁에서

매서운 적들의 권리와 특권을 보호하는 의무도 저버리지 않는 그런 사람 말이오.
— 당시 프리토리아 중앙 교도소에 수감되어 있던 위니 만델라에게 쓴 편지에서, 로벤 섬, 1970년 8월 1일

좋은 머리와 좋은 마음은 항상 어마어마한 조합이지요.
— 파티마 미어에게 쓴 편지에서, 로벤 섬, 1976년 1월 1일

타인을 판단할 때 어떤 측면에 집중하느냐는 그 판단자의 사람됨에 달려 있소. 따라서 타인을 판단할 때는 자기 자신도 평가받게 되지.
— 위니 만델라에게 쓴 편지에서, 로벤 섬, 1979년 12월 9일

우리는 자신에게 무엇이 주어지느냐가 아니라 자신이 가진 것을 어떻게 이용하느냐에 따라 서로 다른 길을 걷게 된다.
— 『자유를 향한 머나먼 길』에서, 1994년

내가 공연한 연극이 몇 작품 안 되지만, 잊지 못할 역이 하나 있다. 바로 소포클레스의 『안티고네(Antigone)』에 등장하는 테베의 왕 크레온이다. 감옥에서 몇 편 읽어 본 그리스 고전극들은 내 정신을 엄청나게 고양시켜 주었다. 거기에 등장하는 인물들은 어려운 상황에 얼마나 당당히 맞서느냐에 따라 평가받으며, 아무리 힘든 상황이라도 무너지지 않는 사람이 진정한 영웅이다.
— 같은 곳

우리는 성장하는 인물의 유쾌한 경험뿐만 아니라 유쾌하지 않은 경험으로부터도 교훈을 얻어야 한다.
— 외신 기자 협회 연례 만찬에서, 남아프리카공화국 요하네스버그, 1997년 11월 21일

족장 Chieftaincy

지구상의 모든 민족과 마찬가지로 아프리카인들도 족장들이 부족 회의와 대중 집회의 조언을 받아 단순한 공동체를 이끌던 때가 있었다. 그 시절엔 족장이 그야말로 민의를 대변하는 통치자였다. 하지만 복잡하기 이를 데 없는 현대 산업 문명에서는 어디에도 그런 제도가 남아 있지 않다.
— 「페르부르트의 부족주의(Verwoerd's Tribalism)」라는 글에서, 〈해방〉, 1959년 5월

어쨌거나 그때 내가 들었던 영웅담의 주인공들은 거의 전부 족장이었고, 섭정이 흑인과 백인 모두에게 두루 존경받는 모습을 지켜보던 내게 이 제도의 중요성은 실제보다 더 크게 느껴졌다.
— 미출간 자서전 원고에서, 로벤 섬, 1975년

족장은 강탈 전쟁에서 우리를 아주 잘 이끌었던 유명한 영웅들의 후손이자 그 자신도 전통적 지도자이므로 존경받을 자격이 있다.
— 같은 곳

내가 보기에 족장은 공동체 생활의 중심축일 뿐만 아니라 영향력과 권력, 높은 지위를 얻을 수 있는 비결이기도 했다.
— 같은 곳

고향에 계속 머물러 있었다면 지금쯤 존경받는 족장이 되어 있었겠지요. 배도 불룩하니 나오고 소와 양도 많았을 겁니다.
— 리처드 스텡글과 나눈 대화에서, 1993년 5월 3일

아동 학대 Child Abuse

아파르트헤이트의 부당함과 싸울 때 갈구했던 따뜻한 사회를 만들고 싶다면, 아동에 대한 폭력과 학대를 완전히 근절해야 한다. 자칭 품위 있는 사회라면 어떤 형태의 폭력도 용서받을 수 없겠지만, 아동에 대한 폭력을 그 무엇보다 최악으로 생각해야 한다. 아동 학대는 우리 사회의 최약자들에게 모욕감과 굴욕, 모멸감, 상처를 준다.
— 남아프리카공화국, 2003년 11월

어린 시절 Childhood

어릴 적에 어른들 주위에 다 같이 모여 그들의 풍부한 지혜와 경험에 귀 기울이던 날들을 잊을 수 없다.
— 미출간 자서전 원고에서, 로벤 섬, 1975년

내 어린 시절의 트란스케이에 대해 정말 즐거운 추억과 꿈을 가지고 있다네. 사냥을 하고, 막대기로 칼싸움을 하고, 옥수수 밭에서 서리를 하던 곳, 셈하는 법을 배운 곳이지만, 이제 그 세상은 사라지고 없어. "내가 보았던 것들을 이제 더는 볼 수 없다."라고 탄식한 유명한 영국 시인은 바로 그런 세상을 염두에 두고 있었을 테지.

— 친구에게 쓴 편지에서, 남아프리카공화국 케이프타운, 폴스무어 교도소, 1985년 2월 22일

내가 가장 좋아하는 놀이 가운데 하나가 막대기로 칼싸움을 하는 것이었다.

— BBC 다큐멘터리에서, 1996년

나의 조용한 시골 소년 시절이 지금 돌아보면, 특히 이 번잡한 도시에 있는 사람들에게 그림처럼 아름다워 보일까? 장담컨대 그 시절은 그리 낭만적이거나 자유롭지 않았다. 우리는 가족을 부양하고 건강을 유지하기 위해 농사를 짓고 음식을 만들고 몸을 씻을 때마다 개울이나 샘으로 가서 양동이에 물을 길어 와야 했다.

— 세계 댐 위원회 최종 보고서 발표회장에서, 영국 런던, 캐벗홀, 2000년 11월 16일

아이 Children

성공한 자녀만큼 부모의 삶을 보람 있고 달콤하게 만드는 것도 거의 없지요.
— 아미나 카찰리아[37]에게 쓴 편지에서, 로벤 섬, 1981년 3월 3일

일종의 디아스포라가 한창 진행되어 도시 아이들이나 순박한 시골 아이들이나 할 것 없이 전 세계로 흩어지고 그 과정에서 몰라보게 시야를 넓히고 새로운 생각을 얻는 것처럼 보입니다. 하지만 막상 그들이 고향으로 돌아오면 그들을 수용할 만한 환경이 아직 조성되어 있지 않지요.
— 프리다 매튜스[38]에게 쓴 편지에서, 남아프리카공화국 케이프타운, 폴스무어 교도소, 1987년 2월 25일

그 어느 때보다도 요즘 대중 매체, 특히 텔레비전이 사람들의 관심을 빈곤한 아이들의 참상으로 끌어들이고 있습니다. 방송되는 몇몇 화면들은 측은하면서도 섬뜩하더군요.
— 맘펠라 람펠레 박사[39]에게 쓴 편지에서, 남아프리카공화국 케이프타운, 폴스무어 교도소, 1987년 8월 12일

아이들은 더는 굶주림에 고통받거나 질병에 쓰러지거나 무지와 폭행, 학대 같은 사회악에 위협받는 일 없이, 그리고 어린 나이로는 감

---

37 1930년~. 반아파르트헤이트 활동가이자 ANC 회원. 아프리카 여성 연합의 공동 창립자.
38 Z. K. 매튜스(학자이자 정치가, 반아파르트헤이트 활동가)의 아내.
39 1947년~. 의사 출신의 반아파르트헤이트 활동가이자 여성 사업가.

당할 수 없는 일에 가담하도록 강요받는 일 없이, 드넓은 초원에서 뛰어놀 수 있어야 한다.

— 노벨 평화상 시상식에서, 노르웨이 오슬로, 1993년 12월 10일

우리가 말한 보상은 이 아이들의 어머니와 아버지의 행복과 안녕으로도 평가될 것이고 반드시 그래야 한다. 부모들 역시 자기 것을 강탈당하거나 정치적·물질적 이익 때문에 살해당하거나 약자라는 이유로 멸시당할 염려 없이 살아갈 수 있어야 한다.

— 같은 곳

더 부끄러운 우리의 과거사는 아이들의 삶이 유린된 것이다.

— 니슬링쇼프 이스테이트 10주년 축하 행사에서, 남아프리카공화국 스텔렌보스, 니슬링쇼프 이스테이트 와이너리, 1995년 4월 21일

아이들을 어떻게 대하느냐를 보면 그 사회의 영혼을 명확히 알 수 있다.

— 넬슨 만델라 아동 기금 출범식에서, 남아프리카공화국 프리토리아, 대통령 관저 말람바 은들로푸, 1995년 5월 8일

과거에 우리는 우리 아이들의 삶을 수없는 방식으로 유린하고 파괴했다. 믿을 수 있어야 하는 사회가 한 세대를 국가적으로 학대했다고 해도 과장이 아니다.

— 같은 곳

아이들은 우리 미래의 토대이며, 우리나라의 가장 큰 자산이다. 그들이 우리나라의 지도자, 국부의 창출자가 되어 우리 국민을 보살피고 보호할 것이다.
— 쿠누 학교와 은칼라네 학교 헌정식에서, 남아프리카공화국 쿠누, 1995년 6월 3일

우리 아이들이 아파르트헤이트의 유린과 약탈에 가장 큰 타격을 입었다. 그들 대부분은 제대로 된 교육과 적절한 건강관리, 안정된 가정생활을 누릴 권리를 강탈당했다. 때로는 어린 시절 전체를 빼앗겼다.
— 케이프타운 SOS 어린이 마을 개장식에서, 남아프리카공화국 케이프타운, 1996년 5월 25일

남아프리카공화국의 아이들은 우리나라의 해방과 미래 건설에서 그들 나이에 벅찬 책임을 떠맡았다.
— 같은 곳

굶어 죽거나 마체테[40]에 배가 갈려 죽은 아이들의 울부짖음이 현대 도시의 소음과 밀폐된 창문을 뚫고 이렇게 외칠 것이다. 나도 인간이잖아요!
— 영국 상하원 합동 회의에서 연설하며, 영국 런던, 웨스트민스터 홀, 1996년 7월 11일

---

40 날이 넓고 무거운 칼.

길거리에서 자는 아이들, 먹고살기 위해 구걸을 해야 하는 아이들은 우리의 미결 숙제를 보여 주는 증거이다. 수돗물과 위생 시설, 전기도 없이 판잣집에서 사는 가족들은 과거가 현재의 발목을 여전히 붙잡고 있음을 일깨워 준다.
— SACP(남아프리카 공산당) 창당 75주년 기념식에서, 남아프리카공화국 케이프타운, 1996년 7월 28일

아프리카는 아름다운 풍광과 풍부한 자연 유산, 풍요로운 자원으로 유명하다. 그러나 고통받는 아이들의 모습 역시 우리 대륙과 세계의 양심을 괴롭히고 있다.
— '아프리카에서 소아마비를 몰아내자(Kick Polio Out Of Africa)' 캠페인을 시작하며, 남아프리카공화국 요하네스버그, 1996년 8월 2일

우리 땅의 아름다운 아이들에게 둘러싸여 있으면 언제나 무척 즐겁다. 여러분처럼 활기 넘치는 젊은이들과 함께 있으면 마치 재충전된 배터리가 된 것 같은 기분이 들어, 우리나라의 위대한 미래를 기대하게 된다. 여러분은 우리의 미래이다. 우리를 다음 세기로 이끌어 갈 사람들이다.
— '생명을 위한 식량(Food For Life)' 축제에서, 남아프리카공화국 더반, 1997년 4월 23일

우리는 아픈 아이들이 가정과 공동체에서 보살핌을 받을 수 있게 해야 할 실질적인 책임이 있다. 아무리 짧고 가냘프더라도 모든 사람의 생명은 가치가 있다는 우리의 인식을 증명해 보여야 한다.
— 치명적인 병에 걸린 아이들을 위해 열린 만델라의 생일 파티를 후원해 준 사람들을 위한 오찬에서, 남아프리카공화국, 1997년 7월 4일

아이들에게 관심을 기울이자. 고통에서 벗어나려 힘들게 싸우고 있는 아이들을 있는 힘껏 지원해 주자.
— 같은 곳

우리는 한 국민으로서 우리 아이들의 마음에 햇살이 깃들게 할 의무가 있다. 아이들은 우리의 소중한 자산이다. 행복한 삶이 줄 수 있는 것을 누릴 자격이 있다.
— 같은 곳

한 사회의 진정한 됨됨이를 보려면 아이들을 어떻게 대하는지 보면 된다.
— 블루 트레인[41] 개통식에서, 남아프리카공화국 우스터, 우스터 역, 1997년 9월 27일

아이들이 우리의 가장 큰 보물이다. 아이들이 우리의 미래이다. 아이들을 학대하는 자들은 우리 사회의 기본 틀을 무너뜨리고 우리나라의 힘을 약화시킨다.
— 여성·아동 학대에 반대하는 전국 남성 행진 대회에서 연설하며, 남아프리카공화국 프리토리아, 1997년 11월 22일

나는 아프리카와 부활이라는 그 오랜 염원의 산물이다. 이제는 그 염원이 실현되어 우리 아이들이 태양 아래 뛰어놀 수 있을 것이다.
— 민주적으로 선출된 첫 의회의 마지막 회기에, 남아프리카공화국 케이프타운, 1999년 3월 26일

---

41 케이프타운과 프리토리아를 잇는 초호화 열차.

절대 방심하지 말고, 정부에 책임을 묻고, 평화와 정의를 위해 싸워라. 한순간도 느슨해지지 마라. 아이들을 방치하거나 학대하는 행위는 어떤 상황에서도 용인될 수 없다.

— 아이들을 위한 세계적 협력을 구축하자는 취지의 성명서에서,
2000년 5월 6일

이토록 풍요로운 세상에서라면 어떤 아이도 굶주리지 않고, 모든 임산부가 건강하게 출산하며, 해마다 영양실조로 죽는 거의 600만 명의 아이들도 구원받을 수 있을 것이다.

— 같은 곳

고통받는 아이들을 보는 것만큼 끔찍한 일도 없는데, HIV·에이즈에 감염된 아이들 때문에 특히 마음이 아프다. 모든 전쟁에서 그렇듯, 아이들은 가장 큰 고통을 겪고 있는 무고한 피해자들이다.

— SOS 어린이 마을의 에이즈 프로젝트를 위한 기금 마련 행사 개회식에서,
2001년 9월

인생사에서 부모가 아이를 먼저 떠나보내는 것만큼 고통스러운 일도 없을 것이다. 어떤 상황에서든 그런 상실은 우리가 인간으로서 맺는 관계에 지울 수 없는 상처를 남긴다.

— 앤턴과 위베르트 루퍼트 부부의 막내아들 안토네이가 교통사고로 죽은 것을 애도하며, 2001년 10월

아이가 어떤 곳에서, 어떤 환경에서 태어나든 인생의 첫출발을 건강하게 할 수 있도록 하는 것은 우리 모두의 도덕적 의무이다.
— 에이즈 백신 회의에서, 남아프리카공화국, 2002년 4월

우리 아이들에게 더 좋은 세상을 만들어 주기 위해 우리 모두 시민으로서 해야 할 역할이 있다.
— 어린이를 위한 국제연합 특별 총회에서 국제연합 사무총장 코피 아난이 주최한 오찬에서, 미국 뉴욕 시, 국제연합, 2002년 5월 9일

우리는 아이들의 일상생활을 어떻게 변화시키느냐에 따라 역사의 평가를 받을 것이다.
— 같은 곳

우리는 인류의 에너지를 한데 모아 더 인간적이고 온정적이며 공정한 세상을 만들기 위해 다 함께 노력해야 할 중대한 국면에 있다. 그리고 아이들에게 더 나은 삶과 안전한 미래를 만들어 주기 위해 우리가 어떤 노력을 기울이는가 하는 것이 우리의 연민을 평가하는 중요한 잣대가 될 것이다.
— 같은 곳

아이들은 지도가 필요한 존재이지만 장래 희망을 이룰 수 있는 확고한 권리가 있으며, 이를 위해서는 그들이 꿈꾸고 그 꿈을 펼칠 수 있는 여지가 있어야 한다.
— 연례 어린이 축하 행사에서, 남아프리카공화국 블룸폰테인, 2003년 9월 27일

아이들은 우리의 미래이며, 우리의 가장 기본적인 책임 가운데 하나는 우리 아이들을 최대한 정성껏 보살피는 것이다.
— 월터 시술루 소아 심장 센터 개원식에서, 남아프리카공화국 요하네스버그, 2003년 11월 7일

우리가 아이들에게 더 좋은 세상을 만들어 줄 수 있는 한 가지 길은 아이들이 스스로를 변호할 수 있게 허락함으로써 그들에게 힘을 실어 주는 것이다. 물론 우리가 어른으로서 그들을 인도하고 최종 책임을 져야 하겠지만, 윗사람 행세를 하며 그들을 가르치려 들어서는 곤란하다. 아이들은 자신의 모습 그대로 자기 생각을 말할 수 있는 권리를 누려야 한다.
— 연설에서, 남아프리카공화국, 장소 미상, 2003년 11월

여러분의 학교에 있는 아이들에게 내가 그들을 사랑한다고 전해 주겠는가?
— 다큐멘터리 〈전설 : 넬슨 만델라〉에서, 2005년

중국 China

중국 혁명은 걸작, 진정한 걸작이었습니다. 그들이 어떻게 혁명을 일으켰는지 읽어 보면 불가능한 일도 믿게 되지요. 그들의 혁명은 그야말로 기적이었어요.
— 리처드 스텡글과 나눈 대화에서, 1993년 4월 4일

시민 단체 Civic Associations

우리나라에서 시민 단체는 국민의 열망을 소리 내어 표현하고 국민의 생각을 형성하는 데 중요한 역할을 하고 있습니다.

— 파를 시민 단체에게 쓴 편지에서, 남아프리카공화국 파를, 빅터버스터 교도소, 1989년 8월 21일

공동의 노력 Collective Effort

우리 국민이 진보하여 자기 생각을 또렷이 표현하고, 국내에서 성공을 거두고, 국내외적으로 인정받고 있는 것이 어떤 점에서는 나의 노력 덕분이라고 말하는 사람들이 있었다. 그러나 내 생각을 말하자면, 나는 수많은 국민들 가운데 한 명일 뿐이며 성공은 국민 모두의 공이다.

— 노동자 파업 선동 및 불법 출국 혐의로 유죄 판결을 받은 후 연설에서, 남아프리카공화국 프리토리아, 올드 시나고그, 1962년 11월 7일

그 시절을 돌이켜보면, 초원에서 무리 지어 다 함께 일하고 놀았던 내 고향에서의 생활 방식 때문에 어린 나이부터 공동의 노력이라는 개념에 눈을 뜨지 않았을까 하는 생각이 든다.

— 미출간 자서전 원고에서, 로벤 섬, 1975년

우리나라의 문제를 해결하는 엄청난 과제를 혼자서 떠맡을 수 있는 사람은 아무도 없다. 설사 누군가가 어떤 특정한 지위를 얻었다 해도 그것은 대개 조직의 노력 덕분이다.

— BBC 텔레비전의 제임스 로빈스와의 인터뷰에서, 남아프리카공화국 소웨토, 만델라의 자택, 1990년 2월 14일

이런 문제들은 개인적 차원이 아닌 공동의 노력을 통해서만 해결할 수 있다. 나는 개인적으로 행동하지 않을 것이다. 팀의 일원으로 행동할 것이다.

— 〈타임〉의 스콧 머클라우드와의 인터뷰에서, 남아프리카공화국 소웨토, 1990년 2월 26일

특정 개인의 역할을 공동의 역할보다 위에 놓고 싶은 마음은 없네.

— 아메드 카트라다와 나눈 대화에서, 1993~1994년경

의견 차이가 생기면? 우리는 그 문제에 대해 고심하고, 쟁점들의 시시비비를 따지며, 서로를 설득해서 합의에 이른다.

— BBC와의 인터뷰에서, 1993년 10월 28일

우리가 아프리카 민족회의에서 하는 일은 결국 개인의 기여가 아니라 공동의 공헌으로 이루어진다.

— 같은 곳

내가 생각도 못했던 점을 짚어 주는 이들이 진정으로 고마울 때가 있다.
— 인터뷰에서, 날짜 미상

우리는 집단 지도 체제 속에서 일하고 있으며, 우리가 성취한 거의 모든 것들은 합심하여 이루어 낸 것이다.
— 로벤 섬을 다시 찾아가, 남아프리카공화국 케이프타운, 1994년 2월 11일

나는 그들에게 어떤 식으로도 영향력을 발휘하지 않을 것이다. 집단 지도 체제에 대한 확신이 있고, 그들의 결정이 조금도 틀리지 않으리라는 것을 알기 때문이다.
— AP(연합통신사)의 탐 코언과 삼 벤터와의 인터뷰에서 자신의 후계자에 관해 이야기하며, 남아프리카공화국 케이프타운, 대통령 집무실, 1994년 9월 22일

하루 일과를 마치고 앉아서 생각하며 팀의 일원으로서 조금이나마 기여한 바를 평가하는 것은 자신의 정치적 의무를 정리하고 수행하는 데 있어서 중요한 부분을 차지한다.
— 제49차 ANC 전국 회의 폐회 연설에서, 남아프리카공화국 블룸폰테인, 1994년 12월 22일

나는 공동의 결정을 수행하여 조직에 기여한 팀의 일원으로 기억되고 싶다.
— 존 배터스비와의 인터뷰에서, 남아프리카공화국 요하네스버그, 2000년 2월 10일자 〈크리스천 사이언스 모니터〉에 게재

해방 투쟁을 하면서 온갖 우여곡절을 겪는 우리가 엇나가지 않도록 잡아 주는 기준점이자 우리가 늘 염두에 두어야 할 중요한 지침은 개인의 노력만으로는 결코 성공할 수 없다는 것이다. 공동의 노력과 승리가 반드시 필요하다.

— 공책에서, 날짜 미상

식민주의 Colonialism

우리는 물론 모든 아프리카인이 깨달아야 할 사실은, 미국 자금의 지원이 없었다면 서구 식민 세력이 아프리카에서든 세계 어느 곳에서든 통치를 유지하기가 불가능까지는 아니더라도 어려웠을 거라는 점이다.

— ANC 청년 동맹 의장 연설에서, 1951년 12월

식민 세력은 그들이 통치한 아프리카 식민지들을 진정으로 발전시킨 것이 아니다. 가동된 몇 안 되는 사회 기반 시설도 나라의 일반 국민들이 아닌 식민지 개척자를 위한 것이었다.

— 다큐멘터리 〈마지막 마일 : 만델라 - 아프리카와 민주주의〉에서, 1991년

유럽의 영향력과 지배를 사실상 지구 전체로 확장하는 것은 그 시대 유럽이 품은 야망의 핵심이었다.

— 옥스퍼드 대학교 부설 이슬람 연구소에서 강연하며, 영국 옥스퍼드, 셀도니언 극장, 1997년 7월 11일

르네상스 시대부터 시작된 유럽의 세력 확장은 19세기 아프리카 대륙의 식민지화에서 그 절정에 달했다.
— 같은 곳

식민지화된 대륙이 받은 영향은 굳이 되풀이할 필요가 없을 정도로 널리 알려져 있다. 그렇지만 역사를 공부하는 것은 인간의 행동을 조롱하거나 한탄하거나 증오하기 위해서가 아니라 이해하기 위해서다. 그리고 그 과정에서 얻은 교훈을 바탕으로 우리의 미래를 구상하기 위해서다.
— 같은 곳

원주민의 땅을 약탈하고, 그들의 광물자원과 기타 원자재를 착취하고, 그들을 특정한 지역에 가두고, 그들의 움직임을 제한하는 것이 지상 모든 식민주의의 초석이었다. 일부 눈에 띄는 예외도 있지만.
— 미출간 자서전 속편 원고에서, 1998년경

식민주의와 아파르트헤이트는 심각한 양극화 사회를 낳았다. 교육받은 자와 문맹자, 집 있는 사람과 없는 사람, 큰 부자와 빈자 사이의 격차가 줄어들기 전까지는 이 분열이 계속될 것이다.
— '하나의 도시 많은 문화(One City Many Cultures)' 프로젝트를 시작하며, 남아프리카공화국 케이프타운, 1999년 3월 1일

식민지 시대에 선포된 새로운 국경들은 부족 및 씨족 집단들과 동물 이동로를 가로질러 생태계를 산산조각 내고 생물 다양성을 파괴했다.

— 한국의 비무장지대에 관한 국제회의에 전한 메시지에서, 한국 서울, 2004년 7월 14~19일

소통 Communication

아무리 억압적인 정권이라도 사람들이 소통의 길을 찾고 정보를 입수하는 것을 막을 수는 없다.

— 출처 미상, 1995년

공산주의 Communism

의심의 여지없이 운동의 배후에는 공산당이 있지만, 늘 그래 왔듯 그들은 국민을 속이기 위해 실체와 본성을 감추기로 했습니다.

— I. B. 타바타에게 쓴 편지에서, 1948년 5월 22일[여기서 '운동'은 '만인의 투표권을 위한 제1차 트란스발-오렌지 자유주㈜ 인민회의'를 말한다.]

공산주의에 대한 편견이 뿌리 깊게 박혀 있는 남아프리카공화국의 백인들로서는 경험 많은 아프리카 정치인들이 왜 그리도 쉽사리 공산주의자들을 친구로 받아들이는지 이해하기 어려울 것이다. 그러나 우리에게 그 이유는 명백하다. 억압에 맞서 싸우고 있는 우리로

서는 이론적 의견 차이 따위는 이 단계에 누릴 수 없는 사치이다. 게다가 수십 년 동안 공산주의자들은 남아프리카공화국에서 아프리카인을 인간으로, 그들과 동등한 사람으로 대우할 준비가 되어 있는, 우리와 함께 살고 먹고 말하고 일할 준비가 되어 있는 유일한 정치 집단이었다.

─ 리보니아 재판의 피고인석에서 진술하며, 남아프리카공화국 프리토리아, 법원, 1964년 4월 20일

공산당과의 동맹은 1920년대 초부터 있어 왔다. 공동의 적이 있을 때 동맹자를 찾는 것은 당연한 일이다.

─ 집에서, 남아프리카공화국 소웨토, 1990년 2월 14일

ANC는 공산당이 아니다. 그러나 민주주의의 수호자로서 공산당의 생존권을 위해 싸워 왔고 앞으로도 계속 싸울 것이다. 민족 해방 운동으로서 ANC는 반드시 마르크스주의 이데올로기를 지지할 필요는 없다. 그러나 민주주의 운동으로서, 우리나라 국민을 대변하는 기구로서 ANC는 마르크스주의 이데올로기의 지지를 원하는 남아프리카공화국 국민의 권리를 옹호해 왔고 앞으로도 옹호할 것이다.

─ SACP(남아프리카 공산당) 재출범 집회에서, 남아프리카공화국 소웨토, 1990년 7월 29일

나는 공산주의자들이 진정한 동맹자이며 그들에게 딴 속셈이 없다는 사실을 알았습니다. 그들은 그저 백인 지배 체제를 무너뜨리려 했을 뿐입니다.

─ 리처드 스텡글과 나눈 대화에서, 1993년 3월 18일

그래서 공산당의 몰락 자체가 이데올로기적으로는 큰 영향이 없었지만, 무기를 구하는 우리 입장에서는 상황이 변해 버렸지요.
— 리처드 스텡글과 나눈 대화에서, 1993년 4월 26일

지역사회 일꾼들 Community Workers

자신의 재능을 이용해 지역사회에 봉사하는 사람들, 정부나 사회에서 어떤 직책이 없는데도 노력과 희생으로 높은 존경과 찬사를 받는 사람들이 나는 늘 감탄스러웠다.
— 미출간 자서전 속편 원고에서, 1998년경

타협 Compromise

타협할 생각이 아니라면 협상하지 마라.
— 집에서, 남아프리카공화국 소웨토, 1990년 2월 14일

어떤 타협을 해야 할지는 ANC가 결정할 일이고, 우리는 우리의 원칙을 포기하지 않고 명예로운 타협을 할 준비가 되어 있다.
— 같은 곳

타협은 한 인구 집단뿐만 아니라 나라 전체에 이익이 되는 한 모든 쟁점에서 이루어져야 한다. 타협이란 원래 그런 것이다.
— 같은 곳

타협 당사자들은 저마다 상대방에게 무언가를 양보하고, 상대방의 요구와 두려움을 수용해야 한다.
— 국영방송 SABC(남아프리카공화국 방송국)와의 인터뷰에서, 남아프리카공화국 요하네스버그, 1990년 2월 15일

나는 정부가 국가적 곤경을 극복하려 애쓰고 있으며 옛 태도를 버려야 한다는 사실을 자각했다고 느꼈다. 희미하게나마 타협이 시작된 듯 보였다.
— 『자유를 향한 머나먼 길』에서, 1994년

선의를 가진 사람들이 차이를 극복하고 힘을 합쳐 공동선을 추구하면 아주 까다로워 보이는 문제도 평화적으로 공정하게 해결할 수 있다는 것을 증명해 보인 남아프리카공화국의 경험이 전 세계에 의미 있는 메시지가 되었으면 좋겠다.
— 독일 언론상을 받으며, 독일 바덴바덴, 1999년 1월 28일

남아프리카공화국 국민들은 피비린내 나는 인종 대립으로 결국 자멸하고 말리라는 것이 세계의 일반적인 생각이었다. 그러나 여러 공동체와 정당의 지도자들이 기꺼이 협상하고 타협함으로써 그런 절망적 예언을 보기 좋게 깨부수었다.
— 같은 곳

강자가 약자를 억누르려 하는 세계, 특정한 국가나 국가 집단이 지구의 운명을 결정하려 드는 세계, 이런 세계의 파멸적인 갈등과 지

속적인 불평등을 해소하려면 다자주의 존중과 온건한 공적 담론, 끈기 있는 타협 모색이 그 무엇보다 필요하다.
― 무아마르 카다피⁴²를 위한 오찬에서, 남아프리카공화국 케이프타운, 1999년 6월 13일

어떤 논쟁이든 결국엔 어느 쪽도 완전히 옳다, 그르다 할 수 없는 지점에 도달하기 마련이다. 그때 진정으로 평화와 안정을 원하는 사람들에게는 타협만이 유일한 대안이다.
― 개인 서류에서, 2000년 1월 16일

여러분은 과거의 분열에 사로잡히지 않고 기꺼이 타협해 미래를 바라볼 준비를 함으로써 우리 대륙의 역사에서 여러분과 여러분의 나라를 위한 명예로운 자리를 새로이 만들었다.
― 과도 정부 출범식에서, 부룬디 부줌부라, 2001년 11월 1일

인간은 타협을 반대하고 대립에 찬성하는 주장을 언제든 펼칠 수 있을 것이다. 하지만 우리 인간은 이성적으로 사고하고 연민을 느끼고 변화할 수 있는 존재이다.
― 평화와 비폭력을 위한 세계 대회에 전한 메시지에서, 인도 뉴델리, 2004년 1월 31일

---

42 리비아의 국가원수로, 세계 최장인 42년 동안 리비아를 통치했던 독재자.

갈등 Conflict

내가 자유와 평화를 위해 투쟁하면서 얻은 가장 중요한 교훈 하나는 어떤 갈등에서든 어느 쪽도 옳고 그름을 주장할 수 없는 시점이 온다는 것이다. 갈등이 시작되었을 때의 상황은 아무런 상관이 없어진다.

— 제네바 협약 조인을 지지하는 영상 메시지에서, 2003년 12월

양심 Conscience

우리가 봉착한 그런 딜레마에서 정직한 사람, 목적의식이 있는 사람, 사회도덕과 양심이 있는 사람에게는 한 가지 답밖에 없다. 어떤 결과를 맞게 되든 상관없이 양심의 명령에 따르는 것이다.

— 노동자 파업 선동 및 불법 출국 혐의로 유죄 판결을 받은 후 연설에서, 남아프리카공화국 프리토리아, 올드 시나고그, 1962년 11월 7일

역사가 증명해 보인바, 양심이 깨어 있는 사람은 처벌 앞에서도 결코 굴복하지 않았다. 전에 나와 함께 일했던 동료들이나 내 사람들도 마찬가지일 것이다.

— 같은 곳

법이 나를 범죄자로 만든 것은 내가 한 일 때문이 아니라 내가 지지한 것, 내가 생각한 것, 그리고 내 양심 때문이다.

— 같은 곳

나뿐만이 아니라 우리 모두 치러야 할 대가를 치를 것이다. 나는 옳다고 믿는 바를 양심에 따라 추구한 대가를 치러야 할 것이다. 우리 모두 마찬가지이다. 나 이전에도 많은 국민이 대가를 치렀으며, 나 이후로도 많은 사람이 대가를 치를 것이다.

— 같은 곳

우리나라의 의식 있는 아프리카인들은 평생 양심과 법 사이에서 갈등하게 될 것이다. 비단 우리나라에만 존재하는 갈등이 아니다. 어느 나라에서든 양심 있는 사람, 깊이 생각하고 느끼는 사람은 그런 갈등을 겪기 마련이다.

— 같은 곳

양심의 가책으로 괴로울 때조차도, 우리 민족의 해방에 온 마음으로 헌신하는 것이 삶에 의미를 주고 민족적 자부심과 기쁨을 느끼게 해준다는 사실을 인정하지 않을 수 없다.

— 미출간 자서전 원고에서, 로벤 섬, 1975년

그렇게 오랜 시간 지나고 나서야 우리 모두 일어나 "이제 그만."이라고 말한 것은 양심 있는 사람들에게는 영원히 자책할 일로 남을 것이다.

— 국제연합 반아파르트헤이트 특별 위원회에서 연설하며, 미국 뉴욕 시, 국제연합, 1990년 6월 22일

진실과 화해 위원회는 과거의 잘못을 바로잡을 뿐만 아니라 우리 모두 깨끗한 양심을 가지고 자유롭게 미래로 나아가게 해준다는 점에서도 중요한 기구이다.
— 감리교회의 연례 회의에서, 남아프리카공화국 음타타, 1994년 9월 18일

남아프리카공화국 헌법 Constitution of South Africa

소수 집단을 보호하는 열쇠는 가장 핵심적인 시민권과 정치적 권리를 민주주의 헌법이 보장하는 기본 인권으로 만들어, 일시적인 다수 집단의 힘이 미치지 못하게 하는 것이다.
— 클라크 대학교로부터 명예박사 학위를 받으며, 미국 조지아 주 애틀랜타, 1993년 7월 10일

우리는 1880년대부터 민주주의 헌법을 위해 싸웠다. 우리의 목표는 남아프리카공화국 국민이 그들의 바람과 열망이 반영된 헌법을 자유롭게 채택하는 것이었다.
— 대통령에 당선된 후 케이프타운 사람들에게 연설하며, 남아프리카공화국 케이프타운, 시청, 1994년 5월 9일

우리는 남아프리카공화국의 새로운 헌법 질서에 대한 우리의 비전을 내놓고자 한다. 정복자로서 정복당한 사람들에게 명령을 내리려는 것이 아니다. 동료 시민으로서, 모두를 위한 정의에 근거한 새로운 질서를 구축하여 과거의 상처를 치유하자고 말하고 있는 것이다.
— 같은 곳

갓 시작된 우리 민주주의의 가장 획기적인 사건은 최근에 새로운 헌법을 채택한 것이다. 이로써 우리 국민 모두의 종교적 자유와 문화적 자유를 위한 단단한 초석이 마련되었다.
— 유대교 신년제(로시 하샤나, Rosh Hashanah)에 전한 메시지에서, 남아프리카공화국, 1996년 9월 13일

이제 우리가 힘들게 이룬 통합으로부터 힘을 끌어내어 다 함께 기회를 잡고 이 헌법에 담긴 비전을 실현하자.
— 새 헌법에 서명하며, 남아프리카공화국 페레니힝 샤프빌, 1996년 12월 10일

우리는 우리의 헌법을 소중히 여기며, 헌법에 담긴 권리가 우리 국민 모두에게 살아 있는 현실이 되기를 바란다.
— 자유의 날 기념식에서, 남아프리카공화국 케이프타운, 1998년 4월 27일

내가 수반으로 선출되어 이끌었던 정부는 타락한 아파르트헤이트 체제 아래에서 우리 국민과 우리의 삶을 지배한 구조와 규칙을 전체적으로 평가하고 이해해야 했다. 법률을 폐기하고 다시 제정하는 과정에 착수하여, 헌법과 법 규정의 우위를 토대로 한 새로운 입법 및 규제 체제를 만들어야 했다.
— 민주주의 10년을 축하하는 〈선데이 타임스〉(남아프리카공화국) 기사에서, 2004년 4월

우리 헌법의 전문前文은 이 땅의 정의와 자유를 위해 희생한 이들을 기리고 우리나라를 세우고 발전시킨 이들을 존경하도록 우리를 일깨운다. 그 두 구절에는 갈등이 잦은 우리 역사에서 갈라졌던 여러 분파들이 서로 화해하기를 바라는 엄중한 요구가 담겨 있다.

— 전前 정치범 위원회의 기자회견에서, 남아프리카공화국 요하네스버그, 넬슨 만델라 재단, 2006년 3월 30일

모순 Contradictions

모순은 삶의 본질적 부분이며 끊임없이 삶을 해체합니다.

— 에피 슐츠에게 쓴 편지에서, 남아프리카공화국 케이프타운, 폴스무어 교도소, 1987년 4월 1일

협력 Cooperation

부정적인 사람, 협력의 진정한 의미를 모르는 사람이 우리 주위에 있기 마련이다.

— 2004년 선거 자금을 위해 민간 부문과 접촉하기로 결정한 후 토코 세콸레, F. W. 데클레르크, 시부일레 미키 하비야와 대화를 나누며, 남아프리카공화국, 2004년

부패 Corruption

우리와 함께 아파르트헤이트의 부패와 싸웠던 이들 역시 부패할 수 있다는 사실을 알았다.
― 엠톤제니 청년 센터 개소식에서, 남아프리카공화국 프리토리아,
  1998년 8월 25일

만연한 부패를 뿌리 뽑겠다고 공언하며 정권을 잡은 지난 4년 동안, 우리는 자유를 위해 싸웠던 몇몇 사람들도 부패했다는 사실을 발견했다. 과거의 아파르트헤이트 체제를 그런 불미스러운 행동에 대한 변명거리로 삼아서는 안 된다.
― 윤리 정상회담 개회식에서, 남아프리카공화국 요하네스버그,
  1998년 10월 22일

우리의 정신적 불안을 보여 주는 징후들이 매우 낯익다. 책임 있는 직책을 자기 배 불릴 기회로 보는 공적·사적 부문의 부패, 사법 제도 내의 부패, 인간관계와 가정에서의 폭력, 특히 부끄러울 정도로 빈번히 발생하는 여성과 아동에 대한 폭행, 세금 회피와 서비스의 무상 이용 등이 거기에 포함된다.
― 같은 곳

종교계 사람들이 세금 포탈이나 여성·아동 폭행 같은 범죄를 저지르거나 사주한다는 사실은 이 부패가 얼마나 만연해 있는지를 보여 준다. 종교계가 이런 문제들의 해결에 앞장서야 하는 만큼, 그 지도

부는 종교계 내부의 문제를 얼마나 뿌리 뽑느냐에 따라 정당성을 평가받을 것이다.
— 같은 곳

옛 혁명가들은 탐욕에 쉽사리 굴복하는 일이 빈번했고, 공공 자원을 전용하여 개인의 배를 불리는 풍조에 물들었다.
— 미출간 자서전 속편 원고에서, 1998년경

미래에 대한 희망은 우리가 한 국민으로서 부패라는 재앙을 해결하려는 확고한 의지가 있느냐에 달려 있다. 성공하기 위해서는 많은 측면에서 우리가 병든 사회라는 사실을 인정해야 할 것이다.
— 국정연설에서, 남아프리카공화국 케이프타운, 의회, 1999년 2월 5일

시골 Countryside

의원님도 알다시피 나는 많은 동시대인들과 마찬가지로 본래 시골뜨기입니다. 탁 트인 공간과 멋진 풍광이 있고 공기가 신선한 시골 마을에서 나고 자랐지요.
— 스와질란드 상원 의원 더글러스 루켈레에게 쓴 편지에서, 로벤 섬, 1970년 8월 1일

14년 동안 남아프리카공화국의 최대 도시에서 비좁게 살았는데도 내 마음속 농부는 죽지 않아, 언제나 손짓해 부르는 드넓은 초원과

푸른 산, 푸른 초목, 굽이치는 언덕, 비옥한 계곡, 급경사면을 빠르게 가로질러 탐욕스러운 바다로 흘러드는 강물이 몹시 보고 싶었다.
— 미출간 자서전 원고에서, 로벤 섬, 1975년

내가 다른 사내아이들과 함께 양과 송아지를 돌보고 드넓은 초원에 대한 가슴 뛰는 사랑에 눈을 뜨기 시작한 것이 아마 다섯 살 때쯤일 것이다. 나중에 좀 더 나이가 들어서는 소떼도 돌볼 줄 알았다.
— 같은 곳

시골에서 나고 자라 그곳에 묻히고 싶은 마음이 있긴 하지만, 도시에 비하면 시골 생활은 따분하고 밋밋합니다. 외국 여행을 해보면 유익하고 보람 있는 경험임을 알게 될 겁니다.
— 케푸 음켄타네에게 쓴 편지에서, 남아프리카공화국 케이프타운, 폴스무어 교도소, 1988년 3월 1일

나는 운전을 하면서 창문 밖을 내다보는 것이 언제나 즐거웠다. 창문으로 불어 들어오는 바람을 맞으며 시골길을 달릴 때 최고의 아이디어들이 떠오르는 것 같다.
— 『자유를 향한 머나먼 길』에서, 1994년

용기 Courage

나도 용감한 척, 세계 제일이 될 수 있는 척할 수 있습니다.
— 리처드 스텡글과 나눈 대화에서, 1993년 3월 18일

나는 용기란 두려움이 없는 것이 아니라 두려움을 이겨내는 것임을 알았다. 나 역시 기억할 수 없을 정도로 수없이 두려움을 느꼈지만 대담한 척하며 그것을 숨겼다. 용감한 사람은 두려움을 느끼지 않는 것이 아니라 그 두려움을 극복한다.
— 『자유를 향한 머나먼 길』에서, 1994년

나는 겁이 났지만, 해방 운동의 승리를 더없이 확신하는 척했다.
— 미출간 자서전 속편 원고에서, 1998년경

범죄 Crime

우리나라의 모든 공동체는 두려움에서 자유로울 기본적인 권리가 있다. 남아프리카공화국의 모든 국민은 집에서, 대도시와 소도시, 시골에서 안전함을 느낄 권리가 있다. 국민들이 밤을 두려워해서는 안 된다. 위험 없이 직장과 학교 등에 다닐 수 있어야 한다.
— 전국 안전과 안보의 날에, 남아프리카공화국 포슬루뤼스,
  1994년 10월 15일

우리 모두 책임지고 우리의 공동체에서 범죄와 폭력을 몰아내자. 이런 해악들을 없애지 못해, 우리가 최근에 얻은 자유를 빼앗기는 일은 없어야 한다.
— 같은 곳

경찰을 공격하는 것은 절대 용납할 수 없는 일이다. 경찰의 임무는 공동체를 보호하고 섬기는 것이다. 그렇다면 공동체도 그런 공격을 저지르는 범죄자들을 숨겨 주지 않는 방식으로 경찰 보호를 도와야 한다.
— 같은 곳

집과 거리가 안전하지 않다면 자유도 무의미할 것이다.
— 자유의 날 기념식에서, 남아프리카공화국 프리토리아, 1995년 4월 27일

친애하는 동포 여러분, 우리 공동체를 등쳐먹고 우리 기업을 강탈하여 우리 경제를 좀먹고 우리 학교에서 해로운 마약 거래를 일삼고 우리 여자와 아이들을 폭행하는 범죄자들 탓에 우리의 안전이 보장되지 못한다면 우리의 자유 또한 완전하다 할 수 없다.
— 자유의 날 기념식에서, 남아프리카공화국 케이프타운, 1998년 4월 27일

어느 나라에서든 범죄는 사회를 혼란에 빠뜨리는 골칫거리이다. 범죄는 모든 사람의 권리가 존중받는 사회를 건설하려는 우리의 노력에 훼방을 놓는다. 한 사람이라도 우리 땅에서 불안함을 느낀다면 우리는 편히 쉬지 못할 것이다.
— 연 3회 열리는 남아프리카공화국 감리교회 회의 중 첫 번째 회의에서, 남아프리카공화국 더반, 1998년 7월 17일

비판 Criticism

합의에의 길을 여는 건설적 비판과 오히려 의견 차이를 더욱 굳히는 단순한 비난은 크게 다르다.
— 「장애물을 없애고 적에 맞서라」라는 글에서, 로벤 섬, 1976년

우리가 저지른 잘못과 정무 처리 과정에서 보인 약점에 관해서 말을 꺼리는 사람들도 있을 것이다. 어떤 영역에서 아파르트헤이트 제도가 작동 중이라는 사실은 우리의 약점을 보여 주는 불명예스러운 일이다.
— 같은 곳

우리는 건설적인 자기비판을 하고 우리 국민에게 저지른 잘못을 공개적으로 솔직하게 인정하는 일에 더 집중해야 한다. 이는 우리의 약점을 드러내는 일이 아니라 우리의 강인함과 자신감을 평가받을 수 있는 기회이며, 결국에는 이득이 될 것이다.
— 같은 곳

ANC는 자기비판을 두려워하지 않는다. 숨길 것이 없다는 걸 알기 때문이다. 우리는 역사의 흐름이 우리와 함께한다는 절대적 확신이 있으며, 따라서 그 어떤 비판에도 기죽지 않을 것이다.
— ANC 전국 평의회 폐막 집회에서, 남아프리카공화국 소웨토, 사커시티, 1990년 12월 16일

우리끼리 사방으로 손가락질을 해대며 서로를 탓할 수도 있을 것이다. 그러면 자존심은 다치지 않을 것이다. 그러나 비판의 화살을 다른 곳으로 돌리는 것은 아무리 정당한 근거가 있더라도 문제 해결에 도움이 되지 않는다.
— ANC·잉카타 자유당 수뇌회담을 시작하며, 남아프리카공화국 더반, 1991년 1월 29일

조직에서나 개인적인 일에서나 내가 잘못하면 일어나서 대항하는 강인한 사람들을 주변에 두는 것은 정말 가치 있는 일이다.
— 같은 곳

우리는 전통적인 집단 지도 체제 속에서 자랐다. 거기서는 조직의 우두머리도 비판을 받을 수 있지만, 상대가 무례하지만 않으면 아주 심한 비판에도 화를 내지 않는다.
— BBC와의 인터뷰에서, 1993년

비판은 정중해야 하네. 사실에 입각하고 현실적이고 솔직해야 하지만, 동시에 일정한 테두리를 벗어나서는 안 돼. 우리는 건설자들이니까.
— 아메드 카트라다와 나눈 대화에서, 1993~1994년경

많은 경우에 그들은 내게 "아닙니다, 대통령 각하. 죄송하지만 우리는 이것을 받아들일 수 없습니다. 대통령님이 틀렸습니다."라고 말한다.

― 다큐멘터리 〈자유로의 마지막 여정 : 남아프리카공화국을 바꾼 열흘
(Countdown to Freedom : Ten Days that Changed South Africa)〉에서,
1994년

나는 대중 매체가 우리 자신을 비추는 거울이라고 자주 말해 왔다. 다른 사람들이 보는 우리를, 우리의 흠과 티까지 모두 볼 수 있기 때문입니다. 아프리카 민족회의는 비판을 받아도 두려워할 것이 없다. 아무리 세밀한 조사를 받더라도 우리는 풀 죽지 않을 거라고 여러분에게 약속할 수 있다. 그런 비판은 우리의 성장에 도움이 되리라는 것이 우리가 깊이 생각한 끝에 내린 결론이다. 모두가 동의하는 민주주의 가치에 부응하지 못하고 국민의 기대에 미치지 못한 우리의 행동이나 소홀함에 주의를 기울이도록 해주니 말이다.
― 국제 신문발행인 협회 회의에서 연설하며, 1994년 2월 14일

우리는 사회의 진정한 민주화와 정부의 강단 있는 국정 운영을 위해서는 의견과 비판이 활발하고 정직하게 교환되어야 한다는 것을 과거 경험으로부터 잘 알고 있다.
― 편집인 회의가 주최한 오찬에서, 남아프리카공화국, 1994년 9월 6일

남아프리카공화국은 이제 모든 국민을 대변하고 책임지는 민주 정부를 가졌다. 감리교회를 비롯한 종교 단체들은 두려움 없이 진리와 정의에 헌신함으로써 이러한 일이 실현되도록 도왔다. 그러나 모든 정부는 얼마나 민주적인가에 상관없이 건설적 비판과 충고를 필요로 한다. 부탁하건대 여러분이 앞으로도 계속 예언자의 역할을

해주었으면 좋겠다. 우리나라와 그 모든 지도자들의 청렴과 봉사를 가장 높은 수준으로 유지할 수 있도록 항상 힘써 주기 바란다.

— 감리교회의 연례 회의에서, 남아프리카공화국 음타타, 1994년 9월 18일

우리의 모든 단체들이 새로운 사회에서 저마다 해야 할 역할을 규정하기 시작하면 어렵고 불확실한 순간이 찾아올 것이다. 대중 매체처럼 중요한 단체도 그런 순간을 맞이할 것이다. 이와 관련해서 우리는 모든 정부 기관의 운영과 성과에 대해 공개적인 비판과 면밀한 검토가 활발히 이루어지도록 명령해야 한다.

— 대통령의 예산안 심의회에서, 남아프리카공화국 케이프타운, 의회,
  1995년 5월 3일

전략과 체계, 계획은 필요하다면 비판을 통해 개선되어야 하며, 나라 전체에 이익이 되어야 한다. 결국 지금이나 앞으로나 논쟁하고 행동할 때마다, 우리는 옹졸함의 구렁텅이에 빠질 것인가 아니면 우리나라가 직면한 진짜 문제를 해결할 것인가 하는 선택의 기로에 서게 될 것이다.

— 대통령의 예산안 심의회 폐막 연설에서, 남아프리카공화국 케이프타운,
  의회, 1996년 6월 21일

우리가 일부 문제를 솔직하게 제기한 것은 문제를 제기하고 칭찬해 주고 비판하는 것이 더 나은 민주주의, 더 나은 사회를 건설하기 위한 활발한 논쟁의 한 과정이라는 것을 잘 알기 때문이다. 정부가 남아프리카공화국 국민을 동원하여 우리가 꿈꾸던 나라를 건설하는

일에 아주 진지하게 임하고 있다는 확신이 있기에 우리는 문제들을 제기했다.
— 대통령의 예산안 심의회 폐막 연설에서, 남아프리카공화국 케이프타운, 의회, 1997년 4월 16일

의원들은 그들을 뽑아 준 사람들, 언론을 통해 그들을 지켜보는 대중, 그들의 동료와 그들 자신에게 항상 부끄럽지 않을 행동을 보이고 있는가? 그리고 모든 견해가 자유롭게 표현되며 마땅한 관심을 받고 있다고 어떻게 확신할 수 있을까? 이를 위해 다수당은 야당의 정부 비판을 받아들이고 그것이 국가 이익에 도움이 되는지를 깊이 고심해야 한다.
— 대통령의 예산안 심의회 폐막 연설에서, 남아프리카공화국 케이프타운, 의회, 1998년 4월 22일

지도자들은 조직 내부에서 나오는 건설적 비판이 아무리 날카롭더라도 그것이 내부 문제를 해결하는 데 가장 효과적인 방법 중 하나라는 사실을 분명히 인식해야 한다.
— 미출간 자서전 속편 원고에서, 1998년경

우리는 비판의 진가를 인정한다. 그러나 나라를 단결시키는 쟁점들을 볼 줄 아는 진짜 지도자, 토론이 끝날 때마다 우리가 전보다 한층 통합된 모습을 보여야 한다는 책임감을 지닌 지도자들이 등장하고 있다.
— 국정연설에 대한 토론을 마무리하며, 남아프리카공화국 케이프타운, 의회, 1999년 2월 10일

분명 우리 정부는 국가의 문제들을 다루면서 아주 명백한 이유로 실수를 저지르기도 하고 약점을 드러내기도 했다. 그러나 전체적인 그림을 보자면 엄청난 진보를 이루어 냈다.
— 신문 방송 편집인들과 여론 주도자들에게 브리핑하며, 남아프리카공화국 프리토리아, 1999년 5월 10일

쿠바 Cuba

우리가 처음으로 접근한 나라는 미국이었다. 우리는 정부 근처에 가지도 못했고, 그들은 도와달라는 우리의 요청을 거부했다. 그러나 쿠바는 우리의 요청을 받자마자 승낙할 용의를 보였고, 실제로 우리를 도와주었다. 그런데 쿠바 문제에 상관하지 말라는 서구의 말을 우리가 왜 들어야 하는가? 말도 안 된다.
— 다큐멘터리 〈미국에 온 만델라(Mandela in America)〉에서, 1990년

우리는 무기를 들기로 마음먹었을 때 서양의 수많은 정부에게 도움을 청했으나 각외(閣外) 장관들밖에 만나지 못했다. 그러나 쿠바를 찾아갔을 때는 최고위 공직자들의 영접을 받았으며, 우리가 원하고 필요로 하는 건 무엇이든 바로 제공받았다. 그것이 우리가 가장 먼저 경험한 쿠바의 국제주의였다.
— 쿠바 혁명 38주년 기념식에서 연설하며, 쿠바 마탄사스, 1991년 7월 26일

쿠바 국민은 아프리카인들의 마음에서 특별한 자리를 차지하고 있다. 쿠바 국제주의자들은 누구도 따라올 수 없는 소신과 이타심으로 아프리카의 독립과 자유, 정의에 기여했다.

— 같은 곳

관습 Custom

내가 물려받은 관습과 전통이 우리의 단결에 도움이 되고 인종차별적 억압에 대항한 투쟁의 목적과 목표에 어긋나지 않는다면 그것들을 존중해야 한다고 생각한다.

— 미출간 자서전 원고에서, 로벤 섬, 1975년

나는 아무리 자랑스러운 것이라 해도 나의 관습을 잣대로 다른 사람을 평가할 권리는 없으며, 특정한 관습을 지키지 않는다는 이유로 다른 사람을 경멸하는 것은 위험한 형태의 쇼비니즘임을 받아들이게 되었다.

— 같은 곳

자유를 얻기 위해서는 아주 큰 희생을 치러야 하는 지금, 나는 내가 따르는 관습을 다른 사람에게 강요하지도 않을 것이고, 나의 동료들을 불쾌하게 하는 관습을 따르지도 않을 것이다.

— 같은 곳

어머니는 읽을 줄도 쓸 줄도 몰랐고 나를 학교에 보낼 방편도 없었습니다. 그렇지만 우리 씨족의 한 일원이 나를 초등학교부터 포트하레 대학교까지 교육시켰고, 돈을 돌려받을 기대도 하지 않았지요. 우리의 관습에 따라 나는 그의 자식이고 그가 책임져야 할 사람이었으니까요. 내가 이 제도를 많이 칭찬하는 것은 내가 거기에 속해 있을 뿐만 아니라 그것이 유익하기 때문입니다.
— N. 툴라레 여사에게 쓴 편지에서, 로벤 섬, 1977년 7월 19일

우리의 관습과 역사에서 족장은 부족민의 대변자이다. 족장은 부족민의 불평에 귀를 기울여야 한다. 족장은 부족민의 희망과 열망의 수호자이다. 그런데 그런 족장이 독재자가 되기로 마음먹고 부족민을 대신하여 결정을 내린다면 우리에게 처단당하는 비극적인 최후를 맞이할 것이다.
— 젊은이들에게 한 연설, 남아프리카공화국, 1990년 4월 13일

그 관습이 얼마나 뿌리 깊게 박혀 있는지 교도소에서도 수감자들이 서로 할례를 해주었다.
— BBC 다큐멘터리에서 남자의 성인 통과의례인 할례 관습에 관해 이야기하며, 1996년

죽음 Death

내가 죽어야 한다면, 나의 운명을 당당하게 맞이하겠노라고 만천하에 선언하게 해달라.

— 리보니아 재판에서 선고를 받기 몇 시간 전에 쓴 쪽지에서, 남아프리카공화국 프리토리아, 1964년 6월 12일

인간의 죽음은 그 사람의 지위에 상관없이 슬프고 고통스러운 일이며, 널리 알려진 인물의 죽음은 가족과 친구에게만 큰 슬픔을 가져다주는 것이 아니라 더 광범위한 영향을 미치기도 합니다.

— 망고수투 부텔레지 족장[43]에게 쓴 편지에서, 로벤 섬, 1968년 11월 4일

죽음 앞에 서자 순교자가 되고 싶은 마음은 들지 않았다네. 그래야 한다면 각오는 되어 있었지. 하지만 어떻게든 살고 싶은 마음을 완전히 떨칠 수는 없었어.

— 세프턴 부텔라[44]에게 쓴 편지에서, 로벤 섬, 1969년 7월 28일

죽음은 그 원인이 무엇이고 죽음을 당한 이의 나이가 얼마든 상관없이 끔찍한 참사입니다.

— 아들 템비의 사망 소식을 듣고 아이리니 부텔레지[45]에게 쓴 편지에서, 남아프리카공화국 파를, 빅터버스터 교도소, 1969년 8월 3일

---

43 1928년~. 남아프리카의 정치가이자 줄루족 왕자. 1975년에 잉카타 자유당을 창당했다.
44 위니의 여동생인 낸시 마디키젤라와 결혼했다.
45 망고수투 부텔레지의 아내.

갑자기 심장의 박동이 멈추고 지난 51년간 자유롭게 흐르던 피가 얼어붙는 것 같았습니다. 한동안 생각도 말도 할 수 없었고, 힘이 쭉 빠져나가는 것 같았습니다.
── 같은 곳

늙고 유명한 말들이 앞서 간 많은 말들처럼 쓰러져, 일부는 영원히 잊히고 일부는 학자들이나 관심을 갖는 역사적 연구 대상으로만 기억됩니다.
── 아치 구메데에게 쓴 편지에서, 로벤 섬, 1975년 1월 1일

우리 삶에서 그토록 결정적인 역할을 하며 신뢰와 존경을 받았던 노장들의 죽음은 큰 타격이었습니다. 더욱 가슴 아팠던 사실은 그들의 묘지를 찾아가 경의를 표할 수 없었다는 겁니다.
── 망고수투 부텔레지에게 쓴 편지에서, 로벤 섬, 1978년 10월 1일

우리가 그들의 묘에 고개 숙여 절하는 순간에도 잊지 않는 것이 있다. 고인들은 순교자로서 우리 가슴과 마음속에 살아 있다는 것. 그들은 억압받는 사람들 사이의 분열이 초래하는 수많은 폐해들과 우리의 불화를 질책하고, 결속을 다지려는 우리의 노력을 격려하며, 우리 국민의 자유가 아직 쟁취되지 않았음을 일깨워 준다.
── 1976년 소웨토 봉기에 관한 성명서에서, 망명 중이던 ANC가 로벤 섬 교도소에서 몰래 빼내어 발표, 1980년

수십 년의 끈끈한 인연을 맺은 절친한 친구와 사랑하는 이가 죽거나, 나의 부재로 인해 가족이 온갖 문제들을 겪게 되는 것은 참으로 견디기 어려운 개인적 불행입니다. 사정이 이러하니, 이런 삶에서 과연 가족을 이루고 자식을 키우고 두터운 우정을 쌓아야 할까 하는 의문이 남습니다.
— 조이 모시엘로아에게 쓴 편지에서, 남아프리카공화국 케이프타운, 폴스무어 교도소, 1986년 2월 17일

지난 20년 동안 어찌나 많은 친척과 친구가 죽었는지, 마치 세상 자체가 죽고 있는 것 같습니다.
— 아민 아널드에게 쓴 편지에서, 남아프리카공화국 케이프타운, 폴스무어 교도소, 1987년 8월 10일

탁월한 재능을 지닌 노장의 죽음은 언제나 비극이지요.
— 키니 실랄리에게 쓴 편지에서, 로벤 섬, 1989년 4월 4일

지난 27년 동안 소중한 친구들과 유명한 건물을 어찌나 많이 잃었는지, 때로는 내가 돌아갈 때쯤 세상 자체가 사라지고 없는 건 아닐까 하는 두려움이 느껴집니다.
— 마단지트와 마저리 카피탄[46]에게 쓴 편지에서, 남아프리카공화국 파를, 빅터버스터 교도소, 1989년 9월 28일

---

46 넬슨 만델라가 즐겨 찾던 커리 음식점의 주인 부부.

시공을 짧은 순간 가로지르는 별똥별처럼 우리 인간의 삶은 스치듯 지나가 그대로 사라지고 만다. 오늘 왔다가 내일이면 사라지는 것은 잘나가는 청춘 남녀들이나 굴뚝 청소부나 매한가지이다.
— 미국 상하원 합동 회의에서 연설하며, 미국 워싱턴 D. C.,
  1990년 6월 26일

한 친절한 교도관이 재판을 앞두고 내게 묻더군요. "만델라, 이 재판에서 재판관이 여러분을 어떻게 할 것 같습니까?" 그래서 나는 한숨을 쉬며 "교수형에 처하겠지요."라고 답했습니다. 나는 그 교도관이 "에이, 그럴 리가요."라고 말할 줄 알았어요. 그런데 그는 멈칫하더니 심각한 표정으로 내게서 눈을 떼고 말하더군요. "맞아요. 여러분을 교수형에 처할 겁니다."
— 리처드 스텡글과 나눈 대화에서, 1992년 12월 3일

우리들 사이에는 자신이 부재중일 때 세상을 떠난 가까운 친척이 있으면 당연히 묘지에 찾아가서 조의를 표하는 관습이 있습니다. 내가 돌아가면 바로 그 일을 가장 먼저 해야 하리라는 걸 알고 있었어요.
— 리처드 스텡글과 나눈 대화에서, 1993년 1월 13일

아들을, 그것도 깊이 사랑하는 장남을 잃었는데, 장례식에 참석해서 아들을 추도하고 장례식 경비를 직접 처리해 아들이 편히 쉴 수 있게 해줄 기회가 내게는 없었습니다. 아주 통탄스러웠지요.
— 리처드 스텡글과 나눈 대화에서, 1993년 3월 9일

우리 역시 언젠가는 죽겠지만, 우리 모두가 국민의 문화적 정체성에 기여하는 바는 우리를 뛰어넘어 영원히 살아남을 것이다.
— 시빅 시어터에서 열린 문화 발전 회의 개막식 행사에서, 남아프리카공화국 요하네스버그, 1993년 4월 25일

[앨버트] 루툴리 [족장]⁴⁷은 그루트빌에 갇혀 지내면서 꼼짝달싹 못해 쓸모없어졌고, [로버트] 소부퀘⁴⁸는 감옥에 있고, [월터] 시술루와 만델라는 교수형에 처해질 거라고 하던데, 자네까지 교수형에 처해질 거라는 소식을 읽으니 썩 기분이 좋지 않더군.
— 〈랜드 데일리 메일(The Rand Daily Mail)〉에 실린 사설에 관해 아메드 카트라다와 나눈 대화에서, 1993~1994년경

변호사가 우리 가운데 일부는 사형 선고를 받을 거라고 경고한 데다 그들이 우리의 신원을 확인했기 때문에 사실 우리끼리는 "명예롭게 사라지자."라고 했지.
— 아메드 카트라다와 나눈 대화에서, 1993~1994년경

우리는 사형 선고가 내려질 거라고 예상하고 그것을 운명으로 받아들였다네.
— 같은 곳

---

47 1898~1967년. 교사이자 반아파르트헤이트 운동가, 종교부 장관.
48 1924~1978년. 변호사이자 반아파르트헤이트 운동가.

나는 사형 선고를 받을 각오가 되어 있었다. 무언가를 진정으로 각오하려면 그것을 실제로 예상해야 한다. 속으로는 그 일이 일어나지 않을 거라고 믿으면서 각오할 수는 없다. 우리 모두가 각오할 수 있었던 것은 용감해서가 아니라 현실주의자들이었기 때문이다.
── 『자유를 향한 머나먼 길』에서, 1994년

비범한 자질을 가진 사람은 거의 없어 만나기도 힘들다. 그래서 그런 사람이 떠나면 상실감은 더욱 커지고 감당하기 어려워진다.
── 조 슬로보의 장례식에서, 남아프리카공화국, 1995년 1월 15일

죽음은 피할 수 없다. 한 사람이 태어나서 자신이 속한 국가와 국민을 위해 해야 할 의무라고 생각하는 것을 다 마쳤다면 그는 평안한 안식을 취할 수 있다. 나는 그러한 노력을 했다고 믿고, 그래서 영원히 잠들 수 있을 것이다.
── 다큐멘터리 〈만델라〉에서, 1996년

고인을 추모하는 살아 있는 자들의 작업이 가끔은 현실과 동떨어질 때도 있다.
── 경찰서 유치장에서 죽은 스티브 비코의 사망 20주기 추모 행사에서, 남아프리카공화국 이스트런던, 1997년 9월 1일

만일 내가 암에 져서 이승을 떠나면, 저승에 가서 제일 먼저 할 일은 아프리카 민족회의 지부를 찾아 내 회원 자격을 갱신하는 일일 것이다.
── 졸라 병원 개원식에서, 남아프리카공화국 소웨토, 2002년 3월 7일

내게도 죽음이 닥쳐오면 그땐 월터 [시술루]가 나를 마중 나올 것이다. 그리고 거의 확신하건대, 그는 나를 저승에 있는 ANC에 가입시키려고 가입 신청서를 내밀며, 우리가 자유헌장을 지지하는 사람들을 모을 때 부르던 그의 애창곡으로 나를 꼬드길 것이다.
— 월터 시술루의 죽음을 발표하며, 2003년 5월 5일

우리는 지난 몇 년 동안 그 어느 때보다 빈번하게 이 길을 걸으며, 열 지은 행진으로 우리 운동의 노장들에게 작별을 고하고, 길고 영웅적인 투쟁의 막바지에 이른 세대로서 땅에 떨어진 민족의 창들에게 마지막 경의를 표했다.
— 월터 시술루의 장례식에서, 남아프리카공화국 소웨토, 2003년 5월 17일

우리가 그들을 위해 눈물을 흘리는 것은 그토록 머나먼 길을 나란히 걸으며 시련과 고난, 위험과 고통, 두려움을 함께 나누고 기쁘고 즐겁고 재미있는 소중한 순간 또한 같이했기 때문이다. 그들이 가고 나면 뒤에 남은 우리는 공허해질 것이다.
— 같은 곳

그들은 숭고한 투쟁을 했고, 후대에게 더 나은 삶을 물려주고자 평생을 바쳤다. 지금 우리가 그들을 묻으며 경의를 표하고 있는 이 민주주의 사회는 그들의 투쟁과 희생의 삶이 맺은 달콤한 열매이다.
— 같은 곳

내 가족이 여기 있고, 나도 여기 고향에 묻히고 싶다.
— 다큐멘터리 〈만델라 : 살아 있는 전설〉 중 쿠누에 있는 가족 묘지에서 이야기하며, 남아프리카공화국, 2003년

연로한 부모에게도 장수를 기원하기 마련인데, 죽은 자식이 있으니 고통스러운 기억이 떠오른다.
— 같은 곳

"세상에서 해야 할 의무를 다한 남자 여기 잠들다."라는 말을 듣고 싶다. 그뿐이다.
— MSNBC 다큐멘터리 〈저명인사들과 전설들 : 넬슨 만델라〉에서, 2006년

불복종 운동 Defiance Campaign

불복종 [운동]은 정치적 의미가 큰 한 걸음이었다. 수많은 국민에게 영향을 미치는 강력한 사회 세력들을 분출했다. 대중의 정치적 기능을 이끌어 내는 효과적인 방법이요, 반동적인 정부 정책에 대한 우리의 분노를 표출하는 강력한 방식이었다.
— ANC 트란스발 회의 중 〈자유로 향하는 험난한 길〉로도 알려진 의장 연설에서, 남아프리카공화국 트란스발, 1953년 9월 21일

나는 평화롭고 질서 있게 비폭력적으로 투쟁하는 능력을 꺼내어 발휘했습니다. 정말 그랬어요, 원칙이 아니라 전술로서 말입니다.
— 리처드 스텡글과 나눈 대화에서, 1992년 12월 4일

자신의 소신대로 부당해 보이는 법에 이의를 제기했다가 감옥에 갇힌 사람들이 있었습니다. 내 동료였던 학생들이 저항하기 위해 교실을 떠났어요. 국민과 나라를 사랑한 탓이지요. 그것이 내게 엄청난 영향을 끼쳤습니다.
— 리처드 스텡글과 나눈 대화에서, 1993년 3월 18일

목표는 이 여섯 가지 법을 어기고 감옥에 들어가서, 우리나라와 세계가 우리의 불만에 관심을 갖게 만드는 것이었습니다. 나아가 모든 사람들이 그들을 무력케 하는 백인에 대한 두려움으로부터, 백인의 법정과 백인의 감옥, 백인의 경찰, 백인의 군에 대한 두려움으로부터 벗어나게 해주고 싶었어요. 불의에 대항해 감옥에 가더라도 나올 수 있다는 걸 알려 주고 싶었지요. 그리고 국민들에게 저항정신도 심어 주고 싶었고, 셋째로, 통합을 이루고 싶었습니다.
— 리처드 스텡글과 나눈 대화에서, 1993년 3월경

사람들이 감옥에 갔다가 살아서 돌아오고 다시 들어갈 각오까지 하는 모습은 그 시절에 가히 큰 충격이었습니다. 그러나 그건 도시에 한정된 얘기였어요. 우리는 시골을 완전히 간과했고, 그것이 언제나 우리의 약점이었지요.
— 같은 곳

그것은 일종의 항의였지, 당장에 정부를 끌어내려 무릎을 꿇리려는 수단은 아니었습니다.
— 리처드 스텡글과 나눈 대화에서, 1993년 3월 19일

어떤 사람들은 불복종 운동이 실제로 정부를 무너뜨릴 거라고 생각했고, 우리가 "아니, 그런 게 아니다."라고 말해도 우리를 믿지 않으려 하면서 우리가 그 운동을 언제까지나 계속하기를 원했어요. 우리는 "그럴 수 없다."라고 했습니다. 이 운동은 그저 우리의 불만에 관심을 가져 달라는 의도밖에 없었으니까요.
— 같은 곳

법에 저항한 사람이 감옥에 갔다가 나올 수 있다면, 그 사람은 옥살이에 겁을 먹지는 않겠지요. 일반적으로 말이죠.
— 리처드 스텡글과 나눈 대화에서, 1993년 4월 29일

우리는 법을 어기고 감옥에 들어갔고, 그런 성격의 운동을 벌인 결과 사람들은 이제 억압을 두려워하지 않고 거기에 대항할 각오가 되어 있습니다.
— 같은 곳

이 운동을 통해 나는 여전히 내게 남아 있을지 모를 의심이나 열등의식을 완전히 떨쳐 버릴 수 있었다. 백인의 권력과 도저히 꺾을 수 없을 것 같은 불패의 이미지, 그들의 기관에 압도당하는 느낌에서 벗어날 수 있었다. 이제는 백인이 내 주먹의 위력을 느꼈고, 나는 사내답게 가슴을 쫙 펴고 걸을 수 있었다. 억압과 두려움에 굴복하지 않을 때 생기는 위엄으로 모든 사람들의 얼굴을 똑바로 쳐다볼 수 있었다. 자유의 투사로서 어른이 된 것이다.
— 『자유를 향한 머나먼 길』에서, 1994년

1952년에 불복종 운동을 시작한 우리는 여섯 가지 부당한 법을 고르고 거기에 저항했다. 우리가 감옥에 들어가면 사람들이 이 부당한 법들에 관심을 기울일 거라 생각했기 때문이다.

— BBC 다큐멘터리에서, 1996년

민주주의 Democracy

우리나라의 모든 민주 세력은 민주적 변화를 위한 프로그램에 참여해야 한다. 만일 우리와 함께할 준비가 되어 있지 않다면, 적어도 중립을 지켜서 정부를 우군 없는 고립 상태로 만들 수 있을 것이다.

— 〈파이팅 토크(Fighting Talk)〉에 쓴 「전국 회의를 위한 투쟁(The Struggle for a National Convention)」이라는 글에서, 1961년 4월

아프리카인들은 1인 1표에 기초한 선거권을 요구한다. 아프리카인들은 정치적 독립을 원한다.

— ITN 텔레비전(영국)의 브라이언 위들레이크와 인터뷰하며, 남아프리카공화국 요하네스버그, 1961년 5월 31일

우리는 파업이 다른 형태의 대중 압박으로 이어져, 사랑하는 우리 조국을 지배하고 있는 광신적 인종주의자들이 인민의, 인민에 의한, 인민을 위한 민주 정부를 위해 길을 비켜 줄 수밖에 없을 거라는 사실을 강조했다.

— 「투쟁은 나의 삶(The Struggle is My Life)」이라는 기자회견문에서 전국행동위원회의 권고에 따라 지하에서 정치 활동을 이어가기로 한 결심을 설명하며, 남아프리카공화국, 1961년 6월 26일

우리는 모든 남아프리카공화국 국민이 눈곱만큼의 차별도 없이 인권을 누릴 수 있고, 아프리카인과 비아프리카인이 평화롭게 함께 살며 같은 국적을 가지고 우리의 조국인 이 나라에 똑같이 충성할 수 있는 민주공화국을 탄생시킨다는 생각에 고무되었다.
— 노동자 파업 선동 및 불법 출국 혐의로 유죄 판결을 받은 후 연설에서, 남아프리카공화국 프리토리아, 올드 시나고그, 1962년 11월 7일

인민의 의지가 정부의 권위를 지탱하는 기초라는 생각은 문명권에서는 보편적으로 신성시되는 원칙이며, 자유와 정의의 기본 토대를 이룬다. 시민이 투표권뿐만 아니라 그 나라 통치 기구에서 자신을 직접 대변할 권리까지 있다면 도덕적으로나 법률적으로나 그 나라의 법에 구속을 받는 것도 당연하다.
— 같은 곳

우리의 주된 요구 사항은 모든 형태의 백인우월주의를 완전히 폐지하고 투표권을 모든 남아프리카공화국 국민에게 확대해 달라는 것이다.
— 「장애물을 없애고 적에 맞서라」라는 글에서, 로벤 섬, 1976년

우리 국민은 민주주의를 요구한다. 지금도 계속 피 흘리며 고통에 시달리고 있는 우리나라는 민주주의가 필요하다. 자유에 대해 말할 수 있는 자유야말로 헌정 질서에 정당성을 부여하는 법치주의의 본질임을 규정하는 법령이 공포될 날을 간절히 기다린다.
— 미국 상하원 합동 회의에서 연설하며, 미국 워싱턴 D. C., 1990년 6월 26일

운명의 시간이 밝았다. 인종차별과 성차별 없이 하나로 통합된 민주 남아프리카공화국이라는 우리의 꿈이 실현될 날이 머지않았다.
— 아일랜드 반아파르트헤이트 운동이 주최한 콘서트에서, 아일랜드 더블린, 1990년 7월 1일

남아프리카공화국을 아파르트헤이트라는 수렁과 퇴행에서 건져 내어 모든 국민이 자유와 민주주의를 누리는 새로운 시대로 이끌어 나가는 것은 가장 억압받고 착취당하는 사람들의 엄숙한 책임이다. 우리는 백인 동포들에게 우정의 손길을 뻗어, 그들의 미래를 약속하는 유일한 열쇠로서 민주주의를 받아들여 주기를 요구하는 바이다. 민주 남아프리카공화국이라는 밝은 희망을 실현하기 위해서 그들은 두려움을 떨치고 대담하게 걸어 나와, 우리 모두 자랑스럽게 우리 조국이라 부를 수 있는 나라를 건설할 준비를 해야 한다.
— ANC 전국 평의회 기조연설에서, 남아프리카공화국 요하네스버그, 1990년 12월 14일

민주주의가 없으면 평화도 있을 수 없다.
— 포트하레 대학교에서 연설하며, 남아프리카공화국 앨리스, 1992년 5월 9일

우리 시대의 교훈 하나는 민주적 조직으로 권력이 이양된다고 해서 반드시 보통 사람들에게 민주적 권리를 행사할 기회가 돌아가는 것은 아니라는 사실이다.
— 같은 곳

내게 보이고 안 보이고는 그리 중요치 않지만, 그것은 틀림없이 목전에 왔고, 그것이 나를 움직이고 있다.
― BBC와의 인터뷰에서, 1993년경

지금은 우리 모두에게 분수령이 되는 중대한 순간이다. 우리가 이 고통, 슬픔, 분노로 어떤 결정을 내리고 어떤 행동을 하느냐에 따라, 우리나라 문제를 영원히 해결할 수 있는 유일한 해결책인 인민의, 인민에 의한, 인민을 위한 선출된 정부로 나아갈 수 있을지가 판가름 날 것이다.
― 크리스 하니가 암살된 뒤 텔레비전을 통해 발표한 대국민 담화에서, 남아프리카공화국 요하네스버그, 1993년 4월 13일

여러분이 자신의 운명을 스스로 결정할 권리를 행사하면서 우리는 우리의 운명을 결정할 수 없게 되어 버렸다. 그래서 역사는 우리 국민을 특유의 방식으로 단결시켰다. 바로 그 역사가 우리에게 요구하는바, 우리는 여러분이 민주주의의 재발견을 통해 성취한 것을 이루기 위해 각고의 노력을 해야 한다.
― 영국 하원에서 연설하며, 영국 런던, 1993년 5월 5일

민주주의 질서는 1인 1표라는 용인된 원칙에만 근거하지 않는다. 그와 더불어, 반대할 수 있는 헌법상 권리도 인정해야 한다. 또한, 다수의 권력을 헌법적 수단으로 제한할 수 있어야 한다.
― 법학 박사 학위를 받으며, 타이완, 쑤저우 대학교, 1993년 8월 1일

민주주의와 인권은 불가분의 관계이다. 둘 중 하나만을 가질 수는 없다. 우리나라는 앞으로 쉽지 않은 길을 떠날 것이다. 아파르트헤이트의 종식이 민주주의의 시작을 보장해 주지는 않는다. 그러나 아파르트헤이트가 완전히 무너지기 전까지는 민주주의도 없다.
— 같은 곳

남아프리카공화국 국민은 모든 국민에 의해 선출되는 정부를 너무 오랫동안 기다려 왔다. 우리는 국민들을 저버릴 수 없고 감히 저버려서도 안 된다. 그렇게 선출된 민주 정부는 아파르트헤이트의 끔찍한 유산을 처리하여 남녀노소 모두가 어깨를 펴고 자유롭게 걸으며 그들의 고국에 자부심을 느끼게 할 수 있으며, 또 그럴 것이다.
— 노벨 평화상 수상자로 선정되었다는 소식을 듣고, 1993년 10월 15일

하지만 이 점은 분명히 하자. 민주주의에서 어떤 공동체나 그 일부가 다른 모든 시민들의 기본권을 희생시켜 가며 자신의 의지를 강요할 수는 없다는 것이다.
— 여러 정당 간 협의 과정에서 선거일을 발표하며, 남아프리카공화국, 켐프턴 파크, 1993년 11월 17일

결코 남아프리카공화국의 한 인종이나 계급, 종교집단, 성별만이 민주주의를 위해 투쟁한 것이 아니다. 이날의 도래를 위해 싸운 사람들을 기릴 때 우리는 우리 국민 모두의 가장 훌륭한 아들딸을 기리는 것이다. 그들 가운데에는 아프리카인, 혼혈인, 백인, 인도인, 이슬람교도, 기독교도, 힌두교도, 유대교도가 있으며, 그들 모두는 우

리나라 국민의 더 나은 삶이라는 공통의 비전으로 똘똘 뭉쳤다.
— 대통령에 당선된 후 케이프타운 사람들에게 연설하며, 남아프리카공화국 케이프타운, 시청, 1994년 5월 9일

남아프리카공화국이 민주화되면서 우리 사회에 새로운 우선권들이 생겼고, 이웃나라들과 평화롭게 지낼 수 있게 되었다. 우리나라도 세계 경제를 이끄는 세력들을 접하게 되었고, 이는 그 어느 때보다도 큰 규모로 새로운 기회와 도전을 제공해 줄 것이다.
— 제104차 남아프리카공화국 광산협회 연례 총회에서, 남아프리카공화국 요하네스버그, 1994년 11월 8일

자와할랄 네루는 거처할 집과 알맞은 비용의 서비스, 일자리와 적절한 수입, 교육과 의료 시설 등에 대한 권리들이 민주주의에 부가적으로 붙는 보너스가 아니라는 사실을 우리에게 가르쳐 주었다. 그 자체가 민주주의의 본질이요, 인권의 본질이다.
— 라지브 간디 재단에서 강연하며, 인도 뉴델리, 1995년 1월 25일

당연한 사실을 다시 말하자면, 나는 오래전에 십대를 보냈으니 내 마지막 도착역까지 남은 거리가 지난 세월 동안 터벅터벅 걸어온 길보다 짧아졌다. 우리는 지나친 불안감에 괴로워하지 말고 이러한 진실을 받아들여야 한다. 그것이 자연의 이치이다.
— 〈선데이 타임스〉(남아프리카공화국)에 기고한 글에서, 1996년 2월 22일

우리를 분열시키는 것은 우리의 다양성이 아니다. 우리의 인종이나 종교, 문화도 아니다. 자유를 얻은 우리에게는 단 하나의 대립만이

있을 수 있다. 민주주의를 소중히 여기는 사람들과 그렇지 않은 사람들.
— 더반 시 명예시민권을 받으며, 남아프리카공화국 더반, 1999년 4월 16일

민주적 선거에서 자유롭게 투표할 수 있는 권리, 방해받지 않고 자신의 생각을 자유롭게 표현할 수 있는 권리, 마음껏 모여 어울릴 수 있는 권리, 우리 땅에서 자유롭게 움직일 수 있는 권리, 이 권리들은 인간의 정신을 고양시키고 우리의 천부인권을 표명해 주는 소중한 자유이다.
— 국립인권박물관으로부터 자유상을 받으며, 미국 테네시 주 멤피스, 2000년 11월 22일

민주 남아프리카공화국은 국민들이 실제로 나라를 다스리고 있는지 계속 주의 깊게 지켜봐야 한다는 사실을 여전히 잘 알고 있다.
— 그리스 수상 안드레아스 파판드레우의 사망 6주기를 기리는 만찬에서, 그리스, 2001년 6월 19일

힘들게 싸워 얻어 낸 민주주의를 공고히 다지고 심화해야 한다. 민주주의 욕구와 실천이 우리 사회 구석구석에 살아 숨 쉬어야 한다.
— 에이즈 청년 포럼에서, 남아프리카공화국 요하네스버그, 2003년 9월 22일

교육 받고 계몽되고 정보가 많은 국민이야말로 민주주의의 건전성을 증진하는 가장 확실한 방법이다.
— 남아프리카공화국 요하네스버그, 세인트존스 대학교, 2003년 10월 6일

우리 민주주의의 성장과 강화, 건전성 유지는 지도자들뿐만이 아니라 시민 모두의 책임이다.
— 남아프리카공화국의 민주주의 10년을 축하하는 영상 메시지에서, 2004년 4월

민주주의 첫 10년은 토대를 놓고 단단히 다지는 시기였다. 이제는 어느 정도 자신감과 확신을 가지고 우리 민주주의가 확고히 자리 잡았다고 주장할 수 있다.
— ANC 선거 유세에서, 남아프리카공화국 소웨토, FNB(퍼스트 내셔널 뱅크) 스타디움, 2004년 4월 4일

우리는 인종차별이 불러올 수 있는 큰 재앙을 막았을 뿐만 아니라 동시대 세계에서 가장 모범적이고 진보적인, 인종차별도 성차별도 없는 민주주의 질서를 우리 힘으로 창조했다.
— 민주주의 10년을 축하하는 〈선데이 타임스〉(남아프리카공화국) 기사에서, 2004년 4월

한 유명한 시인[49]은 기적 같은 우리의 변화와 경이로운 우리의 민주주의에 대해 이야기하면서, 이번만은 역사와 희망이 일치하였음을 나와 우리에게 일깨워 주었다.
— 같은 곳

---

49 아일랜드 시인 셰이머스 히니(Seamus Heaney)의 시 「트로이에서의 치유(The Cure at Troy)」에 "And hope and history rhyme."이라는 구절이 나온다.

우리의 민주주의는 모든 이들에게, 특히 빈자들, 주변인들, 약자들에게 실질적인 과실을 안겨다 주어야 한다. 공동선에 대한 우리의 믿음을 다르게 표현하자면, 온갖 종류의 빈곤과 결핍을 겪는 사람들에게 깊은 관심을 갖자는 말이 된다.
— 민주주의 10년을 기념하는 상하원 합동 회의에서, 남아프리카공화국 케이프타운, 의회, 2004년 5월 10일

맹목적 애국주의로 가슴을 치며 호소하는 일도 삼가야겠지만, 우리가 성취한 것을 과소평가하지도 말자. 우리는 자유를 진지하게 받아들이는 진보적이고 안정된 민주주의를 건설하고, 수십 년 수백 년 동안 아파르트헤이트와 식민 통치를 겪었는데도 국민 화합을 이루어 냈으며, 모든 이들의 존엄성을 더욱더 존중하는 문화를 창조했다.
— 같은 곳

우리가 인종차별 없는 포용적인 민주주의를 추구하고 확립할 때 길잡이로 삼은 원칙이 있었으니, 사회의 어느 집단 어느 부문에든 선한 사람들이 있으며 바로 그런 남아프리카 국민들이 개방적이고 자유로운 사회에서 다 함께 힘을 합치면 공동선을 실현할 수 있다는 것이었다.
— 같은 곳

우리는 이 민주주의를 실현하기 위해 열심히 싸우고 많은 것을 희생했다. 조직 내에서나 국민 생활에서나 민주주의를 지키고 보호하

고 강화하고 발전시키자. 우리가 우리 민주주의 제도를 존중한다는 것을 행동과 말로써 앞장서서 보여 주자.

— 만델라의 아흔 번째 생일을 축하하는 ANC 집회에서, 남아프리카공화국 프리토리아, 로프터스 버스펠드 스타디움, 2008년 8월 2일

민주주의가 가져다주는 자유도 수많은 일반 국민들의 물질적 생활이 실제로 눈에 띄게 향상되지 않으면 빈껍데기로 남게 될 것이다.

— 다큐멘터리 〈만델라 만세 : 전천후 영웅(Viva Madiba : A Hero for All Seasons)〉에서, 2010년

남자들과 여자들, 아이들이 굶주림에 시달릴 때 이런 물질적 측면에 대한 인식 없이 민주주의와 자유를 이야기하는 것은 공허한 울림이 될 뿐이며, 우리가 추구하는 가치들에 대한 확신을 무너뜨릴 수도 있다.

— 같은 곳

운명 Destiny

사람들은 자신의 운명을 스스로 결정할 수 있어야 한다.

— 집에서, 남아프리카공화국 소웨토, 1990년 2월 14일

결심 Determination

강철 같은 의지와 필요한 기술만 있다면, 이 세상 거의 모든 불운을 너의 승리로 바꿀 수 있단다.
— 진드지 만델라에게 쓴 편지에서, 로벤 섬, 1979년 3월 25일

우리 모두가 단념하지 않고 끝까지 버틸 수 있었던 것은 평등과 존엄, 존중, 관용을 향한 우리 국민의 꺼지지 않는 열망 때문이었다.
— 헌법 채택을 기념하는 만찬에서, 남아프리카공화국 케이프타운,
  1996년 5월 8일

아파르트헤이트 체제라는 대재앙에서 빠져나온 사회는 과거의 오점을 그대로 지닌 채 앞으로 나아갈 수 없다. 새로운 남아프리카공화국이 아무 근거 없이 불쑥 나타났다면 계속 생존하지 못할 것이다. 새로운 남아프리카공화국이라는 존재는 그 태생의 영향을 받을 수밖에 없는 만큼, 아파르트헤이트 체제를 종식시키기 위해 필요한 일이 무엇인지를 배울 수 있는 진정한 학교가 된다.
— 영국 상하원 합동 회의에서 연설하며, 영국 런던, 웨스트민스터 홀,
  1996년 7월 11일

우리의 기대, 우리의 가장 소중한 기도와 꿈이 실현되지 않더라도, 삶의 가장 큰 명예는 넘어지지 않는 것이 아니라 넘어질 때마다 다시 일어나는 것임을 명심해야 한다.
— 빌 클린턴 대통령이 마련한 환영회에서, 미국 워싱턴 D. C., 백악관,
  1998년 9월 22일

발전을 위해 스스로 노력하기로 결심한 사람은 그 무엇도 막을 수 없다.
— 진드지 만델라가 준비한 아버지의 날 오찬에서, 남아프리카공화국 요하네스버그, 하이엇 호텔 우먼 오브 비전 클럽, 2001년 6월 1일

단단히 결심한 사람은 극복하지 못할 일이 없어요.
— 모건 프리먼과의 대화에서, 남아프리카공화국 요하네스버그, 2006년 11월 14일

자신이 하는 일에 열과 성을 다하면 환경을 뛰어넘어 성공할 수 있습니다.
— 남아프리카공화국 대표로 100번째 크리켓 시합에 나가는 마카야 은티니에게 쓴 편지에서, 2009년 12월 17일

대화 Dialogue

우리 가운데 일부 유력자들은 아파르트헤이트 정부와의 대화가 과연 적절한 방안인가에 대해 심각한 의혹을 품고 있었다.
— 미출간 자서전 원고에서, 로벤 섬, 1975년

가장 강력한 무기는 폭력이 아니라 사람들과 이야기하는 것이다.
— BBC와의 인터뷰에서, 1993년 10월 28일

우리 남아프리카공화국이 거둔 나름의 성공은, 갈등이 생기면 대화를 통해 평화롭게 해결할 수 있고 또 그래야 한다는 우리의 믿음이 옳았음을 증명해 준다.
— 모잠비크 국민에게 아프리카 평화상을 수여하며, 남아프리카공화국 더반, 1997년 11월 1일

안타깝지만, 인류가 지금 처해 있는 상황은 우리 모두의 탓이다. 세계의 거의 모든 곳에서 우리 인간은 협상과 대화, 이성을 통해 불화를 해결하기보다는 어떻게든 핑계를 찾아내어 폭력을 쓰려 한다.
— 평화와 비폭력을 위한 세계 대회에 전한 메시지에서, 인도 뉴델리, 2004년 1월 31일

안네 프랑크의 일기 Diary of Anne Frank, The

투옥되기 전에 이 일기를 읽었지만, 같은 책이라도 감옥에서 읽으면 그 느낌이 전혀 달랐다. 특히 안네 프랑크의 책이 그랬다. 우리가 처한 상황이 상황이니만큼 마치 그녀 자신이 된 듯 몰입할 수 있었고, 따라서 그 비극의 교훈이 더욱 깊이 가슴에 와 닿았으며, 열세 살 된 소녀가 그런 전투적인 행동을 취할 수 있다면 우리 역시 그것을 본받을 수 있으리라는 용기도 얻었다.
— 인터뷰에서, 남아프리카공화국 요하네스버그, 1994년 8월 15일

우리가 그 책을 통해 배운 것은 상황에 따라 다른 방식으로 표현되는 인간 정신의 굳건함이었다. 안네 프랑크는 비범한 방식으로 그 일을 해냄으로써, 그런 상황에 처하게 될지도 모르는 모든 이들에게 용기를 주었다.
— 같은 곳

그런 성격의 여자아이가 어떤 입장을 취한다는 것은 아주 특별한 일이다. 그녀는 젊은이들이 본보기로 삼을 만한 인생을 살았고, 바로 이 때문에 안네 프랑크의 삶은 매력적이다.
— 같은 곳

차이 Differences

우리의 차이는 우리가 한 종種으로서, 세계 공동체로서 가진 강점이다.
— 프랭클린 D. 루스벨트 네 가지 자유 상을 받으며, 2002년 6월 8일

존엄성 Dignity

날마다 나와 함께 굴욕을 당하면서도 존엄성과 결의를 잃지 않은 용감한 동료들에 대해 더 이야기할 수 있었으면 좋겠다.
— 미출간 자서전 원고에서, 로벤 섬, 1975년

자유를 향한 우리의 정당한 투쟁에 걸맞은 위엄 있고 절도 있는 행동을 강력히 요청한다.
— 귀향 환영 집회에서, 남아프리카공화국 소웨토, 사커시티,
1990년 2월 13일

우리 민족은 인간 이하로 취급받는 것을 용납하지 않음으로써 전 세계 온 인류에게 존엄성을 되찾아 주었다.
— 캐나다 의회에서 연설하며, 캐나다 오타와, 1990년 6월 18일

우리 국민은 희망, 미래, 인생에 대한 권리를 가지고 있다. 지구상의 어떤 권력도 인간의 존엄성에 대한 열망을 짓밟을 수 없다. 우리 땅은 평화를 간절히 원한다. 평화를 얻기 위해서는 민주주의 원칙을 고수하고 모든 사람의 권리를 존중해야 한다.
— 남아프리카공화국 비쇼, 킹윌리엄스타운, 1992년 9월 8일

인간 중심의 자유로운 사회를 창조하려면 우리 정부는 빈곤과 굶주림, 결핍, 무지, 억압, 두려움으로부터의 해방을 목표로 잡아야 한다. 인간의 존엄성을 보장하는 데 꼭 필요한 요소이기 때문이다.
— 첫 국정연설에서, 남아프리카공화국 케이프타운, 의회, 1994년 5월 24일

개인의 자유에 대한 정의는 모든 남아프리카공화국 국민의 인간적 존엄성을 회복하겠다는 기본 목표를 토대로 해야 한다.
— 같은 곳

우리 모두 협력하여 자유와 존엄성을 쟁취해 냈다. 이제 우리는 당당히 가슴을 펴고 우리가 남아프리카공화국 국민임을 자랑스럽게 말할 수 있다.

— 선거 유세, 남아프리카공화국 소웨토, 1999년

우리 헌법의 기본 조항이 첫 번째로 꼽는 가치는 인간의 존엄성이다.

— 민주주의 10년을 축하하는 〈선데이 타임스〉(남아프리카공화국) 기사에서, 2004년 4월

우리는 사람들이 선하며 우리와 똑같은 인간적 자질을 지니고 있다는 가정 하에 사람들의 존엄성을 주장한다.

— 민주주의 10년을 기념하는 의회 회의에서, 남아프리카공화국 케이프타운, 의회, 2004년 5월 10일

우리는 어느 정도 품위를 지켜야 했다. 웃음은 그런 품위를 지키는 데 도움이 되지 않았다. 진지하게 굴어야 했다.

—『만델라 : 공인된 초상화(Mandela : The Authorised Portrait)』(2006년)를 위해 팀 쿠즌스, 번 해리스, 맥 마하라지[50]와 인터뷰할 때 어린 시절 너무 많이 웃지 말라는 교육을 받았다는 이야기를 하며, 남아프리카공화국 요하네스버그, 2005년 8월 13일

---

50 1935년~. 학자이자 반아파르트헤이트 활동가, ANC와 MK 지도부.

장애 Disability

장애가 있는 아이들도 다른 아이들과 마찬가지로 신나고 멋진 미래를 맞이할 자격이 있다.
— 제1회 남아프리카공화국 주니어 휠체어 스포츠 캠프 개막식에서, 남아프리카공화국 요하네스버그, 1994년 12월 4일

나도 여러분과 마찬가지로 보청기를 끼고 있다. 이 조그만 기구가 내 삶을 크게 바꾸어 놓았다. 그 덕분에 어딜 가나 더 잘 듣고 더 잘 이해할 수 있게 되었다.
— 바라과나스 병원 보청기 프로젝트, 남아프리카공화국 소웨토, 1997년 5월 23일

우리 인간은 지적 능력을 인류의 가장 두드러진 특징으로 생각하고 있다. 바로 그런 능력에 장애를 가진 사람들을 따뜻하게 배려하는 것이야말로 우리가 인간임을 제대로 알고 인간성을 실천할 수 있는 길이다.
— 타칼라니 지적 장애인 거주 시설, 스패로 스쿨, 리빙 링크를 위한 기금 모금 행사에서 연설하며, 남아프리카공화국, 2002년 9월

우리는 장애를 가지고 사는 사람들의 권리를 특별히 강조하려고 노력했다. 평등의 문제를 인종, 피부색, 종교, 성별과 관련해서만 생각하여, 장애인에 대한 엄청난 차별을 잊거나 그 중요성을 간과하기가 쉽다.
— 장애인을 위한 회의에 전한 메시지에서, 2004년 4월 4일

민주주의는 사회적 평등과 무차별의 체제이다. 장애가 있는 동포들을 위해 우리는 실생활에서 아주 특별한 방식으로 그런 민주주의 가치들을 발휘해야 한다.

— 같은 곳

재난 Disasters

재난이 찾아왔다가 물러간 자리에 남은 피해자들은 완전히 무너져 내리거나, 아니면 강철같이 단단해지고 노련해져 다음에 또 찾아올지도 모를 위기에 더 잘 대처할 수 있게 된다오.

— 위니 만델라에게 쓴 편지에서, 로벤 섬, 1969년 6월 23일

절제력 Discipline

우리 인간은 본래 근면하고 절제력 있고 성공한 자와 어울리기 좋아하니까, 이런 자질들을 기르면 친구를 많이 얻을 수 있을 거다.

— 마카토 만델라에게 쓴 편지에서, 로벤 섬, 1969년 7월 28일

여러분이 미래의 지도자로서 반드시 지켜야 할 의무들이 있다. 그 가운데 하나가 최대한의 절제력을 키우는 것이다. 절제력이 없으면 우리의 신뢰를 얻지 못할 것이다.

— 젊은이들에게 연설하며, 남아프리카공화국, 1990년 4월 13일

차별 Discrimination

나는 이러한 차별에 큰 소리로 항의하는 것이 우리 국민뿐만 아니라 내 직업, 법의 실천, 모든 인류의 정의를 위해서도 반드시 해야 할 일이라고 생각했다. 그러한 차별은 본질적으로 부당하며, 우리나라 법률 교육의 전통 속에 있는 정의에 대한 태도의 근간 전체를 무너뜨린다.
— 노동자 파업 선동 및 불법 출국 혐의로 유죄 판결을 받은 후 연설에서, 남아프리카공화국 프리토리아, 올드 시나고그, 1962년 11월 7일

토론 Discussion

주제를 막론하고 토론은 우리의 흥미를 돋워 독서를 부추기고 오류를 바로잡아 주지요.
— 교정국장에게 쓴 편지에서, 로벤 섬, 1965년 10월 10일

어떤 토론에서든, 특히 정치인들과의 토론에서는 의견의 불일치가 생기기 마련입니다.
— 리처드 스텡글과 나눈 대화에서, 1992년 12월 22일

토론에서 상대방보다 도덕적으로 우위에 있는 듯한 말투를 쓰는 것이 결코 도움이 되지 않는다는 사실을 알았다.
— 『자유를 향한 머나먼 길』에서, 1994년

질병 Disease

십 년 전까지만 해도 불치의 병으로 여겨졌던 많은 암까지 치료할 수 있게 된 세상이니, 모든 아이들에게 치명적인 병의 예방 주사를 놔줄 수 있을 것이다.

— 아이들을 위한 세계적 협력을 구축하자는 취지의 성명서에서,
  2000년 5월 6일

그 일을 정부에게 미뤄서는 안 된다……. 여러분이, 여러분 자신이 지금 있는 곳에서 솔선하여 불치병을 앓고 있는 이웃에게 사랑과 지원, 가능한 모든 수단을 나누어 주어 그들이 자신의 병을 잊고 인간으로서 주변 사람들에게 사랑받고 있다고 느낄 수 있게 해주어야 한다.

— 졸라 병원 개원식에서, 남아프리카공화국 소웨토, 2002년 3월 7일

나는 오명을 가진 병을 앓았다. 옥중에서 폐결핵에 걸렸는데, 폐결핵 환자와 가까이 하기를 꺼리는 사람들이 꽤 많았다. 그리고 알다시피 지난해에 암 판정을 받았다. 그러나 나는 그 사실을 숨기지 않고 바로 언론에 연락해 내 병을 알렸다.

— 같은 곳

꿈 Dreams

내 모든 꿈을 지탱해 주는 것은 온 인류의 집단적 지혜입니다.
— 스와질란드 상원 의원 더글러스 루켈레에게 쓴 편지에서, 로벤 섬, 1970년 8월 1일

우리의 성과와 결점을 평가할 때, 교육과 완전한 경제 참여, 민주주의, 만인의 자유에 대해 우리가 한때 야심차게 품었던 꿈을 절대로 망각해서는 안 된다.
— 전국 청년 축제에서, 남아프리카공화국, 2008년 6월

의무 Duty

신념 때문에 감옥에 가고 자신이 믿는 바를 위해 고생도 마다치 않을 각오를 하는 것은 가치 있는 일이다. 결과에 상관없이 이 세상에서 자신이 해야 할 일을 하는 것도 성취이다.
— 〈타임〉의 스콧 머클라우드와의 인터뷰에서, 남아프리카공화국 소웨토, 1990년 2월 26일

경제 Economy

우리는 완전 고용, 최대 생산성, 사회의식 발전의 관점에서 활발히 돌아갈 수 있는 경제 형태를 선택할 것이다. 그것이 가능하다면 어떤 방식, 어떤 방안이라도 채택할 것이다.
— 다큐멘터리 〈미국에 온 만델라〉에서, 1990년

우리 모두 관심을 기울이고 있는 민주주의 프로젝트는 경제가 기대에 부응하지 못하면 성공할 수 없다.
— 협의 경영 운동(Consultative Business Movement)이 '경제적 미래 구축을 위한 방안들'이라는 주제로 개최한 회의에서, 남아프리카공화국, 1990년 5월 23일

경제는 모든 국민에게 도움이 되고, 아파르트헤이트 체제의 유산인 끔찍한 빈곤과 결핍을 끝내야 하며, 모든 국민이 점점 더 향상되는 괜찮은 생활수준을 누릴 수 있는 속도와 방식으로 성장해야 한다.
— 유럽 의회에서 연설하며, 프랑스 스트라스부르, 1990년 6월 13일

우리는 우리가 말해온 정치적 자유가 굶주림, 결핍, 고통으로부터의 해방과 병행되어야 한다는 결론을 내렸다. 따라서 남아프리카공화국의 경제를 개혁하여 흑인이든 백인이든 우리 국민 모두가 부를 공유할 수 있도록, 점점 더 향상되는 괜찮은 생활수준을 모든 사람이 누릴 수 있도록 하는 것이 대단히 중요하다.
— 캐나다 의회에서 연설하며, 캐나다 오타와, 1990년 6월 18일

우리는 소수인 백인뿐만이 아니라 우리 국민 모두의 물질적 이익에 도움이 될 수 있도록 경제를 개혁해야 한다고 확신한다.
— 미국 재계에 보낸 메시지, 1990년 6월 19일

모든 국민에게 필요한 것을 해결해 줄 수 있는 경제, 식량·주택·교육·의료 서비스·사회 보장 등 인간다운 삶을 가능하게 하는 모든 것을 제공해 주는 경제, 삶을 끝없는 절망과 체념이 아닌 즐거움으로 만들어 주는 경제가 필요하다.
— 미국 상하원 합동 회의에서 연설하며, 미국 워싱턴 D. C., 1990년 6월 26일

수백만 명에 이르는 사람들이 얼마나 심한 궁핍을 겪고 있는지는 두 눈으로 직접 보지 않고서는 믿을 수 없을 정도다. 백인 동포들의 부유함과 그 부유함을 유지하기 위한 경제의 고의적인 왜곡은 우리에게 더욱더 쓰라린 상처를 입히고 있다.
— 같은 곳

우리가 벌이고 있는 투쟁은 우리나라의 경제 개혁을 위한 것이기도 하다. 우리가 물려받은 경제 구조는 소수인 백인을 위해 다수인 흑인이 희생하도록 설계되었고 그런 식으로 작동하고 있다. 수백만 명이 굶주림의 호된 고통밖에 모르고 수많은 아이들이 단백질 결핍 같은 빈곤으로 인한 질병에 걸려 죽거나 기형아가 되는 상황이 계속되도록 내버려둘 수 없다. 현재 수백만 명의 사람들이 일자리도 없고 땅도 없다. 그들을 기다리고 있는 것은 기아와 결핍으로 인한

죽음뿐이다.
─ 아일랜드공화국 의회에서 연설하며, 아일랜드공화국 더블린,
1990년 7월 2일

우리는 성장을 촉진하고 재분배를 시행하여 역사적인 경제적 불균형과 부당함을 바로잡기 위해 어떤 경제적 도구든 쓸 수 있는 권리를 보유해야 한다.
─ 경제 연구와 정책 입안에 대한 국가 역량을 키우자는 취지의 성명서에 서명하며, 남아프리카공화국, 1991년 11월 23일

우리나라의 민주주의, 사회경제적 정의, 경제 성장에 가장 큰 위협이 되고 있는 것은 소수 기업이 독점을 통해 경제 전체를 지배하는 것이다.
─ 같은 곳

경제 목표를 달성하여 더 많은 일자리를 창출하고 자원을 자유롭게 풀어 국민에게 서비스를 제공하려면 훨씬 더 엄정하고 헌신적으로 생산성 향상에 전념해야 한다.
─ 앤서니 맬크 교수의 취임식에서, 남아프리카공화국 프리토리아, 남아프리카 대학교, 1999년 3월 29일

남아프리카공화국의 전 국민이 사회의 모든 부문에서 주인의식을 가져야 한다. 우리 민주주의 질서가 장기적으로 안정되려면 모든 국민이 경제계 각 층에서 의미 있는 참여를 하는 것 또한 중요하다.

── 남아프리카공화국 상공회의소(SACOB) 만찬에서, 남아프리카공화국 요하네스버그, 2001년 10월 23일

교육 Education

모든 사람은 교육받을 권리가 있으며, 교육의 방향은 인간성을 완전히 성장시키고 인권과 기본적 자유에 대한 존중심을 고취하는 데 있어야 한다는 세계인권선언의 공표 원칙들에 대해 우리의 확고한 믿음을 천명하는 바이다. 교육은 국가의 인종적·종교적 집단들 사이의 이해와 관용, 우정을 증진하고, 나아가 국제연합의 평화 유지 활동을 전진시켜야 한다.

── ANC 트란스발 회의 중 〈자유로 향하는 험난한 길〉로도 알려진 의장 연설에서, 남아프리카공화국 트란스발, 1953년 9월 21일

자녀에게 어떤 종류의 교육을 시킬지 결정할 수 있는 아프리카 부모들의 권리를 지켜 주어야 한다. 아프리카인은 유럽인보다 조금도 열등하지 않다고 아이들에게 가르쳐야 한다. 공동체에 학교를 세워 아이들에게 제대로 된 교육을 시켜야 한다. 이런 대안 학교를 세우는 것이 위험하거나 불가능해지면 모든 집, 오두막, 곧 쓰러질 것 같은 판잣집이라도 아이들의 배움터로 만들면 된다. 페르부르트의 비인간적이고 야만적인 생각에 절대 굴복해서는 안 된다.

── 같은 곳

학생들은 사고력을 지닌 독립적인 집단으로서 자유롭게 생각하고 자기 의견을 표현할 수 있는 권리가 있음을 세계 모든 나라가 인정하고 있다.
— 전 아프리카인 전국행동위원회에서 발표한 성명서에서, 1961년 9월 5일

오늘날 인류를 불안하게 만들고 있는 문제들을 해결하기 위해서는 잘 훈련된 사람들이 필요하단다. 훈련되지 않은 사람들은 나라와 국민을 성공적으로 잘 섬기는 데 필요한 수단과 능력이 없으니 무능력할 수밖에.
— 마카토 만델라에게 쓴 편지에서, 로벤 섬, 1969년 7월 28일

정기적으로 나를 옆에 앉혀 놓고 우리나라의 역사와 지리, 천연자원과 문제들, 우리 문화, 계산법과 도량형을 분명하고 조리 있게 설명해 준 사람이 한 명도 없었다.
— 미출간 자서전 원고에서, 로벤 섬, 1975년

내가 호소하고 싶은 것이 하나 있다면, 젊은이들이 가능한 한 최고의 교육을 받아 미래에 지도자로서 우리를 잘 대변할 수 있어야 한다는 것이다.
— 다큐멘터리 〈미국에 온 만델라〉에서, 1990년

오늘의 아이들이 내일의 지도자들이며, 교육은 아이들이 미래에 공동체의 지도자가 될 수 있도록 준비시키는 아주 중요한 무기이다.
— 집에서, 남아프리카공화국 소웨토, 1990년 2월

모든 교육 기관이 인종차별과 성차별 없는 새로운 민주 남아프리카공화국의 창조에 기여해 주길 바란다. 그렇다고 해서 ANC의 모든 입장을 지지해 달라는 뜻은 아니다. 그동안 우리는 실수를 저질렀지만, 이 대학 학자들의 건설적 비판을 통해 이 이상의 실수를 막을 수 있을 것이다. 따라서 여러분에게 촉구하는바, 공동의 민주적 목표를 추진하는 데 적절하고 가장 도움이 되는 행동을 보여 주기를 바란다.

— 포트하레 대학교에서 연설하며, 남아프리카공화국 앨리스,
1992년 5월 9일

교육은 인간 성장의 가장 강력한 수단이다. 농부의 딸이 의사가 될 수 있고, 광부의 아들이 광산의 우두머리가 될 수 있고, 농장 일꾼의 자녀가 대국의 대통령이 될 수 있는 것도 교육을 통해서다. 우리는 자신에게 무엇이 주어지느냐가 아니라 자신이 가진 것을 어떻게 이용하느냐에 따라 서로 다른 길을 걷게 된다.

— 『자유를 향한 머나먼 길』에서, 1994년

우리 세대에게 교육이란 억압의 문을 여는 열쇠, 주인과 노예라는 비뚤어진 논리에 저항하는 도구였다. 교육 기관은 식민 지배와 불의에 항의하는 중심지였다. 이로 인해 우리는 학사모 대신 감금과 죽음, 추방, 장기 투옥이라는 가시관을 써야 했다.

— 서울 대학교로부터 명예박사 학위를 받으며, 대한민국 서울,
1995년 7월 6일

과거 우리가 아파르트헤이트 교육과 전쟁을 벌였듯, 정부와 공동체가 손잡고 효율적인 교육과 학습을 방해하는 요인들과 싸워야 한다.
— 전국 교육·학습 운동을 시작하며, 남아프리카공화국 요하네스버그 소웨토, 1997년 2월 20일

나라가 제공하는 최고의 교육이 국민들에게 돌아갈 수 있도록 하기 위해 수많은 남아프리카 사람들이 엄청난 희생을 치르고 목숨까지 바쳤다. 그들의 희생이 헛되지 않도록 우리 학교들에서 효율적인 배움이 이루어져야 한다.
— 같은 곳

여러분이 국민의 교육을 돕는 길은 학교 활동에 참여하고, 야만적인 파괴자들로부터 학교를 보호·지원하고, 교사나 학생과 협력하고, 자녀들이 성실히 등교하여 공부하도록 지도하는 것이다.
— 같은 곳

일부 학교가 약물 남용이나 폭력, 귀중한 재산을 파괴하는 만행의 온상으로 변해가는 상황을 더는 수수방관할 수 없다. 우리나라 아이들이 아파르트헤이트의 의도대로 무지와 무능의 수렁에 빠지는 것을 그냥 지켜보고만 있을 수는 없다.
— 같은 곳

우리 아이들 대다수는, 특히 시골 지역의 아이들은 여전히 기초 교육을 받지 못하고 있거나, 효율적인 학습과 교육에 필요한 수단과 장비가 부족한 학교에 의존하고 있다.

— 비영리기관인 에듀케이션 아프리카가 주최한 대통령·수상 교육상 시상식에서, 남아프리카공화국 프리토리아, 1997년 11월 22일

나는 흑인을 위한 교육이 아주 부족한 지역에서 자랐다. 그리고 우리 부모는 학교를 다닌 적이 없다. 우리 부모는 완전히 문맹이었다.
— 영국 런던에서, 2000년

부자와 빈자, 특권층과 혜택 받지 못하는 사람, 권력자와 주변인으로 나누어지는 것은 무엇보다 지식과 정보에 접근할 수 있는 기회의 차이 때문이다. 최첨단 지식을 접하는 사람들은 오늘날 사회적·경제적·정치적 삶의 모든 영역에서 유리한 위치에 있다.
— 제26차 대학 교육 개선 국제회의에서, 남아프리카공화국 요하네스버그, 요하네스버그 대학교, 2001년 7월

교육은 세상을 바꾸는 데 쓸 수 있는 가장 강력한 무기이다.
— 플라네타륨에서 연설하며, 남아프리카공화국 요하네스버그, 2003년 7월 16일

한 나라의 미래가 얼마나 유망한가는 다음 세대 시민들에게 달려 있으니, 시골 지역의 아이들이 정보통신 기술을 더 많이 접할 수 있도록 도와줌으로써 우리 자녀들의 미래에 투자하고 있는 여러분을 칭찬하고 싶다.
— ESKOM[51] 개발 재단에서, 남아프리카공화국 요하네스버그, 2004년 3월 11일

---

51 남아프리카공화국의 국영 전력회사.

아프리카, 아니 전 세계 어디에서든 아이가 교육을 거부당하는 일이 있어서는 안 된다. 우리는 이 목표에 반드시 도달할 수 있을 것이다.
— '아프리카에 꿈을(A Dream for Africa)' 기금 마련 국제 캠페인을 시작하며, 남아프리카공화국 케이프타운, 2004년 12월 6일

존엄성과 명예, 충만한 삶을 가져다주는 교육을 수많은 아이들이 받지 못한다면, 우리는 결코 만족할 수 없다.
— 교육 및 농촌 발전을 위한 넬슨 만델라 연구소 개소식에 보낸 육성 메시지에서, 2007년 11월

모든 아이들이 좋은 교육을 받을 수 있는 세상을 만드는 것은 우리가 능히 해낼 수 있는 일이다.
— 같은 곳

모든 아이들을 교육하는 것이 우리의 급선무 중 하나가 되어야 한다. 더 나은 삶을 구축하는 데 교육이 그 무엇보다 큰 도움이 된다는 사실을 모르는 사람은 아무도 없다.
— '아프리카에 학교를(Schools for Africa)' 캠페인에 전한 메시지에서, 남아프리카공화국 요하네스버그, 2008년 5월 15일

이기심 Ego

값싼 인기를 맹목적으로 좇는 것은 혁명과 아무런 관계도 없다.
— 제49차 ANC 전국 회의에서 발표한 전국집행위원회의 정치 보고서에서, 남아프리카공화국 블룸폰테인, 1994년 12월 17일

어른 Elders

어린 시절 트란스케이에서 우리 부족의 어른들이 들려주는 옛날이야기를 들었다. 그 중에는 우리 조상들이 조국을 지키기 위해 전쟁을 치른 이야기도 있었다. 딩가네와 밤바타, 힌차와 마카나, 스쿵티와 달라실레, 모쇼에쇼에와 세쿠쿠네 같은 이름들이 아프리카 민족 전체의 자랑거리로 찬미되었다.
— 리보니아 재판의 피고인석에서 진술하며, 남아프리카공화국 프리토리아, 법원, 1964년 4월 20일

나는 지금도 어른을 공경하며, 우리가 우리만의 정부를 가지고 자유롭게 살았던 옛 시절을 그들과 함께 이야기하는 것이 좋다.
— 미출간 자서전 원고에서, 로벤 섬, 1975년

입에서 입으로 전해지는 전통을 물려받던 옛 세대는 사라졌거나 사라지고 있고 지금은 모든 분야에서 현대적인 과학 기술을 통해 지식을 습득하고 있지만, 오늘날의 젊은 세대도 어른들의 경험을 소중히 여기고 있다.
── 같은 곳

노인을 존중하지 않는 사회는 자신의 뿌리를 부정하며 미래를 위험에 빠뜨린다. 노인들이 가능한 한 오래 스스로 살아갈 수 있도록 역량을 높여 주고, 더는 자활할 수 없는 노인들은 우리가 보살펴 주어야 한다.
── 1999년을 UN 세계 노인의 해로 발표하는 메시지에서, 1998년 12월 17일

디 엘더스 Elders, The

그들은 그들의 집단적 경험과 도덕적 용기, 그리고 국가, 인종, 신조 같은 편협한 관심사에서 벗어나 폭넓게 생각할 수 있는 능력을 이용하여, 우리 지구를 더욱 평화롭고 건강하며 공정한 곳으로 만드는 데 도움을 줄 것이다.
── 디 엘더스[52] 창립식에서, 남아프리카공화국 요하네스버그, 컨스티튜션 힐, 2008년 7월 18일

---

[52] 평화와 인권을 위해 협력하는 세계 원로들의 모임.

나는 디 엘더스가 그들의 경험과 활력, 그리고 더 나은 세계를 건설하겠다는 집념으로 대단히 독립적이고 강건한 불변의 세력이 되어, 복잡하고 다루기 힘든 문제들, 특히 많은 사람들이 피하는 문제들과 씨름할 수 있으리라 믿는다.

— 같은 곳

선거 Elections

국민들은 자유롭게 정당을 결성하고 스스로 선택한 정당에 가입할 수 있어야 한다. 누구를 권좌에 앉힐 것인지 국민이 결정할 수 있도록 정기적으로 선거를 치러야 한다.

— 협의 경영 운동이 '경제적 미래 구축을 위한 방안들'이라는 주제로 개최한 회의에서, 남아프리카공화국, 1990년 5월 23일

1994년 4월 27일, 우리나라 역사상 처음으로 남아프리카공화국의 모든 국민이 언어와 종교, 문화, 피부색, 계급과 상관없이 동등한 시민으로서 투표할 것이다. 선거에 참여할 수 없었던 수백만 명이 투표를 할 것이다. 나 역시 내 짧은 생애 처음으로 투표할 것이다.

— 여러 정당 간 협의 과정에서 선거일을 발표하며, 남아프리카공화국, 켐프턴 파크, 1993년 11월 17일

선거 기간 동안의 차분하고 관대한 분위기는 우리가 어떤 유형의 남아프리카공화국을 건설할 수 있는지 잘 보여 준다. 그것은 우리 미래 모습의 전반적인 풍조를 확립해 주었다. 우리들 사이에 차이는 있겠지만, 우리는 다양한 문화와 전통 속에서 공동의 운명을 지닌 하나의 국민이다.

— ANC의 선거 승리를 축하하는 연회에서, 남아프리카공화국 요하네스버그, 칼턴 호텔, 1994년 5월 2일

마침내 역사가 쓰이는 날, 선거 유세 여정을 묵묵히 소화하며 우리 국민을 교육하고 선거일에 대비시킨 무명의 조직 위원들이 찬사를 받을 것이다. 역사적 기회를 양손으로 꼭 붙잡고 온갖 위협에 용감하게 맞선 사람들이 찬사를 받을 것이다. 그 중대한 시기에 "민중은 스스로를 해방시킨다."라는 말이 그 어느 때보다 진실로 들렸기 때문이다.

— 제49차 ANC 전국 회의에서 발표한 전국집행위원회의 정치 보고서에서, 남아프리카공화국 블룸폰테인, 1994년 12월 17일

우리가 이 선거를 치러 냈다는 사실, 어떤 위협도 어떤 폭력도 없이 자유롭고 공정한 선거였다는 사실은 우리 미래에 희망이 있다는 징조이다.

— 다큐멘터리 〈자유로의 마지막 여정 : 남아프리카공화국을 바꾼 열흘〉에서, 1994년

감정 Emotion

침울함은 많은 사람이 걸리는 흔한 증상일 뿐이란다.
— 진드지 만델라에게 쓴 편지에서, 로벤 섬, 1979년 2월 3일

고백하건대 내 감정을 어떻게 표현해야 할지 모르겠다. 열렬한 환영에 완전히 어리벙벙해졌다. 예상치 못했던 일이다. 내 감정을 말할 수 있다고 해도 그건 합리화에 지나지 않을 것이다. 정말 숨이 막힐 것 같았다.
— 석방 후 처음 열린 기자회견에서 자신의 석방을 환영받은 것에 관해 말하며, 남아프리카공화국 케이프타운 비숍스코트, 데즈먼드 투투 대주교 관저, 1990년 2월 12일

'어떤 사람도 섬이 아니듯이' 우리 역시 사랑과 우정, 연민 같은 고귀한 열정에 감동받지 않는 무정한 사람이 아니다.
— 웁살라 성당에서 연설하며, 스웨덴 웁살라, 1990년 3월 13일

우울한 적이 한 번도 없었다고 하면 과장일 겁니다. 물론 많은 사람들은 눈치 채지 못할 테지만요.
— 리처드 스텡글과 나눈 대화에서, 1993년 4~5월경

밖에서 일어나는 일 때문에 기운이 빠질 때도 있었지만, 대개는 언젠가 돌아갈 거라는 느낌이 들었다.
— 로벤 섬을 다시 찾아가, 남아프리카공화국 케이프타운, 1994년 2월 11일

우리가 감옥에서 겪었던 정치적 경험을 개인의 문제로 생각하기는 어렵다.
— 같은 곳

가슴 아프게도 인간에 대한 믿음이 시험대에 오르는 암울한 순간들이 많았지만, 나는 절망에 빠지지 않으려 했고, 그럴 수도 없었다. 그러면 패배와 죽음뿐이니.
— 『자유를 향한 머나먼 길』에서, 1994년

나는 예나 지금이나 내 감정을 공개적으로 말하는 것이 쉽지가 않다. 석방되니 어떠냐는 질문을 기자들에게 자주 받았는데, 말로 설명할 수 없는 것을 설명하려고 최선을 다했지만 대개는 실패했다.
— 같은 곳

나이와 보수적인 문화적 배경 탓에 그런 친밀한 느낌이나 감정을 공개적으로 이야기하는 것이 내게는 쉽지 않다.
— 개인 서류에서, 1996년경

우리는 자신의 발전을 위해 노력하는 사람들에게 좋은 환경을 만들어 주고, 필요한 도구와 장치를 제공함으로써 그들을 지원할 의무가 있다.
— 전국 교육·학습 운동을 시작하며, 남아프리카공화국 요하네스버그 소웨토, 1997년 2월 20일

이제는 은퇴해서 힘도 영향력도 없는 노인의 생일을 축하해 주신다니 영광입니다.

— 아흔 번째 생일을 맞아 녹음한 육성 메시지에서, 2008년

적 Enemies

우리는 적을 과소평가하지 않는다. 그들은 과거에 강적을 상대로 용감히 싸워 만인의 찬사를 받았다.

— 미출간 자서전 원고에서, 로벤 섬, 1975년

싸울 때 지적으로 싸우면 적에게도 존중받을 수 있습니다.

— 리처드 스텡글과 나눈 대화에서, 1992년 12월경

적과 화해하고 싶으면 그 적과 함께 일해야 한다. 그러면 적이 파트너가 된다.

—『자유를 향한 머나먼 길』에서, 1994년

자격 Entitlement

일부 회원들 사이에 엘리트주의가 출현하기도 했다. 결정권이 있는 직책에 오를 수 있는 자격이 운위되었고, 이는 우리 지도자들 사이의, 그리고 우리 조직과 국민 사이의 지속적인 상호작용을 방해하

는 결과를 낳았다.

— 제50차 ANC 전국 회의 개회식에서, 남아프리카공화국, 노스웨스트 대학교 마피켕 캠퍼스, 1997년 12월 16일

환경 Environment

나중에 뜰로 나가 보니 몇 안 되는 생명체들이, 갈매기와 할미새, 풀, 작은 나무, 심지어는 풀잎조차 즐거워하며 환하게 웃고 있더구나. 모든 것이 그날의 아름다움에 흠뻑 빠져 있었지.

— 진드지 만델라에게 쓴 편지에서, 로벤 섬, 1978년 3월 5일

내가 떠날 때만 해도 시골은 깨끗했습니다. 드넓은 초원, 먼 산이나 지평선, 풀잎, 푸른 나뭇잎을 보면 참 즐거웠지요. 요즘 플라스틱 때문에 생기는 쓰레기도 그때는 없었어요.

— 리처드 스텡글과 나눈 대화에서, 1993년 1월 13일

여행하면서 하루를 지켜보는 것도, 새벽에 동이 트는 것을 보는 것도 즐거운 일입니다. 해가 뜨는 모습, 시간대마다 변하는 밤의 모습을 구경하는 것도 좋지요.

— 리처드 스텡글과 나눈 대화에서, 1993년 3월 25일

우리는 이 땅의 흙을 만질 때마다 되살아나는 듯 느낀다. 계절이 바뀌면 나라의 분위기도 바뀐다. 풀이 초록빛으로 물들고 꽃이 피면

즐겁고 들뜬 기분에 가슴이 뭉클해진다.
— 남아프리카공화국 대통령으로 취임하며, 남아프리카공화국 프리토리아, 유니언 빌딩(정부 청사), 1994년 5월 10일

나는 살아 있는 생명체라면, 사람들을 두렵게 만드는 생물이라도 죽이고 싶지 않다.
— 『자유를 향한 머나먼 길』에서, 1994년

나는 동이 트면서 밤이 낮으로 바뀌는 광경을 보는 것이 좋다. 그것은 언제나 장엄하다.
— 같은 곳

우리 인류의 미래는 바다를 얼마나 영리하고 분별 있게 이용하느냐에 달려 있다. 이를 위해서는 지구 전역에서 헌신적인 사람들이 결연한 노력을 벌여야 한다.
— 제5회기 독립 세계 해양 위원회, 남아프리카공화국 케이프타운, 1997년 11월 11일

할례 의식을 치른 뒤 음바셰 강에서 내 유년기를 씻어 내고 나중에 성인으로서 그 강을 건넜던 기억이 났다. 오래전 어린 시절의 내가 그랬듯이 오랜 세월 후 내 손자의 손자들도 깨끗하게 흐르는 우리의 강들을 볼 수 있어야 한다.
— 세계 댐 위원회 최종 보고서 발표회장에서, 영국 런던, 캐벗홀, 2000년 11월 16일

우리 국민이 에너지원으로 지나치게 의존해 온 나무와 숲이 파괴되고 말았다. 오늘날 이렇게 춥고 요리와 청소, 기본 편의 시설을 위한 에너지가 부족한 것도 결국은 나무와 숲이 파괴된 탓이다.
— 국제 지리학 연합으로부터 '지구와 인류 상'을 받으며, 남아프리카공화국 더반, 2002년 8월 4일

내 유년기에 아름다움과 영감의 장소였던 강들이 지금은 꽉 막히고 더러워졌다. 나는 우리 어머니들의 후손들이 더럽고 위험한 강과 웅덩이에서 깨끗한 물을 얻기 위해 맨손으로 허리를 굽히는 모습을 보았다.
— 같은 곳

이 지구에 사는 인류로서 우리 함께 손잡고 이 세상을 고갈되지 않는 미래 자원으로 만들자.
— 같은 곳

내가 우리나라 대통령으로서 얻은 수많은 교훈 가운데 하나는 우리 나라와 우리 대륙, 더 나아가 전 세계 사회·정치·경제 문제의 중심에 물이 있다는 것이었다.
— 친환경적 발전을 위한 세계 정상 회의에 맞춰 열린 워터돔 행사 개막식에서, 남아프리카공화국 요하네스버그, 2002년 8월 28일

아프리카의 아름다운 보호 구역 가운데 많은 곳이 과거 식민지 시대에 생겨나 특권층을 위한 구역으로 제한되면서, 소외된 지역 주

민들은 그곳을 무의미하거나 심지어는 사치스러운 것으로 여겼다.
— 세계 공원 회의 출범식에서, 남아프리카공화국 요하네스버그,
  2002년 9월 2일

아프리카 남부의 나라들은 단단하게 그어져 있는 국경을 넘어, 양국의 생물 다양성과 자연 보호, 관광 사업을 위한 기회와 잠재력을 발전시키기 위해 함께 노력하고 있다. 협력 없이 개인의 노력만으로는 불가능한 일이다.
— 제5차 세계 공원 회의 '경계를 넘어 상생으로(Benefits Beyond Boundaries)' 개막식에서, 남아프리카공화국 더반, 2003년 9월 8일

하마에서 멀찍이 떨어져 있어야 한다. 하마가 가장 위험하다.
— 다큐멘터리 〈만델라 : 살아 있는 전설〉에서, 2003년

평등 Equality

우리는 백인들 가운데에도 무조건적인 평등을 위해, '백인우월주의'의 완전한 폐기를 위해 단호하고 용기 있게 행동해 줄 정직한 민주주의자들이 아주 많이 있다고 확신한다. 그들에게는 진실한 우정의 손을 내밀어 형제애 어린 동맹을 맺는다.
— 「종잡을 수 없는 망상(The Shifting Sands of Illusion)」이라는 제목의 글에서, 〈해방〉, 1953년 6월

나는 사회적 평등이 인류 행복의 유일한 토대라고 그 어느 때보다 확신하고 있습니다.
— 스와질란드 상원 의원 더글러스 루켈레에게 쓴 편지에서, 로벤 섬, 1970년 8월 1일

나는 교도소 밖에서든 안에서든 다른 누구를 내 윗사람으로 여긴 적이 없습니다.
— 교정국장 두 프리어 장군에게 쓴 편지에서, 로벤 섬, 1976년 7월 12일

내가 누군가를 존경한다면 그것은 피부색이나 권력 때문이 아니라 순전히 그 사람의 장점 때문입니다.
— 같은 곳

세계 공동체 속에서 모든 국가가 평등하게 활동할 수 있는 권리와 탈식민지화 원칙을, 다른 국민들을 억압하기 위한 목적으로 훼손해서는 안 된다.
— 아스투리아스 왕세자 상 국제 협력 부문을 수상하며, 에스파냐, 1992년 10월 31일

모든 형태의 인종차별을 없애고 우리 삶의 모든 영역에 평등의 원칙을 적용함으로써 모든 국민의 인간적 존엄성을 회복하는 것이 우리의 전례 없는 과제였다.
— 미출간 자서전 속편 원고에서, 1998년경

유럽 : 장소 Europe : Places

프랑스

우리의 길고도 가혹하며 피비린내 나는 투쟁 과정 속에 남아프리카공화국 국민과 프랑스 국민 사이에 유대가 생겨났다. 아파르트헤이트 이후 시대의 남아프리카공화국에서 두 나라 국민들 사이의 우정과 연대, 협력은 영원히 사라지지 않을 것이다.

― 프랑수아 미테랑 대통령이 열어 준 환영식에서, 프랑스 파리,
  1990년 6월 6일

17세기에 우리나라를 찾아온 위그노 교도들의 피가 흑인과 백인을 불문하고 우리나라 많은 국민들의 몸속에 흐르고 있다. 그들이 가져온 문화는 남아프리카 정체성의 일부를 이루고 있다.

― 프랑스 수상 미셸 로카르 주최 만찬에서, 프랑스 파리, 오텔 마티뇽(수상
  관저), 1990년 6월 7일

우리 국민들 사이에서 프랑스라는 이름은 민주주의와 정의를 얻기 위한 투쟁, 독재에 대항하여 쟁취해 낸 승리의 생생한 이미지를 불러일으킨다.

― 프랑스 하원에게 발표한 성명서에서, 프랑스 파리, 부르봉 궁전,
  1990년 6월 7일

영국

나는 영국의 정치 제도와 사법 체계를 대단히 존경한다. 영국 의회는 전 세계에서 가장 민주적인 제도이며, 영국 사법부의 독립성과 공명정대함은 언제나 감탄스럽기 그지없다.

― 리보니아 재판의 피고인석에서 진술하며, 남아프리카공화국 프리토리아, 법원, 1964년 4월 20일

남아프리카공화국에도 그 이름이 잘 알려져 있는 영국인들이 있다. 그들이 수많은 동료 시민들과 함께 일어나 이 사악한 제도에 대항한 덕에 오늘의 우리가 마침내 자유를 눈앞에 두게 되었기 때문이다. 이 영국인들은 남아프리카공화국에서 인종차별이라는 사악한 제도를 뿌리 뽑는 것이 도덕적·전략적 의무라고 생각했다. 과거 나치 독일에서 비슷한 제도를 무너뜨려야 했듯이 말이다.

― 영국 하원에서 연설하며, 영국 런던, 1993년 5월 5일

영국 정치가들을 만나고, 거기다 따뜻한 환영까지 받았으니 아주 즐거운 시간이었지.

― 1962년의 영국 방문에 관해 아메드 카트라다와 나눈 대화에서, 1993~1994년경

영국에, 그것도 한때 강력했던 대영제국의 수도에 있으니 당연히 설레었지. 그 기분을 즐긴 다음, 서점 같은 곳에 가서 게릴라전에 관한 자료들을 얻었어.

― 아메드 카트라다와 나눈 대화에서, 1993~1994년경

이 순간을 언제까지나 소중히 간직할 것이다. 여러분의 위대한 도시의 시민이 됨으로써, 1962년 이곳에서 시작된 내 기나긴 여정의 최고점을 맞았기 때문이다. 어떤 의미에서는 여기에 내 존재의 일부를 남겨 두는 것이다.
— 런던 시 명예시민권을 받으며, 영국 런던, 길드홀, 1996년 7월 10일

당시 영국 통치자들은 이 의회에서 남아프리카공화국과 관련한 의제들을 수정할 수 없고 수정하지 않을 것이며, 백인이 아닌 우리 국민들의 이익을 돌보지 않겠다고 열변을 토했다. 우리는 그런 단호한 거절을 당하고 그 결과 끔찍한 희생을 치러야 했지만, 창이나 복수심을 가지고, 혹은 훌륭한 여러분에게 우리의 배고픔을 해결해 달라고 호소하기 위해 이 명예로운 곳을 다시 찾은 것이 아니다. 우리는 친구로서 여러분을 찾아왔다.
— 상하원 합동 회의에서 연설하며, 영국 런던, 웨스트민스터 홀, 1996년 7월 11일

아파르트헤이트에 맞서 투쟁하는 동안 줄곧 지지해 준 영국 국민들에게 고마운 마음을 이루 말로 다 표현할 수 없다.
— '빈곤을 역사로 만들자(Make Poverty History)' 캠페인에서 연설하며, 영국 런던, 트라팔가르 광장, 2005년 2월 3일

이 동상이 오랜 투쟁 끝의 남아프리카공화국 해방을 표현하고 늘 상기시킬 거라니 기쁘다. 영국의 여러분도 그 과정에서 중요한 역할을 했다. 우리 남아프리카공화국 국민은 우리의 해방 투쟁을 지

원해 준 여러분의 노력, 개인과 조직에게 여러분이 베풀어 준 호의, 여러분의 불매 운동, 항의, 자금 마련 운동을 잊지 않을 것이다. 지원해 준 여러분에게 지금도 진심으로 고맙게 생각하고 있다.
— 만델라 동상 제막식 후 열린 축하 축하 연회에서, 영국 런던, 2007년 8월 29일

그리스

세계 어느 나라의 민주주의도 자화자찬하기 전에 먼저 이 오래된 민주주의의 요람에 경의를 표해야 할 것이다. 우리가 민주주의에 대해 자각할 수 있는 것은 이러한 유산 덕분이기도 하다.
— 그리스 수상 콘스탄티노스 시미티스를 위해 건배하며, 그리스, 2002년 6월 18일

다른 나라들과 마찬가지로 그리스 역시 자유와 민주주의가 결코 완결된 상태로 존재하지 못한다는 것을 알게 될 것이다. 우리 시대 그리스의 역사는 우리가 인간의 자유를 끊임없이 지키고 보호하고 보살피고 성장시켜야 한다는 사실을 증명해 준다.
— 그리스 수상 안드레아스 파판드레우 사망 6주기를 기리는 만찬에서, 그리스, 2002년 6월 19일

민주주의와 민주주의 사상의 요람인 고대 그리스는 자유를 얻기 위해 투쟁하는 우리에게 참고서이자 영감의 근원이 되어 주었다.
— 같은 곳

아일랜드

아일랜드 국민의 고귀한 목표인 독립이 실현되는 데 얼마나 오랜 시간이 걸렸든 간에, 오늘날 독립 국가 아일랜드가 존재한다는 사실은 우리 역시 자유로워질 수 있다는 사실을 증명해 준다. 위대한 아일랜드 애국자들이 1916년 독립선언문에서 말한 대로 "나라의 모든 어린이를 평등하게 소중히 여기는" 나라를 우리도 가질 수 있을 거라는 사실 또한 증명해 준다.
— 아일랜드공화국 의회에서 연설하며, 아일랜드 더블린, 1990년 7월 2일

스웨덴

우리는 남아프리카공화국의 상황에 대해 가장 먼저 경종을 울린 사람들 가운데 우리나라에서 선교사로 활동했던 양심적인 스웨덴인들이 있었다는 사실을 알고 있으며 거기에 큰 감동을 받았다.
— 웁살라 성당에서 연설하며, 스웨덴 웁살라, 1990년 3월 13일

우리는 아무리 작은 빵과 소금이라도 기꺼이 함께 나누는 정치적 이웃이 되었다. 그 덕분에 헤아릴 수 없이 큰 힘을 얻고 있다. 우리는 아파르트헤이트의 비인도적 범죄가 아직 종식되지 않았다는 인식을 공유하고 있다.
— 스웨덴 의회에서 연설에서, 스웨덴 스톡홀름, 1990년 3월 13일

악 Evil

악은 결국 정의, 공정함, 인간적 연민에 대한 불굴의 헌신을 위협으로 느끼며 두려워한다.

— 영국 적십자 인류애 강의에서, 영국 런던, 엘리자베스 2세 컨퍼런스 센터, 2003년 7월 10일

운동 Exercise

규칙적인 운동도 꼭 하렴. 특히 운동복을 입고 빨리 걷는 것이 좋단다. 트랙 달리기는 전신 운동이 되고 행복감을 주는 장점이 있지.

— 마카지웨 만델라[53]에게 쓴 편지에서, 로벤 섬, 1978년 12월 31일

건강 상태, 특히 좋은 운동 뒤의 행복한 느낌은 학업 성적과 밀접한 관계가 있단다.

— 졸리스와 마탄지마[54]에게 쓴 편지에서, 로벤 섬, 1979년 12월 23일

나는 감옥에 갇히기 전에도 건강했습니다.

— 리처드 스텡글과 나눈 대화에서, 1992년 12월 29일

---

53 1954년~. 만델라가 첫 번째 아내 에벌린과의 사이에서 낳은 둘째 딸.
54 만델라의 조카인 카이저 달리원가(K. D.) 마탄지마의 딸.

운동은 아주 좋아. 행복한 느낌이 들거든. 나는 매일 아침 일어나서 한 시간 정도 운동을 했지.
— 아메드 카트라다와 나눈 대화에서, 1993~1994년경

내 몸은 건강했어. 체력 단련은 언제나 생활의 일부였고, 지칠 때까지 행군하는 걸 즐겼지. 매일은 아니고 일주일에 한 번씩. 캠프 내에서 운동했지만, 가끔은 22킬로미터쯤 떨어진 사격장까지 나가기도 했다네.
— 같은 곳

나는 언제나 운동이 육체의 건강뿐만 아니라 마음의 평화까지 얻는 열쇠라고 믿었다. 옛날에는 분노와 좌절을 동료나 경찰이 아닌 샌드백에 푸는 때가 많았다. 긴장은 마음의 평화를 방해하는 적인데, 운동을 하면 긴장이 풀린다. 몸 상태가 좋을 때 일의 능률이 오르고 생각도 명료해진다는 사실을 발견한 나는 체력 단련을 내 삶의 확고부동한 규율로 삼았다. 옥살이를 할 때 내 좌절감을 풀어 놓을 배출구가 반드시 필요했다.
—『자유를 향한 머나먼 길』에서, 1994년

기대 Expectations

내가 늘 국민들에게 강조한 것이 있다면, 그들의 걱정거리를 하루 아침에 해결하는 것은 불가능한 일이니 지나친 기대를 하지 말라는 것이었다.

— AP(연합통신사)의 탐 코언과 삼 벤터와의 인터뷰에서, 남아프리카공화국 케이프타운, 대통령 집무실, 1994년 9월 22일

사람들은 내게 내 능력을 훌쩍 뛰어넘는 성과를 기대한다.

— 존 배터스비와의 인터뷰에서, 남아프리카공화국 요하네스버그, 2000년 2월 10일자 〈크리스천 사이언스 모니터〉에 게재

시력 Eyesight

경고하는데 절대 독서용 안경을 처방받지 말거라. 많은 학생들이, 특히 시골 출신들이 그런 참담한 실수를 저지르는 바람에 평생 약한 시력으로 고생하고 심지어는 눈에 손상까지 입었으니 말이다.

— 손자에게 쓴 편지에서, 남아프리카공화국 케이프타운, 폴스무어 교소도, 1988년 8월 11일

명성 Fame

자리를 옮길 때마다 경호원들이 나를 빙 둘러싸요. 그래서 새로운 곳을 방문하면 멈춰 서서 사람들과 얘기를 나누고 싶어도 그러기가 어렵지요.
— 리처드 스텡글과 나눈 대화에서, 1993년 4월 23일

참 힘들지, 이런 삶은.
— 사람들이 알아보는 것에 관하여 아메드 카트라다와 나눈 대화에서, 1993~1994년경

가족 Family

과거에는 아내와 아이들과 떨어져 있는 것이 쉽지 않았다. 사무실에서 고된 하루를 마치고 나면 가족과 저녁식사를 함께할 기대에 부풀 수 있었던 좋은 시절과 작별하고, 그 대신에 끊임없이 경찰의 추적을 받고, 내 나라에서 가장 가까운 사람들과 헤어져 살고, 발각되어 체포될 위험에 끊임없이 시달려야 하는 삶을 선택하기가 쉽지 않았다. 감옥살이보다도 훨씬 더 어려운 일이었다. 제정신을 가진 사람이라면 모든 문명사회에 존재하는 정상적인 가정생활과 사회생활을 제쳐두고 자발적으로 그런 삶을 선택하지는 않을 것이다.
— 노동자 파업 선동 및 불법 출국 혐의로 유죄 판결을 받은 후 연설에서, 남아프리카공화국 프리토리아, 올드 시나고그, 1962년 11월 7일

내 경험으로 보건대, 감옥에서는 가족사진이 제일 중요하다오. 그러니 당신도 처음부터 그걸 챙기도록 해요.
— 위니 만델라에게 쓴 편지에서, 로벤 섬, 1969년 6월 22일

어느 가족이나 조용하고 평화로운 집에서 다 같이 행복하게 살기를 꿈꾼단다. 그 집에서 부모는 최선을 다해 자녀를 키우고, 자녀가 직업을 선택할 때 길잡이 역할을 하며 도와주고, 자녀들을 사랑하고 보살펴 평안함과 자신감을 심어 주지.
— 진드지와 제니 만델라[55]에게 쓴 편지에서, 로벤 섬, 1970년 6월 1일

남편과 아내를 하나로 묶어 주는 가족과 결혼 제도의 토대인 따스한 유대를 짓밟히는 것에 비하면 육체적 고통은 아무것도 아니라오.
— 위니 만델라에게 쓴 편지에서, 로벤 섬, 1970년 8월 1일

다른 사람들에게 기회를 찾아 주기 위해 싸우면서 정작 내 가족은 내팽겨쳐 두는 것이 과연 정당화될 수 있을까 하는 생각이 종종 들었다.
— 미출간 자서전 원고에서, 로벤 섬, 1975년

나는 집에서 느긋하게 쉬면서 조용히 책을 읽고, 냄비에서 풍겨 오는 달콤한 냄새를 맡으며 가족과 함께 식탁에 둘러앉고, 아내와 아이들을 데리고 외출하는 것을 좋아한다. 이런 소박한 즐거움을 누

---

55 1959년~. 만델라가 두 번째 부인 위니와의 사이에서 얻은 장녀.

릴 수 없게 되면 삶에서 소중한 것을 빼앗겨 일상에서 그 상실감을 느낄 수밖에 없다.
— 같은 곳

나는 정치나 외압 때문에 가족의 유대가 약해지는 것을 결코 묵과하지 않고 가능하면 저항하려 애썼다.
— 같은 곳

나는 가면을 쓰는 데 꽤 성공했다오. 가면 뒤에서는 홀로 가족을 그리워하면서도 우편물이 오면 누가 내 이름을 부를 때까지 절대 달려 나가지 않았소.
— 위니 만델라에게 쓴 편지에서, 로벤 섬, 1976년 10월 26일

우리네 가족들은 백인들의 가족보다 훨씬 더 식구가 많습니다. 마을이나 지역, 혹은 자기 씨족이 살고 있는 여러 지역들에서 사랑하는 가족 일원으로 온전히 받아들여지는 것은 언제나 더할 나위 없는 기쁨이었답니다. 언제든 전화할 수 있는 가족, 그 안에서는 완전히 긴장을 풀고 편히 잘 수 있고, 모든 문제에 대해 자유롭게 토론할 수 있지요. 가축이나 땅을 공짜로 받을 수도 있고요.
— N. 툴라레 여사에게 쓴 편지에서, 로벤 섬, 1977년 7월 19일

행복한 가정생활은 공인에게 중요한 기둥이오. 좋은 아내나 플레이걸만큼 정치가의 성공이나 실패에 반드시 필요하거나 위험한 사람도 거의 없다오.
— 위니 만델라에게 쓴 편지에서, 로벤 섬, 1979년 5월 6일

길고도 외로운 감옥살이 동안 내게 큰 힘을 준 사랑하는 아내와 가족에게 진심으로 고맙다는 인사를 꼭 전해야겠다. 분명 그들의 고통이 나의 고통보다 훨씬 컸을 것이다.
— 석방 후 첫 연설에서, 남아프리카공화국 케이프타운, 시청,
  1990년 2월 11일

나는 우리 아이들이 우리의 지도도 받지 못하고 자라는 모습을 지켜보았다……. 그리고 우리가 나오자 아이들은 이렇게 말했다. "우리에게 아버지가 있다고, 언젠가는 돌아오실 거라고 생각했어요. 그런데 실망스럽게도, 우리 아버지가 돌아오셨는데 우리를 홀로 두셨죠. 이제는 국민의 아버지가 되셨으니까요."
— 진드지 만델라와 즈웰리 흘롱와네의 결혼식에서, 남아프리카공화국 요하네스버그, 1992년 10월 24일

우리의 가족 구조는 대가족입니다. 같은 조상의 후손이라면 한 가족이니, 자녀나 형제자매에게 하듯이 일족의 모든 일원들에게도 내 의무를 다해야 합니다.
— 리처드 스텡글과 나눈 대화에서, 1992년 12월 3일

아이들 문제를 아내와 의논했어……. 내게 돈을 빚진 사람들과 친구들의 이름을 알려 주고, 아이들을 어떻게 키울지에 대해서도 이야기하고, 닥쳐올 힘든 시간에 단단히 대비해 두라는 말도 해줬지.
— 1962년에 체포된 후 위니 만델라가 면회 온 것에 대해 아메드 카트라다와 나눈 대화에서, 1993~1994년경

가족에게 헌신하는 것에 대한 논란이, 반박이 있는데, 가족과 함께 지내면서 하루 일과를 마치고 나면 아내와 아이들과 함께 어울리고 싶은 마음, 그것을 포기하는 건 아주 고통스럽더군. 마음이 아팠어.
— 아메드 카트라다와 나눈 대화에서, 1993~1994년경

가족에게 무슨 일이 생길 때마다, 채석장에서 돌아오면 내 책상 위에 오려진 기사 조각이 놓여 있어 밖에서 가족에게 무슨 일이 일어나고 있는지 알 수 있었다.
— 로벤 섬을 다시 찾아가, 남아프리카공화국 케이프타운, 1994년 2월 11일

그다음에 일어난 충격적인 사건은 내 장남이 차 사고로 죽은 것이었다. 장남은 내 아들이자 친구였고, 나는 어머니와 장남의 장례식에 참석하지 못한 것이 무척 가슴 아팠다.
— 같은 곳

내 자녀가 성장하는 모습을 옆에서 지켜보지 못하면 불안한 일이 많다.
— 다큐멘터리 〈만델라 : 살아 있는 전설〉에서, 2003년

농사 Farming

농사는 쉬운 일이 아니야.
— 아메드 카트라다와 나눈 대화에서, 1993~1994년경

운명 Fate

꿈과 시간 계획은 실현되기 어렵고, 불행이 닥쳤을 때 운명이 황금 다리를 놔주는 일도 거의 없습니다.
— 토로베차네 추쿠두(애들레이드 탐보의 가명)에게 쓴 편지에서, 로벤 섬, 1977년 1월 1일

아버지 Father

아버지는 기독교도들과 친구로 지내면서도 기독교에 계속 냉담한 채 선조의 신 콰마타에 대한 믿음을 고수했다. 집안의 가장 큰 어른인 아버지가 집안의 사제였다.
— 미출간 자서전 원고에서, 로벤 섬, 1975년

우리 아버지도 여느 남자와 마찬가지로 아내와 자식을 사랑하고 존중했던 것 같다. 그러나 훈육 문제에 있어서는 필요하다고 생각될 때마다 망설이지 않고 매를 들었다.
— 같은 곳

나를 키워 준 섭정은 아버지의 영향력에 힘입어 부족의 대족장 서리로 지명되고 선출되었습니다.
— 리처드 스텡글과 나눈 대화에서, 1993년 3월 10일

아버지가 계속 "노다이마니[56], 담배를 줘."라고 하시더군요. 계속 그러셔서 어쩔 수 없이 파이프에 담배를 채우고 불을 붙여서 드렸어요. 그랬더니 아버지는 담배를 피우셨고, 담배를 피우시다 돌아가셨지요.

— 아버지에 관해 리처드 스텡글과 나눈 대화에서, 1993년 3월 10일

두려움 Fears

하지만 우리의 성명서와 선언만으로는 남아프리카공화국 백인들의 두려움을 진정시키기에 충분치 않다는 사실을 받아들여야 한다. 백인 동포들에게 우리의 선의를 분명하게 보여 주고, 아파르트헤이트 없는 남아프리카공화국이 모두에게 더 나은 집이 될 거라는 확신을 우리의 행동과 주장으로 심어 주어야 한다.

— 귀향 환영 집회에서, 남아프리카공화국 소웨토, 사커시티,
　1990년 2월 13일

우리는 우리나라 백인들이 흑인에게 지배받는 것을 두려워하고 있음을 분명히 알고 있으며, 그 문제를 진지하고 성실하게 고심하고 있다.

— 집에서, 남아프리카공화국 소웨토, 1990년 2월 14일

---

56 넬슨 만델라의 아버지인 가들라 헨리 음파카니스의 가장 어린 부인.

두려움과 자기 보호 본능에 휩쓸린 나머지 우리나라뿐만 아니라 전 세계에서 일어난 민주주의·인권 투쟁에 불참했다면 우리의 양심과 국민을 거역하는 행위가 됐을 것이다.
── 미국 상하원 합동 회의에서 연설하며, 미국 워싱턴 D. C.,
　1990년 6월 26일

우리가 압제자와 압제자의 감옥, 압제자의 경찰, 압제자의 군대에 대한 두려움을 없애고 나면 압제자들이 할 수 있는 것은 아무것도 없습니다. 그러면 우리는 해방되는 거죠.
── 리처드 스탱글과 나눈 대화에서, 1993년 3월 9일

최초의 아메리카 민족 First American Nation

최초의 아메리카 민족인 아메리카 인디언들로부터 여러 통의 편지를 받는데, 그 편지들을 읽고는 상당히 심란해졌다.
── 다큐멘터리 〈미국에 온 만델라〉에서, 1990년

음식 Food and Drink

아마시[57]가 그립구려. 그걸 먹으려고 이를 날카롭게 하고 배를 쭉 펴곤 했었지. 내가 정말 즐겨 먹던 음식이고, 그걸 먹으면 곧바로 내

---

57 코티지 치즈나 플레인 요구르트 맛이 나는 자연 발효 우유.

피로, 내 심장으로 들어가서 완벽한 만족감을 줬다오.
― 위니 만델라에게 쓴 편지에서, 로벤 섬, 1970년 8월 31일

피부색이 어떻든, 기독교도, 바리새인, 위선자, 이교도, 혹은 악마와 수작을 부리는 사람들 중 어떤 이들의 지배를 받든, 인간은 식사를 단순한 의무로 여기도록 강요받아서는 안 되오.
― 같은 곳

도시에서는 탈지유를 먹지만, 트란스케이에는 탈지유가 없습니다. 우유는 그냥 우유죠.
― 리처드 스텡글과 나눈 대화에서, 1992년 12월경

한참이나 달걀과 베이컨을 먹지 못했기 때문에, "나는 오늘 죽을 각오가 되어 있다. 그러니 먹겠다."라고 했지요.
― 죄수로서 병원에 있을 때 베이컨과 달걀을 받은 것에 관해 리처드 스텡글과 나눈 대화에서, 1993년 2월 3일

감옥에서는 루이보스 차를 즐겨 마셨는데, 여기 밖에서는 커피를 무척 좋아하게 되어 차는 거의 마시지 않는다.
― 벳시 페르부르트 여사를 방문한 뒤에, 남아프리카공화국 오라니아, 1995년 8월 15일

위스키를 마실 수 있을까요?
― 다큐멘터리 〈만델라 : 살아 있는 전설〉에서 헬리콥터 승무원이 승객들에게 질문이 있느냐고 묻자, 2003년

예측 Foresight

어떤 삶에 45년 동안 헌신할 때 그에 따르는 모든 위험은 처음부터 알고 있을지도 모르겠지만, 앞으로 사건들이 어떻게 진행되고 그것이 자기 삶에 정확히 어떤 식으로 영향을 미칠지는 어떤 측면에서도 정확히 예측하지 못할 겁니다.

— 조이 모시엘로아에게 쓴 편지에서, 남아프리카공화국 케이프타운, 폴스무어 교도소, 1986년 2월 17일

그 후 일어날 일들을 모두 내다볼 수 있었더라도 나는 분명히 똑같은 결정을 내렸을 겁니다. 적어도 그렇게 믿어요. 하지만 결정 내리기가 훨씬 더 두려웠을 테고, 그로 인해 일어난 비극은 내 안에 남아 있는 단단함을 모두 녹여 버렸을 겁니다.

— 같은 곳

용서 Forgiveness

나는 나를 감옥에 집어넣고 내 아내를 핍박하고 학교마다 따라다니며 내 아이들을 괴롭혔던 바로 그 사람들과 함께 일하고 있습니다……. 나도 "과거는 잊고 현재를 생각하자."라고 말하는 사람들 중 한 명입니다.

— 리처드 스텡글과 나눈 대화에서, 1993년 3월 9일

우리는 과거를 용서해야 하지만, 동시에 피해자들의 존엄성을 회복시켜 주고 그들의 어려운 형편을 제대로 해결해 주어야 한다.
— 감리교회의 연례 회의에서, 남아프리카공화국 음타타, 1994년 9월 18일

감옥에 갇혀 사회 변혁을 위해 노력하고 있는 사람이라면 용서가 당연한 일이다. 복수할 시간이 없기 때문이다.
— 존 배터스비와의 인터뷰에서, 남아프리카공화국 요하네스버그, 2000년 2월 10일자 〈크리스천 사이언스 모니터〉에 게재

자유 Freedom

압제를 타도하는 것은 인류의 찬성을 얻은 일로서, 모든 자유인의 가장 숭고한 열망이다.
— ANC 트란스발 회의 중 〈자유로 향하는 험난한 길〉로도 알려진 의장 연설에서, 남아프리카공화국 트란스발, 1953년 9월 21일

전국행동위원회의 3일 파업 요청에 대한 엄청난 호응과 전국의 우리 조직책들과 현장 노동자들이 해낸 놀라운 일을 보면, 자유를 쟁취하기로 마음먹은 피억압자들은 지구상의 어떤 권력도 막을 수 없다는 사실을 다시 한 번 알 수 있다.
— 「투쟁은 나의 삶」이라는 기자회견문에서 전국행동위원회의 권고에 따라 지하에서 정치 활동을 이어가기로 한 결심을 설명하며, 남아프리카공화국, 1961년 6월 26일

자기 땅에서 자유롭게 사는 것은 인간의 가장 큰 야망이며, 신념을 가진 사람이라면 무슨 일이 있어도 그 목표를 회피하지 않는다.
— 노동자 파업 선동 및 불법 출국 혐의로 유죄 판결을 받은 후 연설에서, 남아프리카공화국 프리토리아, 올드 시나고그, 1962년 11월 7일

자유의 목적은 다른 사람들을 위해 자유를 창조하는 것이다.
— 교도소 탁상용 달력에 쓴 일지에서, 로벤 섬, 1979년 6월 2일

외국의 통치를 벗어나지 못한 국가가 있는 한 전 세계 모든 사람들이 진정으로 자유로울 수 없다는, 위대한 정치 사상가이자 스승이 남긴 교훈을 우리는 금방 깨우쳤습니다.
— 인도 문화교류 위원회 서기 마노라마 발라 여사에게 쓴 편지에서, 로벤 섬, 1980년 8월 3일

나는 내 자유를 아주 소중히 여기지만, 여러분의 자유를 훨씬 더 바라고 있다.
— 진드지 만델라가 집회에서 대독한 조건부 석방 제안에 대한 응답에서, 남아프리카공화국 소웨토, 자불라니 스타디움, 1985년 2월 10일

국민의 조직 결성을 계속 금지하면서 내게 어떤 자유를 주겠다는 것인가? 통행법 위반으로 체포될지도 모르는 내게 어떤 자유를 주겠다는 것인가? 여전히 브랜드포드에 유배되어 있는 아내와 한 가족으로 살아갈 수 있는 자유를 어떻게 내게 주겠다는 것인가? 도시 지역에서 살기 위해서는 허락을 구해야 하는 내게 어떤 자유를 주겠다는 것인가? 일을 구하려면 통행증에 도장을 받아야 하는 내게

어떤 자유를 주겠다는 것인가? 남아프리카공화국 시민권이 존중받지 못하는데 내게 어떤 자유를 주겠다는 것인가?
—— 같은 곳

내가 석방되겠다고 우리 국민의 생득권을 팔지는 않겠다.
—— 같은 곳

나와 국민 여러분이 자유롭지 않을 때 나는 어떤 약속도 할 수 없고 하지도 않을 것이다. 여러분의 자유와 나의 자유는 둘로 나눠서 생각할 수 없다. 나는 돌아갈 것이다.
—— 같은 곳

자유로운 사람만이 협상을 할 수 있다. 감옥에 갇힌 사람은 계약을 맺을 수 없다.
—— 같은 곳

우리는 너무 오랫동안 자유를 기다려 왔다. 더는 기다릴 수 없다. 이제는 모든 전선에서 투쟁의 강도를 높일 때이다. 지금 노력의 고삐를 늦추는 잘못을 저지른다면 후대에게 용서 받지 못할 것이다. 자유가 어렴풋이 보이기 시작하니 우리 모두 용기를 내어 두 배로 노력하자.
—— 석방 후 첫 연설에서, 남아프리카공화국 케이프타운, 시청, 1990년 2월 11일

자유를 향한 우리의 행진은 돌이킬 수 없다. 두려움이 우리의 길을 가로막게 해서는 안 된다.
― 같은 곳

국민 모두가 자신의 운명을 결정하고 자신이 선택한 언어를 사용하고 자신의 문화를 즐기고 양심에 따라 종교 활동에 참여할 수 있는 자유를 가진 온전한 모습의 남아프리카공화국이 수많은 우리 국민들의 손으로 건설되었으면 좋겠다.
― 미국의 대기업에 전한 메시지에서, 1990년 6월 19일

우리는 자유로울 권리가 있다. 그리고 우리는 자유로워질 것이다!
― 크리스마스 메시지에서, 1990년 12월 25일

우리는 빵 없는 자유도 원치 않고 자유 없는 빵도 원치 않는다. 우리는 민주 사회와 결부된 모든 기본권과 자유를 제공해야 한다.
― 법학 박사 학위를 받으며, 타이완, 쑤저우 대학교, 1993년 8월 1일

우리 국민이 품위 있게 자존심을 지키며 살 수 있는 자유를 누렸으면 하는 이러한 열망이 나의 삶에 생기를 불어넣고, 겁먹은 한 젊은 이를 대담한 남자로 탈바꿈시키고, 법을 잘 지키는 변호사를 범죄자로 내몰고, 가정적인 남편을 집 없는 남자로 만들고, 삶을 사랑하는 사람에게 수도사 생활을 강요했다.
― 『자유를 향한 머나먼 길』에서, 1994년

내가 태어나면서부터 자유에 굶주린 것은 아니다. 나는 자유롭게, 내가 아는 한 모든 면에서 자유롭게 태어났다. 어머니의 오두막 근처에 있는 들판에서 자유롭게 뛰놀고, 우리 마을을 가로지르는 맑은 시냇물에서 자유롭게 헤엄치고, 별 아래에서 자유롭게 옥수수를 구워 먹고, 느릿느릿 움직이는 황소의 넓은 등에 자유롭게 올라탈 수 있었다. 아버지 말씀과 우리 부족의 풍습을 따르는 한, 인간이나 신이 만든 법 때문에 불편한 점은 없었다.
— 같은 곳

소년기의 자유가 환상이었음을 깨닫고 청년이 되어 내 자유를 이미 빼앗겼다는 사실을 발견한 뒤에야 나는 자유를 갈망하기 시작했다.
— 같은 곳

나는 자유를 향해 그 머나먼 길을 걸어왔다. 비틀거리지 않으려 노력했고, 도중에 발을 헛디디기도 했다. 그러나 큰 산에 오른 후에야 오를 산들이 더 많다는 사실을 알게 된다는 비밀을 깨달았다. 나는 잠시 쉬며 나를 둘러싼 장엄한 광경을 훔쳐보고 내가 걸어온 길을 돌아보았다. 그러나 자유에는 책임이 따르기에 잠시밖에 쉴 수 없다. 차마 우물쭈물 망설일 수도 없다. 나의 머나먼 여정은 아직 끝나지 않았으므로.
— 같은 곳

자유롭다는 것은 단순히 쇠사슬을 벗어던지는 것이 아니라 다른 사람들의 자유를 존중하고 향상시키며 사는 것이다.
— 같은 곳

나는 억압당하는 사람뿐만 아니라 억압하는 사람도 확실히 해방되어야 한다는 것을 알았다. 다른 사람의 자유를 빼앗는 자는 증오의 포로이며, 편견과 편협함의 감옥에 갇혀 있다. 인간성을 빼앗기는 사람이 자유롭지 않듯이, 다른 누군가의 자유를 빼앗는 사람 또한 진정 자유롭지 못하다. 억압당하는 사람이나 억압하는 사람이나 똑같이 인간성을 강탈당하고 있다.

— 같은 곳

의장님, 남아프리카공화국이 이제는 자유롭다는 사실을 알려 드리려고 왔습니다.

— ANC 초대 의장 존 랑갈리발렐레 두베의 묘에서, 남아프리카공화국 올랑게, 1994년 4월 27일

여기 여러분 앞에 서 있는 지금, 자부심과 기쁨으로 내 가슴이 뿌듯하다. 자부심은 우리나라의 평범한 보통 사람들에 대한 자부심이다. 여러분은 이 나라를 여러분의 나라로 되돌리겠다는 조용하면서도 끈질긴 결의를 보여 주었다. 그리고 지붕에서 큰소리로 "이제 자유다!"라고 선언할 수 있어서 기쁘다.

— ANC의 선거 승리를 축하하는 연회에서, 남아프리카공화국 요하네스버그, 칼턴 호텔, 1994년 5월 2일

절대, 절대로 다시는 이 아름다운 땅이 억압당하는 일이 있어서는 안 된다.

— 남아프리카공화국 대통령으로 취임하며, 남아프리카공화국 프리토리아, 유니언 빌딩(정부 청사), 1994년 5월 10일

우리는 마침내 정치적 해방을 달성했다. 그리고 맹세하건대 계속되는 빈곤과 결핍, 고통, 성차별 등의 차별로부터 국민 모두를 해방시키겠다.
— 같은 곳

자유를 얻었다고 해서 요직에 오르거나 정상의 자리에 임명되는 문제만 생각해서는 안 된다. 값싼 숙소, 빈민가, 판자촌, 농가, 광산촌에 사는 보통 사람들의 삶을 완전히 바꿀 수 있게 되었음을 생각해야 한다.
— 남아프리카공화국 자유주 지도자들에게 연설하며, 1994년 9월 17일

역사적 기회를 양손으로 꼭 붙잡고 온갖 위협에 용감하게 맞선 사람들이 찬사를 받을 것이다. 그 중대한 시기에 "민중은 스스로를 해방시킨다."라는 말이 어느 때보다 진실로 들렸기 때문이다.
— 제49차 ANC 전국 회의에서 발표한 전국집행위원회의 정치 보고서에서, 남아프리카공화국 블룸폰테인, 1994년 12월 17일

국민들이 음식을 먹을 수 없다면, 쉴 집을 가질 수 없다면, 문맹과 질병에 계속 시달린다면, 자유는 아무런 의미도 없다.
— 인터뷰에서, 1994년경

다른 사람의 자유를 빼앗는 자는 증오의 포로이며, 편견과 편협함의 감옥에 갇혀 있다.
— 같은 곳

자유에는 책임이 따른다는 사실을 가슴과 마음으로 받아들일 때가 왔다.
— 대통령 국정연설에 대한 토론을 마치며, 남아프리카공화국 케이프타운, 의회, 1995년 2월 24일

마침내 억압의 사슬에서 벗어난 남아프리카공화국 국민들의 가슴에 자유로운 느낌이 스며들고 있다는 것은 우리 모두 이런저런 식으로 아파르트헤이트 체제의 피해자였다는 사실을 명확히 보여 준다.
— 자유의 날 기념식에서 연설하며, 남아프리카공화국 프리토리아, 1996년 4월 27일

우리가 지금 누리고 있는 자유는 자신의 존엄성이 짓밟히는 것을 용납하지 않은 보통 사람들의 손으로 만들어진 풍부한 질감의 선물이다. 그런 선물을 받아들인다는 것은 곧 우리나라에 다시는 인종차별이 일어나지 않도록 하겠다는 우리 국민의 약속이다. 또한, 세계의 다른 곳이 인종차별적 독재에 희생당하는 것을 보면 우리는 절대 침묵하지 않을 것이다.
— 영국 상하원 합동 회의에서 연설하며, 영국 런던, 웨스트민스터 홀, 1996년 7월 11일

인종차별적 통치와 싸운 수세기 동안 피부색과 배경에 상관없이 모든 남아프리카공화국 국민들은 자유와 정의가 그들의 꺼지지 않는 열망임을 선언했다.
— 새 헌법에 서명하며, 남아프리카공화국 페레니힝 샤프빌, 1996년 12월 10일

우리는 자유 회복과 대륙의 부활을 바라는 우리 국민의 기도에 생명을 불어넣는다.
— 같은 곳

다른 사람들을 지배하는 것으로 자신의 자유를 모색한 자들은 결국 치욕스러운 실패를 맞이했다.
— 같은 곳

남아프리카공화국이 스스로를 구하고 그리하여 인간 자유의 경계를 넓힐 거라고 우리가 우리 자신과 전 세계에 했던 서약을 진심으로 존중한다.
— 같은 곳

우리 개개인은 속박된 사람들, 투쟁하는 사람들, 자유와 재건, 발전을 향한 열망을 행동으로 옮기는 사람들의 집단적 열망을 대변해야 하는 역사적 소명이 있다.
— 대통령의 예산안 심의회 폐막 연설에서, 남아프리카공화국 케이프타운, 의회, 1998년 4월 22일

우리는 우리 모두를 속박하는 체제에서 해방되어 마침내 자유롭게 우리 본연의 모습으로 지내면서 우리 문화와 종교를 남들에게 존중받을 수 있게 되었다.
— 자유의 날 기념식에서 연설하며, 남아프리카공화국 프리토리아, 1996년 4월 27일

자유를 당연한 것으로 여겨서는 안 된다. 각 세대가 자유를 안전하게 지키고 그 범위를 확장해 나가야 한다. 여러분의 부모와 어른들은 여러분이 그들처럼 고생하는 일 없이 자유를 누릴 수 있도록 하기 위해 많은 것을 희생했다. 이 소중한 권리를 행사하여, 과거의 어둠이 절대 돌아오지 못하게 하자.
— 대통령의 예산안 심의회 개막 연설에서, 남아프리카공화국 케이프타운, 의회, 1999년 3월 2일

밤에 책을 읽을 수 있는 빛이 없다면, 농장에 물을 댈 시간이 없거나 물을 구할 수 없다면, 가족에게 먹일 물고기를 잡을 수 없다면, 자유만으로는 충분하지 않다.
— 세계 댐 위원회 최종 보고서 발표회장에서, 영국 런던, 캐벗홀, 2000년 11월 16일

사회에서 자유와 질서는 늘 팽팽한 긴장 관계에 있다는 옛말이 있다. 자유가 없는 질서는 전체주의를 낳는다. 질서가 없는 자유는 무정부 상태를 낳는다. 그러나 전체주의 사회보다는 지나치게 자유로운 사회가 훨씬 더 빨리 건강하게 회복된다는 말도 있다.
— 언론 발전 기관 창립 10주년 기념식에서, 남아프리카공화국 요하네스버그, 2002년 6월 14일

자유의 투사들과 반아파르트헤이트 활동가들, 그리고 억압과 착취, 수모를 당한 우리 국민들에게 자유는 희망과 격려, 영감을 주고 삶을 지탱해 주는 슬로건이었다.
— 남아프리카공화국 민주주의 10년을 기념해 〈선데이 타임스〉(남아프리카공화국)에 쓴 글에서, 2004년 4월

전쟁이 없다고 해서 평화가 아니듯, 감옥에 있지 않는다고 해서 자유는 아니다.
― 로리 카나스의 노벨상 수상자 인터뷰에서, 2004년 4월

우리나라는 뿌리 깊은 분열과 갈등의 역사에서 생겨났다. 우리의 행동이나 말 때문에 국민들이 그 길을 다시 걷는 일은 없어야 한다.
― 만델라의 아흔 번째 생일을 축하하는 ANC 집회에서, 남아프리카공화국 프리토리아, 로프터스 버스펠드 스타디움, 2008년 8월 2일

자유헌장 Freedom Charter, The

우리나라 역사상 처음으로 민주 세력들이 인종, 이데올로기적 신념, 소속 정당, 종교에 관계없이 모든 형태의 인종차별을 포기하고 버렸으며, 그들의 목적과 목표를 명확히 규정하고, 공동의 행동 계획을 추진하기 위해 손을 잡았다.
― 「우리 생전의 자유(Freedom in Our Lifetime)」라는 글에서, 〈해방〉, 1956년 6월

아주 민주적인 정책을 공표하고 그것을 위해 전투적이고 대담무쌍하게 싸운 조직(ANC)의 일원이라는 것이 내게는 기쁘고 자랑스러운 일이었다.
― 노동자 파업 선동 및 불법 출국 혐의로 유죄 판결을 받은 후 연설에서, 남아프리카공화국 프리토리아, 올드 시나고그, 1962년 11월 7일

우리는 남아프리카공화국이 흑인이나 백인 어느 한 집단의 것이 아니라 그곳에 사는 모든 이들의 것이라고 믿는다.
— 리보니아 재판의 피고인석에서 진술하며, 남아프리카공화국 프리토리아, 법원, 1964년 4월 20일

우리나라의 모든 옥상에 게양하는 깃발들이 선언하는바, 남아프리카공화국은 흑백을 불문하고 그곳에 사는 모든 사람의 것이며, 모든 국민이 평등한 권리와 기회를 누리며 우애롭게 산다면 우리나라는 번영하거나 자유로워질 수 있다.
— 「장애물을 없애고 적에 맞서라」라는 글에서 자유헌장("남아프리카공화국은 흑백을 불문하고 그곳에 사는 모든 사람의 것이다.")을 인용하며, 로벤 섬, 1976년

우리의 역사적 정책 문서인 자유헌장이 보여 주듯, 우리는 우리 시민 모두가 자신의 언어와 문화, 종교적 자유에 대해 평등한 권리를 보장받을 수 있도록 전력을 기울이고 있다. 특히 이 조항들은 이른바 백인 공포의 문제를 해결하는 동시에 남아프리카공화국 국민들의 열망에도 부합할 것이다.
— 캐나다 의회에서 연설하며, 캐나다 오타와, 1990년 6월 18일

우리의 기본 정책 문서인 자유헌장을 연구해 보면, 그것이 자유 기업 제도에 근거해 있음을 알게 될 것이다.
— 다큐멘터리 〈마지막 마일 : 만델라 - 아프리카와 민주주의〉에서, 1991년

자유헌장은 실제로 의회에서 비준을 받기 전에 우리 조직의 수정을 많이 거쳤습니다. 그런데 원안 작성자들이 수정 사항 중 일부를 염려스러워했지요. 그래서 말 그대로 공동 작업이 됐습니다.
— 리처드 스텡글과 나눈 대화에서, 1993년 3월 20일

세계 민주주의의 생존 자체가 시험대에 오른 제2차 세계대전이라는 힘든 시기에도 ANC는 대서양 헌장에서 영감을 받은 아프리카의 주장(African Claims)이라는 문건을 채택하여 우리의 미래상을 제시했다. 대규모 아파르트헤이트[58]라는 악몽 속에서도 우리는 우리의 투쟁에서 태어나고 남아프리카공화국 현실에 뿌리를 둔 자유헌장을 만들어, 뛰어난 인권선언문이라는 찬사와 갈채를 전 세계로부터 받았다.
— 클라크 대학교로부터 명예박사 학위를 받으며, 미국 애틀랜타, 1993년 7월 10일

자유의 투사 Freedom Fighters

곧 탄생할 공화국에 대한 우리의 신중한 이의 제기와 그에 대한 해결책 제안에 정부가 주의를 기울이지 않고 고심도 하지 않고 반응조차 하지 않을 때, 우리가 무엇을 할 수 있었겠는가? 항의해서는

---

[58] grand apartheid. 흑인들의 명목상의 자치 구역인 홈랜드(Homeland)를 만들어 흑인들을 강제 거주시킴으로써 인종 집단을 물리적으로 분리한 정책이다. 반면에 공공장소에서의 인종차별 같은 일상적 차원의 아파르트헤이트는 작은 아파르트헤이트(petty apartheid)라고 한다.

안 된다는 법을 지켜 우리의 양심과 우리의 믿음을 저버려야 했겠는가? 아니면 우리나라에 사는 모든 사람을 위해, 현 세대와 다가올 세대 모두를 위해 싸워야 한다는 우리의 양심과 믿음에 따라 법을 어겨야 했겠는가?
— 노동자 파업 선동 및 불법 출국 혐의로 유죄 판결을 받은 후 연설에서, 남아프리카공화국 프리토리아, 올드 시나고그, 1962년 11월 7일

자유의 투사에게 희망이란 헤엄치는 사람에게 구명대와 같은 거라오. 물속으로 가라앉지 않게, 위험에 빠지지 않게 지켜 주니 말이오.
— 위니 만델라에게 쓴 편지에서, 로벤 섬, 1970년 8월 1일

자유의 투사들은 오늘날의 혁명에 활과 화살, 창과 방패를 사용하여 재앙 초래의 길을 택할 수도 있고, 아니면 현명하게 라이플총과 탄도 미사일을 사용할 수도 있을 것이다.
— 미출간 자서전 원고에서, 로벤 섬, 1975년

나는 완전히 전념했고 자유의 투사의 삶에 따르는 위험을 어느 정도 알게 되었지만, 흑인들이 주도하는 대규모 정치 운동을 본 적이 없고 방법의 문제에 진지하게 관심을 기울이지도 않았다.
— 같은 곳

자존심 있는 자유의 투사라면 정부에 맞서 자유 투쟁을 벌이면서 그 방식과 동맹자 선택에 있어 정부의 명령에 따르지는 않을 것입니다.

— P. W. 보타 대통령과 만나기에 앞서 그에게 쓴 메모에서, 남아프리카공화국 파를, 빅터버스터 교도소, 1989년 7월

자유의 투사는 자기주장의 정당성을 국민에게 입증할 수 있는 기회를 하나라도 놓쳐서는 안 된다.
— 출처 미상, 1994년

로벤 섬에 감금되었던 사람들의 이름은 3세기에 걸쳐 저항 운동을 하고 민주주의를 위해 싸운 투사들의 명부이다. 희망봉이라는 것이 정말로 있다면, 그 희망은 저 수많은 투사들과 그들만큼의 자질을 가진 자들의 정신 덕분이다.
— 대통령에 당선된 후 연설하며, 남아프리카공화국 케이프타운, 시청, 1994년 5월 9일

자유의 투사가 있어야 할 자리는 국민의 뒤이지 철창 속이 아니다.
— 『자유를 향한 머나먼 길』에서, 1994년

우리는 공산주의자든 비공산주의자든 위대한 자유의 투사들이 꿈꾸었던 더 나은 삶을 건설하면서 미래 세대가 그들을 잊지 않게 할 것이다.
— SACP(남아프리카 공산당) 창당 75주년 기념식에서, 남아프리카공화국 케이프타운, 1996년 7월 28일

그들은 자신에게 무슨 일이 일어나든 상관없이 정권의 무자비함에 용감하게 맞섰다. 해방을 위해서라면 아무리 값비싼 대가라도 치를 각오가 되어 있었다.
— 미출간 자서전 속편 원고에서, 1998년경

우리는 다른 사람들의 삶을 변화시킬 수 있는 인생을 살기 위해 우리 나름의 소박한 방식으로 노력했다.
— 프랭클린 D. 루스벨트 네 가지 자유 상을 받으며, 2002년 6월 8일

표현의 자유 Freedom of Expression

우리나라의 비극 가운데 하나가 언론 탄압이다.
— 대안 언론을 위한 기자회견에서, 남아프리카공화국 소웨토, 1990년 2월 15일

어떤 견해든 발표될 자격이 있다. 활발하고 건설적인 토론을 통해 우리가 함께 나아갈 길을 찾을 것이다.
— 제48차 ANC 전국 회의 개회식에서, 남아프리카공화국 더반, 더반-웨스트빌 대학교, 1991년 7월 2일

우리가 건설하고자 하는 민주적인 남아프리카공화국에서는 자유롭고 독립적이며 솔직한 언론이 크나큰 가치를 지닐 것이다.
— 국제 신문 발행인 협회에서, 체코공화국 프라하, 1992년 5월 26일

비판적이고 독립적이며 분석적인 언론은 모든 민주주의의 생명줄이다. 언론은 국가의 개입으로부터 자유로워야 한다. 언론은 정부 관료의 유혹에도 버틸 수 있을 만한 경제적 힘도 가지고 있어야 한다. 언론은 기득권 세력으로부터 독립되어, 두려움이나 편애 없이 대담하게 조사할 수 있어야 한다. 언론은 헌법의 보호 속에서 우리 시민의 권리를 보호할 수 있어야 한다.
— 국제 언론인 협회 대회에서, 남아프리카공화국 케이프타운,
  1994년 2월 14일

우리는 감옥에서 풀려 나와 공직 생활을 시작했을 때부터 건전한 비판 정신을 가진 자유롭고 독립적인 언론을 지켜 주어야 한다고 거듭 주장했고, 대통령직에 취임했을 때에는 훨씬 더 자주 그랬으며, 공직을 떠난 뒤에도 기회가 있을 때마다 그 점을 강조했다.
— 언론 발전 기관 창립 10주년에, 남아프리카공화국 요하네스버그,
  2002년 6월 14일

남아프리카공화국은 언론의 자유를 민주주의의 최우선 사항으로 삼아야 한다. 언론의 부적절해 보이는 행태가 아무리 짜증스럽다 해도 언론의 독립을 타협이나 강요의 대상으로 생각해서는 안 된다. 기술적으로 훌륭하고 순종적인 언론보다는 나빠도 자유로운 언론이 더 낫다.
— 같은 곳

자유 투쟁 Freedom Struggle

정부가 내게 강요하려는 조건을 보니 놀랍다. 나는 폭력적인 사람이 아니다. 내 동료들과 나는 1952년에 [다니엘] 말란[59]에게 편지를 보내 우리나라의 문제 해결 방안을 찾기 위한 원탁회의를 제안했지만 묵살당했다. [요하네스] 스트레이돔[60]이 권력의 자리에 오르자 우리는 같은 제안을 했다. 역시 묵살당했다. [헨드릭] 페르부르트가 정권을 잡았을 때 우리는 남아프리카공화국의 모든 국민을 대표하는 국민회의를 열어 우리 국민의 미래를 결정하자고 요구했다. 그러나 이 역시 헛수고였다.

— 진드지 만델라가 집회에서 대독한 조건부 석방 제안에 대한 응답에서, 남아프리카공화국 소웨토, 자불라니 스타디움, 1985년 2월 10일

우정 Friendship

나라 안팎의 우리 친구들에 대한 나의 사랑과 존경이 상당히 깊어졌다. 우리 모두 혼자라면 어떻게 되었을까 하고 생각만 해도 몸서리가 쳐진다. 살아남기는 했겠지만, 과업은 훨씬 더 어려워졌을 것이다.

— 출처 미상

---

59 1948~1954년 남아프리카 수상을 지냈으며, 아파르트헤이트의 아버지로 불린다.
60 1954~1958년 남아프리카 수상을 지냈으며, 아파르트헤이트를 강경히 실행했다.

월터 [시술루]와 캐시 [아메드 카트라다]에게는 한 가지 공통점이 있다. 우리의 우정에 가장 중요한 부분을 차지하는 그 점을 나는 아주 높이 평가하고 있다. 그들은 내가 잘못하면 주저 없이 비판하며, 내가 정치 생활을 하는 내내 나 자신을 돌아볼 수 있는 거울 역할을 해주었다.
— 미출간 자서전 원고에서, 로벤 섬, 1975년

나는 힘든 시기에 친구가 되어 준 사람들에게 각별한 애정이 있다.
— 같은 곳

나는 독립심 강한 친구를 좋아한다. 그런 친구들은 문제를 모든 관점에서 보게 만들기 때문이다.
— 같은 곳

좁은 감방에서 왔다 갔다 하거나 침대에 누워 있으면 생각이 산만해져서 이런저런 사건이나 실수가 떠오르는구나. 감옥 밖에서 최전성기를 보내던 내가 가난하고 힘들었을 때 내 친구가 되어 주고 도움까지 줬던 많은 이들의 사랑과 친절에 과연 충분히 고마움을 표시했던가 하는 생각도 들더구나.
— 진드지 만델라에게 쓴 편지에서, 로벤 섬, 1981년 3월 1일

강하고 믿음직한 친구들의 지지는 언제나 큰 힘이 됩니다.
— 니컬러스 베델 경에게 쓴 편지에서, 남아프리카공화국 케이프타운, 폴스무어 교도소, 1985년 4월 1일

언젠가는 믿음직한 친구들을 만나, 짤막한 편지에 못 다 담은 이야기들을 직접 나눌 수 있으리라는 희망으로 살고 있습니다.
— 맘펠라 람펠레 박사에게 쓴 편지에서, 남아프리카공화국 케이프타운, 폴스무어 교도소, 1987년 8월 12일

나는 언제나 우정을 아주 소중하게 여겼습니다. 그런데 살다 보면 우정이 가장 중요해지는 순간이, 우정이 운명을 좌우하는 순간이 있지요.
— 레이 카터에게 쓴 편지에서, 남아프리카공화국 파를, 빅터버스터 교도소, 1989년 2월 28일

그런 동지들이 뒤에서 든든히 받쳐 주면, 내 운명의 주인이 되는 것도 아주 쉽지요.
— 파리다 오마르[61]에게 쓴 편지에서, 남아프리카공화국 파를, 빅터버스터 교도소, 1989년 2월 28일

신뢰하고 의지할 수 있는 친구들이 지지해 주면, 살면서 아무리 힘든 일을 겪더라도 희망을 버리지 않고 견딜 수 있는 힘이 생깁니다.
— 돈 마테라[62]에게 쓴 편지에서, 남아프리카공화국 케이프타운, 폴스무어 교도소, 1989년 4월 4일

나는 1940년대 말부터 캐시 [아메드 카트라다]와 함께했다. 내가 틀렸을 때 틀렸다고 말해 줄 수 있는 강한 성격의 친구들을 주변에

---

[61] 둘라 오마르(반아파르트헤이트 활동가이자 변호사, 전직 남아프리카공화국 법무장관)의 아내.
[62] 1935년~. 남아프리카공화국의 유명한 시인이자 작가.

두어야 한다고 생각하는데, 바로 그가 그런 성격을 가지고 있다.
— 아메드 '캐시' 카트라다에 관한 인터뷰에서, 남아프리카공화국 케이프타운, 대통령 집무실, 1996년 8월 22일

우리 친구들과의 의리를 지킨다는 이유로 나를 비난한 남아프리카공화국 사람들은 말 그대로 물웅덩이에 가서 몸을 내던져야 한다.
— 빌 클린턴 대통령과 함께한 기자회견에서 리비아, 이란, 쿠바와의 관계에 대해 질문을 받고, 남아프리카공화국 케이프타운, 1998년 3월 27일

우리의 도덕적 권위를 지키려면, 우리나라 역사상 가장 어두웠던 시절에 우리를 도와준 이들을 버려서는 안 된다.
— 같은 곳

친구를 버리는 것은 도의에 어긋난다.
— 빌 클린턴 대통령이 마련한 환영회에서, 미국 워싱턴 D. C., 백악관, 1998년 9월 22일

미래 Future

우리나라에서 이 같은 경찰의 박해와 정부의 행정 조치를 당하면 누구나 나와 같은 길을 갈 수밖에 없을 것이다.
— 노동자 파업 선동 및 불법 출국 혐의로 유죄 판결을 받은 후 연설에서, 남아프리카공화국 프리토리아, 올드 시나고그, 1962년 11월 7일

나보다 앞서 우리나라의 많은 국민들이 대가를 치렀고, 이후로도 많은 이들이 대가를 치를 것이다.
— 같은 곳

진정한 인류애로 모든 일을 하고 사심 없이 모든 인간에게 봉사하는, 그야말로 강직하고 공경할 만한 성인이 미래에 언젠가는 나올 거요.
— 위니 만델라에게 쓴 편지에서, 로벤 섬, 1976년 8월 19일

우리는 자신만만하게 미래를 맞이한다. 아파르트헤이트 체제가 총들로 유지되고 있지만 그렇다고 해서 난공불락인 것은 아니다. 총으로 사는 자들은 총으로 망한다.
— 1976년 소웨토 봉기에 관한 성명서에서, 망명 중이던 ANC가 로벤 섬 교도소에서 몰래 빼내어 발표, 1980년

아무리 무시무시한 고통이라도 남들과 공유하고 있다는 사실을 알면 인류와의 일체감과 그로 인해 생기는 국제적 책임감을 계속 되새기게 됩니다. 우리의 미래에 대한 확신과 신념을 더욱 굳히는 데도 도움이 되지요.
— 인도 문화교류 위원회 서기 마노라마 발라 여사에게 쓴 편지에서, 로벤 섬, 1980년 8월 3일

우리가 소중히 여기는 이상들, 우리의 가장 절실한 꿈과 열렬한 희망은 우리 생전에 실현되지 않을지도 모릅니다.

— 시나 던컨[63]에게 쓴 편지에서, 남아프리카공화국 케이프타운, 폴스무어 교도소, 1985년 4월 1일

인종차별 없는, 국민들 사이에 인종적 반목이 없는, 더는 평화에 대한 위협이 아닌, 세계의 골칫거리가 아닌 남아프리카공화국이라는 아름다운 비전을 현실로 만들자. 우리 모두 반드시 승리할 것이다.
— 국제 노동 회의에서 연설하며, 스위스 제네바, 1990년 6월 8일

국민에게 자유를 약속했을 때, 우리는 신기루를 제안하고 있었던 걸까? 행복과 번영에 빛나는 미래를 제시했을 때, 우리는 갈수록 비참해지고 빈곤해지는 현실을 보지 못하게 국민들의 눈을 가리려 했던 걸까? 국민의 진정한 이익을 대변하겠다고 선언했을 때, 우리는 삶에 필요한 것을 제공하지 못하는 무능력을 감추려고 했을까?
— 애국 전선 정상 회담에서, 남아프리카공화국 포트엘리자베스, 1992년 10월 29일

우리는 우정과 우리의 공통된 인간애를 기반으로 한 사회, 관용에 토대를 둔 사회를 건설할 수 있다. 그것이 우리에게 열린 유일한 길이다. 아름다운 우리나라가 영광스러운 미래로 나아가는 길이다. 우리 다 함께 손잡고 미래를 향해 나아가자.
— 여러 정당 간 협의 과정에서 선거일을 발표하며, 남아프리카공화국, 켐프턴 파크, 1993년 11월 17일

63　1932~2010년. 반아파르트헤이트 활동가. 남아프리카 흑인들을 지원하고 아파르트헤이트 체제의 비폭력적 폐지를 옹호하는 남아프리카공화국 중산층 백인 여성들의 단체인 검은 띠(Black Sash)를 이끌었다.

우리에게는 확신과 큰 희망을 가지고 미래를 바라볼 만한 충분한 이유가 있다. 서로 다른 배경을 가진 정당이 한 번에 스물다섯 개나 있을 정도로 발전한 것을 생각하면 우리가 이룬 위업은 가히 역사적이기 때문이다.
— 인터뷰에서, 1994년경

우리가 꿈꾸는 세상은 우리의 자유헌장에 나와 있다. 남아프리카공화국은 국민 모두의 것이라는 원칙이 확고한 나라, 피부색에 관계없이 모든 개인의 권리를 지켜 주는 권리장전이 있는 나라, 다당제와 정기적 선거, 비례 대표제가 있는 나라, 재산이나 종교적 믿음을 확고히 지켜 주는 나라, 이것이 내가 신봉하는 세상이다.
— 다큐멘터리 〈자유로의 마지막 여정 : 남아프리카공화국을 바꾼 열흘〉에서, 1994년

여러분이 나와 내 조직 아프리카 민족회의에 보내 준 신뢰와 확신이 부끄럽지 않도록 최선을 다할 것을 약속한다. 우리 함께 미래를 건설하고, 남아프리카공화국 국민의 더 나은 삶을 위해 건배하자.
— ANC의 선거 승리를 축하하는 연회에서, 남아프리카공화국 요하네스버그, 칼턴 호텔, 1994년 5월 2일

남아프리카공화국의 전 국민은 과거를 받아들이고 하나 된 국민으로서 평화롭게 미래를 맞아야 하는 과제에 직면해 있다.
— 종파를 초월해 TRC(진실과 화해 위원회)에 임무를 맡기는 의식에서, 남아프리카공화국 케이프타운, 세인트조지 대성당, 1996년 2월 13일

밝은 미래가 우리에게 손짓을 보내고 있다. 우리는 근면과 정직, 성실함을 발휘하여 어려운 과제를 수행해 내야 한다.
— 자유의 날 기념식에서, 남아프리카공화국 프리토리아, 1996년 4월 27일

우리 땅의 법이 우리 국민을 갈라놓거나 우리 국민의 탄압과 학대를 합법화하는 일은 다시는 없으리라 약속한다. 우리는 손을 서로 맞잡고 더 밝은 미래를 향해 나아갈 것이다.
— 새 헌법에 서명하며, 남아프리카공화국 페레니힝 샤프빌, 1996년 12월 10일

평등과 사회 정의의 토대 위에 미래를 건설하여 과거의 부당함을 실제로 인식하자.
— 같은 곳

나는 쿠누에 앉아 쿠누의 산처럼 늙어가고 있지만, 내 나라와 지역에, 우리 대륙에, 세계에 등장한 지도자들이 우리처럼 자유를 빼앗기거나 우리처럼 망명자가 되거나 우리처럼 굶주리거나 우리처럼 인간의 존엄성을 박탈당하는 사람이 생기도록 내버려두지 않을 거라는 희망을 버리지 않을 것이다.
— 제53차 국제연합 총회에서, 미국 뉴욕 시, 국제연합, 1998년 9월 21일

우리는 인류의 교류가 이루어지는 모든 분야에서 세계 지도자들이 평화와 화해의 21세기를 위해 새로이 헌신하는 미래를 꿈꾼다.
— 독일 언론상을 받으며, 독일 바덴바덴, 1999년 1월 28일

토대는 쌓여 있고 건설이 진행 중이다. 새로운 세대의 지도자와 국민이 함께 소매를 걷어붙이고 변화를 위해 노력하면 우리가 꿈꾸던 나라를 건설할 수 있고, 건설할 것이다!
— 국정연설에서, 남아프리카공화국 케이프타운, 의회, 1999년 2월 5일

새 천년에 우리는 밝은 미래를 향해 잰 걸음이 아닌 큰 도약을 할 것이다. 비관론자들이 틀렸음을 입증해 보였듯이, 냉소주의와 절망 어린 전망도 꺾어 놓을 것이다.
— 같은 곳

머나먼 길은 계속된다.
— 민주적으로 선출된 첫 의회의 마지막 회기에, 남아프리카공화국 케이프타운, 1999년 3월 26일

우리는 우리 모두의 노력으로 닦은 길을 걸어왔으며, 우리 모두가 빚은 도구를 사용해 왔다. 우리가 맞이하는 미래는 그 밝은 전망과 의무 모든 면에서 우리 모두의 것이다.
— 간디의 소극적 저항 운동 기념관 개관식에서, 남아프리카공화국 더반, 움빌로 공원, 2002년 5월 27일

미래는 더 나은 세상이 되어야 한다. 모든 개인의 권리가 존중받는 세상, 좋은 삶에 대한 과거의 열망 위에 세워진 세상, 모든 개인이 자신의 잠재력을 최대한 발휘할 수 있는 세상이어야 한다.
— 세계 사회 포럼에 전한 메시지에서, 인도 뭄바이, 2004년 1월

우리는 국제적 긴장과 갈등을 해결할 능력이 있는 것처럼 굴기에는 너무 늦었다. 그래서 젊은 세대의 아프리카 정치인들이 등장하고 있는 모습을 보면 더할 나위 없이 흐뭇하다. 그들은 전 세계 사람들이 평등과 화합, 평화 속에서 사는 새로운 세계 질서에 대해 권위 있게 얘기할 수 있을 것이다.
— 제5차 연례 넬슨 만델라 강연에서, 남아프리카공화국 요하네스버그, 린더 오디토리엄, 2007년 7월 22일

새로운 사람들이 짐을 져야 할 때가 왔다. 이제 여러분의 책임이다.
— 46664 콘서트에서, 영국 런던, 하이드파크, 2008년 6월 27일

이제 새로운 세대가 앞장서서 책임을 져야 한다. 우리 세대는 할 만큼 했다.
— ANC 선거 공약 선언식과 창립 97주년 기념식에 전한 메시지에서, 남아프리카공화국 이스트런던, 압사 스타디움, 2009년 1월 10일

원예 Gardening

성경에서는 정원이 정원사보다 먼저 생겨났다고 하지만, 폴스무어[교도소]에서는 그렇지 않았다. 내가 정원을 일구었고, 그것이 가장 행복한 소일거리 가운데 하나가 되었다. 우리를 빙 둘러싼 거대한 콘크리트 덩어리 세계에서 벗어나는 내 나름의 방식이었다.
— 『자유를 향한 머나먼 길』에서, 1994년

유난히 아름다운 토마토 모종에 관해, 내가 어떻게 연약한 묘목을 새빨간 열매가 열리는 튼튼한 나무로 길러냈는지에 관해 위니에게 두 통의 편지를 썼다. 그러나 내가 무슨 실수를 했는지 아니면 신경을 써주지 못해서인지 모종은 시들시들 마르기 시작했고, 아무리 애를 써도 건강을 되찾지 못했다. 그러다가 마침내 죽어 버리자 나는 땅에서 뿌리를 캐내어 물에 씻은 다음 정원 가장자리에 묻어 주었다.

— 같은 곳

성차별 Gender Discrimination

혹자는 남성 우월주의가 내 약점이라고 말합니다. 어쩌면 맞는 말인지도 몰라요. 그도 그럴 것이, 내 피와 머리가 일치하지 않을 때가 많으니까요. 내 감정을 자극하는 일이 일어날 때 조심스럽게 접근하라며 이성이 나를 붙잡아 줄 때가 많습니다.

— 노마부토 발라에게 쓴 편지에서, 로벤 섬, 1971년 1월 1일

폭넓은 성 인지(gender sensitivity)와 남녀평등의 실천을 확실히 하기 위한 노력과 헌신을 배가해야 한다.

— 여성의 달 기념 만찬에서, 남아프리카공화국 요하네스버그, 요하네스버그 컨트리클럽, 2003년 8월 25일

민주 남아프리카공화국이 이룬 눈부신 성과 가운데 하나는 여성의 역할과 성에 관한 문제들이 공적 대화에서 큰 두각을 드러내게 된

것이다. 아직은 많은 부분이 수사적 차원에 머물러 있지만, 이 문제에 대한 이데올로기적 무지나 무식을 주장할 수 있는 사람이 우리 사회에 그리 많지 않은 것은 여성들의 일관되고 끈질긴 압력에 힘입은 바 크다.
— 같은 곳

이제는 성 문제가 국가적 문제만큼이나 중요해졌다. 오히려, 국가 문제를 여성의 사회적 역할 및 위치와 별개로 생각할 수 없게 되었다.
— 같은 곳

우리가 성에 관해 말하고 행동하는 방식과 관련하여 사고의 근본적 변화가 필요하다. 이 점에서 남성들의 역할이 특히 중요한바, 우리가 예부터 성과 여성을 대해 왔던 행동이나 말의 남성 우월적이고 모욕적인 방식을 바꾸어야 한다.
— HIV·에이즈 청년 포럼에서, 남아프리카공화국 요하네스버그, 비트바테르스란트 대학교, 2003년 9월 22일

여성이 폭행당할 때마다 우리의 인간성은 추락한다. 여성이 무방비 상태의 섹스를 남성에게 강요받을 때마다 우리의 자존심과 자부심은 망가진다. 여성이 목숨을 내놓고 섹스를 해야 할 때마다 우리는 종신형을 선고하는 셈이다. 침묵을 지킬 때마다 우리는 여성을 해칠 음모를 꾸미는 셈이다. 여성이 에이즈에 걸릴 때마다 우리는 한 세대를 말살하고 있는 것이다.
— 46664 콘서트에서, 남아프리카공화국 조지, 팬코트, 2005년 3월 19일

우리 사회의 남성과 여성 간의 권력 관계에 대해 정직하고 솔직해야 하며, 이러한 투쟁에서 여성이 중심적 역할을 할 수 있도록 돕는 환경을 조성해야 한다. 형제와 자매, 아버지와 어머니, 교사와 학생, 성직자와 교구민, 경영자와 노동자, 대통령과 수상, 이 모두가 적극적으로 행동에 나서야 한다.

── 같은 곳

감방에 앉아서 책을 읽으면 그동안 전혀 몰랐던 것들을 알게 된다. 예전의 생각이 완전히 틀렸다는 사실을 깨닫게 되는 것이다.

──『만델라 : 공인된 초상화』(2006년)를 위해 팀 쿠즌스, 번 해리스, 맥 마하라지와 인터뷰하며, 2005년 8월 13일

세계화 Globalisation

세계화 과정이 빨라지면 그와 동시에 세계 공동통치 체계 역시 강해진다. 이러한 경향은 약해지기보다는 더욱 강해질 것이다.

── 제50차 ANC 전국 회의 개회식에서, 남아프리카공화국, 노스웨스트 대학교 마피켕 캠퍼스, 1997년 12월 16일

목표 Goals

삶에 목표가 있다면, 적들과의 싸움보다는 그것에 집중하는 것이 좋다. 자신뿐만 아니라 자신이 섬기는 집단을 위해 설정한 목표를

향해 모든 사람을 움직일 수 있는 분위기를 조성해야 한다.
— 존 배터스비와의 인터뷰에서, 남아프리카공화국 요하네스버그,
 2000년 2월 10일자 〈크리스천 사이언스 모니터〉에 게재

지하 활동 Going Underground

지금까지는 경찰의 모든 움직임을 예측할 수 있었다. 나는 할 일이 너무 많아 체포에 대해 생각할 여유도 없다.
— 출처 미상, 1961년 5월경

나는 사랑하는 아내와 아이들, 어머니와 누이들과 생이별하여 내 고국에서 범법자로 살아야 했다. 하던 일을 그만두고, 내 전문 직업을 포기하고, 우리나라의 많은 국민들처럼 빈곤과 고통 속에 살아야 했다.
— 「투쟁은 나의 삶」이라는 기자회견문에서 전국행동위원회의 권고에 따라 지하에서 정치 활동을 이어가기로 한 결심을 설명하며, 남아프리카공화국, 1961년 6월 26일

정상적인 삶을 누릴 권리를 허락받지 못하고 정부의 법률 때문에 범법자 신분이 되어 도망 다니며 살 수밖에 없는 때가 온다. 나도 그런 상황에 내몰렸지만, 내가 내린 결정을 후회하지는 않는다.
— 노동자 파업 선동 및 불법 출국 혐의로 유죄 판결을 받은 후 연설에서, 남아프리카공화국 프리토리아, 올드 시나고그, 1962년 11월 7일

ANC는 해산을 거부하고 대신 지하로 들어갔다. 우리는 거의 150년 동안 쉼 없이 피땀 흘려 세운 조직을 보존하는 것이 우리의 의무라고 믿었다. 확신컨대 자존심 있는 백인 정치 조직이라면 그들에게 발언권도 주지 않는 정부에게 불법으로 낙인찍힌다고 해서 자진 해산하지는 않을 것이다.
— 리보니아 재판의 피고인석에서 진술하며, 남아프리카공화국 프리토리아, 법원, 1964년 4월 20일

우선, 어떤 결정을 내리기 위해 다 같이 모일 때에도 극도로 신중해야 했습니다. 조직이 지하에서 활동하려면 그 활동을 가능하게 해주는 시스템을 만드는 것이 최우선이니까요.
— 리처드 스텡글과 나눈 대화에서, 1993년 4월 5일

우리는 어떤 행동을 취하기로 이미 결정을 내린 상태였습니다. 발각됐다면 ANC가 금지되는 것은 물론이요, 우리도 기소되어 유죄 판결을 받았을 겁니다. 지하로 들어가는 것은 그야말로 폭력적 활동과 조직적 폭력의 시대, 새로운 시대의 시작이었지요.
— 같은 곳

나 자신도 내가 선택한 삶의 의미를 완전히 깨닫지 못했다. 내 선택이 나와 가족에게 어마어마한 문제가 되리라는 건 알았지만, 정확히 어떤 성격의 문제일지는 예측하지 못했다.
— 인터뷰에서, 1993년경

나는 가족을 만날 때, 자식을 만날 때, 그리고 도시를 돌아다닐 때 서로 다른 변장을 했다.
— 반역죄 재판에서 무죄 선고를 받은 직후인 1961년 3월 29일, 다시 금지령이 내려질 것으로 예상되어 지하로 들어간 일에 관하여 인터뷰에서 이야기하며, 1993년경

지하로 들어가고 나서는 생활 방식이 완전히 달라졌지. 턱수염을 기르고, 옷도 완전히 다르게 입었어. 그전에는 새 옷 따위에 관심이 많았는데, 이제는 바람막이 재킷과 코듀로이 바지에 샌들을 신고, 머리를 길러서는 잘 빗지도 않았다네.
— 아메드 카트라다와 나눈 대화에서, 1993~1994년경

자신이 믿는 방식의 삶을 살 권리를 얻지 못하면 범법자가 될 수밖에 없다.
— 출처 미상, 1994년

자유에 대한 갈망이 우리를 범법자로 만들었다.
— 케투밀레 마시레 대통령이 주최한 국빈 만찬에서, 보츠와나, 1995년 9월 5일

누군가 지하로 들어가 운동을 이끌어야 한다는 생각이 들었다. 나는 온갖 어려움을 무릅쓰고 그 도전을 받아들였다.
— BBC 다큐멘터리에서, 1996년

선량함 Goodness

지구상에 선량한 사람들은 사라지지 않을 거요. 전 세계 모든 나라에, 여기 우리나라에도 말이오.
— 위니 만델라에게 쓴 편지에서, 로벤 섬, 1970년 8월 1일

작은 일에도 주의를 기울이고 작은 호의에도 감사하는 습관은 좋은 사람의 중요한 특징 중 하나란다.
— 제나니 만델라에게 쓴 편지에서, 로벤 섬, 1979년 3월 25일

사람들은 내가 사람을 너무 좋게만 본다고 생각할 거예요. 그것은 내가 견뎌야 하는 비판이고, 그래서 그동안 비판에 적응하려고 노력했어요. 그게 사실이든 아니든, 나는 사람을 좋게 보는 것이 유익하다고 생각하니까.
— 리처드 스텡글과 나눈 대화에서, 1992년 12월 29일

감히 말하건대, 모든 인간은 선량함을 타고난다. 그 선량함은 특히 우리 모두 지니고 있는 사회의식이라는 속성에서 비롯된다. 물론 우리 모두에게는 선천적으로 악한 면도 있다. 육신을 가진 인간이기에, 자아를 애지중지하고 불멸의 존재로 만들고픈 욕망이 있다.
— 세계 종교 평화 회의(남아프리카공화국 지부)의 평화 강연에서, 남아프리카공화국 더반, 1994년 8월 7일

사람에게는 묻어 버리거나 감추어도 부지불식간에 드러나는 선한 구석이 있다.
— 『자유를 향한 머나먼 길』에서, 1994년

인간의 선량함을 기꺼이 믿는 사람들은 선을 성취할 수 있다.
— 민주주의 10년을 기념하는 상하원 합동 회의에서, 남아프리카공화국 케이프타운, 의회, 2004년 5월 10일

선의 Goodwill

사방에서 끊임없이 밀려드는 선의의 물결이 확신과 희망을 불어넣어 줍니다.
— 망고수투 부텔레지에게 쓴 편지에서, 로벤 섬, 1978년 10월 1일

위대함 Greatness

때로는 한 세대에게 위대한 일을 성취해야 할 책임이 따르기도 한다. 여러분이 바로 그 위대한 세대일 수 있다. 여러분의 위대함을 활짝 꽃피워라.
— '빈곤을 역사로 만들자' 캠페인 출범식에서, 영국 런던, 트라팔가르 광장, 2005년 2월 3일

죄책감 Guilt

그렇지만 그런 사랑과 행복이, 그런 신뢰와 희망이 더할 나위 없는 고통으로 변한 순간들, 양심과 죄책감이 내 존재 자체를 구석구석 유린한 순간들, 위급할 때 기댈 곳 없는 미숙한 젊은 여자를 냉혹한 사막에 버려 말 그대로 노상강도의 손에 던져 놓고 과연 무슨 평계를 댈 수 있을까 싶었던 순간들이 있었다.

― 로벤 섬을 다시 방문했을 때 위니 만델라에 관해 이야기하며, 남아프리카공화국, 1994년 2월 11일

행복 Happiness

내가 누린 기회들과 즐거웠던 시간을 떠올리면서 행복하게 혼자 웃을 때도 있다오.

― 위니 만델라에게 쓴 편지에서, 로벤 섬, 1976년 10월 1일

다른 사람들이 근심 걱정 없이 행복하게 지낼 수 있도록 만들기 위해 노력하는 건 귀중한 미덕이란다.

― 진드지 만델라에게 쓴 편지에서, 로벤 섬, 1981년 3월 1일

자기 주변의 사람들을 즐겁고 희망차게 만들기 위해 노력하라.

― 졸라 병원 개원식에서, 남아프리카공화국 소웨토, 2002년 3월 7일

건강 Health

내가 건강이 아주 나빠져 다 죽어간다는 소문이 가끔씩 돌았답니다.
— 아미나 카찰리아에게 쓴 편지에서, 로벤 섬, 1981년 5월 3일

세계 권투 헤비급 선수권 대회에 도전해도 좋을 만큼 건강이 좋습니다.
— 간호사인 일레인 컨스에게 쓴 편지에서, 남아프리카공화국 파를, 빅터버스터 교도소, 1989년 2월 14일

세상의 맨 꼭대기에 서 있는 기분이다.
— 남아프리카공화국 요하네스버그, 1990년

나는 약을 별로 믿지 않아서, 감기에 걸리면 나을 때까지 그냥 기다립니다.
— 리처드 스텡글과 나눈 대화에서, 1993년 4~5월경

의사에게 검진을 받아야겠다고 생각했는데, 의사가 하는 말이 "심장 하나는 정말 튼튼하시군요."라고 했다.
— AP의 탐 코언과 삼 벤터와의 인터뷰에서, 남아프리카공화국 케이프타운, 대통령 집무실, 1994년 9월 22일

의사의 처방을 따르는 것도 중요하지만, 살아야겠다는 의지로 포기하지 않고, 같은 병을 앓고 있는 사람들의 기운을 북돋워 주는 일도 중요하다.

― 졸라 병원 개원식에서, 남아프리카공화국 소웨토, 2002년 3월 7일

전립선암에 걸리고 나서 교도소 친구들과 의논했습니다. "이보게들, 내가 암에 걸렸다고 공개적으로 밝히는 게 좋겠어. 내가 병원에 가서 치료받으면 사람들이 '만델라가 암에 걸린 거 알아?' 하면서 수군거리고 다닐 테니까."

― 모건 프리먼과 나눈 대화에서, 남아프리카공화국 요하네스버그,
2006년 11월 14일

천국 Heaven

나는 여기서 정중히 작별을 고하려는 것이 아니다. 그리고 가족과 조언자들이 내게 경고하기를, 천국의 문에 도착해서 문을 두드린 후 내 이름을 말하면 지옥으로 보내질 거라고 내가 즐겨 하는 이야기를 하지 말라고 했다. 그런 이야기를 하면 너무 많은 사람들이 침울해진다고 말이다.

― '은퇴에서의 은퇴(Retiring from Retirement)'를 발표하며, 남아프리카공화국 요하네스버그, 넬슨 만델라 재단, 2004년 6월 1일

확신하건대 내가 천국에 가서 "너는 누구냐?"라는 물음에 "나는 마디바[64]다."라고 답하고, "쿠누에서 왔느냐?"라는 물음에 "그렇다."라고 답하면, "감히 그 모든 죄를 짓고서 여기 왔느냐. 가서 지옥의 문을 두드려라. 거기서는 너를 받아줄지도 모른다."라는 말을 들을 것이다.
— 아흔두 번째 생일파티에서, 남아프리카공화국 호턴, 2010년 7월 18일

영웅 Heroes

기백도 없고 국민적 자부심도 없고 쟁취할 이상도 없는 사람들은 굴욕을 당할 일도 패배할 일도 없을 거요. 그렇지만 그런 사람들은 민족적 유산을 남기지 못하고, 신성한 사명감에 불타 순교자나 국민적 영웅을 배출하는 일도 하지 못한다오.
— 위니 만델라에게 쓴 편지에서, 로벤 섬, 1969년 6월 23일

대투쟁의 서막을 열어 나중에 활활 타오를 불씨를 놓고 맡은 바 책임을 훌륭히 완수해 낸 원주민 영웅들의 계보를 잇는다면, 우리의 과거 유산은 결코 완전한 모습을 얻을 수 없습니다.
— 노마부토 발라에게 쓴 편지에서, 로벤 섬, 1971년 1월 1일

---

[64] 넬슨 만델라의 별칭으로, 넬슨 만델라의 출신 부족인 코사족 내에서 존경받는 어른을 일컫는 존칭이다.

세 줄기의 유산을 상속받은 우리는 그 유산에 힘입어 우리 인생에서 가장 고귀한 이상을 위해 목숨 바쳐 싸웁니다. '아프리카의 영웅'이라는 칭호에는 이 모든 참전용사들이 포함되지요.
— 같은 곳

나라를 되찾기 위해 싸웠다는 이유로 핍박받은 우리를 국가 영웅으로 여기는 우리 국민들이 자유 남아프리카공화국을 위한 투쟁이 최고조에 이른 지금 버젓이 살아 있는 우리를 잊을 리 만무합니다.
— 교정국장 두 프리어 장군에게 쓴 편지에서, 로벤 섬, 1976년 7월 12일

여러분 모두에게 경례를 보낸다. 우리는 프리토리아 정권의 회색 벽 안에 갇힌 채 우리 국민들에게 손을 내밀어, 총과 교수형 집행인의 밧줄에 스러져 간 사람들을 함께 세어 나간다. 살아 있거나 부상당했거나 죽었거나, 독재자의 권력에 맞서 용감하게 일어난 여러분 모두에게 경례를 보낸다.
— 1976년 소웨토 봉기에 관한 성명서에서, 망명 중이던 ANC가 로벤 섬 교도소에서 몰래 빼내어 발표, 1980년

문제를 직시할 준비가 되어 있는 사람들, 많은 사회의 역사를 바꾸어 놓은 보편적인 믿음을 기꺼이 받아들이는 사람들은 언젠가는 자신의 신분을 뛰어넘어 확고한 지지와 찬사를 얻게 될 겁니다.
— 시나 던컨에게 쓴 편지에서, 남아프리카공화국 케이프타운, 폴스무어 교도소, 1985년 4월 1일

수천 년 동안 인류는 사랑과 비전, 끝없는 용기를 지닌 사람들을 대대로 배출해 냈다. 이 우뚝 솟은 위인들 덕분에, 시대마다 아무리 어려운 역사적 과제가 던져진다 해도 우리는 늘 인간성을 잃지 않았고, 앞으로도 그럴 것이다.

— '증오의 해부 : 대화와 민주주의를 통한 갈등 해소' 국제회의에서, 노르웨이 오슬로, 1990년 8월 26일

[자와할랄] 네루는 진정 나의 영웅이었지.

— 아메드 카트라다와 나눈 대화에서, 1993~1994년경

오늘의 이 행사가 우리의 결의를 대변해 주는바, 우리는 우리의 영웅들을 절대 잊지 않을 것이고, 스티브 비코 같은 사람들의 가슴과 마음에 타올랐던 애국심의 불꽃을 앞으로도 꺼뜨리지 않을 것이며, 수세기 동안 야만적인 군화에 짓밟힌 사회에 인간미를 더하겠다는 약속을 꼭 지킬 것이다.

— 경찰서 유치장에서 죽은 스티브 비코의 사망 20주기 추모 행사에서, 남아프리카공화국 이스트런던, 1997년 9월 1일

죽은 뒤에도 이름이 기억되는 사람은 극소수에 불과하다. 그들 가운데 일부는 그들이 끼친 해악 때문에 나쁘게 기억된다. 그러나 사회에 기여한 선행으로 기억되는 사람들도 있다.

— 브람 피셔 기념 재단 출범식에서, 남아프리카공화국 블룸폰테인, 그레이 대학교, 1997년 11월 28일

올리버 탐보는 내게 형제이자 친구였던 각별한 사람이었다. 그는 내 삶과 지성을 풍요롭게 만들어 주었다. 나도 우리나라도 우리 역사의 이 거목을 결코 잊지 못할 것이다.
― 제50차 ANC 전국 회의 폐회식에서, 남아프리카공화국, 노스웨스트 대학교 마피켕 캠퍼스, 1997년 12월 20일

코이코이족 지도자 아우추마오, 라라베족의 마코마, 줄루족의 밤바타, 케츠와요, 페디족의 맘푸루, 벤다족의 치바세 같은 많은 영웅들이 저항 투쟁의 선봉에 섰고, 우리는 존경하고 감탄하는 마음으로 그들을 이야기한다.
― 미출간 자서전 속편에서, 1998년경

국민 영웅이었던 자유의 투사들이 인민 대중에게 등을 돌리고 서민들의 호감을 잃는 경우가 많다.
― 집회에서 연설하며, 남아프리카공화국, 날짜 미상

내가 자주 말하듯이, 직함을 가진 사람이 꼭 영웅은 아니다. 어느 공동체에서나 볼 수 있는 평범한 사람이지만 세계를 자신의 활동 무대로 삼고, 빈곤과 문맹, 주택 부족, 교육 부재 같은 세계적인 사회 경제 문제들을 가장 큰 과제로 생각하는 이들이 나의 영웅이다. 어떤 나라의 수장이든 이러한 자질이 있다면, 그는 나의 영웅이다.
― 제13차 국제 에이즈 회의 폐막식 연설에서, 남아프리카공화국 더반, 2000년 7월 14일

자유와 정의를 향한 우리의 기나긴 투쟁에 등장한 영웅들 가운데 조 슬로보의 이름은 언제나 맨 앞자리를 차지할 것이다. 슬로보만큼 존경받고 전 세계의 박수갈채와 찬사를 받은 이도 드물다.
— 조 슬로보 추도식에서, 남아프리카공화국 소웨토, 아발론 공동묘지, 2004년 3월 1일

감옥 벽에 가로막혀 있다 해도 교도소 밖에서 벌어지는 투쟁을 함께할 수 있다. 비록 철창에 갇혀 있었어도 우리 모두와 교도소 밖의 ANC 지도자들은 진정 영웅이었다.
— 다큐멘터리 〈전설 : 넬슨 만델라〉에서, 2005년

이 동상은 과거의 영웅들을 상기시키는 동시에 불의에 대항한 투쟁을 멈추지 않도록 격려할 것이다.
— 만델라 동상 제막식에서, 영국 런던, 의회 광장, 2007년 8월 29일

남아프리카공화국의 투쟁의 역사에는 수많은 영웅담이 등장한다. 그 영웅들 중에는 지도자들도 있고 일반 투사들도 있지만, 그들 모두 기억될 자격이 있다.
— 같은 곳

부수고 파괴하는 것은 아주 쉽다. 영웅은 평화를 이루고 건설하는 사람이다.
— 제6차 넬슨 만델라 연례 강연에서, 남아프리카공화국 소웨토 클립타운, 월터 시술루 광장, 2008년 7월 12일

사람들에게 영웅 대접을 받는 것은 기분 좋은 일이다. 그러나 사실 그들의 칭찬은 나를 향한 것이 아니다. 나를 모든 찬사의 구실로 삼고 있는 것이다.

— 다큐멘터리 〈만델라 만세 : 전천후 영웅〉에서, 2010년

자신에 대하여 Himself, On

우리나라 초기 아프리카 사회의 구조와 조직은 나를 무척 매료시켜, 내 정치관에 큰 영향을 끼쳤다.

— 노동자 파업 선동 및 불법 출국 혐의로 유죄 판결을 받은 후 연설에서, 남아프리카공화국 프리토리아, 올드 시나고그, 1962년 11월 7일

나는 다양한 주제에 대해 피상적인 정보들을 단편적으로 가지고 있지만, 내가 전문적으로 알아야 할 것들, 이를테면 우리나라와 국민의 역사에 대한 심층적인 전문 지식은 없습니다.

— 파티마 미어에게 쓴 편지에서, 로벤 섬, 1971년 3월 1일

조물주가 나를 통해 진정한 의미로 평범한 사람의 표본을 세상에 보여 주려 한 건 아닐까 하는 생각이 가끔 듭니다.

— 같은 곳

내가 속한 집단에서는 상식과 실용적 경험이 중요했고, 고등 교육 경험은 그리 결정적인 요인이 아니었다.
— 미출간 자서전 원고에서, 로벤 섬, 1975년

남아프리카 최대 도시인 요하네스버그에서 변호사로 훈련받고 활동했던 경험 때문에 나는 정계에 입문한 젊은 시절 우리나라 정치권력의 중심에서 일어나고 있는 일에 대해 민감할 수밖에 없었다.
— 같은 곳

결정을 내리는 과정은 간단하지 않았다. 뭘 해야 할지 알 수 없어 한동안은 방관하며 머뭇거렸다. 내가 한 일의 완전한 의미를 발걸음을 떼기 전이 아니라 후에 깨달은 적도 많다.
— 같은 곳

대학 시절에 나는 졸업하면 자연히 내가 우리 국민의 선두에 서서 그들의 모든 노력을 이끌게 될 거라고 믿었다.
— 같은 곳

내면의 힘을 키우고 나니 나의 어려움과 빈곤과 고통, 외로움과 좌절은 곧 잊혔다.
— 같은 곳

나는 남아프리카공화국의 실책들을 바로잡는 데 일조할 계획이었는데, 그러려면 우선 내가 아주 잘 아는 남아프리카공화국 국민인 바로 나 자신의 약점부터 극복해야 한다는 사실을 잊고 있었다.
— 같은 곳

어떻게 해야 피부색 편견의 폐해들을 없앨 수 있는지, 이를 위해서 어떤 책을 읽어야 하고, 규율 바른 자유 운동에 참여하고 싶으면 어떤 정치 조직에 들어가야 하는지 내게 가르쳐 주는 사람은 아무도 없었다. 나는 이 모든 것을 시행착오를 통해 우연히 배워야 했다.
— 같은 곳

당신과 나의 충돌이 가장 극단적인 형태를 띨 때에도 개인적인 원한 없이 우리의 원칙과 이념만을 놓고 싸웠으면 합니다. 그래서 싸움이 끝났을 때 어떤 결과가 나오든, 내가 모든 결투의 예법과 품위를 지킨 곧고 훌륭한 적과 싸웠다는 생각에 당신과 자랑스럽게 악수를 나눌 수 있었으면 합니다. 그러나 당신의 부하들이 계속 부정한 방법을 쓴다면, 진짜 분하고 억울한 마음과 경멸하는 마음을 억누를 수 없을 것입니다.
— 교정국장 두 프리어 장군에게 쓴 편지에서, 로벤 섬, 1976년 7월 12일

때로는 삶 자체를 놓치고 방관하는 사람이 된 듯한 기분이 드오.
— 위니 만델라에게 쓴 편지에서, 로벤 섬, 1979년 1월 21일

나는 예언자가 아니라 확실히 낙관주의자이며, 정부와, 특히 F. W. 데클레르크 대통령과 토론할 때는 내 낙관주의가 더욱 강해졌다.
— 집에서, 남아프리카공화국 소웨토, 1990년 2월 14일

나는 결정을 내리기 전에 그 문제에 대해 아주 신중하게 생각하는 것을 좋아합니다. 물론 때로는 즉석에서 결정을 내려야 할 때도 있지요. 하지만 일반적으로는 결정을 내리기 전에 아주 신중하게 생각하는 편입니다.
— 리처드 스텡글과 나눈 대화에서, 1992년 12월 14일

내 성격이 확실히 유해졌습니다. 젊었을 때는 아주 과격해서, 말도 거창하게 하고 누구하고든 싸우려 들었지요.
— 리처드 스텡글과 나눈 대화에서, 1993년 2월 3일

나는 우리 공동체를 섬기는 사람이니, 출신 배경 때문에 개인적인 문제를 해결하지 못하고 있는 자가 있다면 당장에 가서 도와줄 것입니다.
— 리처드 스텡글과 나눈 대화에서, 1993년 3월 9일

내 삶의 오점이 되는 부분을 뺀 모습으로 사람들에게 비치기는 싫습니다.
— 리처드 스텡글과 나눈 대화에서, 1993년 3월 16일

우리는 한 팀이기 때문에, 어떤 것에 내 이름이 들어갈 거라면 보통은 내 의견을 집어넣고 그것을 아주 주의 깊게 읽어 정치적으로 동의할 수 있는 내용인지 확인하고 싶습니다.
— 리처드 스텡글과 나눈 대화에서, 1993년 4월 4일

나는 변호사로서 반대심문을 할 때 증인의 반감을 사지 않기 위해 아주 부드럽게 진행했습니다.
— 리처드 스텡글과 나눈 대화에서, 1993년 4월 17일

혁명은 내 개인적 취향에는 잘 맞지 않는 것 같다. 교도소에서처럼, 앉아서 체계적으로 독서하는 편이 좋다. 그러나 투쟁이 다른 무엇보다 최우선 사항인 만큼 나는 그것을 즐기고 있다.
— BBC와의 인터뷰에서, 1993년 10월 28일

사교 활동을 할 시간은 거의 없었어.
— 아메드 카트라다와의 대화에서, 1993~1994년경

그 시절에는 내가 오만했지.
— 1962년에 대해 아메드 카트라다와 나눈 대화에서, 1993~1994년경

한 개인이 나라의 문제를 해결하고 민주주의를 성취할 수 있다는 그릇된 생각을 바로잡아야 한다.
— BBC와의 인터뷰에서, 1993년

나는 교도소에서 ANC의 지도자뿐만 아니라 통합의 주동자, 정직한 중개인, 평화 중재자의 역할도 하려고 노력했다.
— 『자유를 향한 머나먼 길』에서, 1994년

나는 어느 특별한 날 "오늘부터 우리 국민의 해방에 헌신하겠다."라고 선언한 것이 아니다. 어쩌다 보니 그 일을 하고 있었고, 그럴 수밖에 없었다.
— 같은 곳

남아프리카공화국 국민의 이 대단한 성과, 특히 순조로운 이행이 순전히 만델라 덕분이라는 터무니없는 말이 가끔 들려오기도 한다. 내가 다른 여느 사람들과 마찬가지로 실수를 저지르기도 하는 인간임을 강조하기 위해서라도, 이런 칭찬을 들으면 우쭐해진다는 사실을 인정해야겠다.
— 〈선데이 타임스〉(남아프리카공화국)에 기고한 글에서, 1996년 2월 22일

가끔은 나도 다른 지도자들처럼 발을 헛딛었으니, 나만 고고하게 빛난다고 말할 수는 없다.
— 같은 곳

학교에 갔더니 음딩가네라는 여선생님이 "이름이 뭐야?"라고 물었다. 그래서 롤리랄라라는 내 아프리카 이름을 댔더니, "아니, 그 이름 말고 네 세례명 말이야."라고 했다. 그래서 내가 그런 이름은 없다고 하자 선생님은 "그럼 오늘부터 너는 넬슨이야."라고 했다.
— 다큐멘터리 〈만델라〉에서, 1996년

일반인들이 당연히 알고 있는 단순한 일들에 내가 얼마나 무지한지 알면 많은 사람들이 충격을 받을 것이다.
— 개인 서류에서, 1996년경

우리가 오늘 여기에 모인 목적을 곰곰이 생각해 보니, 인종이나 피부색, 성별, 사회적 지위에 관계없이 모든 이들이 올림픽 선수들처럼 하늘에 닿을 수 있게 하자는 숭고한 목표를 달성하기 위해 일관성 없더라도 막연하게나마 노력했기 때문에 내 평생의 투쟁이 의미가 있었다는 결론이 한층 더 확고해지는 것 같다.
— 제106차 국제올림픽위원회 총회에서 케이프타운의 올림픽 개최지 입후보를 발표하며, 스위스 로잔, 1997년 9월 5일

특별히 소집된 학위 수여식의 수상자들인 조지 워싱턴과 윈스턴 처칠에 합류함으로써, 서양 세계의 그 걸출한 지도자들에 이제 아프리카인의 이름을 더하게 되었다.
— 하버드대학교로부터 명예박사 학위를 받으며, 미국, 1998년 9월 18일

우리 세대 중에서도 나는 역사의 허락을 받아, 우리가 함께 토대를 놓은 새로운 시대로 남아프리카를 이행시키는 작업에 참여할 수 있었으니 행운아라고 생각한다.
— 민주적으로 선출된 첫 의회의 마지막 회기에, 남아프리카공화국 케이프타운, 1999년 3월 26일

나로 말하자면, 민주주의의 달성이 시대의 과제였던 지도자 세대에 속한다.
— 같은 곳

나는 작게나마 우리나라와 우리 국민에 대한 의무를 다했다.
— 퇴임을 앞두고 신문 방송 편집인들과 여론 주도자들에게 브리핑하며, 남아프리카공화국 프리토리아, 1999년 5월 10일

정확히 어느 순간에 내가 정치에 관심을 갖게 되었는지, 그래서 해방 투쟁에 평생을 바치게 되리라고 문득 깨달았는지는 꼭 집어 말할 수 없다. 그보다는, 살면서 억압적인 현실을 겪고 다양한 사람들에게서 영향을 받으며 그런 과정에 이른 것이다.
— 앤톤 렘베데[65] 이장식에서, 남아프리카공화국, 음붐불루, 2002년 10월 27일

나는 다시 산다 해도 똑같이 할 것이다. 우리 국민이 억압받고 행복하게 삶을 즐기지 못하는 한 그 문제 해결에 나서는 것이 나의 의무였으며, 앞으로도 몇 번이고 그렇게 할 것이다.
— 다큐멘터리 〈만델라 : 살아 있는 전설〉에서, 2003년

잘난 체할 수 있는 질문을 받으면 자신의 자질을 과장해서 답할 수도 있다.
— 『만델라 : 공인된 초상화』(2006년)를 위해 팀 쿠즌스, 번 해리스, 맥 마하라지와 인터뷰하며, 남아프리카공화국 요하네스버그, 2005년 8월 13일

---

[65] 1914~1947년. 아프리카 민족회의 청년 연맹의 공동 창립자.

나는 내가 우리나라와 우리 국민에게 작으나마 기여를 했다고 생각하며 잠자리에 든다.

― 다큐멘터리 〈전설 : 넬슨 만델라〉에서, 2005년

1962년에 올리버 탐보와 함께 웨스트민스터 사원과 의회 광장을 방문했을 때 우리는 반 농담처럼 언젠가는 이곳에 흑인 동상이 스뫼츠 장군[66]과 나란히 서 있었으면 좋겠다는 얘기를 했다. 오늘 이 자리에 올리버가 있었다면 자랑스러워했을 것이다.

― 같은 곳

만델라 이후에도 삶은 계속된다. 아프리카 민족회의에 유능한 젊은 이들이 많다. 거의 모든 점에서 그들이 만델라보다 월등히 뛰어나다.

― 베아타 립먼이 감독한 다큐멘터리에서, 날짜 미상

행복한 느낌이 가장 크긴 하지만, 젊은 나이가 아닌지라 업무량이 아주 버겁다.

― 인터뷰에서, 날짜 미상

---

66 얀 스뫼츠(1870~1950년). 남아프리카 연방 정치가로서, 1차 세계대전 중에 영국 내각 각료로 활동한 바 있으며 영국 의회 광장에 그의 동상이 서 있다.

역사 History

오래전 어린 시절 트란스케이에 있는 우리 마을에서 자랄 때, 백인이 들어오기 전의 좋은 시절에 대한 이야기들을 부족의 어른들에게서 들었다. 그때 사람들은 왕들과 장로회의의 민주적 통치를 받으며 평화롭게 살았고, 아무런 간섭 없이 자유롭고 당당하게 나라 안을 돌아다녔다. 그때 나라는 우리가 조상으로부터 물려받은 우리만의 것이었다.
— 노동자 파업 선동 및 불법 출국 혐의로 유죄 판결을 받은 후 연설에서, 남아프리카공화국 프리토리아, 올드 시나고그, 1962년 11월 7일

우리는 땅과 숲과 강을 차지하고, 땅 밑에 묻혀 있는 광물자원과 아름다운 우리나라의 모든 부를 캐냈다. 우리는 우리만의 정부를 세워 운영하고, 우리만의 군을 만들고, 우리만의 통상무역을 조성했다. 어른들은 우리 조상들이 조국을 지키기 위해 치른 전쟁과 그 영웅적 시대에 활약한 장군과 병사들의 용감무쌍한 무용담을 들려주었다.
— 같은 곳

한 나라의 역사에서 중요한 일부를 차지하는 것만큼 가치 있는 일도 없소.
— 위니 만델라에게 쓴 편지에서, 로벤 섬, 1969년 6월 10일

석방된 후, 진정 역사를 만들어 가는 사람들은 우리나라의 평범한 국민들이라는 사실을 그 어느 때보다도 확신하게 되었다. 미래에 관한 모든 결정에 그들이 참여해야만 진정한 민주주의와 자유를 쟁취할 수 있다.
— 집회에서 연설하며, 남아프리카공화국 더반, 킹스파크 스타디움, 1990년 2월 25일

할리우드 Hollywood

할리우드는 아프리카 사람들의 삶을 정형화된 이미지로 보여 주는 경향이 있다. 어린 시절 〈타잔〉을 보고 그 일차원적이고 왜곡된 표현에 불쾌하고 언짢았던 기억이 난다. 그래도 다행히 지난 몇 년 동안 이런 부당함을 부분적으로나마 바로잡으려는 영화들이 조금 나왔다.
— 다큐멘터리 〈미국에 온 만델라〉에서, 1990년

집 Home

우리 집에는 대부분 남자들인 식객들이 있었다. 나는 어려서 부모를 떠나 다른 사내아이들과 함께 놀고 함께 먹었다. 정말이지 나 혼자 집에 있었던 때가 거의 기억나지 않는다.
— 미출간 자서전 원고에서, 로벤 섬, 1975년

더 큰 과업을 위해 일하고자 열망하는 사람들, 먼 지방에서 훌륭한 가정을 이루고 사는 사람들에게도 집보다 좋은 곳은 없다.
— 같은 곳

1947년 3월부터 살았던 집에 돌아가 침실에 들어가니 가슴이 뭉클하더군요.
— 리처드 스텡글과 나눈 대화에서, 1993년 4월 22일

그것은 만족감이었습니다. 정상적인 생활을 다시 시작할 수 있고, 가족과 함께할 수 있고, 예전에 하던 일을 다시 시작할 수 있고, 즐거운 우리 집이라 여긴 곳에, 앉아서 우리나라의 문제를 생각할 수 있는 곳에 다시 적응하려고 노력할 수 있다는 만족감 말입니다.
— 같은 곳

변함없이 예전 그대로인 곳에 돌아가서 자신의 변한 모습을 발견하는 것만큼 멋진 일도 없다.
—『자유를 향한 머나먼 길』에서, 1994년

명예 Honour

어둡고 암울한 시기에도 결코 진실을 저버리지 않는 사람들, 노력을 멈추지 않는 사람들, 멸시와 모욕, 패배에도 절대 용기를 잃지 않는 사람들, 이들이야말로 명예로운 자들이오.
— 위니 만델라에게 쓴 편지에서, 로벤 섬, 1969년 6월 23일

당신과 나의 충돌이 가장 극단적인 형태를 띨 때에도 개인적인 원한 없이 우리의 원칙과 이념만을 놓고 싸웠으면 합니다. 그래서 싸움이 끝났을 때 어떤 결과가 나오든, 내가 모든 결투의 예법과 품위를 지킨 곧고 훌륭한 적과 싸웠다는 생각에 당신과 자랑스럽게 악수를 나눌 수 있었으면 합니다.

— 교도소에서 더반의 변호사들에게 몰래 보낸 편지에서, 로벤 섬,
   1977년 1월

다른 사람에게 굴욕감을 주면 그 사람이 필요 이상으로 가혹한 운명에 시달리게 된다는 사실을 알았다. 나는 어려서도 적을 물리칠 때 망신을 주지는 않았다.

— 『자유를 향한 머나먼 길』에서, 1994년

희망 Hope

희망은 강력한 무기이고, 세상의 어떤 권력도 그걸 빼앗을 수 없소.

— 위니 만델라에서 쓴 편지에서, 로벤 섬, 1969년 6월 23일

시간과 희망이 지금처럼 큰 의미를 지니리라고는 생각지도 못했습니다.

— 애들레이드 탐보에서 쓴 편지에서, 로벤 섬, 1970년 1월 31일

심장이 내 온몸으로 계속 희망을 펌프질해 피를 따뜻하게 데우고 내 영혼에 생기를 불어넣는 것 같소.
— 당시 프리토리아 중앙 교도소에 수감되어 있던 위니 만델라에게 쓴 편지에서, 로벤 섬, 1970년 8월 1일

우리는 돌아갈 거라는 희망을 결코 잃지 않고, 이런 기본 원칙을 충실히 지켰다. 그래야 위대한 인권 투사들의 뒤를 이을 수 있었기 때문이다.
— 아프리카 박물관에서 열린 안네 프랑크 전시회 개막식에서, 남아프리카공화국 요하네스버그, 1994년 8월 15일

희망이 거의 사라질 뻔한 순간들이 있었지만, 월터 [시술루]는 엄청난 인내력을 가지고 있었다. 그는 우리에게 어떤 상황이라도 희망을 버리지 말고 언젠가는 승리하리라 단단히 마음먹어야 한다고 가르쳐 주었다.
— 같은 곳

우리의 희망은 현실이 될 것이다.
— 국정연설에서, 남아프리카공화국 케이프타운, 의회, 1999년 2월 5일

우리는 인정으로 하나가 된다. 서로에게 동정이나 선심을 베푸는 것이 아니다. 인류 공통의 고통을 미래에 대한 희망으로 바꾸는 법을 깨달은 인격체로서 서로 단결하는 것이다.
— 'HIV·에이즈 환자와 우리 땅의 치유를 위한' 치유와 화해 서비스에 전한 메시지에서, 2000년 12월 6일

나는 모든 문제가 해결되고 우리의 가장 무모한 꿈이 실현되는 황금시대를 꿈꾸며 평생을 보냈다.

— 출처 미상

인권 Human Rights

우리가 기본권을 원하고 포부를 가지고 있으며 권리를 주장할 수 있다는 사실을 알기 위해 꼭 교육을 받아야 할 필요는 없다. 교육과는 아무런 관계도 없는 일이다.

— ITN 텔레비전(영국)의 브라이언 위들레이크와의 인터뷰에서, 남아프리카공화국 요하네스버그, 1961년 5월 31일

인권은 지금도 여전히 세계의 긴급한 사안이며, 그래서 윌버포스 경[67]의 노력과 성취는 그의 시대 못지않게 지금도 큰 의미를 지닌다.

— 윌버포스 위원회의 잭 레너드에게 쓴 편지에서, 남아프리카공화국 파를, 빅터버스터 교도소, 1989년 8월 21일

모든 시민은 언어와 문화, 종교에 대한 권리를 보장받아야 한다.

— 유럽 의회에서 연설하며, 프랑스 스트라스부르, 1990년 6월 13일

---

67 윌리엄 윌버포스(1759~1833년). 영국의 정치가로, 노예 제도 폐지 운동을 이끌었다.

남아프리카공화국의 모든 성인은 1인1표 제도를 통해 나라의 통치에 참여할 권리를 가져야 한다. 모든 시민의 권리는 독립적인 사법부가 집행하는 확고하고 정당한 권리장전 하에 보장되어야 한다.
— 같은 곳

짓밟히고 탄압 받는 쓰라린 경험을 했기에 우리는 모든 시민이 불가침의 권리를 가지고 모든 국민이 법 앞에 평등한, 철저한 민주주의 국가를 건설하기로 굳게 결심했다.
— 캐나다 의회에서 연설하며, 캐나다 오타와, 1990년 6월 18일

모든 시민의 기본 인권을 보호하고 보장하여, 모든 개인이 진정한 자유를 누리게 해야 한다.
— 경제계 지도자 회의에서, 미국 뉴욕 시, 세계무역센터, 1990년 6월 21일

사람들의 인권을 인정해 주지 않는 것은 그들의 인간성 자체를 부정하는 것이다. 굶주림과 궁핍에 찌든 비참한 삶을 강요하는 것은 사람들의 인간성을 말살하는 것이다.
— 미국 상하원 합동 회의에서 연설하며, 미국 워싱턴 D. C., 1990년 6월 26일

개인의 자유를 보호하기 위해서는, 민의를 대변하는 독립적인 사법부가 집행하는 확고한 권리장전이 민주 헌법을 보강해 주어야 한다.
— 아일랜드공화국 의회에서 연설하며, 아일랜드 더블린, 1990년 7월 2일

어느 사회에서나 권리장전은 그 사회의 권력 관계를 잘 보여 준다. 소수 백인의 지배를 받고 있는 우리 사회에 행정부와 입법부의 무한한 권력이 지속되는 한 개인의 참정권과 시민권이 보장되기는 어렵다.
— 클라크 대학교로부터 명예박사 학위를 받으며, 미국 애틀랜타,
1993년 7월 10일

우리의 제안은 인간이 인종과 민족의 경계 안에서나 경계 밖에서나 다양한 삶과 정체성을 가지는 현실을 반영한다. 따라서 소수 집단을 보호하기 위해서는 핵심적인 시민권과 참정권을 민주적 헌법에 기술된 인간의 기본권으로 보장함으로써 일시적 다수가 함부로 건드리지 못하게 해야 한다.
— 같은 곳

1923년에 ANC가 남아프리카공화국 최초로 권리장전을 채택한 이래, 정의 달성과 인권이 우리의 명백한 주요 관심사였다.
— 같은 곳

해방을 위해 싸우고, 여러분의 도움을 받아 범죄적인 아파르트헤이트 체제로부터 벗어나야 했던 우리에게 UN 인권선언은 우리가 추구하는 대의의 정당성을 입증해 주는 역할을 했다. 동시에, 우리는 자유를 얻으면 선언에 담긴 취지를 실천해야 하는 과제를 안게 되었다.
— 제53차 국제연합 총회에서, 미국 뉴욕 시, 국제연합 총회,
1998년 9월 21일

이제 우리나라는 기본 인권의 보호와 신장에 근거한 입헌 국가이며, 인간 존엄성을 보호하는 일이 가장 중시되고 헌법이 평등, 비인종주의, 비성별주의, 모든 시민의 권리 같은 기본 가치들을 보호해주는 국가이다.
— 환영 만찬에서, AIG(아메리칸 인터내셔널 그룹) 이사회, 튀니지 튀니스, 2004년 3월 24일

전직 46664번 죄수로서, 나는 기본 인권을 누리지 못하는 이들에게 애틋한 마음을 가지고 있다. 부당한 차별에 시달리는 사람들의 인권을 보호하는 데 필요한 정책 변화를 여러 국가들에 촉구하는 바이다.
— 제15차 국제 에이즈 회의 폐막식에서, 타이 방콕, 2004년 7월 16일

에이즈 같은 질병과 빈곤이 있는 곳, 인권이 억압받고 있는 곳에서는 할 일이 더 많다. 우리가 할 일은 모든 사람에게 자유를 되찾아주는 것이다.
— 46664 콘서트에서, 영국 런던, 하이드파크, 2008년 6월 27일

인종차별과 성차별이 없는 사회를 건설하자는 우리의 고귀한 이상을 축하하자.
— 만델라의 아흔 번째 생일을 축하하는 ANC 집회에서, 남아프리카공화국 프리토리아, 로프터스 버스펠드 스타디움, 2008년 8월 2일

피부색이나 인종, 성별, 신앙에 상관없이 누구나 타고난 권리를 누릴 수 있는 민주주의 국가와 사회라는 이상을 완전히 실현하기 위해 더욱더 노력하자. 일상의 말과 행동에서 비인종주의와 비성별주의를 실천하자.
— 같은 곳

인간애 Humanity

오늘 여러분이 내게 수여하는 상은 개인과 개인, 국민과 국민, 선진국 국민들과 발전도상국 국민들을 하나로 묶어 주는 공통된 인간애의 표현이다. 새 천년을 맞이하여 평화와 번영, 평등을 위해 다 함께 노력하자는 뜻으로 알고 자랑스럽게 이 상을 받겠다.
— 의회 명예 황금 훈장을 받으며, 미국 워싱턴 D. C., 의회, 1998년 9월 23일

9·11의 여파로 세계는 서로의 차이를 존중하며 평화롭게 공존할 수 있는 방법에 대해 깊이 고민하게 되었다.
— 제1회 트라이베카 영화제 개막식에서, 미국 뉴욕 시, 시청,
  2002년 5월 8일

겸손 Humility

다른 사람들에게 호의를 받고 있다는 걸 알면 정말 겸손해질 수밖에 없지요.

— 리처드 스텡글과 나눈 대화에서, 1993년 4월 22일

어떤 인간을 신처럼 떠받드는 것은 절대 옳은 일이 아니다.

— 집에서, 남아프리카공화국 소웨토, 1990년 2월

유머 Humour

너무 크게 웃지 않는 것이 우리 전통이었다. 우리는 진지하게 행동해야 했다. 웃음이 헤프지 않은 진지한 사람이 지도자로 적합하다고 여겨졌다. 그 시절엔 그런 전통이 있었다.

— 『만델라 : 공인된 초상화』(2006년)를 위해 팀 쿠즌스, 번 해리스, 맥 마하라지와 인터뷰하며, 남아프리카공화국 요하네스버그, 2005년 8월 13일

나는 사람들이 긴장을 풀고 느긋한 것이 좋다. 느긋하면 생각이 잘 떠올라 심각한 문제를 의논할 때에도 도움이 되기 때문이다. 그래서 나는 심각한 상황을 검토할 때에도 우스갯소리를 잘한다. 긴장을 풀어야 생각도 제대로 할 수 있으니까.

— 같은 곳

다른 사람들이 자신의 문제를 잊고 자신의 감정과 경험을 이해하는 데 도움이 되는 생각을 할 수 있도록 하려면 유머감각을 발휘해야 한다.
— 같은 곳

함께하는 사람들의 수준으로 자신을 낮추면 생각을 날카롭게 가다듬을 수 있다. 아주 심각한 일을 논의할 때에도 완전히 긴장을 풀고 유머 감각을 발휘하면 주변에 쉽게 친구들이 모여든다. 그래서 나는 그런 방식을 좋아한다.
— 같은 곳

내가 일자리를 구하고 있다는 사실을 잊지 말아 달라.
— 기자들에게 실업자 신세라고 농담하며, 남아프리카공화국 요하네스버그, 2006년 4월 1일

단식 투쟁 Hunger Strikes

인간의 몸은 엄청난 적응력을 발휘해요. 특히 생각을 조정할 수 있을 때, 육체적인 것에 대해 정신적으로 접근하는 방법을 완전히 통제할 수 있을 때 그렇지요. 그리고 옳은 일을 하고 있다는 확신이 있으면, 자신의 권리를 지킬 수 있고 반격할 수 있음을 당국에 보여 주는 것이라는 확신이 있으면 아무것도 느껴지지 않아요.
— 리처드 스텡글과 나눈 대화에서, 1992년 12월 9일

그것은 국민적 비극이었고, 그들이 누구인지는 내게 중요치 않았습니다. 사람들이 굶어죽기로 방침을 정했다는데 누가 가만히 있을 수 있겠습니까. 그래서 그런 생각으로 그곳을 찾아간 겁니다.
— 단식 투쟁에 들어간 보어인[68] 결사체 출신의 죄수들을 찾아간 이유에 대해 리처드 스텡글과 나눈 대화에서, 1993년 4월 26일

이데올로기 Ideology

나는 사상적으로 동서양의 영향을 모두 받았다. 그 덕분인지, 정치 방식을 모색할 때 반드시 공정하고 객관적이어야 한다는 생각이 들었다. 사회주의를 제외한 어떤 특정한 사회체제에도 얽매이지 말고, 동양과 서양의 가장 좋은 점들을 자유롭게 빌려 올 수 있어야 한다고 생각했다.
— 리보니아 재판의 피고인석에서 진술하며, 남아프리카공화국 프리토리아, 법원, 1964년 4월 20일

나는 우리의 대의가 정당하고, 아주 타당하며, 갈수록 많은 지지를 얻고 있다고 굳게 믿고 있다.
— 로벤 섬을 다시 찾아가, 남아프리카공화국 케이프타운, 1994년 2월 11일

---

68 남아프리카의 네덜란드계 백인.

병 Illness

자신의 병을 숨기는 것은 헛된 짓이다.
— 집에서, 남아프리카공화국 요하네스버그, 2005년 1월 6일

제국주의 Imperialism

우리 경험에 비추어 볼 때, 제국주의에 대해 꼭 주목해야 할 사실은 그것이 전 세계 사람들을 종속시키고 착취하여, 수많은 이들을 죽음과 파멸로 몰고 갔다는 것이다.
— 반역죄 재판에서 증언하며, 남아프리카공화국 프리토리아, 1956~1961년

옛 유럽 열강들의 영향력이 급격히 떨어져 전 세계에서 반제국주의 세력이 놀라운 승리를 거두고 있지만, 새로운 위험이 나타나 아시아와 아프리카가 갓 쟁취한 독립을 위협하고 있다. 바로 미국 제국주의이다. 아시아와 아프리카의 민중은 탄압에 맞서 쟁취한 값진 성과들을 지켜 내려면 미국 제국주의를 무찔러 완전히 타도해야 한다.
— 「아프리카를 위협하는 새로운 존재」라는 글에서, 〈해방〉, 1958년 3월

아무리 현대적인 옷을 걸치고 그 옹호자들과 앞잡이들이 달콤한 말로 포장한다 한들 미국판 제국주의도 결국엔 똑같다.
— 같은 곳

전 세계 사람들이 들고 일어나, 정치적 진보를 위한 투쟁의 불길이 날마다 거세지고 있다. 제국주의의 영향력이 눈에 띄게 줄어들었다. 민중이 일치단결된 행동으로 제국주의와 싸워 이긴 것이다.
— 같은 곳

인도 India

인도가 국제 문제에 대해 모범적인 역할을 수행하고 있는 모습을 보면, 우리 문제가 아무리 심각하다 해도 결국엔 인류의 수많은 문제들 가운데 하나라는 사실을 깨닫게 됩니다. 인간이 초래한 고통이 그 마지막 흔적까지 세계 곳곳에서 완전히 사라지지 않는 한, 어느 나라도 그 고통으로부터 자유롭다고 말할 수 없겠지요.
— 인도 문화교류 위원회 서기 마노라마 발라 여사에게 쓴 편지에서, 로벤섬, 1980년 8월 3일

인도가 우리나라의 일부이듯이 우리도 인도의 일부이다. 우리가 서로를 열렬히 찾는 것은, 서로를 한 가족처럼 여기는 것은 역사적인 운명이다.
— 인도 대통령이 주최한 연회에서, 인도 뉴델리, 1990년 10월 15일

인도 방문은 우리에게 귀향이나 마찬가지이다. 앞으로도 계속 찬미해야 할 위대한 지도자들과 위대한 국민이 있는 성지로 순례를 오는 것이다.
— 라지브 간디 재단에서 강연하며, 인도 뉴델리, 1995년 1월 25일

인도의 독립이 식민 지배 하에 있는 모든 사람의 승리라는 사실은 아무리 되풀이해 말해도 싫증나지 않을 것이다. 남아프리카공화국 국민에게는 더욱 그렇다. 인도는 우리의 자유가 자국의 자유에 반드시 필요하다고 여겼으며, 억압을 이긴 우리의 승리는 인도의 승리이기도 했다.

— 인도 수상 인데르 쿠마르 구즈랄을 위한 연회에서, 남아프리카공화국 케이프타운, 1997년 10월 7일

인권의 보편성을 실천한 인도는 오래전부터 남아프리카공화국 국민들에게 귀감이 되어 왔다.

— 같은 곳

남아프리카공화국의 국민 생활 속에서 인도의 정신이 얼마나 큰 자리를 차지하며 존경받고 있는지 여러분 스스로도 느낄 수 있을 것이다.

— 같은 곳

인종차별적 억압과 지배의 굴레에서 나라를 해방시키려는 우리의 노력에 국제 사회가 도덕적·정치적·물질적 지원을 보내 줄 때 인도는 늘 그 선두에 서 있었다.

— 대통령궁에서, 인도 뉴델리, 2001년 3월 16일

불의 Injustice

나는 이러한 불의에 맞섬으로써 명예로워야 할 직업의 품위를 지키고 있다고 믿었다.
— 노동자 파업 선동 및 불법 출국 혐의로 재판을 받을 때 흑인 변호사에 대한 인종차별에 관해 이야기하며, 남아프리카공화국 프리토리아, 법원, 1962년 11월

평등과 사회 정의의 토대 위에 미래를 건설하여 과거의 부당함을 실제로 인식하자.
— 새 헌법에 서명하며, 남아프리카공화국 페레니힝 샤프빌, 1996년 12월 10일

우리나라뿐만 아니라 전 세계 사람들이 인간의 공동 노력으로 불의를 극복하고 모두에게 더 나은 삶을 함께 이룰 수 있다고 믿게 되었습니다.
— 대통령 취임을 앞둔 버락 오마바 대통령에게 쓴 편지에서, 2009년 1월 20일

귀감 Inspiration

세계를 활동 무대로 삼고, 인류의 진보에 도움이 되지 않는 사회경제적 조건과 싸우는 전 세계 사람들, 자유 발언권 탄압과 싸우고, 질병과 문맹, 무지, 빈곤, 기아와 싸우는 사람들이 내게 귀감이 된다. 그들 가운데에는 알려진 사람도 있지만 알려지지 않은 이들도 있다. 그들이 내게 영감을 준다.
— 런던 정치 경제 대학교에서, 영국 런던, 2000년 4월 6일

진실성 Integrity

누군가와의 개인적인 관계에 큰 진척이 있었다면, 거기에는 상대가 진실한 사람이라는 전제가 깔려 있는 겁니다. 나는 그렇게 믿어요.
— 리처드 스텡글과 나눈 대화에서, 남아프리카공화국 요하네스버그, 1992년 12월 28일

공인이라면, 다른 사람들의 진실성을 믿어야 합니다. 반대되는 증거가 나오기 전까지는요.
— 리처드 스텡글과 나눈 대화에서, 1993년 5월 3일

도덕적이고 진실하고 일관되게 행동하는 사람들은 비인간적이고 무자비한 세력을 두려워할 필요가 없다.
— 영국 적십자 인류애 강의에서, 영국 런던, 엘리자베스 2세 컨퍼런스 센터, 2003년 7월 10일

국제 협력 International Cooperation

남아프리카공화국 밖의 수많은 친구들에게 부탁하건대, 우리나라 정부에 대한 보이콧과 고립 정책을 외교나 경제 등등의 측면에서 강화해 달라. 다른 아프리카 국가에서 수입해 온 아프리카인들의 노동이 없으면 우리나라의 광산과 공장, 농장은 제대로 돌아가지 못한다.

— 전국 대회를 지지하는 1961년 5월 29~31일의 무단결근 투쟁 후 전국행동위원회를 대표하여 발표한 성명에서, 남아프리카공화국, 1961년

우리는 모든 나라와 협력할 수 있는 체제를 구축하여, 해방된 남아프리카공화국이 전 세계에 평화와 우정, 사회 진보를 전파하는 세력이 되게 하고 싶다.

— 국제 노동 회의에서 연설하며, 스위스 제네바, 1990년 6월 8일

흑인과 백인이 단결하여 그러한 의지를 실천하면, 자유와 인권, 번영, 평화를 위한 전 세계의 노력에 힘을 더하는 나라, 그래서 여러분이 친구이자 동맹국이라고 자랑스레 부를 수 있는 나라가 아프리카 남단에 틀림없이 탄생할 것이다. 이제 그날이 오게 하자. 서로 팔짱을 끼고 인종차별에 맞서는 견고한 밀집 대형을 이루어 이제 그날이 오게 하자. 우리의 공동 행동으로 하루 바삐 정의의 승리를 이끌자. 그렇게 되면, 평화 중재자들은 복이 있다는 인사에 답례할 자격이 생길 것이다.

— 미국 상하원 합동 회의에서 연설하며, 미국 워싱턴 D. C., 1990년 6월 26일

끓는 가마 속처럼 불안정하고 위험한 이런 상황에서는, 사람들의 권리를 빼앗거나 제한할 뿐만 아니라 지속적 번영을 위해 필요한 일을 가로막는 폭군, 독재자, 선동가가 등장하기 마련이다. 이와 동시에, 우리가 공동의 운명으로 묶여 있는 상호의존적인 세계에 살고 있는 현실을 더는 무시할 수 없다.
— 제49차 국제연합 총회에서, 미국 뉴욕 시, 1994년 10월 3일

마지막으로, 전 세계 국가들의 상호의존성에 대한 의식이 성장할수록 정부 조직이 내리는 모든 결정은 국제 사회의 검토를 받을 것이고, 국제 사회의 승인과 지원 여부에 따라 그 성패가 가름될 것이라는 사실을 말하고 싶다.
— 제50차 ANC 전국 회의 개회식에서, 남아프리카공화국, 노스웨스트 대학교 마피켕 캠퍼스, 1997년 12월 16일

우리가 해방 투쟁을 벌이는 내내 공산당으로부터 배운 많은 것들 가운데 하나가 국제 연대의 중요성이다. 어떤 투쟁을 벌이든 혼자 힘으로는 효과를 볼 수 없다.
— 제10차 SACP(남아프리카 공산당) 전국 회의에서 크리스 하니 상을 받으며, 남아프리카공화국 요하네스버그, 1998년 7월 1일

현대 세계에서는 어떤 나라도 혼자 힘으로 국정을 처리할 수 없다. 우리가 직면한 문제들은 어느 한 나라가 홀로 풀 수 있는 성질의 것이 아니다. 한 나라에서 일어나는 일은 이웃나라나 그보다 더 먼 곳까지 영향을 미친다.
— 걸프 협력 회의 정상회담에서, 아랍에미리트연합국 아부다비, 1998년 12월 7일

내 개인적으로는 고별 여행이었지만, 세계 각국이 갈등 없이 다 함께 어우러져 이상을 실현하는 미래의 모습을 언뜻 볼 수 있었던 기분 좋은 시간이기도 했다.
— 같은 곳

지금 우리는 더 극심한 갈등과 불평등의 늪으로 끌려들어 가느냐, 아니면 거기서 벗어나 평화와 국제 협력으로 나아갈 수 있느냐 하는 역사적 갈림길에 서 있다.
— 로터리 클럽으로부터 '가장 위대한 아프리카의 아들' 상을 받으며, 말라위, 2003년 5월 23일

물질적 측면에서나 권력과 영향력 측면에서나 세계는 여전히 극심한 불평등과 분열에 시달리고 있지만, 전 세계가 함께 손잡고 우리의 문제와 갈등, 차이, 난관에 단호히 대처한다면 질서 정연하게 공존하며 인간의 존엄성을 지키자는 우리의 희망도 실현될 것이다.
— 제28차 국제 적십자·적신월 회의에서, 스위스 제네바, 2003년 12월 2일

인터뷰 Interviews

보통은 사전에 인터뷰 내용을 알려 달라고 해서 준비를 하고, 차분하고 재치 있게 대처하되 날카로운 공방은 피하는 것이 좋단다.
— 제나니 만델라(제니)에게 쓴 편지에서, 남아프리카공화국 케이프타운, 폴스무어 교도소, 1987년 6월 30일

이슬람 Islam

우리가 양극의 세계관에서 벗어나면, 이슬람과 서방의 관계에 대한 케케묵은 담론은 좀 더 다면적인 사고 틀로 바뀔 것이다.
— 옥스퍼드 대학교 부설 이슬람 연구소에서 강연하며, 영국 옥스퍼드, 셸도니언 극장, 1997년 7월 11일

이슬람은 아프리카를 풍요롭게 하고 그 일부가 되었다. 다음에는 이슬람이 변화했고 아프리카가 이슬람의 일부가 되었다.
— 같은 곳

이슬람의 전래가 때로는 새로운 정치 사회 질서의 도입을 뜻하기도 했지만, 이슬람이 기존 질서에 흡수되기도 했다.
— 같은 곳

남아프리카공화국에 선명히 남아 있는 이슬람의 유산은 우리나라의 귀중하고 훌륭한 자산이다.
— 같은 곳

이슬람은 아프리카 대륙의 역사만큼이나 복잡한 과정을 통해 아프리카의 일부가 되었다.
— 같은 곳

남아프리카공화국 고유의 이슬람 유산은 우리 역사의 소중한 일부가 되었다.
— 걸프 협력 회의 정상회담에서, 아랍에미리트연합국 아부다비, 1998년 12월 7일

사법부 Judiciary

피해자가 피고소인을 심판할 수 있게 하는 것은 어떤 종류의 정의인가? 이 사법부는 전적으로 백인들의 통제를 받으면서, 우리의 뜻은 전혀 대변해 주지 않는 백인 의회가 제정한 법, 대부분의 경우 아프리카인들이 만장일치로 반대한 법을 집행하고 있다.
— W. A. 판 헬즈딩언 치안판사 기피 신청서에서, 남아프리카공화국 프리토리아, 올드 시나고그, 1962년 10월 22일

사법부의 독립은 우리 민주주의를 떠받치는 기둥이며, 자신에게 유리하든 불리하든 법원의 결정에 따르는 자세 역시 기본적으로 필요하다.
— 대통령의 예산안 심의회 개막 연설에서, 남아프리카공화국 케이프타운, 의회, 1998년 4월 21일

헌법재판소에서 내린 첫 판결은 내 대통령 업무에 관한 것이었는데, 헌법재판소장이 한때 내 변호사였는데도 내게 불리한 판결을 내렸던 일을 잊을 수가 없다. 그때 나는 우리 민주주의의 정점에 서서 가동되는 이 재판소에 남아프리카공화국을 마음 놓고 맡길 수 있겠다는 확신이 들었다.
— 헌법재판소 건물의 정식 개방을 축하하는 특별 만찬에서, 남아프리카공화국 요하네스버그, 헌법재판소, 2004년 3월 19일

정의 Justice

왜 내가 이 법정에서 백인 판사 앞에 서서 백인 검사의 신문을 받고 백인 집행원의 호위를 받아 피고석으로 가야 하는가? 이런 분위기에서 정의의 저울이 한쪽으로 기울지 않고 균형을 이루고 있다고 누가 진실로 말할 수 있겠는가?
— W. A. 판 헬즈딩언 치안판사 기피 신청서에서, 남아프리카공화국 프리토리아, 올드 시나고그, 1962년 10월 22일

아무리 많은 규칙이나 그 집행도 정의의 편에서 싸우는 사람을 이길 수 없다는 사실을 명심해야 한다.
— GATT(General Agreement on Tariffs and Trade, 관세 및 무역에 관한 일반협정) 체결 50주년 기념식에서, 스위스 제네바, 1998년 5월 19일

학살 Killing

잇따라 들어선 백인 정권이 무장하지 않은 무방비 상태의 흑인을 학살하는 일을 반복했고, 그들이 총을 뽑을 때마다 그 야만적인 발포의 대상은 흑인들이었다.

— 1976년 소웨토 봉기에 관한 성명서에서, 망명 중이던 ANC가 로벤 섬 교도소에서 몰래 빼내어 발표, 1980년 6월 10일

우리 투쟁의 평화적이고 비폭력적인 성격이 당신의 정부에는 어떤 인상도 주지 못했습니다. 무방비 상태의 무고한 사람들이 평화 시위를 벌이다 무자비하게 학살당했어요.

— P. W. 보타 대통령에게 쓴 편지에서, 남아프리카공화국 케이프타운, 폴스무어 교도소, 1985년 2월 13일

현재 우리나라 어디서나 뚜렷이 눈에 띄는 완고한 저항과, 전례 없이 일어나고 있는 인명 손실과 구금이 나의 중대한 관심사입니다.

— 새뮤얼 대시 교수[69]에게 쓴 편지에서, 남아프리카공화국 케이프타운, 폴스무어 교도소, 1985년 5월 12일

---

69 1925~2004년. 조지타운 대학교에 근 40년간 재직하며 형사소송법을 가르쳤다. 국제 인권 연맹 이사로, 워터게이트 상원 조사 위원회 수석 법률 고문이었다. 1985년에 미국인 최초로 수감 중인 넬슨 만델라를 찾아가 만델라의 석방을 위한 중재 노력에 참여했다.

대단히 위험하다. 평화적 해결에 이를 수 있는 분위기를 조성할 수만 있다면 무슨 일이든 하겠다고 결심했지만, 무기한으로 그럴 생각은 없다. 우리 국민의 죽음을 목격하고 싶지 않다.
— 제5차 OAU(아프리카 통일 기구) 남아프리카 특별 위원회 회의에서 브리핑하며, 1990년 9월 8일

해방 운동을 무너뜨리기로 마음먹은 자들이 무고한 사람들을 수없이 죽이는 큰 실수를 저질렀다. 그들은 오히려 우리를 단결시켰다.
— 카기소에서 연설하며, 남아프리카공화국 웨스트랜드, 1991년경

사람들이 목숨까지 잃는 폭력 사건이 터무니없이 높은 빈도로 발생하고 있었습니다. 그런데 체포와 유죄 판결은 극히 드물었던 걸 보면, 안보 세력이 묵인해 주고 있었던 것이 분명합니다.
— 리처드 스텡글과 나눈 대화에서, 1993년 4월 26일

무고한 사람들의 무자비한 학살만큼 나를 화나게 하는 일도 없었다. 그러나 화가 나는 와중에도 나는 우리 국민에게, 흑인과 백인 모두에게 민주 정부 수립을 향해 전진하는 데 차분하게 집중하자고 호소할 수밖에 없다.
— 출처 미상, 1993년경

지뢰 Landmines

[지뢰는] 군인의 발걸음과 땔감 줍는 노파의 발걸음을 구분할 줄 모르는 눈 먼 무기이다. 지뢰는 휴전 명령을 전혀 모르기 때문에, 전쟁이 끝나고 한참 지난 후에도 그것을 묻은 병사의 자녀들과 손자들을 불구로 만들거나 죽일 수 있다.

— '천 개의 만찬의 밤'[70]을 지지하는 메시지에서, 남아프리카공화국 프리토리아, 프리토리아 이스트 로터리 클럽, 2003년 11월

언어 Language

아프리칸스어[71]는 우리나라 흑인들 대다수가 쓰는 언어이기 때문에, 그들에게서 그들의 언어를 빼앗으려는 시도는 위험할 것이다. 아프리칸스어는 혼혈인 95퍼센트의 모국어이고, 특히 트란스발의 시골 촌락에서는 인도인들도 사용하고 있다. 도시 지역의 젊은 아프리카인들 사이에서도 널리 쓰인다.

— 「흑인 의식 운동은 어디로」라는 글에서, 로벤 섬, 1978년

---

70 Night of a Thousand Dinners. 가족, 친구, 동료들과 함께 식사하는 소박한 일을 통해, 반지뢰 단체인 어답트 어 마인필드(Adopt-A-Minefield)를 후원하는 전 세계 자선 행사.
71 남아프리카의 공용 네덜란드어.

아프리칸스어는 억압자들의 언어이기에, 우리 국민은 더더욱 그 언어와 문학 및 역사를 배우고 아프리칸스어 작가들 사이의 새로운 흐름을 눈여겨보아야 한다. 적의 강점과 약점을 아는 것, 이것이야말로 싸움의 기본 원칙이다.
— 같은 곳

우리 국민은 아프리카너의 무자비한 인종 차별에는 반감을 느끼지만, 영국의 정치사상에 확고히 자리 잡은 자유주의 전통과 영국이 수세기 동안 모든 정치 망명객들에게 피난처가 되어 준 사실에는 매력을 느끼고 있다. 하지만 여전히 영국은 우리를 억압하고 있는 세력의 중요한 협력자이다. 그렇다면 우리 국민에게 영어를 보이콧하고 해방 뒤 영어의 폐지를 요구하자고 부추겨서는 안 될 이유가 있을까?
— 같은 곳

영어로 말하면 아프리카너를 포함해 꽤 많은 사람이 알아듣지만, 아프리칸스어로 말하면 상대의 가슴에 바로 가 닿을 수 있지요.
— 리처드 스텡글과 나눈 대화에서, 1992년 12월경

여러 부족의 사람들이 코사어로 간주되는 말을 사용하고 있습니다.
— 리처드 스텡글과 나눈 대화에서, 1993년 3월 23일

우리는 어떤 언어의 폐지도 원치 않아요. 우리가 원하는 건, 아파르트헤이트 정책으로 열외 취급을 받아 온 아프리카 언어들을 영어나 아프리칸스어와 동등한 위치로 끌어올리는 겁니다. 그렇다고 해서 아프리칸스어와 영어의 위상을 떨어뜨리자는 말이 아니에요. 그저 다른 언어들도 동등하게 대우해 주자는 뜻이지요.
— 리처드 스텡글과 나눈 대화에서, 1993년 4월 29일

지금은 영어가 더 편합니다. 여기서 오랜 세월을 보내기도 했고 감옥에서 지내는 동안 코사어 문헌을 접하지 못한 탓이지요.
— 같은 곳

언어와 문화, 종교가 국민의 정체성을 이루는 중요한 요소라는 사실을 우리도 인정한다. 하지만 인종이나 민족 집단이 모든 사회 조직의 토대로서 사회의 권력 관계를 결정해야 한다는 아파르트헤이트 정권의 가정은 전적으로 거부한다.
— 클라크 대학교로부터 명예박사 학위를 받으며, 미국 애틀랜타, 1993년 7월 10일

언어가 없으면 사람들과 얘기를 나누고 서로를 이해할 수 없다. 희망과 열망을 공유하고 역사를 이해하고 시를 감상하고 노래를 음미할 수도 없다.
— 『자유를 향한 머나먼 길』에서, 1994년

안타깝게도 나는 영어를 잘 못한다.
— 다큐멘터리 〈만델라 : 살아 있는 전설〉에서, 2003년

감옥에서는 아프리칸스어를 더 잘했다. 날마다 연습할 수 있었으니까.
— 넬슨 만델라 메모리 센터의 번 해리스와 인터뷰하며, 남아프리카공화국 요하네스버그, 2005년

지도력 Leadership

그 무엇도 사람들의 정신을 짓밟을 수 없으며, 현 지도부에 무슨 일이 생기든 완전한 승리의 날이 찾아올 때까지 새로운 지도부가 끊임없이 생겨날 것이다.
— ANC 청년 동맹 연례회의 의장 연설에서, 남아프리카공화국, 1951년 12월

정치적 무기의 효력이 떨어졌는데도 주저하며 그것을 버리지 않는 지도부는 그들을 따르는 사람들에게 죄를 짓는 것이다.
— PAFMECA(동아프리카와 중앙아프리카의 범아프리카 자유 운동)에 파견된 ANC 위원단을 대표한 연설에서, 에티오피아 아디스아바바, 1962년 2월 3일

어느 나라나 수상의 자리에 오르는 사람은 공적 생활에서 뛰어난 능력과 강인한 성격, 강직함을 보여야 한다.
— 미출간 자서전 원고에서, 로벤 섬, 1975년

자유 운동의 훌륭한 지도자라면, 승리군의 지휘관이 패배한 적에게 지시하는 항복 문서나 다름없는 조건, 실은 조직을 약화시키고 그 지도부를 능멸하기 위한 조건에 굴복하지 않을 겁니다.
— P. W. 보타 대통령에게 쓴 메모에서, 남아프리카공화국 파를, 빅터버스터 교도소, 1989년 7월

세상에는 지도자의 자질을 타고나는 사람들이 수두룩합니다. 17세기부터 독립 투쟁을 이끈 전통적 지도자들이 그런 사람들이었지요. 그러나 시대가 변해서 지금의 투쟁에서는 성장성이 좋은 인물을 육성하는 교육이 강력한 무기가 되었습니다.
— 마키 조모 달라실레에게 쓴 편지에서, 남아프리카공화국 파를, 빅터버스터 교도소, 1989년 8월 14일

특별한 자질을 가진 성실한 지도자만이 우리 모두에게 영향을 미치는 기본적인 문제들을 볼 줄 알고, 많은 활동가들의 비전을 제한하는 쓸데없는 논쟁을 피하는 경향이 있습니다.
— 제임스 음은다웨니에게 쓴 편지에서, 남아프리카공화국 파를, 빅터버스터 교도소, 1989년 8월 21일

한 조직의 중요성을 측정하는 기준은 다양합니다. 그 중 가장 중요한 기준은 그 지도자들의 자질이지요.
— 앤드루 헌터 목사에게 쓴 편지에서, 남아프리카공화국 파를, 빅터버스터 교도소, 1989년 8월 21일

족장이라는 지위는 어떤 개인이 역사로부터 부여받아 자기 멋대로 사용하거나 남용할 수 있는 자리가 아니다. 모든 형태의 지도자가 그렇듯 족장 역시 그에 걸맞은 책임을 지닌다. 자신도 족장인 [앨버트] 루툴리 [족장]이 말했듯이, "족장은 무엇보다도 사람들을 섬기고 그들을 대변하는 사람이다."
— 집회에서 연설하며, 남아프리카공화국 더반, 킹스파크 스타디움, 1990년 2월 25일

절대로 성공할 수 없는 일을 요구하는 지도자만큼 끔찍한 것도 없지요.
— 리처드 스텡글과 나눈 대화에서, 1992년 12월경

서민성은 엄청나게 큰 장점입니다, 특히 국가의 수장으로서는.
— 리처드 스텡글과 나눈 대화에서, 1993년 2월 2일

때로 지도자는 누구와도 상의 없이 독자적인 행동을 취한 다음 자신이 한 일을 조직에게 설명해야 할 때가 있습니다.
— 같은 곳

우리의 접근 방식은 조직에 권한을 주어 그 지도부의 힘으로 원활하게 돌아가도록 하는 것이었습니다.
— 리처드 스텡글과 나눈 대화에서, 1993년 3월 25일

지도자의 자질, 어디서나 불의에 맞서 싸우고자 하는 인간의 자질을 갖추는 데는 학위가 필요 없다는 것을 알게 돼요.
— 리처드 스텡글과 나눈 대화에서, 1993년 4월 29일

지도자의 첫 번째 임무는 비전을 제시하는 것이다. 두 번째는 비전의 실천을 돕고 효율적인 팀을 통해 그 과정을 관리해 줄 추종자들을 만들어 내는 것이다. 이렇게 이끌려 가는 사람들은 자신이 어디로 가고 있는지 잘 안다. 비전을 공유해 준 지도자가 세운 목표를 믿고 그 목표에 도달하는 과정을 믿기 때문이다.
— 공책에서, 1993년경

나는 섭정의 격언을 늘 잊지 않는다. 그가 말하기를, 지도자는 양치기와 같다고 했다. 양치기는 양떼를 몰 때 계속 뒤에 머문 채 가장 민첩한 양을 앞장세운다. 그래서 나머지 양들은 자기들이 뒤에서 조종받는 줄도 모르고 앞의 양을 뒤따라간다.
— 『자유를 향한 머나먼 길』에서, 1994년

지도자가 사람들 앞에서 슬픔을 드러내도 사람들 눈에 작아 보이지 않을 때가 있다.
— 같은 곳

기회를 놓치지 않는 지도자, 억압받는 자들의 바람과 열망에 부응하는 지도자를 전면에 내세우는 것이 우리의 역사적 사명이다. 스티브 비코가 바로 그런 사람이었다. 그는 시대에 꼭 맞는 인물, 다시 각성한 대중의 자랑스러운 대변자였다.

— 경찰서 유치장에서 죽은 스티브 비코의 사망 20주기 추모 행사에서, 남아프리카공화국 이스트런던, 1997년 9월 1일

위대한 삶을 자신의 주관적 관점으로 조명하는 역사가, 학자, 작가, 기자에게 오해받는 것도 지도자의 운명이다. 해석자들이 인간의 존엄성과 국민 의식과 관련하여 견해를 밝힐 수 있는 수단이 훨씬 더 많은 나라에서는 더욱 그렇다.

— 같은 곳

경쟁 없이 당선된 지도자는 그 막강한 지위를 이용하여 자신의 비방자들에게 앙갚음하고 그들을 주변부로 밀어내고 심지어는 제거하고 싶은 마음까지 생길 수 있다. 그리고 '무조건 예예라고 하는 아첨꾼'들만 주변에 두고 싶은 유혹을 느낀다.

— 제50차 ANC 전국 회의 폐회식에서, 남아프리카공화국, 노스웨스트 대학교 마피켕 캠퍼스, 1997년 12월 20일

지도부의 통솔에 모순이 생기는 이유는 조직을 이끌어가는 여러 세력들을 유지하는 것이 지도자의 의무이기 때문이다. 그러기 위해서는 반대 의견을 허용하고, 어떤 주제든 모든 각도에서 토론할 수 있어야 하며, 사람들이 두려움 없이 공평하게 지도자를 비판할 수 있

어야 한다. 그래야만 동료들을 단결시킬 수 있다.
— 같은 곳

진정한 지도자는 인민의 자유를 위해 모든 것을 희생할 각오가 되어 있어야 한다.
— 앨버트 루툴리 족장의 100세 축하 행사에서, 남아프리카공화국 콰두쿠자, 1998년 4월 25일

위대한 지도자의 특징은 자신이 어떤 상황에서 일하고 있는지 제대로 파악하고 그에 따라 행동할 줄 안다는 것이다. 해방을 위해 몸을 사리지 않고 용감하게 싸운 크리스 [하니] 동지는 조직의 임무를 결정하는 데 늘 참여했고, 그 임무를 수행해 냈다.
— 제10차 SACP(남아프리카 공산당) 전국 회의에서 크리스 하니 상을 받으며, 남아프리카공화국 요하네스버그, 1998년 7월 1일

훌륭한 지도자는 사회의 모든 긴장을 없애면 사회를 좌지우지할 만한 비전을 가진 이들에게 이상적인 환경이 만들어져 창의적인 사람들이 무대 중앙에 오를 수 있다는 사실을 분명히 알고 있어야 한다.
— 미출간 자서전 속편에서, 1998년경

지도자가 비판에 지나치게 민감하거나, 토론할 때 자기보다 아는 것 없고 미숙한 학생들을 대하는 선생처럼 구는 것은 큰 잘못이다.
— 같은 곳

우리의 전통적 지도자들 중에는 역사의 교훈을 잘 모르는 이들이 많다. 그들은 권력을 백성들에게 나누어 주지 않은 절대군주가 한때 세상에 있었다는 사실을 모르는 것 같다.
— 같은 곳

우리는 전통적 지도자라는 제도가 아프리카 법과 관습, 우리의 문화와 전통으로부터 인정받았음을 잊지 말아야 한다. 그것을 없애려는 시도가 이루어져서는 안 된다. 우리는 민주주의 원리에 기초한 원만한 해결책을 찾아야 하고, 그러면 전통적 지도자들이 정부 차원에서 의미 있는 역할을 할 수 있다.
— 같은 곳

지도자는 서로의 차이를 받아들이고 존중하는 세상을 이루기 위해 분명하고 결단력 있는 지도력을 발휘하고, 갈등과 분쟁의 평화적 해결에 타협 없이 매진해야 한다.
— 독일 언론상을 받으며, 독일 바덴바덴, 1999년 1월 28일

당신의 지도력이 사람들의 삶을 개선하는 데 도움이 되고, 아프리카 문화와 전통의 최대 이점을 발전시키고, 무엇보다도 사람들 사이의 평화와 단결을 진작한다면, 나는 더없이 만족할 것이다.
— 상고 파테킬레 홀로미사 족장 취임식에서, 남아프리카공화국 트란스케이 음콴둘리 지구, 1999년 4월 17일

진정한 지도자는 긴장 완화를 위해 열심히 노력해야 한다. 민감하고 복잡한 문제를 다룰 때는 특히 그렇다. 보통 긴장 상황에서 극단주의자들이 판을 치고, 합리적 사고보다 순수한 감정이 앞서는 경향이 있다.

— 개인 공책에서, 2000년 1월 16일

진정한 지도자는 아무리 심각하고 민감한 사안이라도 토론 끝에는 우리가 그 어느 때보다도 강하고 단결된 모습을 보여야 한다는 책임감을 지니고 있다.

— 같은 곳

나는 우리의 집단 지도 체제를 전적으로 신뢰한다. 그렇다고 해서 우리 사이에 의견의 차이나 실망스러운 일들이 없는 것은 아니다. 그런 상황이 일어나면 철저한 토론을 벌이되 대다수의 결정을 받아들이고 그것을 실행하기 위해 열심히 노력해야 한다.

— ANC 전국 대표 대회에서, 남아프리카공화국 포트엘리자베스, 2000년 7월 12일

우리가 약속한 대로 모든 국민의 삶을 개선하려면 각급 지도자의 헌신이 필요하다.

— 같은 곳

우리 세대 중에 상황과 역사가 달랐다면 내 자리를 차지할 수 있었을 사람들이 많다. 내가 지도력을 발휘할 수 있었던 것은 나를 둘러싼 사람들과 내 인격을 형성해 준 사람들 때문이었다.
— 모들린 칼리지에서 명예 특별연구원 자격을 수여받으며, 영국 케임브리지 대학교, 2001년 5월 2일

나는 세상 사람들이 종종 나를 가리켜 지도자의 본보기로 부른다는 사실을 알고 있다. 그런 칭찬을 받아들일 수 있는 것은 내가 우리나라와 우리나라 역사에서 배출된 지도자들 가운데 한 명이라는 사실을 잘 알기 때문이다.
— 같은 곳

우리 사회가 어떤 변화를 이룰 것이냐는 우리 공동체들과 조직들과 공공 생활의 다양한 부문과 활동에서 발휘되는 지도력의 질에 크게 좌우될 것이다.
— 흑인 경영자 포럼 연례회의 만찬에서, 남아프리카공화국, 2002년 10월

나는 혈통적으로 통치자의 운명을 타고났다. 크사멜라 [월터 시술루]는 국민을 섬기는 것이 나의 진짜 소명임을 이해하도록 도와주었다.
— 월터 시술루의 죽음에 대하여, 2003년 5월 5일

자주 목격했듯이, 우리 중 많은 이들이 지위와 명예를 얻고 많은 곳에서 박수갈채를 받았다. 하지만 그 누구도 이 사람의 지도력과 인간성에는 미치지 못한다. 월터 시술루, 그는 자신이 주목 받는 것을 원치 않고 언제나 다른 사람을 내세우고 칭찬했다. 그러나 해야 할 일이나 전투가 있으면 자신이 앞장섰다. 그에게 박수갈채를 보내려고 하면 뒤로 물러섰다.

— 만델라 하우스[72] 개장식에서, 남아프리카공화국 요하네스버그,
2003년 5월 6일

훌륭하고 현명한 지도자는 사회의 법과 기본 가치를 존중한다.

— 연례 어린이 축하 행사에서, 남아프리카공화국 블룸폰테인,
2003년 9월 27일

내가 여러분의 지도자라면 여러분은 내 말에 귀를 기울여야 한다. 그걸 원치 않거든 나를 여러분의 지도자로 삼지 마라.

— 다큐멘터리 〈만델라 : 살아 있는 전설〉에서, 평화에 대한 호소를 군중들이 잘 받아들이지 않았던 킹스파크 스타디움 집회에서의 연설을 떠올리며, 남아프리카공화국 더반, 2003년

---

72 만델라가 1963년 체포될 때까지 거주한 집의 내부를 그대로 공개하여 만델라가 사용하던 물건들을 전시한 박물관으로, 만델라 티셔츠와 모자 등 만델라나 소웨토와 관련된 상품들을 판매하고 있다.

민주 남아프리카공화국이 거둔 적지 않은 성과를 축하할 때, 그 초대 대통령과 부통령이 되는 영광을 누린 만델라와 [고반] 음베키[73], 그리고 이행 협상 과정에서 두각을 드러낸 사람들의 기여와 역할만 집중 조명 받는다는 생각이 들 때가 많다.
— 제5차 스티브 비코 강연에서, 남아프리카공화국 케이프타운, 케이프타운 대학교, 2004년 9월 10일

지도자 자리의 바통이 넘겨졌으니, 우리 세대로부터 아주 훌륭하게 바통을 이어받은 지도자들에게 영광이 돌아갔으면 좋겠다.
— 츠와니 시 명예시민권을 받으며, 남아프리카공화국 요하네스버그, 넬슨 만델라 재단, 2008년 5월 13일

지금도 여전히 우리에게는 조직을 존중하고 남아프리카공화국의 모든 국민들과 우리 국경 안에 사는 모든 이들을 동등하게 보살펴 줄 절제력 있는 지도자와 조직원들이 필요하다.
— 만델라의 아흔 번째 생일을 축하하는 ANC 집회에서, 남아프리카공화국 프리토리아, 로프터스 버스펠드 스타디움, 2008년 8월 2일

여러분을 그 자리에 앉힌 이들이 극빈층이라는 사실을 잊지 않도록 조심해야 한다.
— 집회에서 연설하며, 남아프리카공화국, 날짜 미상

---

[73] 1910~2001년. 남아프리카공화국의 정치인이자, 만델라의 뒤를 이어 남아프리카공화국 대통령에 오른 타보 음베키의 아버지. 1994년에 열린 첫 민주 선거에서 상원 부통령으로 선출되었다.

지도자에는 두 가지 부류가 있다. 일관성이 없고, 어떤 행동을 취할지 예측할 수 없으며, 오늘 중대한 사안에 동의해 놓고 그다음 날 부인해 버리는 지도자. 그리고 일관성 있으며, 신의와 비전이 있는 지도자.

— 공책에서, 날짜 미상

우리는 집단 지도 체제 전통 속에서 자랐다. 모든 문제를 철저하게 토론하고 때로는 날카롭게 대립하기도 하지만 결국엔 합의에 도달한다.

— 다큐멘터리 〈만델라 만세 : 전천후 영웅〉에서, 2010년

유산 Legacy

내가 한 개인으로서, 국민의 지도자로서 행한 모든 일은 남아프리카에서의 내 경험과, 내 자신이 자랑스러운 아프리카인이라는 자긍심에서 비롯된 것이다.

— 리보니아 재판의 피고인석에서 진술하며, 남아프리카공화국 프리토리아, 법원, 1964년 4월 20일

아내와 온 가족의 사랑 다음으로 우리에게 큰 힘이 된 것은, 적이 아무리 우리를 고립시키고 깎아내리려 해도 국민들은 결코 우리를 잊지 않는다는 사실이었다.

— 미출간 자서전 원고에서, 로벤 섬, 1975년

자신의 의무를 다하고 동료들의 기대에 부응했다는 사실을 아는 것 자체가 보람 있는 경험이요, 아름다운 성취랍니다.

— 시나 던컨에게 쓴 편지에서, 남아프리카공화국 케이프타운, 폴스무어 교도소, 1985년 4월 1일

큰 희생을 감내하면서까지 추구해 온 이념이 마침내 결실을 맺고 있다는 것을 알면, 오랜 옹호자들에게는 그보다 더 뿌듯하고 흡족한 일이 없어요.

— 프랭클린 손[74]에게 쓴 편지에서, 남아프리카공화국 파를, 빅터버스터 교도소, 1989년 8월 21일

수세기 전부터 세계 어디서나 수많은 사람들이 나타났다 사라져 가고 있다. 그 가운데에는 아무것도, 심지어는 이름조차 남기지 않는 사람들도 있다. 마치 존재조차 하지 않은 것처럼.

— 미출간 자서전 속편에서, 1998년경

解放 운동 Liberation Movement

수세대 동안 비상식적인 정치가들과 정부의 도구 노릇을 해왔던 민중, 극소수의 특권층에게만 이익이 되는 전쟁으로 궁핍과 슬픔을 겪어 온 민중이 이제는 역사의 객체에서 역사의 주체로 부상하고 있다.

— ANC 청년 동맹 연례회의 의장 연설에서, 남아프리카공화국, 1951년 12월

---

[74] 1939년~. 남아프리카 상공회의소 소장, 주미 남아프리카공화국 대사를 역임했다.

전 세계에서 사악한 어둠의 세력이 타락하고 파산한 문명을 지키려고 마지막 발악을 하고 있지만, 확신과 가슴 벅찬 희망에 잔뜩 부푼 민중은 화목하게 번영하는 새로운 인간 가족을 만들어 내기 위해 싸우고 있다.
— 같은 곳

그렇다, 투쟁은 고통스러울 것이다. 지도자들은 추방과 투옥, 심지어는 총살까지 당할 것이다. 정부는 민중과 그들의 지도자를 탄압하여 전진을 막으려 할 것이고, 일반적인 형태의 조직은 불가능해질 것이다.
— 같은 곳

우리는 인민들이 운동을 펼칠 때 거기에 반대할 만한 원칙적 근거가 있다 하더라도 인민의 대중 운동을 거슬러서는 안 된다는 것을 알았다. 진정한 투사라면 반드시 압제자에 맞서는 인민의 편에 서야 한다는 것을 알았다.
— 같은 곳

아프리카의 아들딸인 우리의 임무가 실로 막중하지만, 나는 우리가 상황으로 인해 처한 난관에 대응할 수 있으리라 굳게 믿는다. '바로 지금 남아프리카공화국에 완전한 민주적 권리를'이라는 슬로건 아래 승리를 향해 전진해야 한다.
— 같은 곳

세계의 보통 사람들, 전 세계의 피억압자들이 자기 역사의 의식적 창조자가 되어 가고 있다.

— 같은 곳

우리가 팔짱 끼고 앉아 기다리기만 하면 미래의 의회가 인종과 피부색, 신조에 관계없이 모든 인간의 존엄성을 지켜 줄 법을 제정할 거라는 추측은 정치 투쟁의 기본 원칙을 완전히 왜곡한 것이다.

— 「종잡을 수 없는 망상」이라는 글에서, 〈해방〉, 1953년 6월

자유 세력과 반동 세력 사이의 결전의 날이 머지않았다. 나는 그날이 오면 진실과 정의가 승리하리라 믿어 의심치 않는다.

— ANC 트란스발 회의 중 〈자유로 향하는 험난한 길〉로도 알려진 의장 연설에서, 남아프리카공화국 트란스발, 1953년 9월 21일

지배층이 그들의 자리를 지키기 위해 그런 비인간적 방법을 쓴다면, 자유 세력과 반동 세력 간의 충돌은 반드시 일어나게 되어 있다. 극심한 곤경에 처한 국민들은 우리나라를 통치하는 강도들의 역겨운 정책에 죽을 때까지 저항할 수밖에 없다.

— 같은 곳

"자유로 향하는 쉬운 길은 없기에" 우리가 바라는 산봉우리에 오를 때까지 많은 이들이 몇 번이나 어두운 죽음의 계곡을 건너야 할 것이다.

— ANC 트란스발 회의 중 〈자유로 향하는 험난한 길〉로도 알려진 의장 연설에서 자와할랄 네루의 말을 인용하며, 남아프리카공화국 트란스발, 1953년 9월 21일

거대한 강압적 국가 기구를 만들어 우리나라의 민주주의를 짓밟고, 아파르트헤이트와 백인우월주의 정책에 항의하는 이들의 입을 막으려는 파시스트 정부가 우리의 상대라는 사실을 한시도 잊을 수 없다.
— 「대학까지 확대되는 반투 교육법」이라는 글에서, 〈해방〉, 1957년 6월

해방 운동은 요구 사항을 얻기 위한 투쟁에서 다양한 정치적 무기를 사용하는데, 그 가운데 하나가 보이콧이 될 수도 있다(반드시 보이콧이어야 하는 것은 아니다). 따라서 보이콧을 어떤 상황에서든 꼭 써야 하는 무기로 여기는 것은 심각한 잘못이다.
— 「우리의 투쟁에는 많은 전술이 필요하다(Our Struggle Needs Many Tactics)」라는 글에서, 〈해방〉, 1958년 2월

해방 운동 세력은 강하고 위력적이며 인원수도 점점 늘어나고 있다. 사기도 높아서, 우리는 추호의 의심도 없이 즐거운 마음으로 미래를 기대하고 있다.
— 전국 대회를 지지하는 1961년 5월 29~31일의 무단결근 투쟁 후 전국행동위원회를 대표하여 발표한 성명에서, 남아프리카공화국, 1961년

우리는 이 나라 국민이다. 광산에서, 농장에서, 산업 현장에서 부를 생산한다. 비협조는 정부를 무너뜨리기 위해 우리가 써야 할 무기이다. 우리는 그 무기를 주저 없이 최대한 이용하기로 했다.
— 같은 곳

협력하지 않는 것도 유력한 무기이다. 우리는 거절해야 한다. 그것을 무기로 써서 정부를 무덤으로 보내야 한다.

— 「투쟁은 나의 삶」이라는 기자회견문에서 전국행동위원회의 권고에 따라 지하에서 정치 활동을 이어가기로 한 결심을 설명하며, 남아프리카공화국, 1961년 6월 26일

우리는 정부를 난감하게 만들 계획이다.

— 같은 곳

정부가 군사력이든 아니든 모든 수단을 총동원하여 비무장 국민들의 평화 시위를 탄압하려 한다면, 대중은 시위에 강력한 지지를 보낼 것이다. 우리가 정부의 가장 강력한, 결코 얕잡아볼 수 없는 대항자가 되었다는 사실을 이보다 더 분명히 증명해 주는 증거가 있을까?

— 같은 곳

나는 남아프리카공화국을 떠나지도, 굴복하지도 않을 것이다. 오로지 고난과 희생, 전투적 행동을 통해서만 자유를 얻을 수 있다. 투쟁은 나의 삶이다. 죽는 그날까지 자유를 위한 싸움을 멈추지 않겠다.

— 같은 곳

나는 여러분과 함께 싸울 것이다. 승리를 얻을 때까지 가끔은 잰 걸음으로, 가끔은 큰 걸음으로.

— 같은 곳

장담하건대 남아프리카공화국의 아프리카인들은 가혹한 탄압과 말로 다 할 수 없는 고통 속에서도 용기를 점점 더 키워 나가며, 조국을 해방하고 자유와 영원한 평화, 행복을 쟁취해야 한다는 역사적 사명에 한순간도 소홀하지 않을 것이다.
— PAFMECA(동아프리카와 중앙아프리카의 범아프리카 자유 운동)에 파견된 ANC 위원단을 대표한 연설에서, 에티오피아 아디스아바바, 1962년 2월 3일

남아프리카의 백인우월주의라는 왕관을 쓴 자는 편안히 쉴 수 없다. 지도자들에 대한 금지령과 억류, 국외 추방, 구속, 심지어는 죽음도 남아프리카공화국 동포들을 단념시키지 못했다.
— 같은 곳

남아프리카공화국의 자유 운동은 일반 대중이 있는 힘껏 강하고 날랜 주먹을 날려 줄 거라 믿는다. 지금 우리나라에서 타오르고 있는 자유의 불길이 절대 꺼지지 않을 거라고 확고히 약속해 줄 수 있는 사람은 그들밖에 없다.
— 같은 곳

불의에 대해 아무런 행동도 아무런 말도 아무런 대응도 하지 않고, 억압에 저항하지 않고, 좋은 사회와 좋은 삶을 얻기 위해 노력하지 않는 것은 사람으로서 불가능한 일이다.
— 노동자 파업 선동 및 불법 출국 혐의로 유죄 판결을 받은 후 연설에서, 남아프리카공화국 프리토리아, 올드 시나고그, 1962년 11월 7일

나는 우리 국민과 남아프리카공화국을 위해 해야 할 일을 했다. 훗날 후손들은 내가 결백하며, 이 법정에 불려 나왔어야 할 범죄자는 페르부르트 정부의 각료들이라는 판결을 내려 줄 것이다.
— 같은 곳

이 법정에서 유죄 선고를 받은 내 범죄에 대해 귀하가 어떤 형벌을 내리든, 나는 형기를 마치면 여느 사람들처럼 양심에 따라 움직일 것이다. 형기를 마치고 나온 후에도 우리 국민에 대한 인종차별에 저항하여, 그런 불의가 완전히 사라질 때까지 다시 한 번 최선을 다해 투쟁할 것이다.
— 같은 곳

시간을 되돌린다 해도 나는 똑같이 할 것이다. 자신을 인간이라 부를 용기가 있는 사람이라면 누구나 그럴 것이다.
— 같은 곳

삶이 내게 줄 수 있는 보물들 가운데, 우리 국민을 섬기고 그들의 자유 투쟁에 조금이나마 기여할 수 있는 기회가 내게 오기를 바랐고, 꼭 그렇게 되게 하리라 맹세했다.
— 같은 곳

나는 평생 이러한 아프리카 사람들의 투쟁에 헌신했다. 백인 지배에 맞서 싸웠고, 흑인 지배에도 맞서 싸웠다. 모든 사람이 조화롭게 동등한 기회를 누리며 함께 사는 민주적이고 자유로운 사회라는 이상을 품었다. 나는 그러한 이상을 위해 살고 그러한 이상을 실현하고 싶다. 그러나 필요하다면, 그것을 위해 죽을 준비도 되어 있다.
— 리보니아 재판의 피고인석에서 진술하며, 남아프리카공화국 프리토리아, 법원, 1964년 4월 20일

우리의 투쟁 대상은 실재하는 진짜 곤경이지, 가상의 곤경, 혹은 검사의 말을 빌리면 "소위 곤경이라는 것"이 아니다. 기본적으로 우리는 남아프리카공화국에 사는 아프리카인들의 특징이 되어 버린 두 가지와 싸우고 있다. 우리가 폐지하려고 했던 법이 확고히 뿌리 내린 그 두 가지는 바로 빈곤과 인간 존엄성의 결여이며, 이에 대해 가르쳐 줄 공산주의자나 이른바 '선동가들'은 우리에게 필요치 않다.
— 같은 곳

나는 우리 국민을 섬기고 그들의 자유 투쟁에 조금이나마 기여할 수 있는 기회가 생기기를 바랐다.
— 같은 곳

가치 있는 대의를 위해 싸우는 단련된 헌신적 동지로서 우리는 역사가 우리에게 부여하는 어떤 임무도 맡을 준비가 되어 있어야 하지. 치러야 할 대가가 아무리 크더라도 말일세.
— 세프턴 부텔라에게 쓴 편지에서, 로벤 섬, 1969년 7월 28일

세 줄기의 유산을 상속받은 우리는 그 유산에 힘입어 우리 인생에서 가장 고귀한 이상을 위해 목숨 바쳐 싸웁니다.
— 노마부토 발라에게 쓴 편지에서, 로벤 섬, 1971년 1월 1일

삶에도 수레바퀴가 있어서, 아우추마오에서 [앨버트] 루툴리 [족장]까지 우리 역사에 등장한 모든 국민적 영웅이, 아니 사실은 우리 나라의 모든 민중이 3세기 넘게 그것을 움직이려고 노력해 왔다. 그 수레바퀴에는 비쩍 마른 왁스와 녹이 끼어 있지만, 우리는 용케도 그것이 삐걱거리며 앞뒤로 움직일 수 있게 만들었다. 그래서 지금 우리는 언젠가는 그 수레바퀴를 완전히 한 바퀴 돌려 고위층이 바닥으로 떨어지고 괄시받던 사람들이 격상될 수 있을 거라는, 아니 고위층이나 괄시받던 사람들이나 모두 이 지상에서 평등하게 살 수 있을 거라는 희망과 확신 속에서 살고 있다.
— 미출간 자서전 원고에서, 로벤 섬, 1975년

나는 자유롭고 민주적인 남아프리카공화국의 자주권을 존중받기 위해 싸울 것이고, 영토 보전 침해나 내정 간섭에 저항할 것이다.
— 같은 곳

우리 국민의 해방에 전적으로 헌신하는 것이 내 삶에 의미를 부여하고 내게 국민적 자긍심과 진정한 기쁨을 준다는 사실을 인정하지 않을 수 없다.
— 같은 곳

의회 안팎에서 아파르트헤이트 반대 세력이 강력하게 존재하며 큰 목소리를 내고 있다. 위기 국면에도 그 세력이 계속 존재하고, 지하로 쫓겨 들어간 조직들을 대신하여 새로운 조직들이 부상하는 것을 보면, 대중이 백인우월주의를 거부하고 있다는 사실을, 적이 아무리 큰 피해를 입혔더라도 결국 승리는 우리의 것이라는 사실을 분명히 알 수 있다.
──「장애물을 없애고 적에 맞서라」라는 글에서, 로벤 섬, 1976년

남아프리카공화국의 백인들도 투쟁에 훌륭하게 기여하고 있다. 1962년부터 마흔다섯 명 이상의 백인들이 사보타주에서부터 금지된 조직의 활동에 참여한 죄목에 이르기까지 다양한 정치 범죄로 감옥에 갇혔다.
── 같은 곳

남아프리카의 혁명은 아프리카인들이 주도하고 아프리카인 대중이 총동원되어야 성공할 수 있을 것이다. 그러나 우리 투쟁의 진상을 보면, 인종차별적 억압에 대한 투쟁이 비단 흑인들만의 투쟁이 아니라는 사실을 알 수 있다.
──「흑인 의식 운동은 어디로」라는 글에서, 로벤 섬, 1978년

경험이 말해 주듯이, 해방으로 가는 여정은 편안하고 낭만적인 소망이 아니라, 명확한 사고와 적절한 계획이 필요한 현실적이고 복잡한 일이다.
── 같은 곳

어둠 속에서 소리 죽여 걷는 저자들은 새가 날아가기 전까지는, 혹은 곤봉으로 새의 머리를 으스러뜨리기 전까지는 잠들지 않을 거요.
― 위니 만델라에게 쓴 편지에서, 로벤 섬, 1978년 12월 17일

우리는 혼혈인과 인도인, 아프리카인뿐만 아니라 백인도 해방시켰다는 사실이 자랑스럽다.
― 인터뷰에서, 날짜 미상

자유를 향해 가는 길은 멀고 힘들지만, 국경 안에서나 밖에서나 우리의 승리 가능성이 높아지고 있다.
― 1976년 소웨토 봉기에 관한 성명서에서, 망명 중이던 ANC가 로벤 섬 교도소에서 몰래 빼내어 발표, 1980년 6월 10일

1976년 6월 이후, 빗발치는 총소리와 장갑차의 굉음이 우리나라의 얼굴을 덮고 있던 베일을 다시 한 번 벗겼다. 인종차별주의자들인 군과 경찰이 흑인 거주 지역에 총탄을 퍼부어 수백 명의 흑인들을 남녀노소 할 것 없이 죽이고 불구로 만들었다. 그 사망자와 부상자의 수는 이 정권이 과거에 저지른 학살에 희생된 모든 사람들을 합친 수보다 더 많다.
― 같은 곳

백인들의 식민 침략에 대한 흑인의 저항은 총으로 진압 당했다. 백인의 지배에서 벗어나려는 우리의 투쟁 역시 무력으로 저지당하고 있다. 정복 이래 현재까지 변한 것이 없다. 잇따라 들어선 백인 정권

이 무장하지 않은 무방비 상태의 흑인을 학살하는 일을 반복했고, 그들이 총을 뽑을 때마다 그 야만적인 발포의 대상은 흑인들이었다.
— 같은 곳

단결하고 집결하여 계속 싸우자. 단합된 대중 행동이라는 모루와 무장 투쟁이라는 망치로 아파르트헤이트와 인종차별적인 백인 소수 통치를 깨부수자.
— 같은 곳

우리 국민이, 아프리카인과 인도인, 혼혈인, 민주적 백인이 단합하여 하나의 거대하고 견고한 저항의 벽을 세우고 일치단결된 집단행동을 펼쳐야 한다.
— 같은 곳

투쟁은 우리의 삶입니다. 승리의 순간이 아직 가깝지 않더라도, 우리는 해방 투쟁의 질을 큰 폭으로 높일 수도 있고 완전히 망쳐 버릴 수도 있습니다.
— 망고수투 부텔레지에게 쓴 편지에서, 남아프리카공화국 파를, 빅터버스터 교도소, 1989년 2월 3일

억압당하던 국민들은 그들의 타고난 권리를 쟁취하기 위하여 가능하면 평화적 수단으로, 평화적 통로가 막히면 무력으로 수년 동안 싸웠습니다.
— P. W. 보타 대통령과 만나기에 앞서 그에게 쓴 메모에서, 남아프리카공화국 파를, 빅터버스터 교도소, 1989년 7월

우리나라의 모든 언어와 피부색, 모든 유형의 사람들이 우리의 투쟁에 참여했다.
— 집회에서 연설하며, 남아프리카공화국 더반, 킹스파크 스타디움, 1990년 2월 25일

우리는 아파르트헤이트의 총 앞에서도 두려워하지 않았다. 우리의 순교자들이 흘린 피가 아파르트헤이트 감옥의 바닥과 벽을 적셨다. 그러나 자유와 평화, 정의, 평등이 지배하는 남아프리카공화국을 만들기 위한 우리의 노력은 결코 흔들리지 않았다.
— 집회에서 연설하며, 남아프리카공화국 블룸폰테인, 1990년 2월 25일

때 이른 나이에 목숨을 잃는 흑인 아이들, 운동선수처럼 건장해야 할 나이에 제대로 발육하지 못한 어른들, 평화 중재자로 활동하지만 않았다면 살아 있었을 애국자들의 총알 박힌 시신들. 매일 이런 모습을 목격하는 우리는 행동을 취할 수밖에 없다.
— 유럽 의회에서 연설하며, 프랑스 스트라스부르, 1990년 6월 13일

우리 국민은 영웅의 죽음을 슬퍼하기보다는 새로운 전투를 위해 마음을 다지는 법을 배웠다.
— 캐나다 의회에서 연설하며, 캐나다 오타와, 1990년 6월 18일

자유를 더 많이 더 폭넓게 누릴 수 있는 세상을 향해 나아가는 인류의 발걸음을 막을 수 있는 것은 아무것도 없다. 사형과 투옥, 감금으로 개인의 목소리는 침묵시킬 수 있을지 몰라도, 자유 추구의 원동

력이 되는 정신만큼은 결코 짓누를 수 없다.
— 아일랜드공화국 의회에서 연설하며, 아일랜드 더블린, 1990년 7월 2일

우리가 투쟁을 벌이는 이유는 생명을 소중히 여기고 모든 인류를 사랑하기 때문이다. 우리가 마음속에 그리는 해방된 남아프리카는 흑인이든 백인이든 모든 국민이 서로 형제자매가 되는 나라이다. 남아프리카 국민이 하나로 통합되어 평등한 권리를 누리고, 시민들의 다양한 피부색과 문화로 더욱 풍요로워지는 나라가 탄생할 것이다.
— 같은 곳

우리 활동가들은 범법자로 살아갈 수밖에 없었다. 우리는 일자리와 집에서 쫓겨났다. 추방당한 사람들도 있다. 그렇지만 적은 우리를 괴멸하지 못했다.
— ANC 전국 평의회 폐막 집회에서, 남아프리카공화국 소웨토, 사커시티, 1990년 12월 16일

해방 투쟁에 참여한 사람들이 여전히 감옥에 갇혀 있거나, 망명지에서 괴로운 나날을 보내거나, 아파르트헤이트를 무너뜨리기 위해 실행한 일 때문에 체포될까 두려워 국내에서도 몰래 숨어 지내는 일이 있어서는 안 된다.
— 불린들렐라 작전에 대해 연설하며, 1991년 7월 22일

우리는 말 그대로 가시밭길을 걸어야 했으며, 아직도 피의 강을 힘들게 건너고 있다.
— 노스 대학교의 명예 총장으로 임명되는 자리에서, 남아프리카공화국 투르플룹, 노스 대학교, 1992년 4월 25일

비폭력 투쟁과 군사 행동을 결합한 덕에 우리 국민은 아무리 극악한 상황에서도 계속 투쟁할 수 있었다.
— 간디 기념비 제막식에서, 남아프리카공화국, 1993년 6월 6일

해방 운동을 통해 경험 없이 정권을 잡은 것은 우리가 처음이 아니다.
— BBC와의 인터뷰에서, 1993년 10월 28일

나는 해방 투쟁이 어떤 한 집단이나 피부색이 아니라 억압 체제에 맞서 싸운 것임을 사람들에게 몇 번이고 상기시켰다. 그리고 기회가 있을 때마다 이렇게 말했다. 이제는 모든 남아프리카공화국 국민들이 하나가 되어 서로 손잡고, 우리는 미래를 향해 함께 나아가는 한 나라, 한 국민이라고 말해야 한다고.
— 『자유를 향한 머나먼 길』에서, 1994년

12월 16일은 조상 대대로 내려오는 땅과 그 주민들의 자유와 존엄성을 끈질기게 침입하는 세력들을 상대로 전사들이 은코메 강변에서 혈전을 벌인 날이다. 그 전이나 그 후에도 수천 명의 사람들이 그랬듯, 많은 이들이 명예롭게 죽었다.
— 제49차 ANC 전국 회의에서 발표한 전국집행위원회의 정치 보고서에서, 남아프리카공화국 블룸폰테인, 1994년 12월 17일

우리가 할 수 있는 일은 우리 국민 모두의 더 나은 삶을 위한 새로운 전투에서 싸워 이기는 것밖에 없다.
— 로벤 섬 수감자 모임 회의에서, 남아프리카공화국 벨빌, 웨스턴케이프 대학교, 1995년 2월 12일

우리의 해방 투쟁에 독특한 면이 있었다면, 세계 모든 곳의 거의 모든 정당으로부터 지지를 받았다는 것이다.
— 걸프 협력 회의 정상회담에서, 아랍에미리트연합국 아부다비, 1998년 12월 7일

역사와 상황이 베풀어 준 특혜 덕분에 나는 국민에게 큰 힘과 용기를 주는 지도자, 80년 넘게 우리 국민의 뜻을 일관되고 절도 있게 옹호해 온 해방 운동의 일원이 될 수 있었다. 또한, 금세기의 가장 무자비한 인종차별적 억압·지배 체제에 용감하게 저항한 국민의 나라에 태어나는 특혜도 누렸다.
— 독일 언론상을 받으며, 독일 바덴바덴, 1999년 1월 28일

백인우월주의를 무너뜨린 것은 AZAPO(아자니아[75] 인민 기구), PAC(범아프리카 회의), ANC이다.
— 신문 방송 편집인들과 여론 주도자들에게 브리핑하며, 남아프리카공화국 프리토리아, 1999년 5월 10일

---

[75] 민족주의자들이 남아프리카공화국을 부르는 호칭.

탄압 속에서도, 교수형과 금지령, 투옥, 추방 속에서도 우리 해방 운동이 세계 최고의 단결력을 발휘했음을 잊지 말자.

— ANC 전국 대표 대회에서, 남아프리카공화국 포트엘리자베스,
  2000년 7월 12일

우리의 대의는 이제 전 세계의 지지를 받고 있으며, 아파르트헤이트 체제하의 남아프리카공화국은 전 세계의 미움을 받으며 완전히 고립되었다.

— 다큐멘터리 〈만델라 : 살아 있는 전설〉에서 웸블리 스타디움에서 열린 제1회 46664 콘서트에 관해 이야기하며, 2003년

나는 나보다 훨씬 큰 고통을 당하며 남아프리카공화국의 해방을 위해 싸운 ANC 회원들이 많다는 사실을 잘 알고 있다.

— 넬슨 만델라 다리 개통식에서, 남아프리카공화국 요하네스버그,
  2003년 7월 20일

우리가 아파르트헤이트를 물리칠 수 있었던 것은 우리나라 국민들이 서로 싸우다가 나라 전체를 망치기보다는 다 함께 협력하기로 결심했기 때문이다.

— 46664 기자회견에서, 남아프리카공화국 케이프타운, 로벤 섬,
  2003년 11월 28일

우리의 과업을 완수하려면 아직 멀었다.

— 46664 콘서트에서, 영국 런던, 하이드파크, 2008년 6월 27일

인생 Life

환상에 빠졌다가 거기서 깨어나는 과정은 인생의 일부로서 끝없이 계속된다.

— 미출간 자서전 원고에서, 로벤 섬, 1975년

삶에서 중요한 것은 우리가 살았다는 단순한 사실이 아니다. 다른 사람들의 삶을 어떻게 변화시켰는지가 우리 삶의 의미를 결정할 것이다.

— 월터 시술루의 아흔 번째 생일을 축하하며, 남아프리카공화국 요하네스버그 란드버그, 월터 시술루 홀, 2002년 5월 18일

현재의 내 삶에 만족하지 않을 수 없다.

— 다큐멘터리 〈만델라 : 살아 있는 전설〉에서, 2003년

경청 Listening

내 직책의 주요 임무는 여러 분파를 단결시키는 일이니만큼, 누가 문제를 설명하러 오면 아주 주의 깊게 들어야 합니다.

— 리처드 스텡글과 나눈 대화에서, 1993년 4월 29일

지도자로서 나는 음케케즈웨니 대궁전에서 섭정이 몸소 보여 주었던 원칙들을 항상 따랐다. 토론할 때 다른 사람들의 말을 모두 듣고 난 후에 내 의견을 말하려고 노력했다.

── 『자유를 향한 머나먼 길』에서, 1994년

사랑 Love

네가 사랑받고 있다는 걸 알면 네 일을 더욱 즐겁게 할 수 있겠지. 그래서 연말에는 알찬 성과를 거두기를 바란다.

── 난디 만델라[76]에게 보낸 생일 카드에서, 남아프리카공화국 케이프타운, 폴스무어 교도소, 1988년 6월 23일

놈자모 [위니 만델라] 동지가 무거운 짐을 지고 우리 아이들을 혼자서 키우기로 했다. 그녀는 혼자서 자식을 키우는 다른 어머니들보다는 운이 좋아서, 남아프리카공화국과 국제 사회로부터 정신적·물질적 지지를 받았다. 그녀는 정부의 박해를 모범적으로 의연하게 견뎌냈으며, 자유를 향한 투쟁에 흔들림 없이 헌신했다. 그녀의 강인한 모습에 나의 존경과 사랑, 애정도 더욱 깊어졌다. 전 세계도 그녀에게 찬사를 보냈다. 그녀에 대한 나의 사랑은 여전히 변함없다.

── 위니 만델라와의 별거를 발표하며, 남아프리카공화국 요하네스버그, 1992년 4월 13일

---

[76] 1968년~. 넬슨 만델라의 손녀(템비의 딸)

모두들 나를 만지고 싶고 껴안고 싶어 하니, 이들의 사랑 때문에 내가 죽을 판이다. 나의 팬인 사람들, 나를 숭배하는 사람들로부터 나를 지켜야 할 지경이다. 이런 사랑이 내게는 큰 힘이 된다.
— AP의 탐 코언과 삼 벤터와의 인터뷰에서, 남아프리카공화국 케이프타운, 대통령 집무실, 1994년 9월 22일

이 젊은이는 여러분 모두를 사랑한다. 사실 큰 호주머니가 있다면 여러분 모두를 넣고 남아프리카공화국으로 함께 돌아가고 싶다.
— 사우스 아프리카 하우스 발코니에서, 영국 런던, 트라팔가르 광장, 1996년 7월

나는 여러분 모두를 사랑한다. 여러분 한 사람 한 사람을 내 호주머니에 넣어 내 사랑을 보여 줄 수 있었으면 좋겠다. 여러분 각자가 자기 자신과 사랑하는 사람 모두를 지켜야 한다.
— 세계 에이즈의 날에 남아프리카공화국의 젊은이들에게 전한 메시지에서, 2000년 12월 1일

우리 사회는 배려의 문화를 다시 구축할 필요가 있다.
— 진드지 만델라가 준비한 아버지의 날 오찬에서, 남아프리카공화국 요하네스버그, 하이엇 호텔, 2001년 6월 1일

미움이 아니라 사랑을 설파하는 사람들의 길은 쉽지 않다. 그들은 가시 면류관을 써야 하는 경우가 많다.
— 평화와 비폭력을 위한 세계 대회에 전한 메시지에서, 인도 뉴델리, 2004년 1월 31일

평범한 사람들이 가장 높은 수준의 감정적 애착인, 사랑할 때의 만족감과 행복을 느꼈으면 좋겠다.
— 개인 서류에서, 날짜 미상

만델라의 날 Mandela Day

매년 만델라의 날을 기념한다니, 영광스러워 몸 둘 바를 모르겠다.
— 넬슨 만델라 재단에서, 남아프리카공화국 요하네스버그, 2009년 6월 30일

자유와 정의를 쟁취하기 위한 우리의 투쟁은 공동의 노력이었다. 만델라의 날도 마찬가지이다.
— 같은 곳

모든 사람들을 위해 더 나은 세상을 만드는 일이 여러분의 손에 달려 있다. 만델라의 날은 휴일이 아니라 봉사하는 날이 될 것이다.
— 같은 곳

국민들이 지역 사회의 상황을 개선하는 데 시간과 노력을 바쳤으면 하는 것이 우리의 바람이다. 만델라의 날에 참여해 준 여러분에게 고마움을 전한다.
— 같은 곳

만델라 로즈 재단 Mandela Rhodes Foundation

새로운 세대의 잠재적 지도자들이 아프리카 대륙에 등장하기 시작했다. 만델라 로즈 재단은 이 젊은이들을 육성하여, 그들이 우리 대륙의 운명을 바꾸는 데 도움이 될 기술들을 습득할 때 창의력을 발휘할 수 있도록 도울 것이다.
— 자선 축하 만찬에 전한 육성 메시지에서, 모나코 몬테카를로,
 2004년 12월 1일

결혼 Marriage

행복한 결혼은 모든 인간의 열망이지. 네가 평생의 반려자를 찾았다니 정말 기쁘구나.
— 리비 필리소(여동생)에게 쓴 편지에서, 로벤 섬, 1970년 6월 1일

남편과 아내를 하나로 묶어 주는 가족과 결혼 제도의 토대인 따스한 유대를 짓밟히는 것에 비하면 육체적 고통은 아무것도 아니라오.
— 위니 만델라에게 쓴 편지에서, 로벤 섬, 1970년 8월 1일

놈자모 [위니 만델라] 동지와 나는 우리나라 해방 투쟁의 아주 중대한 시기에 결혼을 약속했다. 우리 두 사람 모두 ANC와 아파르트헤이트 종식 투쟁에 헌신했기에 그 압박감으로 인해 정상적인 가정생활을 즐기지 못했다. 그러나 이러한 압박에도 우리는 더욱더 서로를 사랑하고 결혼 생활에 충실했다.

— 위니 만델라와의 별거를 발표하며, 남아프리카공화국 요하네스버그, 1992년 4월 13일

거의 28년 만에 집에 돌아왔을 때 가장 즐거웠던 일은 침실 문을 닫고 아내에게 이제 내가 돌아왔으니 문제를 함께 고민할 수 있다고 안심시킨 것이다.

— 다큐멘터리 〈만델라 만세: 전천후 영웅〉에서, 2010년

순교자 Martyrs

아바트와족과 코이코이족이 시작한 애국 전쟁은 19세기 말까지 계속되며 순교자들을 낳았다. 오늘날의 자유의 투사들은 인종차별적인 환경에서 태어나 자랐으면서도, 외국의 침략에 맞선 우리 국민의 투쟁에 관해 말하거나 쓸 때 그 순교자들을 거의 언급하지 않는다.

— 「흑인 의식 운동은 어디로」라는 글에서, 로벤 섬, 1978년

1965년에 자유당과 ARM(African Resistance Movement, 아프리카 저항 운동)의 백인 일원이었던 존 해리스는 사보타주를 행한 뒤에 처형당했다. 흑인의 투쟁과 뜻을 같이 하려는 백인이 자신의 목숨을 대가로 자유를 얻는 것 말고 무슨 일을 할 수 있었겠는가? 그런 순교자를 억압자로 치부하는 것은 남아프리카공화국의 자유의 투사들 대부분이 핑계거리를 댈 수 없는 범죄이다.
— 같은 곳

루스 퍼스트[77]처럼 우리의 자유를 위해 싸우다 목숨을 잃은 수많은 이들에 대한 기억이 우리 가슴속에 살아 있다. 우리는 그들을 결코 잊지 않을 것이다.
— 루스 퍼스트 사망 10주기에, 1992년 8월 17일

우리 국민은 지금 애도에 잠겨 있다. 우리의 고통과 분노는 결코 가볍지 않다. 그렇지만 크리스 하니가 목숨 바쳐 얻으려 했던 자유를 우리에게 허락해 주지 않는 자들의 도발에 넘어가서는 안 된다.
— 크리스 하니가 암살된 후 발표한 대국민 담화에서, 남아프리카공화국 요하네스버그, 1993년 4월 10일

---

[77] 1925~1982년. 반아파르트헤이트 활동가이자 학자, 조 슬로보의 아내. 1982년 8월 17일에 소포 폭탄으로 목숨을 잃었다.

우리가 더 나은 삶을 향한 여정을 지금도 굳건히 계속할 수 있는 것은 인종차별적인 사악하고 무자비한 정부 앞에서도 위축되지 않은 그들의 희생 덕분이다.
— 노쿠졸라 비코 부인[78]의 장례식에서, 남아프리카공화국 킹윌리엄스타운 긴즈버그, 1995년 11월 26일

스티브 [비코]는 그저 통계치에 또 하나를 더한 사람이 아니다. 그의 죽음은 소름끼치는 방식의 고문과 죽음, 재판 없는 무기한 감금에 일상적으로 시달렸던 수감자들의 처지를 부각하는 데 일조했다.
— 같은 곳

언론 Media

정치 활동 과정에 저지른 범죄로 감옥에 갇힌 사람들을 기억해 준 것은 언론이었다. 언론은 결코 우리를 잊지 않았고, 따라서 우리는 여러분에게 빚을 졌다.
— 석방 후 처음 열린 기자회견에서, 남아프리카공화국 케이프타운 비숍스코트, 데즈먼드 투투 대주교 관저, 1990년 2월 12일

공인의 처신을 조사하고 공론화시키는 것은 여러분의 임무이다.
— 임박한 별거에 대한 질문에 기자들에게 답하며, 남아프리카공화국, 1992년

---

[78] 스티브 비코의 어머니.

아프리카 민족회의의 우리 회원들이 자유롭고 활기찬 언론을 좋게 생각하는 이유는, 언론을 거울로 삼아 우리 자신의 모습을 비춰 보고 약점과 실수를 깨달을 수 있기 때문이다.
— 다큐멘터리 〈마지막 마일 : 만델라 – 아프리카와 민주주의〉에서, 1991년

언론은 우리에게 아주 적대적이었고, 실제로 우리의 교수형을 요구하기도 했습니다.
— 리보니아 재판에 관해 리처드 스텡글과 나눈 대화에서, 1993년 4월 17일

신문은 현실의 희미한 그림자일 뿐이다. 신문이 제공하는 정보가 자유의 투사에게 중요한 이유는 그것이 진실을 드러내서가 아니라 신문을 펴내는 사람들이나 읽는 사람들의 편견과 인식을 폭로해 주기 때문이다.
— 『자유를 향한 머나먼 길』에서, 1994년

언론 협회는 진행 중인 역사를 비판적으로 관찰하는 일만 하지는 않는다. 적어도 이제 갓 태어난 우리 민주주의에서는 감시자의 역할에 그치지 않는다. 그들은 건설자이며, 적극적인 참여자이다.
— 케이프타운 기자 클럽 창립 21주년 기념행사에서, 남아프리카공화국 케이프타운, 1996년 10월 31일

내 주변 사람들은 나와 내 동료들에게 잔인할 정도로 솔직하고, 내가 아는 사람들은 우리의 솔직함을 즐긴다. 이런 사실을 알기에 나는 언론인과 함께할 기회를 항상 반긴다.
— 출처와 날짜 미상

남아프리카공화국의 사정을 충실하게 전달하고, 남아프리카공화국을 전 세계에 알리려 노력하며, 재건과 발전이라는 힘겨운 고투도 갈등 상황 못지않게 흥미로운 기삿거리가 될 수 있다고 언론사들을 힘겹게 설득해 준 여러분에게 고맙다는 인사를 전하고 싶다.
— 외신 기자 협회 연례 만찬회에서, 남아프리카공화국 요하네스버그, 1997년 11월 21일

우리가 세상 돌아가는 소식을 계속 접하고 정보를 얻을 수 있는 데는 언론의 역할이 크다. 언론은 좋고 나쁜 소식, 선정적이고 따분한 소식 모두를 알렸다. 이 자리에서 나는 때로 제대로 된 평가를 받지 못해도 위축되지 않고 자기 임무에 충실하며, 사람들이 더 많이 아는 세상, 그래서 더 나은 세상을 만드는 데 기여하고 있는 언론인들에게 경의를 표하고 싶다.
— 제50차 ANC 전국 회의 폐회식에서, 남아프리카공화국, 노스웨스트 대학교 마피켕 캠퍼스, 1997년 12월 20일

언론은 우리가 나라를 발전시키고 국민을 통합하고 화해를 촉진할 수 있게 해주는 주역 중 하나이다.
— 신문 방송 편집인들과 여론 주도자들에게 브리핑하며, 남아프리카공화국 프리토리아, 1999년 5월 10일

나는 공직 생활을 하는 동안 언론 종사자들을 특히 좋아했다. 내가 신사답지 못한 행동을 하면 여러분은 그 사실을 일깨워 주고 질책해 주었다.
— 46664 기자회견에서, 남아프리카공화국 케이프타운, 로벤 섬, 2003년 11월 28일

신문은 우리 자신을 거울에 그대로 비춰 준다. 우리는 거울에 비친 그 모습을 직시할 만큼 충분히 용감해져야 한다.

— 제14차 세계 편집인 포럼 중 세계 신문 협회 회의에 전한 메시지에서, 남아프리카공화국 케이프타운, 희망의 성, 2007년 6월 3일

명상 Meditation

- 감옥은 날마다 자신의 행동을 낱낱이 들여다볼 수 있는, 나쁜 것은 극복하고 좋은 것은 무엇이든 발전시킬 수 있는 기회를 준다오. 날마다 잠자리에 들기 전에 15분 정도 규칙적으로 명상을 하면 아주 알찬 결과를 얻을 수 있소.

— 당시 크루언스타트 교도소에 수감되어 있던 위니 만델라에게 쓴 편지에서, 남아프리카공화국, 로벤 섬, 1975년 2월 1일

기억 Memory

적이 아무리 우리를 고립시키고 깎아내리려 해도 국민들은 결코 우리를 잊지 않는다는 사실을 아는 것만큼 우리에게 큰 힘이 된 것도 없다.

— 미출간 자서전 원고에서, 로벤 섬, 1975년

어떤 곳을 오랫동안 떠나 있으면, 가장 소중한 기억의 일부를 잊는 불운한 일이 일어날 수 있습니다.
— 칼라케 셀로에게 쓴 편지에서, 로벤 섬, 1980년 10월 26일

나는 감옥에 갇히고 나서야, 기억할 수 있는 능력에, 끊임없이 이어지는 정보를 머릿속에 지닐 수 있음에 고마워하게 됐답니다.
— 힐다 번스타인에게 쓴 편지에서, 남아프리카공화국 케이프타운, 폴스무어 교도소, 1985년 7월 8일

우리가 남아프리카공화국 국민, 아프리카인, 세계 시민이라고 당당하게 주장할 수 있는 권리를 생각과 행동으로 쟁취해 준 모든 아들과 딸, 아버지와 어머니, 젊은이와 아이들을 추모할 날이 올 것이다.
— 첫 국정 연설에서, 남아프리카공화국 케이프타운, 1994년 5월 24일

우리가 지금 서 있는 토대를 마련해 준 이들과 자유를 얻기 위해 가장 값비싼 대가를 치른 이들을 절대 잊어서는 안 된다.
— 호윅 시 명예시민권을 받으며, 남아프리카공화국 호윅, 호윅 운동장, 1996년 12월 12일

내 희망이야 어떻든, 내가 원하는 모습으로 미래 세대가 나를 기억하도록 강요할 수는 없다.
— 존 배터스비와의 인터뷰에서, 남아프리카공화국 요하네스버그, 2000년 2월 10일자 〈크리스천 사이언스 모니터〉에 게재

분열과 증오, 불의와 고통, 인간 간의 비인도적 행위로 얼룩진 역사를 떠올리면, 진보하고 전진하고 개선하고 발전할 수 있는 인간의 능력을 증명해 보인 우리 자신에게 찬사를 보내게 된다.

— 민주주의 10년을 기념하는 상하원 합동 회의에서, 남아프리카공화국 케이프타운, 의회, 2004년 5월 10일

우리는 아파르트헤이트 시대에 무시당하거나 탄압받았던 수많은 목소리와 이야기에 대해 막중한 도덕적 책임을 지니고 있다.

— 넬슨 만델라 메모리 센터 출범식에서, 남아프리카공화국 요하네스버그, 2004년 9월 21일

우리나라 역사의 특징은 심각한 망각이다. 망각은 강자에게는 도움이 됐지만 약자에게는 해를 끼쳤다.

— 같은 곳

우리가 민주주의를 건설하고 확장하면서 해결해야 할 과제는 우리 젊은이들에게 우리가 어디서 왔는지, 억압의 족쇄를 깨부수기 위해 어떤 일을 했는지, 자유와 정의를 쟁취하기 위해 어떤 길을 걸어 왔는지 확실히 알려 주는 것이다. 지금 그들이 기회를 누릴 수 있는 까닭을 제대로 가르쳐 주지 않는다면, 그들을 저버리는 일이 될 것이다. 동시에, 아파르트헤이트에서 민주주의로 넘어오는 이행기를 살았던 연장자들에게는 기억하는 과정이 곧 치유의 과정이며 민주주의를 가능하게 했던 많은 동지들에게 경의를 표하는 길이다.

— 같은 곳

남아프리카공화국의 기록보관소들이 재건과 화해에 가장 결정적인 기여를 할 수 있을지도 모른다. 우리는 아파르트헤이트 시대에 무시당하거나 탄압받았던 수많은 목소리와 이야기에 대해 막중한 도덕적 책임을 지니고 있다.
— 같은 곳

아파르트헤이트 정권에 도전한 사람들, 기나긴 투쟁을 통해 우리에게 자유를 안겨 준 사람들을 절대 잊지 말자.
— '466/64 : 정원에서 일하는 죄수 전시회' 개막식에서, 남아프리카공화국 요하네스버그, 컨스티튜션힐, 2005년 3월 16일

기록보관소와 박물관을 과거의 회고와 연결시키는 경향이 있다. 그러나 그것은 그들이 하는 일의 일부에 지나지 않는다. 그들은 정의를 형성하는 가장 중요한 역할도 하지만, 미래를 만들어 나가기도 한다.
— 같은 곳

개인, 가족, 공동체, 사회의 삶에서 기억은 근본적으로 중요한 역할을 한다. 그것은 정체성의 기본 뼈대를 이룬다.
—『정원의 죄수 : 넬슨 만델라가 감옥에서 남긴 기록들(A Prisoner in the Garden : Opening Nelson Mandela's Prison Archive)』에서, 2005년

아파르트헤이트에 맞선 투쟁은 망각에 맞선 기억의 투쟁이라고도 할 수 있을 것이다. 우리는 우리의 조상, 우리의 이야기, 우리의 가치와 우리의 꿈을 기억해 내고자 하는 투지 속에서 동료애를 발견했다.

— 같은 곳

아파르트헤이트 정권이 개발한 모든 억압 도구의 핵심에는 사람들의 기억을 통제하고 왜곡하고 약화시키고 지우기까지 하려는 결의가 있었다.

— 같은 곳

넬슨 만델라 메모리 센터 프로젝트 같은 기억 관련 기관은 권력에 의해 묻히고 있는 이야기들을 찾는 데 중요한 역할을 한다……. 우리 역사를 지키기 위해서 중요한 일을 해주고 있는 넬슨 만델라 재단과 재단의 메모리 센터 프로젝트에 고마움을 전하고 싶다.

— 넬슨 만델라 재단이 추진한 세 가지 프로젝트('이지포[Izipho : 선물]' 전시회, 책, 만화책 시리즈)의 출범식에서, 남아프리카공화국 요하네스버그, 2005년 7월 14일

중동 Middle East, The

우리는 유대인 민족주의 운동인 시오니즘의 정당성을 인정하는 것과 마찬가지로 팔레스타인 민족주의의 정당성도 인정한다. 이스라엘이 안전한 국경 안에 존속할 권리가 있다는 데 찬성하지만, 팔레스타인의 민족적 자기결정권도 열렬히 지지한다.

— 제37차 남아프리카공화국 유대인 대표자 회의에서, 남아프리카공화국 요하네스버그, 칼턴 호텔, 1993년 8월 21일

중동에서 평화 협상이 계속되어 그 열매를 맺기를 바란다. 우리는 아무리 심각한 문제라도 선의를 가지고 협의하면 해결책을 찾을 수 있다는 것을 경험을 통해 배웠다.

— 유대교 신년제(로시 하샤나)에 전한 메시지에서, 남아프리카공화국, 1996년 9월 13일

끔찍한 전쟁이 세상을 유린하는 모습을 지켜보고 마침내 갈등의 평화적 해결을 많이 경험했던 한 세기가 끝나가는 오늘, 우리는 이렇게 물어야 한다. 지금이 전쟁을 할 때인가? 젊은이들을 죽음으로 내몰 때인가?

— 네게브의 벤구리온 대학교로부터 명예박사 학위를 받으며, 남아프리카공화국 케이프타운, 1997년 9월 19일

우리 상황에서는 팔레스타인의 자주권 같은 문제에 대해 큰 소리를 내기가 쉽지 않다. 화해와 공정함을 정의와 불의 사이의 동등함으로 이해하고 싶은 유혹에 쉽게 빠질 수 있다. 우리는 자유를 얻었으

니 다른 사람들이 처한 어려움에 눈을 감고 싶은 유혹에 빠질 수도 있다. 하지만 그렇게 한다면 우리의 인간성은 상처를 입을 것이다.
— 팔레스타인 사람들과 함께하는 국제 연대의 날에, 남아프리카공화국 프리토리아, 1997년 12월 4일

팔레스타인과 이스라엘의 평화 운동가들은 모든 나라의 안전이 추상적이지도 배타적이지도 않다는 사실을 알고 있다. 한 나라의 안전은 다른 나라들의 안전에, 상호 존중과 신뢰에 달려 있다. 사실 이들 평화의 전사들은 그들의 운명이 한데 묶여 있다는 것을, 한쪽이 빈곤과 불안에 시달리면 다른 쪽도 평화롭게 지낼 수 없다는 것을 안다.
— 같은 곳

평화의 전사들은 우리가 사는 세계가 종교적·인종적 증오와 갈등의 덫에서 벗어나고 있다는 것을 알고 있다. 선의로 맺은 약속을 깨고 무력으로 땅을 차지하는 것은 갈등을 부채질할 뿐이라는 사실을 알고 있다. 이런 상황에서는 과거처럼 피에 굶주린 극단주의자들이 사방에서 판을 친다는 사실을 경험으로 알고 있다.
— 같은 곳

자결권을 쟁취하기 위한 팔레스타인의 투쟁에, 평화와 안전, 우애를 이 지역에 실현하려는 노력에 더 많은 지지를 보내야 한다.
— 같은 곳

국제연합은 팔레스타인에서 부정한 일들과 심각한 인권 침해가 끊임없이 벌어지고 있음을 인식하고, 1977년에 팔레스타인 사람들과 함께하는 국제 연대의 날을 제정하자는 결의안을 통과시켰다. 같은 시기에 국제연합은 아파르트헤이트에 대해서도 강력한 입장을 취했고, 그 후 국제적 합의가 구축되어 이 사악한 체제를 종식시키는 데 도움이 되었다. 그러나 우리는 팔레스타인이 자유를 얻지 못하면, 동티모르와 수단 등지의 갈등이 해소되지 않으면 우리의 자유도 완전하지 않다는 것을 잘 알고 있다.

— 같은 곳

남아프리카공화국은 팔레스타인의 자결권과 국가 자주권을 지지하는 국제적 합의에 참여한 것을 자랑스럽게 생각한다. 우리는 팔레스타인이 국제무대에서 정당한 위치를 차지할 수 있도록 힘이 닿는 데까지 미약하나마 우리 역할을 하고 있다.

— 팔레스타인의 야세르 아라파트 의장을 위한 연회에서, 남아프리카공화국 케이프타운, 1998년 8월 11일

남아프리카공화국 국민은 팔레스타인 사람들의 고통을 이해한다. 팔레스타인 사람들은 멸시와 경제적 곤경에 끊임없이 시달리고 있다. 망명객들은 갈등이 종식되고 더 나은 미래가 올 거라는 희망으로 오랜 세월을 버텨 왔다.

— 팔레스타인 사람들과 함께하는 국제 연대의 날에 외무장관 앨프레드 은조가 대독한 만델라 대통령의 연설에서, 남아프리카공화국, 1998년 11월 25일

아주 오랫동안 세계의 골칫거리였던 이 갈등을 종식시키기 위한 팔레스타인 사람들과 그 지역의 노력에 지지를 보내 줘야 한다.
— 같은 곳

지금까지 도달한 합의의 성실한 이행과 협상을 통해서만 갈등을 종식시키고 팔레스타인의 평화와 안전을 성취할 수 있다는 우리의 신념에는 여전히 변함이 없다.
— 같은 곳

정치범 석방 등의 합의가 지켜지지 않아, 정의를 바라는 팔레스타인 사람들의 열망과 중동의 평화를 바라는 전 세계의 간절한 소망이 또 다시 좌절된다면, 그야말로 비극일 것이다.
— 걸프 협력 회의 정상회담에서, 아랍에미리트연합국 아부다비, 1998년 12월 7일

우리는 [토니] 블레어와 [조지 W.] 부시를 규탄하고, 그들의 잘못을 분명히 일깨워 주어야 한다.
— 세계 여성 포럼 회의에서 연설하며, 일본 도쿄, 2003년 1월 30일

최근 몇 달 동안 우리는 전 세계적으로 부상하고 있는 일방주의를 규탄하지 않을 수 없었다. 이 문제에 있어서 [토니] 블레어 수상과 [조지 W.] 부시 대통령과는 생각이 매우 다르다는 우리의 뜻을 공적으로나 사적으로 표명한 바 있다. 다른 점에서는 우리도 두 젊은 지도자를 존경한다.
— 영국 적십자 인류애 강의에서, 영국 런던, 엘리자베스 2세 컨퍼런스 센터, 2003년 7월 10일

이스라엘과 팔레스타인 국민 여러분, 이제는 여러분이 여러분의 지도자를 이끌어 증오와 공포 없는 사회를 만들어야 한다. 팔레스타인이라는 자주독립국과 이스라엘이라는 안전한 국가의 평화로운 공존이 여러분의 책임이라는 사실을 알아야 한다.

— 제네바 협정 조인에 관한 성명에서, 2003년 11월

우리는 이라크 침공에 대해 경고했으며, 지금은 그 나라가 겪고 있는 끔찍한 고통을 지켜보고 있다.

— 46664 콘서트에서, 영국 런던, 하이드파크, 2008년 6월 27일

돌아보면 우리 인간은 큰 진보를 이루어 냈지만, 안타깝게 많은 잘못을 저지르기도 했다. 이전에 팔레스타인과 이스라엘의 상황에 대한 우리의 생각을 분명히 밝힌 바 있지만, 그 갈등은 여전히 수그러들 줄을 모른다.

— 같은 곳

새 천년 Millennium, The

새 천년이 시작되면, 20세기가 인정한 정치적 권리와 국가들이 쟁취한 독립을 만인의 평화와 번영, 평등으로 꽃피울 수 있도록 다 함께 노력하자.

— 레트시에 3세 대관식에서, 레소토 마세루, 1997년 10월 31일

실수 Mistakes

탁상공론만 일삼는 정치가들은 실수를 면할 수 있다. 하지만 정치적 행동에 나서면 실수를 할 수밖에 없다. 정치 투쟁의 중심에 있는 사람들, 시급히 해결해야 할 현실적인 문제들을 다뤄야 하는 사람들은 심사숙고할 시간적 여유도 거의 없고 길잡이가 될 만한 전례도 없어서 실수를 많이 할 수밖에 없다.

— 미출간 자서전 원고에서, 로벤 섬, 1975년

나는 어떤 사람이 실수를 한 적이 있다고 해서, 그에게 인간적 약점이 있다고 해서 겁을 먹고 싶지는 않아요.

— 리처드 스텡글과 나눈 대화에서, 1993년 5월 3일

군주제 Monarchy

아파르트헤이트 정권의 가혹한 탄압이 절정에 이르렀을 때에도 템부족의 사바타와 줄루족의 시프리안 같은 용감한 군주들은 국민을 배반하려 들지 않았다.

— 미출간 자서전 속편에서, 1998년경

도덕 Morality

세계화된 현시대에 우리는 저마다 형제자매의 수호자가 되어야 한다. 우리는 그런 도덕적 소명에 자주 부응하지 못했다.

— 영국 적십자 인류애 강의에서, 영국 런던, 엘리자베스 2세 컨퍼런스 센터, 2003년 7월 10일

비전이 없는 운동은 도덕적 토대가 없는 운동일 것이다.

— 법학 박사 학위를 받으며, 타이완, 쑤저우 대학교, 1993년 8월 1일

어머니 Mother

어머니가 면회를 오시면 늘 신이 났는데, 어머니가 돌아가셨다는 소식에 큰 충격을 받았습니다. 외로우면서도 속이 텅 빈 듯한 느낌이 들었어요.

— K. D. 마탄지마[79]에게 쓴 편지에서, 로벤 섬, 1968년 10월 14일

제가 어머니를 묻어 드리지 못할 줄은 꿈에도 몰랐습니다.

— 노피켈라 마디키젤라[80]에게 쓴 편지에서, 로벤 섬, 1969년 5월 4일

---

79 카이저 달리원가 마탄지마(1915~2003년). 템부족 족장이자 정치가. 만델라의 조카.
80 위니의 의붓어머니.

어머니는 평생 시골에 사셔서 그곳의 들판과 언덕에, 그곳에 사는 좋은 사람들과 단순한 생활방식에 정이 들었어요.
— 같은 곳

어머니가 본토로 돌아가는 배를 향해 느릿느릿 걸어가는 모습을 지켜보며, 이것이 어머니와의 마지막이 아닐까 두려웠습니다.
— 같은 곳

나는 언제나 어머니의 삶을 조금이라도 편안하게 해드리려고 최선을 다했다.
— 미출간 자서전 원고에서, 로벤 섬, 1975년

어머니와 함께 어머니 집에 있으니 어린아이같이 즐거웠다.
— 같은 곳

어머니는 소박한 촌부셨고 아버지가 살아 계실 때는 건강하셨지만, 기댈 사람이 없어 직접 밭을 갈아야 했어요……. 시골 생활은 무척 힘이 들지요.
— 리처드 스텡글과 나눈 대화에서, 1993년 3월 25일

감옥살이를 하는 동안 가장 슬펐던 일은 어머니의 죽음이었다……. 어머니가 두어 번 면회를 왔고 1968년이 마지막이었는데, 그때 어머니의 건강이 좋지 않아 보였다. 어머니가 항구로 떠나는 모습을 지켜보면서 이것이 어머니와의 마지막 만남일지도 모른다는 예감

이 들었는데, 정말 그랬다. 어머니가 돌아가시고 나서 나는 당국의 허가를 받아 어머니를 묻어 드리러 가고 싶었지만, 허락을 받지 못했다.

— 로벤 섬을 다시 찾아가, 남아프리카공화국 케이프타운, 1994년 2월 11일

어머니는 진정한 의미로 내 첫 친구였다. 어머니는 감정적인 사람이 아니었다. 아주 조심스럽고 차분했으며, 자신이나 세계와 불화하는 일이 없었다.

— 다큐멘터리 〈만델라〉에서, 1996년

어머니는 학교에 다닌 적이 없어 읽고 쓸 줄 몰랐지만, 마을의 계몽된 기독교인들의 말에 귀를 기울일 줄 알았고, 아버지가 기독교를 가까이 하지 않는데도 기독교도가 된 여인이었다.

— 같은 곳

음악 Music

아프리카 음악은 폐부를 찌르고, 우리의 삶, 우리의 생활 조건, 우리의 열망을 이야기하지요.

— 리처드 스텡글과 나눈 대화에서, 1993년 3월 25일

아프리카 음악의 신기한 아름다움은 슬픈 이야기를 전할 때에도 기운을 북돋워 준다는 것이다. 가난해도, 금방 쓰러질 것 같은 오두막에 살아도, 일자리를 잃어도 그 노래는 우리에게 희망을 준다.
— 『자유를 향한 머나먼 길』에서, 1994년

우리는 섬 교도소에서 오랫동안 고립되어 살았다. 그 시절에 우리가 이 도시에서 탄생한 위대한 음악들을 듣고 추억하며 얼마나 큰 위안을 얻었는지 다른 사람은 상상하기 힘들 것이다. 그 울림은 우리에게 인간 영혼의 동질성과 인간 정신의 불멸성을 늘 일깨워 주었다.
— 연설에서, 오스트리아 빈, 2003년 10월 22~23일

신화 Mythology

우리는 저녁을 먹고 나면 어머니가, 때로는 고모나 이모가 들려주는 이야기, 전설, 신화, 우화에 푹 빠져 들었다. 수많은 세대를 거쳐 내려온 그 이야기들은 하나같이 상상력을 자극했고, 거기에는 소중한 도덕적 교훈이 담겨 있었다.
— 미출간 자서전 원고에서, 로벤 섬, 1975년

신화에 관해 말하자면, 나는 그 특정 분야에 아주 오랫동안 흥미를 느껴 왔습니다. 어렸을 때부터 어머니가 신화를 들려주셨으니까요.
— 파티마 미어에게 쓴 편지에서, 로벤 섬, 1976년 1월 1일

나치즘 Nazism

나치즘의 폭정으로 유럽 전역에 흩어져 있는 수많은 무덤들, 아메리카와 오스트레일리아 원주민들의 대량 학살, 아파르트헤이트 정권의 반인륜적 범죄가 남긴 파멸적 여파. 이 모두는 우리 머릿속에 계속 맴도는 한 가지 질문을 던진다. 우리는 왜 이런 일이 일어나도록 내버려두었을까?

— 영국 상하원 합동 회의에서 연설하며, 영국 런던, 웨스트민스터 홀, 1996년 7월 11일

협상 Negotiation

우리가 끝까지 싸워 우리나라를 잿더미로 만들어 버린다면, 흑인, 백인, 아프리카인, 아프리카너가 모두 다 함께 앉아 재건 문제를 이야기해야 할 것이다.

— 「장애물을 없애고 적에 맞서라」라는 글에서, 로벤 섬, 1976년

나는 상황을 정상화하고 모든 남아프리카공화국 국민에게 권력을 이양하는 절차와 방법에 대해 협상하는 데 있어서 내 역할을 할 준비가 되어 있습니다.

— 새뮤얼 대시 교수에게 쓴 편지에서, 남아프리카공화국 케이프타운, 폴스무어 교도소, 1986년 5월 12일

내가 조치를 취한다고 해서 정부와 ANC의 실제적인 협상이 시작되었다고 생각해서는 곤란합니다. 내 임무는 우리나라의 주요 정치 조직 두 곳을 협상 테이블에 앉히는 것으로 제한되어 있으니까요.
— P. W. 보타 대통령에게 쓴 편지에서, 남아프리카공화국 파를, 빅터버스터 교도소, 1989년 7월

우리는 투쟁의 기본적인 요구 사항에 대한 논의를 아직 시작하지 않았다. 단언컨대, 나는 ANC와 정부가 만나야 한다고 주장했을 뿐 우리나라의 미래에 관한 협상에 들어간 적은 없다.
— 석방 후 첫 연설에서, 남아프리카공화국 케이프타운, 시청, 1990년 2월 11일

아파르트헤이트의 해체를 위한 협상은 인종차별 없고 단결된 민주 남아프리카공화국을 바라는 우리 국민의 강력한 요구에 부응해야 할 것이다.
— 같은 곳

우리는 진실한 협상을 통한 상호 존중을 튼튼한 기반으로 둔 새로운 미래를 향해 나아가고 있다.
— 집회에서 연설하며, 남아프리카공화국 소웨토, 1990년 2월 13일

나는 교도소 안에서만 조력자였다. 이제 교도소에서 나왔으니, 협상에 관련된 모든 일은 루사카에 있는 전국집행위원회가 맡을 것이다.
— 집에서, 남아프리카공화국 소웨토, 1990년 2월 14일

미래에는 우리가 갈등과 대립의 상황에서 벗어나 평화적 협상의 길로 나아가기를 진심으로 바란다.
— 같은 곳

협상을 통해 문제를 해결하려면 타협할 각오가 되어 있어야 하며, 내가 이해하는 타협이란 주변적 문제들과 관련된 것이 아니다.
— 국영 방송 SABC(남아프리카공화국 방송국)와의 인터뷰에서, 남아프리카공화국 요하네스버그, 1990년 2월 15일

우리는 정부와 ANC가 정치적 해결책을 함께 모색하는 자리를 마련하기 위한 논의를 주도했다.
— 기자회견에서, 남아프리카공화국 케이프타운, 1990년 4월

협상을 하려면 화해의 정신으로 임해야지 최후통첩을 던지겠다는 생각을 품어서는 안 된다.
— F. W. 데클레르크 대통령과 만나 이스트랜드 폭력 사태에 관해 이야기를 나눈 뒤 기자들에게 말하며, 남아프리카공화국 케이프타운, 유니언 빌딩, 1990년대 초

정부와 ANC가 함께 앉아 평화적 해결책을 논의하는 데 ANC가 주도적 역할을 했다.
— 기자회견에서, 남아프리카공화국 케이프타운, 1990년 5월 4일

정부가 협상을 진행하며 입으로는 평화를 말하면서 우리를 상대로 전쟁을 벌이는 것은 용납할 수 없는 처사이다. 우리는 이 문제에 관해 이미 여러 차례 정부에게 경고했고, 따라서 정부가 어떤 실질적 행동을 취하지 않는다면 남아프리카공화국 전체가 우리의 의지와 달리 안타깝게도 피로 물들 것이다.

— 제5차 OAU(아프리카 통일 기구) 남아프리카 특별 위원회 회의에서 브리핑하며, 1990년 9월 8일

정부가 이러한 폭력을 중단시키는 조치를 즉각 취하지 않는 한 협상은 있을 수 없음을 다시 한 번 통고하는 바이다. 그러나 정부가 폭력 종식을 위한 가시적 조치를 강구한다면 ANC는 최선을 다해 협상에 임할 것이다. 바로 우리가 평화 협상 과정을 개시한 당사자이고, 협상을 성공시키기로 결심했기 때문이다.

— 카기소에서 연설하며, 남아프리카공화국 웨스트랜드, 1991년경

오늘은 우리나라의 역사에 깊이 새겨질 것이다. 지금 여기 모인 우리가 우리 앞에 놓인 과제에 응한다면, 오늘은 아파르트헤이트에서 민주주의로 이행하는 출발점이 될 것이다. 우리나라의 국민들은 방방곡곡에서 민주주의와 평화에 대한 갈망을 표출해 왔다. CODESA는 그 열망을 현실로 바꿀 수 있는 역사적 기회를 대변한다.

— CODESA(민주 남아프리카를 위한 회의) 개막식에서, 남아프리카공화국, 켐프턴 파크, 세계무역센터, 1991년 12월 20일

우리는 차분하게 문제를 논의하고 싶습니다. 상대가 우리의 의견 표출 방식을 알고 싶을 테고, 그래야 그들도 협상 과정에서 우리가 중요한 문제를 어떻게 다룰지 알 수 있으니까요.
— 리처드 스텡글과 나눈 대화에서, 1993년 2월 3일

좀 더 부드럽게 접근하면 공격적일 때보다 훨씬 많은 결과를 얻을 수 있어요, 특히 확신이 있을 때는.
— 리처드 스텡글과 나눈 대화에서, 1993년 2월 8일

그래서 나는 그들에게 말하지 않고 협상에 들어간 다음, 그들이 그것을 기정사실로 받아들이게끔 하기로 결심했지요.
— 리처드 스텡글과 나눈 대화에서, 1993년 3월 8일

첫 번째 회담은 아주 솔직하고 우호적이었어요. 타보 음베키[81]는 두 대표단이 만난 뒤에 열린 회의에서 그 사실을 아주 잘 설명하면서, 거기 가서 보니 우리 모두 뿔이 달려 있지 않더라고 했습니다.
— 리처드 스텡글과 나눈 대화에서, 1993년 4월 22일

만나고 보니 사실 이들은 아주 건설적이고 인도적으로 대응할 줄 아는 평범한 사람들이더군요. 아주 가혹한 정책이 여전히 시행중이었지만, 그 사람들은 완전히 달랐어요.
— 같은 곳

---

81 1942년~. 만델라의 뒤를 이어 1999년부터 2008년까지 남아프리카공화국 대통령을 지냈다.

우리가 '권력을 소수에서 다수로 이양한다.'라는 전략적 목표를 이루기 위해 여러 상황에서 다양한 방법을 통해 다각적으로 펼쳐온 공동의 노력이 거둔 결실이 바로 협상이다.
— 움콘토 웨 시즈웨 전국 회의에서, 이스턴 트란스발, 1993년 9월 3일

새로운 계획을 개시하는 바로 그때 가장 낙담하는 순간이 찾아오는 경우가 많다. 그런 때에 사람들은 딜레마에서 빠져 나갈 길을 모색한다.
— 『자유를 향한 머나먼 길』에서, 1994년

전 세계 사람들은 평화와 안전, 평온무사한 인생을 바라고 있으며, 서로 싸우던 집단들이 이야기를 나누기 위해 자리를 같이한다는 사실 자체가 문제의 지역뿐만 아니라 전 세계 많은 사람들에게 희망의 메시지를 전하고 있다.
— 신페인 당[82] 당수 게리 애덤스와 만난 뒤, 남아프리카공화국 요하네스버그, 셸 하우스(ANC 본부), 1995년 6월 19일

우리는 아무리 심각한 문제라도 선의를 가지고 협의하면 해결책을 찾을 수 있다는 것을 경험을 통해 배웠다.
— 유대교 신년제(로시 하샤나)에 전한 메시지, 남아프리카공화국, 1996년 9월 13일

---

82 Sinn Fein. 1905년에 창설된 아일랜드의 공화주의 정당.

남아프리카공화국은 다른 사람들의 문제를 해결할 수 있다고 자신하지 않는다. 그러나 우리의 보잘 것 없는 경험이 증명해 주듯이, 아무리 까다로워 보이는 갈등도 협의를 통해 해결책을 찾을 수 있으며 그런 해결책은 분열되어 있던 사람들이 합의점을 찾으려 노력할 때 나타난다고 믿는다.

— 네게브의 벤구리온 대학교로부터 명예박사 학위를 받으며, 남아프리카공화국 케이프타운, 1997년 9월 19일

협상을 하는 동안에도 우리는 인종이나 종교에 관계없는 인류의 형제애와 평등을 평화적 노력의 중심 목표로 삼아야 한다는 것을 경험으로 배웠다.

— 팔레스타인 사람들과 함께하는 국제 연대의 날에, 남아프리카공화국 프리토리아, 1997년 12월 4일

우리의 미약한 경험이 가르쳐 주었듯이, 해결이 불가능해 보이는 갈등이라도 협의를 통해 해결책을 찾을 수 있다. 또한, 그런 해결책은 대립 세력들이 합의점을 찾으려고 노력할 때 나타난다.

— 팔레스타인의 야세르 아라파트 의장을 위한 연회에서, 남아프리카공화국 케이프타운, 1998년 8월 11일

협상과 논의는 우리가 평화와 발전을 이루기 위해 쓸 수 있는 가장 강력한 무기들이다.

— 걸프 협력 회의 정상회담에서, 아랍에미리트연합국 아부다비, 1998년 12월 7일

나는 동료 수감자들에게 알리지도 않고 정부에 접근했다.
— 미출간 자서전 속편에서, 1998년경

아무리 심각한 문제라도 극복할 수 있다. 당사자들의 의지만 있으면, 힘과 폭력이 아니라 논의와 협상을 통해 극복할 수 있다.
— 대통령의 예산안 심의회 개막 연설에서, 남아프리카공화국 케이프타운, 의회, 1999년 3월 2일

해방 운동이 협상 초기부터 고수한 원칙에 의하면, 어떤 토론을 하든 우리는 그 전보다 한층 강하고 단결된 모습이 되어 있어야 하며 승자나 패자가 있어서는 안 된다.
— 민주적으로 선출된 첫 의회의 마지막 회기에, 남아프리카공화국 케이프타운, 1999년 3월 26일

우리 ANC는 적과 이야기하지 않으면 결코 변화를 일으킬 수 없다는 사실을 알 만한 용기와 선견지명이 있었고, 그래서 용감하게 그들을 찾아가 "왜 우리가 함께 앉아 문제를 평화적으로 해결할 수 있는데 서로를 죽여야 하는가?"라고 말했다. 다행히 우리의 적 가운데에도 "과거는 잊읍시다."라고 말할 수 있는 선견지명과 용기를 지닌 사람들이 있었다. 그래서 우리는 함께 앉아 이야기를 나누었다. 참으로 뿌듯한 일이었다.
— 신문 방송 편집인들과 여론 주도자들에게 브리핑하며, 남아프리카공화국 프리토리아, 1999년 5월 10일

우리가 적과 함께 앉아 이야기를 나누지 않았다면 이런 평화적 변화는 불가능했을 것이다.
— 같은 곳

해방 운동의 지도자들은 적과의 협의를 방해하는 감정적 충동을 합리적 사고로 누를 줄 아는 선견지명과 열정이 있었다.
— 흑인 경영자 포럼 연례회의에서, 남아프리카공화국, 2002년 10월

인종적 갈등이 극에 달했을 때 사람들은 우리가 집단적으로 서로를, 스스로를 파멸시키리라 예상했다. 그러나 우리 국민은 협상과 타협, 평화적 해결의 길을 선택했다. 증오와 복수 대신 화해와 국가 건설을 선택했다.
— 노벨 광장에서 연설하며, 남아프리카공화국 케이프타운,
  2003년 12월 14일

최선의 무기는 함께 앉아 이야기를 나누는 것이다.
— 다큐멘터리 〈만델라 : 살아 있는 전설〉에서, 2003년

우리 지도자들은 협상을 통해 갈등을 평화적으로 해결함으로써 모든 불길한 예측들을 뒤엎었다. 다른 상황에서도 그런 일이 가능할 것이다.
— 로리 카나스의 노벨상 수상자 인터뷰에서, 2004년 4월

역사적인 적들이 협상을 통해 아파르트헤이트에서 민주주의로 평화롭게 이행할 수 있었던 것은 우리가 상대방의 선한 본성을 기꺼이 인정했기 때문이다.
— 민주주의 10년을 기념하는 상하원 합동 회의에서, 남아프리카공화국 케이프타운, 의회, 2004년 5월 10일

남아프리카공화국은 갈등 상황 속에서도 평화적 해결책을 찾을 의지와 열정이 있으면 무엇을 성취할 수 있는지 보여 주는 모범적 사례이다.
— 데즈먼드 투투 대주교의 생일 축하 행사에서, 남아프리카공화국 요하네스버그, 2006년 12월 7일

남아프리카공화국 국민으로서 서로 이야기를 나누고, 관련된 사람들의 품위를 깎아내리지 않는 협상을 하고, 명예로운 타협을 통해 해결책을 찾는 이러한 접근 방식들은 언제나 해방 운동의 사상적 중심을 이루고 있었다.
— 전국 시민사회 회의에서, 남아프리카공화국, 2010년 4월 24일

내가 교도소에서 협상을 시작한 것은 전혀 새로운 일이 아니었다. 우리는 1961년 12월에 이미 그 결정을 내렸다.
— 인터뷰에서, 날짜 미상

넬슨 만델라 아동 기금 Nelson Mandela Children's Fund

아이들에 대한 우리의 사랑은 여전히 변함없다. 아이들의 순수함과 활기, 아이들의 행복과 건강을 보호하고 소중히 여겨야 한다. 감옥에 갇혀 있을 때 몹시도 그리웠던 것이 아이들의 웃음소리이다. 나의 아동 기금은 앞으로 계속 아이들과 젊은이들에게 희망을 줄 것이다.

— 자선 축하 만찬 '더 나은 세상을 위해 단결하자'에 전한 육성 메시지에서, 모나코 몬테카를로, 2004년 12월 1일

넬슨 만델라 재단 Nelson Mandela Foundation

기억은 국가와 국민의 삶에 생명을 불어넣어, 분열된 사회를 통합하는 데 도움이 된다. 넬슨 만델라 재단은 의견이 다른 사람들이 서로 듣고 이야기할 수 있는 안전한 공간을 마련함으로써, 앞으로도 계속 국민의 화합에 앞장설 것이다.

— 자선 축하 만찬 '더 나은 세상을 위해 단결하자'에 전한 육성 메시지에서, 모나코 몬테카를로, 2004년 12월 1일

노벨 평화상 Nobel Peace Prize

남아프리카공화국이 또 한 번 받은 노벨 평화상은 남아프리카공화국의 모든 국민에게 보내는 찬사이다. 그것은 우리가 우리나라의 엄청난 문제들을 폭력과 강제가 아닌 공동의 노력으로 해결할 수 있을 거라는 국제사회의 깊은 신뢰를 말해 준다.
— 노벨 평화상 수상 소식을 듣고, 1993년 10월 15일

내게 노벨 평화상을 주는 것은, 더 큰 책임감을 가지고 남아프리카공화국 국민을 위해, 평화와 정의, 민주주의를 위해 더 열심히 싸우라는 의미임을 아주 잘 알고 있다.
— 같은 곳

우리가 무관심이나 냉소주의, 이기심 때문에 노벨 평화상에 담긴 휴머니즘이라는 이상을 실현하지 못했다는 말을 미래 세대에게 듣는 일이 없도록 하자. 인류가 인종차별과 전쟁이라는 암흑의 밤에 다시는 얽매이지 않을 거라고 했던 마틴 루터 킹의 말이 옳았음을 증명하기 위해 우리 다 같이 노력하자.
— 노벨 평화상 시상식에서, 노르웨이 오슬로, 1993년 12월 10일

나는 개인적인 상에 크게 신경 쓴 적이 없다. 상을 받으리라는 기대로 자유의 투사가 되는 사람은 없지만, 내가 데클레르크 대통령과 함께 1993년도 노벨 평화상 수상자가 됐다는 통지를 받았을 때 깊은 감동을 받았다.
— 『자유를 향한 머나먼 길』에서, 1994년

비인종주의 Non-racialism

우리는 남아프리카공화국이 많은 인종으로 이루어진 나라임을 정책적으로 분명히 했다. 우리나라에 자리할 곳 없는 인종은 없다.
— ITN 텔레비전(영국)의 브라이언 위들레이크와 인터뷰하며, 남아프리카공화국 요하네스버그, 1961년 5월 31일

나는 아프리카 국가들에서 흑인과 백인이 호텔과 영화관을 평화롭고 행복하게 같이 이용하고, 같은 지역에서 물건을 사고팔고, 같은 대중교통 수단을 이용하고, 같은 거주지에서 사는 모습을 보았다.
— 노동자 파업 선동 및 불법 출국 혐의로 유죄 판결을 받은 후 연설에서, 남아프리카공화국 프리토리아, 올드 시나고그, 1962년 11월 7일

우리 ANC는 언제나 인종차별 없는 민주주의를 지지했고, 그렇지 않아도 이미 분열되어 있는 인종들을 더욱 분열시킬 수 있는 어떤 행동도 삼갔다. 그러나 지난 50년 동안의 비폭력이 아프리카 사람들에게 더욱 억압적인 법과 갈수록 줄어드는 권리밖에 가져다주지 않았다는 것이 엄연한 사실이다.
— 리보니아 재판의 피고인석에서 진술하며, 남아프리카공화국 프리토리아, 법원, 1964년 4월 20일

우리는 우리 흑인들도 백인들과 마찬가지로 형제이고 자매이며 신의 자식이고, 우리나라에서 흑인과 백인이 서로 적대하거나 의심할 만한 이유가 추호도 없다는 것을 백인이 받아들이도록 더욱 노력할

것이다.
— 집에서, 남아프리카공화국 소웨토, 1990년 2월 14일

공동의 운명으로 묶여 있기에 우리는 백인과 흑인이 아닌, 그저 자유롭고 자랑스러운 남아프리카공화국 국민들이다. 자랑스럽게도 인류 가족의 일원인 것이다.
— 아일랜드 반아파르트헤이트 운동이 개최한 콘서트에서, 아일랜드 더블린, 1990년 7월 1일

우리는 인종차별 없는 새로운 민주 남아프리카공화국에 진정으로 헌신했다. 그 이상을 이루기 위해 우리 가운데 많은 이들이 감옥에 갔고, 많은 이들이 감옥에서, 교수대에서, 흑인 거주지의 대학살 현장에서, 남부 아프리카의 국가들에서 목숨을 잃었다.
— 남아프리카공화국에 관한 영국 상하원 공동위원회에서 연설하며, 영국 런던, 의회, 1990년 7월 3일

우리는 비인종주의적인 조직이며, 우리의 모임, 우리의 체계가 이런 비인종주의적인 특성을 반영했으면 좋겠다.
— 카기소에서 연설하며, 남아프리카공화국 웨스트랜드, 1991년경

우리 국민을 인종으로 분리하고, 그들의 풍요로운 다양성을 날카로운 비수로 만들어 그들의 가슴을 찌르려는 시도를 좌절시켜야 한다.
— ANC · 잉카타 자유당 수뇌회담에서, 남아프리카공화국 더반, 1991년 1월 29일

흑인이든 백인이든 모두가 한 국민이라는 사실을 깨닫지 못한다면 사면초가에 빠진 우리나라가 구원받을 길은 없다. 모습은 제각기 다를 수 있어도, 우리는 저마다의 정치적·이념적 신조에 상관없이 서로 의존하는 한 국민이다.
— 같은 곳

ANC는 인종차별 철폐를 위해, 남아프리카공화국 국민의 평화롭고 우애로운 삶을 위해 헌신하고 있다.
— 프리토리아 대학교에서 연설하며, 남아프리카공화국 프리토리아,
  1991년 4월 29일

우리나라의 비인종주의적 화합은 협상도 타협도 불가능한 사안이다.
— 더반-웨스트빌 대학교에서 연설하며, 남아프리카공화국 더반,
  1991년 7월 6일

우리는 사람들이 피부색을 신경 쓰지 않는 사회를 만들기 위해 싸우고 있습니다.
— 리처드 스텡글과 나눈 대화에서, 1993년 3월 8일

우리는 사실 다인종주의를 받아들인 적이 없어요. 우리가 요구하는 것은 인종차별 없는, 비인종적 사회예요. 왜냐하면 다인종주의를 말하면 인종의 수만 늘어나니까요.
— 리처드 스텡글과 나눈 대화에서, 1993년 3월 9일

남아프리카공화국의 유대인들은 다른 백인 집단보다 피부색을 의식하지 않는 것 같았습니다.
— 리처드 스텡글과 나눈 대화에서, 1993년 3월 16일

비인종주의적 사회는 아프리카 민족회의가 늘 주장해 온 신념이었습니다. 특히 우리가 자유헌장을 발표한 1955년부터는 더욱 그랬지요. 그것은 ANC의 확고한 정책이 됐어요.
— 리처드 스텡글과 나눈 대화에서, 1993년 4월 28일

나는 혼혈인이든 인도인이든 아프리카인이든 백인이든 우리 모두 한 나라 한 국민이라는 믿음을 평생 고수해 왔다. 한 나라, 한 국민.
— 로벤 섬을 다시 찾아가, 남아프리카공화국 케이프타운, 1994년 2월 11일

고통받는 자들이 어떤 인종 집단이느냐에 상관없이 세계의 사회경제적 문제를 해결하는 데 동참하기로 결심한 사람들이 모든 대륙에 등장하고 있는 것이 전 세계적인 추세이다.
— 졸라 병원 개원식에서, 남아프리카공화국 소웨토, 2002년 3월 7일

우리가 건설 중인 사회와 우리 투쟁의 비인종주의적 특성은 러스티 번스타인[83] 같은 사람들의 노력과 기여에 힘입은 바 크다. 러스티 번스타인은 편안하고 안락한 삶을 포기하고 남아프리카공화국 동

---

[83] 라이어넬 '러스티' 번스타인(1920~2002년). 반아파르트헤이트 활동가이자 건축가. 남아프리카 공산당 지도부.

포들과 힘을 합쳐 민주주의와 자유를 위해 싸우겠다는 신중한 선택을 했다.

— 러스티 번스타인의 죽음에 관해 말하며, 남아프리카공화국 요하네스버그, 2002년 6월 24일

흑인들이 정당한 자리를 차지하여 사회의 모든 영역에 완전히 참여할 수 있도록 우리나라의 변혁을 이끌 때, 우리가 비인종주의적 사회를 건설하고 있다는 기본 원칙을 분명히 알려야 한다.

— 흑인 경영자 포럼 연례회의에서, 남아프리카공화국, 2002년 10월

나는 우리 운동이 앞으로도 사상, 정책, 행동에서 인종차별 폐지 신념을 견지하기를 바란다. 우리가 세계의 존경을 받을 수 있었던 것은 용서를 구할 수 있는 피치 못할 상황에서도 인종차별 철폐에 헌신했기 때문이다.

— 유서프 카찰리아[84]와 브람 피셔의 삶을 기리며, 남아프리카공화국 요하네스버그, 요하네스버그 메트로폴리탄 센터, 2005년 6월 5일

---

[84] 1915~1995년. 1952년 불복종 운동에 참여한 정치 활동가. 아미나 카찰리아의 남편.

비폭력 Non-violence

비폭력이 예전과 변함없는 효력을 가지고도 사실상 제 역할을 하지 못한 것은 우리의 상대가 민주주의 문화를 가지지 못한, 완전히 무신경한 정부이기 때문입니다.
— 리처드 스텡글과 나눈 대화에서, 1993년 3월 19일

우리는 상황이 허락할 때에만 비폭력을 고수했습니다. 상황이 허락지 않으면 자동적으로 비폭력을 버리고 상황에 따른 방법을 쓰곤 했어요.
— 리처드 스텡글과 나눈 대화에서, 1993년 3월 25일

우리는 언제나 비폭력을 전술로 생각했어요. 비폭력을 써야 하는 상황이면 그렇게 했고, 비폭력에서 벗어나야 할 상황이면 그렇게 했지요.
— 리처드 스텡글과 나눈 대화에서, 1993년 4월 5일

내게 비폭력은 도덕적 원칙이 아니라 전략이었다. 효과 없는 무기를 쓰는 데 도덕적 선은 없다.
— 『자유를 향한 머나먼 길』에서, 1994년

기회 Opportunity

기회를 신중하게 택해서, 역사를 자기편으로 만들어야 합니다.

— 리처드 스텡글과 나눈 대화에서, 1993년 4월 5일

우리는 이 세상을 단 한 번 거쳐 갈 뿐이다. 따라서 한 번 놓친 기회는 다시 잡을 수 없다.

— 공책에서, 날짜 미상

억압 Oppression

압제자들이 가혹하고 사악한 법으로 평온무사한 세월을 보내던 시절은 완전히 지나갔다.

— ANC 트란스발 회의 중 〈자유로 향하는 험난한 길〉로도 알려진 의장 연설에서, 남아프리카공화국 트란스발, 1953년 9월 21일

우리나라 백인 정부의 역사는 아프리카인들이 성공의 기회를 요구했다가는 정부의 폭력과 테러를 당하게 될 거라는 사실을 받아들이도록 우리를 세뇌시켰다. 이는 우리가 아프리카인들에게 가르쳐 준 것이 아니다. 아프리카인들이 쓰라린 경험을 통해 배운 것이다.

— 노동자 파업 선동 및 불법 출국 혐의로 유죄 판결을 받은 후 연설에서, 남아프리카공화국 프리토리아, 올드 시나고그, 1962년 11월 7일

낙관주의 Optimism

나는 기본적으로 낙관론자이다. 천성인지 아니면 성장 과정 때문인지는 알 수 없다. 낙관이라는 것은 고개를 똑바로 들고 앞으로 나아가는 것을 뜻하기도 한다.

— 『자유를 향한 머나먼 길』에서, 1994년

아프리카 통일 기구 Organization of African Unity

우리나라가 무력이나 경제력, 혹은 전복을 통해 다른 나라를 지배하려고 하는 일은 다시는 없을 것이다. 우리는 여러분이 아파르트헤이트 체제를 무너뜨리기 위한 공세에 합류하면서 남아프리카공화국에 제시한 비전에 계속 충실하기로 다짐했다.

— OAU(아프리카 통일 기구) 정상회담에서, 튀니지 튀니스, 1994년 6월 13일

오늘, 아프리카 북부와 남부를 이어 주는 고대 아프리카의 많은 것들이 장엄한 모래 밑에 묻혀 있는 사하라 사막 남부에서, 나는 우리의 자유 쟁취에 산파역을 해주고 우리가 그 자유로 무엇을 해야 하는지 가르쳐 준 모임에 작별을 고하는 영광을 얻게 되었다.

— OAU(아프리카 통일 기구) 정상회담에서, 부르키나파소 와가두구, 1998년 6월 8일

아픔 Pain

보이지 않는 상처는 의사가 치료할 수 있는, 눈에 보이는 상처보다 더 고통스럽다.
— 로벤 섬을 다시 찾아가, 남아프리카공화국 케이프타운, 1994년 2월 11일

나는 누구와도 고통을 나눌 수 없는 끔찍한 시간을 보냈다.
— 같은 곳

소극적 저항 Passive Resistance

간디의 평화와 관용, 비폭력 철학이 남아프리카공화국에서는 사회 변화의 강력한 도구로 시작되었다.
— 간디 홀 개장식에서, 남아프리카공화국 레나시아, 1992년 9월 27일

과거 Past, The

현재 내 상황에서는 현재를 성찰하고 미래의 일을 예측하는 것보다 과거를 생각하는 것이 훨씬 더 힘들 수 있어요.
— 힐다 번스타인에게 쓴 편지에서, 남아프리카공화국 케이프타운, 폴스무어 교도소, 1985년 7월 8일

과거는 우리가 미래를 위한 결정을 내릴 때 기댈 수 있는 풍부한 자원이지만, 과거가 우리의 선택을 좌우하지는 않는다. 우리는 과거를 돌아보면서 좋은 점은 골라내고 나쁜 것은 버려야 한다.
— 집회에서 연설하며, 남아프리카공화국 더반, 킹스파크 스타디움, 1990년 2월 25일

과거가 우리나라와 우리 국민의 전진을 가로막는 짐이 되어서는 안 된다는 데에는 누구나 동의하겠지만, 과거의 무자비한 측면만을 강조하며 그것을 잊으려 애쓰고 무시하는 것은 아주 근시안적인 행태이다.
— 제37차 남아프리카공화국 유대인 대표자 회의에서, 남아프리카공화국 요하네스버그, 칼턴 호텔, 1993년 8월 21일

재앙만 일으키는 것으로 증명된 케케묵은 생각을 고수함으로써 정의와 평화를 성취할 수 있다고 착각하는 사람들이 아직도 국내에 있다. 아무리 가다듬고 예쁘게 포장한다 해도 추한 과거를 재연하면 새로운 사회를 창조할 수 없으며 역사는 부정할 수 있는 것이 아니라는 사실을 그들이 이성적으로 깨달았으면 한다.
— 노벨 평화상 시상식에서, 노르웨이 오슬로, 1993년 12월 10일

쓰라린 기억을 되살리고 과거의 고통과 괴로움을 일깨우는 것이 그리 유쾌한 일은 아니겠지만, 네덜란드를 비롯한 유럽 국가들의 국민들처럼 우리도 나치즘과 파시즘의 가혹한 현실을 경험했다. 무자비한 식민지 체제하에서 살았던 개발도상국 사람들처럼 우리 남아

프리카공화국 국민들 역시 과거를 무시하면 자신 있게 앞으로 나아갈 수 없다는 사실을 잘 알고 있다.
— 아프리카 박물관에서 열린 안네 프랑크 전시회 개막식에서, 남아프리카공화국 요하네스버그, 1994년 8월 15일

과거를 잊는 것이 최선이라고 주장하는 사람들이 있다. 용서는 할 수 있지만 절대 잊을 수 없다고 말하면 비판하는 사람들도 있다. 그들은 인권을 침해하는 범행을 저지른 자들이 자신의 과거 행적을 모두 밝히고 인정해야만 사면 받을 수 있다는 데 동의하지 않는다.
— 종파를 초월해 TRC(진실과 화해 위원회)에 임무를 맡기는 의식에서, 남아프리카공화국 케이프타운, 세인트조지 대성당, 1996년 2월 13일

남아프리카공화국의 보통 사람들은 과거가 되풀이되지 않도록 그것을 알리기로 마음먹었다. 복수하려는 것이 아니라, 다 함께 미래로 나아가기 위해서다. 문제는 과거를 들추어낼 것인가 말 것인가가 아니라, 화해와 평화를 촉진하는 방식으로 과거를 알려야 한다는 것이다.
— 같은 곳

붙박인 채 계속 멀어져만 가는 과거를 말없이 가리키며 서 있는 기념비들이 있다. 생명이 없는 기념비는 역사책과 학자들의 머릿속 안에서만 의미를 지닌다.
— 1820년 이주민[85] 기념비를 재헌정하며, 남아프리카공화국 그레이엄스타운, 1996년 5월 16일

---

85 1820년에 영국 정부가 지금의 포트엘리자베스에 이주시킨 약 5,000명의 영국인.

우리의 분열된 과거의 진실을 알려고 할 때, 아파르트헤이트 체제 하에 있던 지난 몇 십 년 동안 우리가 서로에게 입힌 끔찍한 상처를 마주하는 것보다 고통스러운 일은 없다.
— 자유의 날 기념식에서, 남아프리카공화국 어핑턴, 1997년 4월 27일

우리가 우리의 끔찍한 과거를 되새기는 것은 그 문제를 마주보기 위해서다. 잊지 않되 용서가 필요하면 용서하고, 다시는 그런 반인류적 범죄가 우리를 갈가리 찢어 놓지 못하게 하고, 위험하게도 호시탐탐 우리 민주주의를 위협하려는 과거의 유산을 뿌리 뽑기 위해서이다.
— 진실과 화해 위원회 보고서에 대한 특별 토론회에서, 남아프리카공화국 케이프타운, 의회, 1999년 2월 25일

과거를 너무 편협하게 곱씹지 말자. 과거로부터 영감을 받아, 더 나은 세상을 만들 수 있는 우리의 공통된 인간애를 생각하고 이해하는 데 지적으로, 문화적으로 기여하자.
— 20세기 아프리카의 100대 양서 선정 기념 연회에서, 남아프리카공화국 케이프타운, 2002년 7월

우리의 끔찍한 과거에 무심해서는 안 된다. 기억은 우리를 부정적인 방식으로 과거에 붙들어 두기보다는, 우리가 과거로부터 얼마나 멀리 왔는지, 우리가 그동안 얼마나 많은 것을 성취했는지 기쁘게 일깨워 준다.
— 민주주의 10년을 기념하는 상하원 합동 회의에서, 남아프리카공화국 케이프타운, 의회, 2004년 5월 10일

과거의 진실이 점차 드러나기 시작해서 기쁘다.
— 다큐멘터리 〈저명인사들과 전설들 : 넬슨 만델라〉에서, 2006년

우리의 끔찍한 과거를 기억하자. 과거의 분열을 극복하고 현재의 자리까지 올 수 있었던 국민의 위대함을 절대 잊지 말자. 어떤 이유에서든 다시는 파멸적 결정을 내리는 우를 범하지 말자.
— 츠와니 시 명예시민권을 받으며, 남아프리카공화국 요하네스버그, 넬슨 만델라 재단, 2008년 5월 13일

평화 Peace

전쟁의 위협에 맞선 평화 투쟁이 곧 국민과 개인의 평화 생존권을 지키는 길임을 전 세계 사람들이 이해하기 시작했다.
— 나탈 평화 회의, 남아프리카공화국, 1953년 8월 23일

국가들이 막강한 군대를 강력한 평화 운동으로, 치명적 무기를 무해한 쟁기로 바꿀 날이 아직은 요원한 것 같습니다. 그렇지만 세계 조직들과 정부, 국가수반, 영향력 있는 집단들과 개인들이 세계 평화를 위해 용감하게 열심히 싸우고 있다는 사실은 정말 희망적입니다.
— 니컬러스 베델 경에게 쓴 편지에서, 남아프리카공화국 케이프타운, 폴스무어 교도소, 1986년 6월 4일

우리는 여전히 평화를 위해 힘쓰고 있으며, 정부가 우리에게 기회를 준다면, 상황을 정상화한다면, 우리도 우리나라 문제의 평화적 해결에 적극적으로 기여할 준비가 되어 있다.
— 석방 후 처음 열린 기자회견에서, 남아프리카공화국 케이프타운 비숍스 코트, 데즈먼드 투투 대주교 관저, 1990년 2월 12일

나는 우리나라의 평화 증진에 힘써 왔지만, 그것은 ANC의 결정과 운동의 일환이었다.
— 같은 곳

우리는 갈등 상황에서 벗어나고 싶다. 평화적 수단으로 문제를 해결한다는 우리의 확고한 정책으로 되돌아갔으면 좋겠다.
— 집에서, 남아프리카공화국 소웨토, 1990년 2월 14일

수세기 전부터 몇 세대에 걸쳐 우리의 운명은 긴장과 갈등, 죽음뿐이었다. 어떤 의미에서 우리는 평화의 의미를 상상으로밖에 알지 못한다. 하지만 현실적 의미의 진정한 평화를 몰랐기에, 또한 몇 세기 동안 국가 폭력의 희생자들을 묻어야 했기에, 우리는 평화를 경험할 권리를 쟁취하기 위해 싸웠다.
— 미국 상하원 합동 회의에서 연설하며, 미국 워싱턴 D. C., 1990년 6월 26일

기초 의료 시설 같은 사회 기반 시설이 부족하면 평화가 있을 수 없다. 대다수의 의사와 의료 시설이 소수의 국민만 접근할 수 있는 지역에 집중되어 있으면, 평화가 있을 수 없다.
— 남아프리카 의과대학 졸업식에서, 남아프리카공화국, 1991년 3월 23일

아무리 단호한 사람들이라도, 아무리 폭력을 신봉하는 사람들이라도 평화를 통해 바뀔 수 있습니다.
— 리처드 스텡글과 나눈 대화에서, 1993년 3월 16일

중요한 것은 평화의 메시지가 우리 국민의 생각과 문제 해결 방식에 깊이 뿌리 내리도록 하는 겁니다.
— 같은 곳

굶주림과 무지, 질병으로부터의 해방이 결국 전쟁과 평화를 가른다는 사실은 논리적으로 당연할 뿐만 아니라 현실적으로도 옳다.
— 아프리카 평화상을 받으며, 남아프리카공화국 더반, 1995년 3월 18일

평화의 전사들은 우리가 사는 세계가 종교적·인종적 증오와 갈등의 덫에서 벗어나고 있다는 것을 알고 있다. 선의로 맺은 약속을 깨고 무력으로 땅을 차지하는 것은 갈등을 부채질할 뿐이라는 사실을 알고 있다.
— 팔레스타인 사람들과 함께하는 국제 연대의 날에, 남아프리카공화국 프리토리아, 1997년 12월 4일

우리는 어떤 공동체든 국민이든 발전을 통해 안정과 진보를 이루려면 평화라는 가장 강력한 무기가 필요하다는 사실을 잘 인식하고 있는 세계와 시대에 살고 있다.
— 콰줄루나탈 대학교로부터 명예박사 학위를 받으며, 남아프리카공화국, 콰줄루나탈 대학교, 1998년 5월 30일

남아프리카공화국이 전 세계 평화에 관심을 기울이는 것은 그저 이타심 때문이 아니다. 우리가 실현하고자 하는 자유와 민주주의의 원칙이 세계의 다른 지역에서도 공명을 얻어야 우리나라에도 큰 이익이 된다.
— 제10차 SACP(남아프리카 공산당) 전국 회의에서 크리스 하니 상을 받으며, 남아프리카공화국 요하네스버그, 1998년 7월 1일

평화는 모든 국민을 성장시킬 수 있는 가장 강력한 무기이다.
— 차마 차 마핀두지(탄자니아 집권당) 전국집행위원회에서 연설하며, 탄자니아 다르에스살람, 1998년 11월 17일

유혈 사태가 벌어지면 평화 협상 과정에 불리한 분위기가 조성된다.
— 시릴 음푸나푸티 줄루 왕자의 장례식에서, 남아프리카공화국 더반, 1999년 11월 14일

현 세계에서 평화 추구보다 더 위대한 대의는 있을 수 없다. 우리나라의 평화 협상을 막을 수 있는 것은 아무것도 없다.
— 요하네스버그 기자 클럽 '10년의 뉴스메이커' 축하 만찬에서, 남아프리카공화국 요하네스버그, 2001년 10월 31일

평화롭게 공존하고자 하는 세계의 공통된 욕망과 관대함이 놀라울 정도로 크다는 사실을 계속 강조할 필요가 있다. 전 세계의 남녀노소 평범한 사람들은 서로 다른 배경이나 역사, 신념에 관계없이 품위 있게 살 수 있는 기회를 바랄 뿐이다.
— 같은 곳

평화는 단순히 갈등 없는 상태가 아니다. 평화란 인종이나 피부색, 신념, 종교, 성별, 계급, 계층 등의 사회적 차별 요소와 상관없이 모두 풍요롭게 잘 살 수 있는 환경을 만들어 내는 것이다.
— 평화와 비폭력을 위한 세계 대회에 전한 메시지에서, 인도 뉴델리, 2004년 1월 31일

발전과 평화는 불가분의 관계에 있다. 평화와 국제적 안전이 없다면, 국가들은 가장 혜택 받지 못하는 시민들에게 희망을 주는 일에 집중할 수 없다.
— 같은 곳

적이 절대로 격퇴할 수 없는 우리의 가장 강력한 무기는 바로 평화라네.
— 아메드 카트라다, 맥 마하라지와 나눈 대화에서, 남아프리카공화국 요하네스버그, 2006년 7월 27일

폭력과 불화로 갈가리 찢긴 세계에서 간디의 평화와 비폭력 메시지는 21세기 인류의 생존을 가능케 할 열쇠를 쥐고 있다. 사티아그라하[86]의 정신으로 잔인무도한 압제 세력과 맞서 싸우면 압제자들의 시각을 도덕적이고 정당하게 변화시킬 수 있다는 간디의 믿음은 옳은 것이었다.

— 사티아그라하 100주년 기념 회의에 보낸 영상 메시지에서, 인도 뉴델리, 2007년 1월 29~30일

문제를 가장 평화적으로 해결할 수 있는 방법은 평화이다.
— 다큐멘터리 〈90세의 만델라〉에서, 2008년

교도소에서 나왔을 때 나는 화해와 평화가 중요한 문제라고 강조했다. 갈등과 긴장으로는 아무것도 얻을 수 없다는 뜻이다. 평화를 설파하는 편이 더 낫다.
— 같은 곳

어떤 정치 조직이든 빈껍데기가 아닌 이상 공세를 받으면 평화를 논하지 않을 것이다.
— 남아프리카공화국 케이프타운, 날짜 미상

---

[86] 마하트마 간디가 벌인 비폭력 저항 운동.

사람들 People

역사가 시작되었을 때부터 인류는 용감하고 정직한 사람들을 존경하고 공경해 왔소.
— 위니 만델라에게 쓴 편지에서, 로벤 섬, 1969년 6월 23일

실생활에서 우리가 상대하는 것은 신들이 아니라 우리 같은 평범한 사람들이오. 모순으로 가득 찬 사람들, 차분하면서도 변덕스럽고 강하면서도 약하고 유명하면서도 악명 높은 사람들, 피 속에서 구더기와 살충제가 매일 전쟁을 벌이는 사람들 말이오.
— 위니 만델라에게 쓴 편지에서, 로벤 섬, 1979년 12월 9일

삶의 행보가 다른 사람들을 만나는 건 상당히 유익한 일이지. 다른 환경에 있는 사람들과 대화를 나누면 상식의 폭을 넓힐 수 있단다.
— 마카지웨 만델라에게 쓴 편지에서, 로벤 섬, 1981년 1월 31일

옆에서 지켜보기만 하면서 일의 향방에 영향을 끼칠 수 없는 처지에 만족할 사람은 거의 없을 겁니다.
— 에피 슐츠에게 쓴 편지에서, 남아프리카공화국 케이프타운, 폴스무어 교도소, 1987년 4월 1일

국민은 우리가 사는 사회의 진흙으로 만들어진다는 것을, 그들도 인간이라는 것을 인정해야 해요. 국민에게는 장점도 있고 단점도 있어요. 우리가 인간으로서 인간과 함께 일할 의무가 있는 것은 그

들이 천사라서가 아니에요.
— 리처드 스텡글과 나눈 대화에서, 1993년 4월 29일

모든 사람들은, 아무리 냉혈한처럼 보이는 자라도 관대함을 지니고 있기 때문에, 그들의 마음을 움직이면 그들을 변화시킬 수 있다.
— 『자유를 향한 머나먼 길』에서, 1994년

우리의 가장 소중한 보물은 우리 국민, 그중에서도 특히 젊은이들이다. 그들은 우리가 다른 자산들로부터 이익을 얻을 수 있게 해주는 인적 자원이다.
— 전국 교육·학습 운동을 시작하며, 남아프리카공화국 요하네스버그 소웨토, 1997년 2월 20일

본래 겸손하고 소박한 사람들, 사회적 지위에 관계없이 모든 인간을 절대적으로 신뢰하는 사람들은 어디서나 존경과 찬사를 받는다.
— 미출간 자서전 속편에서, 1998년경

나는 정치 생활을 하면서 아프리카인이든 혼혈인이든 인도인이든 백인이든 모든 공동체와 모든 정치 조직에 예외 없이 좋은 사람들이 있다는 사실을 깨달았다. 그들은 계속 살아가기를 열렬히 바라고, 평화와 안정을 갈망하고, 괜찮은 수입과 좋은 집을 원하고, 자식을 가장 좋은 학교에 보내고 싶어 하며, 사회 구조를 존중하고 그것이 유지되기를 바란다.
— 같은 곳

우리 국민의 기본적인 욕구가 충족되지 않는 한, 우리의 자유는 결코 완전할 수 없고 우리의 민주주의는 안정을 찾을 수 없다.
— 더반 시 명예시민권을 받으며, 남아프리카공화국 더반, 1999년 4월 16일

그 폭군들을, 그 독재자들을 끝장낸 것은 왕이나 장군이 아니라 평범한 사람들이었다. 그들 중 일부는 자기 마을에서도 알려지지 않은 자들이었다.
— 세계 종교 회의 연설에서, 남아프리카공화국 케이프타운, 1999년 12월

국민은 그들이 사는 사회가 만들어 낸 인간이다. 그들의 장점을 인정함으로써 그들에게 용기를 북돋워 주어야 한다.
— 인터뷰에서, 날짜 미상

어떤 공동체, 어떤 정당, 어떤 정치적 신념에든 좋은 사람들이 있다. 그런 사람들이 한데 모이면 파괴자가 아닌 건설자가 승리한다. 그럴 때 우리의 공통된 인간성도 재확인된다.
— 평화 축제에서, 부룬디 부줌부라, 카멘지 청년 센터, 2000년 12월

세상을 특별한 곳으로 만드는 것은 평범한 사람들, 평범한 남자와 여자, 소년과 소녀라는 사실을 잊지 말자.
— NMCF(넬슨 만델라 아동 기금) 연례 어린이 축하 행사와 남아프리카 청년 포럼에서, 남아프리카공화국 요하네스버그, 프랑스 학교 리세 프랑세 쥘 베른, 2008년 7월 9일

인식 Perceptions

우리는 다른 사람을 실제로 만나기 전에는 그들에게 뿔이 달렸다고 생각한다.

— 벳시 페르부르트 여사를 방문한 뒤에, 남아프리카공화국 오라니아, 1995년 8월 15일

박해 Persecution

강력한 조직들과 고위자들이 사실상 과부나 다름없는 여자를 죽이려고 작당하는 행태를 보는 것은 내게 값진 경험이었소. 내 인생의 가장 멋진 친구에 대해 내가 가지고 있는 분명한 이미지를 흐려 놓으려고 온갖 시시콜콜한 것들로 내 주의를 끌며 비열하게 구는 그들이 황당하기 그지없소.

— 위니 만델라에게 쓴 편지에서, 로벤 섬, 1976년 8월 19일

아내가 경찰에 시달리며 괴롭힘을 당하고 때로는 공격까지 받고 있는데 나는 곁에서 아내를 지켜줄 수 없었어요. 그때가 내게는 가장 힘든 순간이었지요.

— 리처드 스텡글과 나눈 대화에서, 1993년 3월 9일

개인의 발전 Personal Development

일 년 내내 열심히 체계적으로 학업에 열중하면 그토록 바라던 상과 너만의 행복을 얻을 수 있을 거다.

— 마카토 만델라에게 쓴 편지에서, 로벤 섬, 1969년 7월 28일

우리는 자신이 개인으로서 얼마나 진보했는지를 판단할 때 사회적 지위와 영향력, 인기, 부, 교육 수준 같은 외적 요소들에 집중하는 경향이 있소. 물론 물질적 면에서의 성공 여부를 판단할 때는 이런 기준들이 중요하고, 많은 사람들이 그 모든 것을 얻기 위해 애쓰는 것도 충분히 이해할 수 있는 일이오. 그러나 인간으로서의 성장을 평가할 때에는 내적 요소들이 훨씬 더 중요할지도 모르오. 정직하고 성실하고 소박하고 겸손하며 순수하게 너그럽고 허영심이 없고 남을 위해 기꺼이 일하는 것, 이 모두는 누구나 얻기 쉬운 것들이지만 우리의 정신적 삶의 바탕을 이루는 자질들이오.

— 위니 만델라에게 쓴 편지에서, 로벤 섬, 1975년 2월 1일

혼자서 모든 것을 할 수 있는 사람은 아무도 없다는 사실을 잊어서는 안 된다.

— 진드지 만델라가 준비한 아버지의 날 오찬에서, 남아프리카공화국 요하네스버그, 하이엇 호텔 우먼 오브 비전 클럽, 2001년 6월 1일

개인의 책임 Personal Responsibility

우리 사회의 부자들이 빈자들을 골칫거리로 보거나 빈자들이 가만히 앉아서 적선을 기대한다면, 우리는 현재를 치유할 수도 미래를 건설할 수도 없다. 우리 모두 상황의 개선에 대해 책임감을 가지고, 만인의 이익을 위해 최선을 다할 각오가 되어 있어야 한다.
— 국정연설에서, 남아프리카공화국 케이프타운, 의회, 1995년 2월 9일

예전에 국제사회의 아낌없는 지지를 받았던 남아프리카공화국 국민들은 이제 모두 일어나 자유와 정의라는 대의에 적극적으로 기여해야 한다.
— 팔레스타인 사람들과 함께하는 국제 연대의 날에, 남아프리카공화국 프리토리아, 1997년 12월 4일

우리 모두 스스로에게 물어야 한다. 나는 우리 시와 우리나라의 영원한 평화와 번영을 위해 내가 할 수 있는 모든 일을 했는가?
— 더반 시 명예시민권을 받으며, 남아프리카공화국, 1999년 4월 16일

계획 Planning

우리의 삶과 행동을 치밀하게 계획하고 우리의 운명을 스스로 결정한다면 큰 진보를 이룰 수 있습니다.
— 토로베차네 추쿠두(애들레이드 탐보의 가명)에게 쓴 편지에서, 로벤 섬, 1977년 1월 1일

전체 계획을 짜는 것과 그것을 실천하는 것은 별개의 문제이다.
— 「흑인 의식 운동은 어디로」라는 글에서, 로벤 섬, 1978년

가정에서든 공장에서든 사회적 영역이나 다른 영역에서든, 조직화와 견고한 계획의 장점은 개인들이 들락날락해도 기관과 조직이 팀워크를 통해 잘 돌아갈 수 있다는 겁니다.
— 마틀랄라 아 추쿠두(애들레이드 탐보의 가명)에게 쓴 편지에서, 로벤 섬, 1980년 11월 9일

즐거움 Pleasure

나중으로 미루었다 누리는 즐거움은 아주 달콤할 수 있지요.
— 프리다 매튜스에게 쓴 편지에서, 남아프리카공화국 케이프타운, 폴스무어 교도소, 1986년 3월 10일

정치범 Political Prisoners

재앙을 피하는 유일한 길은 죄 없는 사람들을 감옥에 가두는 것이 아니라, 당신의 도발적인 행위를 멈추고 분별 있고 진보한 정책을 추구하는 것입니다.
— 법무장관에게 쓴 편지에서, 로벤 섬, 1969년 4월 22일

우리는 아프리카의 위대한 애국자들, 그리고 본보기로 삼을 만한 고귀한 사람들과 함께 감옥에 앉아 있었다. 그들은 고문을 두려워하지 않고, 교수형 집행관의 올가미 앞에서 자유의 노래를 불렀으며, 감방을 학교로 여겨 그 안에서 신념과 결의, 희생 의지를 굳건히 다지려 노력했다.
— 캐나다 의회에서 연설하며, 캐나다 오타와, 1990년 6월 18일

정부는 정치범의 의미를 서류 없이 출국한 사람으로 한정하려 했어요. 소수의 사람만을 정치범의 범주에 넣기 위해서였지요. 그러나 우리는 "폭동 선동이든 반역이든 절도든 폭행이든, 어떤 종류의 범죄든 정치적 동기를 가지고 저지른 사람은 정치범이다."라고 했습니다.
— 리처드 스텡글과 나눈 대화에서, 1993년 4월 22일

나는 가서 그들을 설득해야 했어요. "나가십시오, 우리는 여러분이 나가기를 바랍니다. 나가서 우리를 도와주기 바랍니다. 자유로울 수 있는데 감옥에 남아 있는 것은 아무런 의미도 없어요."라고 말입니다.
— '전장'에서의 승리를 통해서만 출소하고 싶어 한 정치범들에 관해 리처드 스텡글과 나눈 대화에서, 1993년 4월 23일

정치 Politics

정치 투쟁의 중심에 있는 사람들, 시급히 해결해야 할 현실적인 문제들을 다뤄야 하는 사람들은 심사숙고할 시간적 여유도 거의 없고 길잡이가 될 만한 전례도 없어서 실수를 많이 할 수밖에 없다.
— 미출간 자서전 원고에서, 로벤 섬, 1975년

나는 정치적으로 뒤쳐져 있었는데, 내가 상대할 사람들은 정치를 잘 알고 남아프리카 안팎에서 일어나고 있는 일에 대해 논의할 줄 아는 자들이었어요.
— 1940년대에 처음 정치적 모임에 참여했을 때 느꼈던 조바심에 관해 리처드 스텡글과 나눈 대화에서, 1993년 3월 16일

정치에서 성공하려면 사람들에게 내 견해를 납득시키고, 내 의견을 아주 분명하게, 아주 정중하게, 아주 차분하게, 그러면서도 숨김없이 밝혀야 합니다.
— 리처드 스텡글과 나눈 대화에서, 1993년 4월 29일

나는 대학에, 학교에, 특히 고등학교에 가서야 정치 조직과 정치 투쟁 같은 것이 있다는 사실을 알았습니다.
— 리처드 스텡글과 나눈 대화에서, 1993년 5월 3일

어떤 철학자는 사람이 젊을 때 진보적이지 않고 늙어서 보수적이지 않으면 뭔가 이상한 거라고 말했다.

— 『자유를 향한 머나먼 길』에서, 1994년

일부다처제 Polygamy

일부다처제는 우리 역사의 일부이고, 은구니족의 경우엔 더욱 그렇습니다. 은구니족은 남자가 아내를 여럿 두지요, 특히 왕실에서는요.

— 리처드 스텡글과 나눈 대화에서, 1993년 3월 10일

그때는 족장이 여유가 있으면 원하는 만큼 아내를 둘 수 있었어요. 아내들은 자신만의 크랄[87]에서 살았는데, 때로는 그들 사이의 거리가 30킬로미터 넘게 떨어져 있기도 했지요, 우리 가족처럼.

— 같은 곳

우리 아버지는 일부다처제를 따라 네 명의 아내와 아홉 명의 자식을 두고 있었다. 나는 다 함께 놀고, 싸워도 밥은 함께 먹는 그런 분위기 속에서 자랐다.

— 다큐멘터리 〈만델라〉에서, 1996년

---

[87] 울타리를 둘러친, 아프리카 전통 마을.

빈곤 Poverty

빈곤에서 벗어나는 길은 두 가지가 있다. 첫째는 정식 교육을 받는 것이고, 두 번째는 업무 기술을 발전시켜 고임금 노동자가 되는 것이다. 그러나 아프리카인들의 경우에는 이 두 가지 출세 길 모두 법으로 막혀 있다.

— 리보니아 재판의 피고인석에서 진술하며, 남아프리카공화국 프리토리아, 법원, 1964년 4월 20일

나는 쿠누에서의 어린 시절보다 요하네스버그에서 보낸 첫해에 빈곤에 대해 더 많은 것을 배웠다.

— 미출간 자서전 원고에서, 로벤 섬, 1975년

솥을 열고 사람들에게 왜 음식이 이리도 적게 들어 있느냐고 물어보라. 비가 집 안으로 새어 들어오면 마루에 고여 있는 물웅덩이에 사람들의 손을 집어넣고 "왜?"라고 물어보라. 이 물음에는 오로지 하나의 답만 있다. 바로 우리의 공통된 궁핍이다.

— 집회에서 연설하며, 남아프리카공화국 더반, 킹스파크 스타디움, 1990년 2월 25일

국민의 물질적 요구와 생계 문제를 변화 과정의 일환으로, 시급한 문제로 다루지 않는 한 정치적 안정은 물론 민주주의 자체도 존속할 수 없다는 점을 분명히 해야 한다. 먹을 것, 쉴 곳, 인간적 존엄성

을 요구하는 국민의 울부짖음에 응답하지 못해, 분노 어린 빈민들에게 비난받는 일이 있어서는 안 된다.
— 미국 상하원 합동 회의 연설에서, 미국 워싱턴 D. C., 1990년 6월 26일

가난한 것은 끔찍한 일이지.
— 아메드 카트라다와 나눈 대화에서, 1993~1994년경

단언컨대, 수백만 명의 우리 국민이 빈곤으로 인해 온갖 고통과 수모에 시달리는 한 우리는 편히 쉴 수 없다.
— 제49차 국제연합 총회에서, 미국 뉴욕 시, 1994년 10월 3일

사회경제적 변화를 통해 특히 가난한 사람들의 생활 조건을 개선하지 않으면, 우리가 갓 얻은 민주주의도 빈껍데기에 지나지 않을 것이다.
— 인도 상공회의소, 인도 산업 연합, 합동 기업 위원회가 함께 연 만찬에서, 인도 델리, 1995년 1월 26일

자칭 정치가들인 우리의 명백한 과제는 국민들, 거리의 보통 사람들을 중시하는 것이다. 빈민들, 굶주린 자들, 옹졸한 독재의 피해자들 같은 정책 대상자들은 변화를 요구한다.
— 국제연합 창립 50주년을 기념하는 총회 특별 회의에서, 미국 뉴욕 시, 1995년 10월 23일

많은 국민들이 극심한 빈곤을 벗어나지 못하는 한, 아이들이 여전히 비닐 지붕 밑에 사는 한, 많은 국민들이 여전히 일자리를 구하지 못하는 한, 어떤 남아프리카공화국 국민도 마음 편히 자유의 기쁨을 만끽하지 못할 것이다.
― 은퇴하는 데즈먼드 투투 대주교에게 고마움을 전하는 예식에서, 남아프리카공화국 케이프타운, 세인트조지 대성당, 1996년 6월 23일

남아프리카공화국 정치가 힘 있는 부자들의 양심을 달래 주고 힘없고 가난한 사람들의 곤경을 감추기 위해 선택된 시시한 것으로 전락해서는 안 된다.
― SACP(남아프리카 공산당) 창당 75주년 기념식에서, 남아프리카공화국 케이프타운, 1996년 7월 28일

길거리에서 자는 아이들, 먹고 살기 위해 구걸하는 아이들은 우리의 일이 아직 끝나지 않았음을 보여 주는 증거이다. 수돗물, 위생 시설, 전기도 없는 오두막에서 사는 가족들은 아직 지워지지 않은 과거의 그림자를 일깨워 준다.
― 같은 곳

세계가 양대 강국의 지배에서 벗어나면 부자와 빈자 간의 극심한 분열이 더욱 뚜렷하게 눈에 띈다. 그리고 그런 분열 속에서도 사하라 사막 이남의 아프리카는 가장 극단적 위치에 있다.
― 옥스퍼드 대학교 부설 이슬람 연구소에서 강연하며, 영국 옥스퍼드, 셸도니언 극장, 1997년 7월 11일

미래 세대는 우리에 대해 "진정으로 그들은 세계의 빈곤을 뿌리 뽑을 토대를 마련하고, 상호존중과 협력, 평등에 기초한 새로운 세계 질서를 구축하는 데 성공했다."라고 말할까?
— 같은 곳

빈곤과 물질적 불평등은 지속적 평화와 안정의 적이다.
— 제50차 ANC 전국 회의 폐회식에서, 남아프리카공화국, 노스웨스트 대학교 마피켕 캠퍼스, 1997년 12월 20일

우리는 우리가 성취한 것을 자랑스럽게 생각한다. 그러나 여전히 수많은 사람들을 괴롭히고 있는 가난, 여전히 대다수의 시민들을 괴롭히고 있는 교육, 주거, 건강, 토지 무소유, 일자리 부족 등의 문제들, 이 모두는 의미 있는 자유와 민주주의, 인권이라는 사명이 아직 완수되지 않았음을 일깨워 준다.
— 대통령의 예산안 심의회 폐막 연설에서, 남아프리카공화국 케이프타운, 의회, 1998년 4월 22일

과거의 분열과 불평등을 극복하고 특히 가난한 사람들의 삶을 개선하는 데 성공해야지만 우리의 자유와 권리도 완전한 의미를 얻을 것이다.
— 자유의 날 기념식에서, 남아프리카공화국 케이프타운, 1998년 4월 27일

가난한 사람들과 이전의 사회적 약자들은 큰 곤란에 처해 있다.
— 줄룰란드 대학교로부터 명예박사 학위를 받으며, 남아프리카공화국, 1998년 5월 30일

식량과 일자리, 물, 집, 교육, 의료, 건강한 환경처럼 기본적으로 필요한 것들을 얻지 못하는 빈곤 때문에 날마다 수많은 사람들이 인간일 권리조차 누리지 못하고 있다.
— 제53차 국제연합 총회에서, 미국 뉴욕 시, 1998년 9월 21일

정확히 말하자면, 우리는 모든 인류의 삶의 질을 향상시키는 데 애쓰기보다는 부의 축적만 늘려감으로써 무서울 정도로 빠르게 빈곤을 낳고 있다.
— 같은 곳

우리는 아파르트헤이트의 잔재와 그 유산을 완전히 제거하여 우리 국민, 그중에서도 극빈층의 삶을 훨씬 더 빠른 속도로 변화시켜야 한다.
— 파키스탄 상하원 합동 회의에서 연설하며, 파키스탄 이슬라마바드, 1999년 5월 4일

세계화는 힘 있는 자들뿐만 아니라 빈곤으로 삶이 황폐해진 사람들에게도 이익이 되어야 한다.
— 베이징 대학교에서 연설하며, 중국 베이징, 1999년 5월 6일

진정한 민주주의를 건설하려면, 압제의 유산인 빈곤에 시달리고 있는 남아프리카공화국 국민 대다수의 물질적 삶을 실질적으로 개선하는 민주주의가 되도록 해야 한다.
— 같은 곳

우리가 아직도 가난하다는 사실을 인정하는 데 부끄러워할 필요는 없다. 그러나 가난을 물려받았다는 말로 그냥 넘어가서는 안 된다. 그것을 시급히 없애야 할 문제로 보고 조치를 취하는 것이 더 중요하다. 우리의 각급 정부에 출세지향주의자나 기회주의자는 필요치 않다.
― ANC 전국 대표 대회에서, 남아프리카공화국 포트엘리자베스, 2000년 7월 12일

극심한 빈곤은 치욕적이며, 그것에 시달리는 사람들의 존엄성을 해친다. 결국엔 우리 모두의 존엄성을 해친다. 그리고 우리 모두의 자유를 무의미하게 만들어 버린다.
― 국립 인권 박물관으로부터 자유상을 받으며, 미국 테네시 주 멤피스, 2000년 11월 22일

인류의 미래를 안전하게 지키려면, 국가 내에서나 국가들 사이에서나 빈부의 격차를 신속히 줄여 나가는 것도 중요하다.
― 제26차 대학 교육 개선을 위한 국제회의, 남아프리카공화국 요하네스버그, 요하네스버그 대학교, 2001년 7월

우리나라가 목표를 달성했다고 주장할 수 있으려면 아직도 가야 할 길이 멀다. 억압과 차별의 유산과 싸워 승리했다고 주장하기에는, 빈곤과 그에 따른 고통과 결핍이 아직도 너무 벅차다.
― 환영 만찬에서, 튀니지 튀니스, AIG(아메리칸 인터내셔널 그룹) 이사회, 2004년 3월 24일

수많은 국민들이 여전히 빈곤으로 인한 고난과 결핍에 시달리고 있다. 빈곤의 근본적인 원인 가운데 하나는 일자리가 없는 것이다. 돈벌이가 되는 일자리를 찾지 못하는 것만큼 인간의 존엄성을 짓밟히는 일도 없다.
— 남아프리카공화국의 민주주의 10년을 축하하는 영상 메시지에서,
2004년 4월

노예제나 아파르트헤이트와 마찬가지로 빈곤 역시 자연스레 타고나는 것이 아니다. 빈곤은 인간이 만들어 냈으며, 인간의 행동으로 극복하고 뿌리 뽑을 수 있다.
— '빈곤을 역사로 만들자' 캠페인 출범식에서, 영국 런던, 트라팔가르 광장,
2005년 2월 3일

이 새로운 세기에 세계의 극빈 국가들에서는 아직도 수백만 명의 사람들이 감옥에 갇힌 채 노예가 되어 쇠사슬에 묶여 있다. 그들은 빈곤이라는 감옥에 갇혀 있다. 그들을 자유롭게 풀어줄 때다.
— 같은 곳

빈곤이 존재하는 곳에 진정한 자유는 없다.
— 같은 곳

우리 세계에 빈곤과 불의, 끔찍한 불평등이 존속하는 한, 우리 중 누구도 편히 쉴 수 없다.
— 같은 곳

무지막지한 빈곤과 터무니없는 불평등은 과학과 기술, 산업과 부의 축적에서 놀라운 진보를 이룬 우리 시대의 끔찍한 골칫거리로서, 노예제나 아파르트헤이트와 어깨를 나란히 할 만한 사회악이다.
— 같은 곳

극심한 빈곤이 비열한 불평등의 발현으로서 전 세계에 존속하는 한 나와 동지들, 동포들과 전 세계 협력자들의 투쟁은 끝나지 않을 것이다.
— G7 재무장관 회의에서, 스코틀랜드 글렌이글스, 2005년 2월 4일

빈곤을 극복하는 것은 자선 행위가 아니다. 그것은 정의로운 행위이다. 인간의 존엄성을 지키고 남부럽지 않은 삶을 누릴 권리, 즉 기본 인권을 보호하는 것이다.
— 라이브 8 콘서트에서, 남아프리카공화국 요하네스버그, 메리피츠제럴드 광장, 2005년 7월 2일

우리들 사이의 빈곤과 결핍은 우리 모두의 품위를 떨어뜨린다. 온 국민의 협력으로 우리 사회의 엄청난 에너지를 그러모아 빈곤을 극복하고 몰아내자.
— 만델라의 아흔 번째 생일을 축하하는 ANC 집회에서, 남아프리카공화국 프리토리아, 2008년 8월 2일

오늘날 우리는 빈곤과 그에 따른 고통을 끝내야 하는 과제에 직면해 있다.
— 같은 곳

빈곤은 좋은 점이 거의 없지만, 진정한 우정을 낳는 경우도 많다. 부유할 때에는 친구가 되려는 사람들이 많이 나타나지만, 가난할 때에는 그런 사람이 아주 적다. 부가 사람을 끌어당기는 자석이라면, 빈곤은 사람들을 멀리 쫓아 버린다. 그렇지만 빈곤이 때로 진정한 자비를 불러일으키기도 한다.

— 출처 미상

현실성 Practicality

군을 결성하고 대중의 지지를 모으려면 정치의식이 꼭 필요하지만, 현실적인 문제도 놓쳐서는 안 된다.

— 공책에서, 1962년

대통령 President

나 넬슨 롤리랄라 만델라는 이로써 남아프리카공화국과 모든 국민의 행복을 위해 헌신할 것을 맹세합니다.

— 남아프리카공화국 대통령으로 취임하며, 남아프리카공화국 프리토리아, 유니언 빌딩(정부 청사), 1994년 5월 10일

우리나라 같은 나라의 대통령은 자신에게 권력을 준 국민과 완전히 다른 삶을 살아서는 안 된다.
— AP(연합통신사)의 탐 코언과 삼 벤터와의 인터뷰에서, 남아프리카공화국 케이프타운, 대통령 집무실, 1994년 9월 22일

내가 민주적으로 선출된 최초의 남아프리카공화국 대통령이 된 것은 나의 조언을 거슬러 내게 강요된 일이었다.
— 미출간 자서전 속편에서, 1998년경

이제 과거의 테러리스트들이 남아프리카를 통합하는 임무를 맡았다. 남아프리카공화국이 흑인과 백인을 불문하고 모든 국민의 것임을 선언한 자유헌장의 핵심 원칙을 실행에 옮기는 임무를 맡았다.
— 같은 곳

나는 조직이나 정부에서 어떤 직책도 맡지 않고 봉사하고 싶다고 세 원로 지도자에게 거듭 간청했다.
— 같은 곳

대통령이 되고 나서 얼마 안 되어 나는 오직 한 임기만 채우고 재선은 시도하지 않을 거라는 뜻을 공개적으로 밝혔다.
— 같은 곳

다음번에, 다음 임기 5년이 끝나고 대통령직에 도전할 때는 내가 종신 대통령이 되게 해줄 사람들을 고르겠다.
— 타보 음베키 대통령이 열어 준 송별회에서 농담하며, 남아프리카공화국 프리토리아, 1999년 6월 16일

자부심 Pride

정상적인 삶에서는 행복하고 자유로우면 스스로 상아탑을 짓고 그 안에 틀어박혀 자부심과 자만심에 가득 차서는 친구들의 관대한 아량과 애정을 무시하거나 경멸하기까지 하는 경우가 많지.
— 세프턴 부텔라에게 쓴 편지에서, 로벤 섬, 1969년 7월 28일

자부심이 있는 사람이라면 그렇게 오랫동안 굴욕감과 불명예를 안겨 준 사람들의 명령은 결코 따르지 않을 것이다.
— 남아프리카공화국 케이프타운, 날짜 미상

교도소 Prison

내 기억에 나는 통제력을 잃은 적이 없다. 어쨌든 그런 상황에서는 차분하고 냉정해야 살아남을 수 있으니까.
— 집에서, 남아프리카공화국 소웨토, 1990년 2월 14일

교도소를 옮기면 밑바닥부터 다시 시작해야 합니다. 교도소 측은 "이자들은 정치범들이니 잘 대우해 주어야 한다."라는 지시를 받지만, 흑인 죄수를 잘 대우해 주는 방법에 대한 그들의 생각과 좋은 대우에 대한 우리의 생각이 사뭇 다르거든요.
— 리처드 스텡글과 나눈 대화에서, 1992년 12월 30일

교도소 : 동료들 Prison : Comrades

나는 용감한 동료들과 함께 있었어. 그들은 나보다 더 용감해 보였지. 그걸 기록으로 남기고 싶다네.
— 아메드 카트라다와 나눈 대화에서, 1993~1994년경

우리는 교도소에 함께 갇혀 날마다 교도소 정책에 맞서 싸웠고, 그러다 보니 서로 어울리는 것이 일상이 돼버렸지요. 밖에서는 거의 만나지도 못했는데 말입니다.
— 리처드 스텡글과 나눈 대화에서, 1993년 3월 9일

삶의 부정적인 측면에 정신을 쏟기가 어려웠다. 중요한 사실은, 대단한 경험과 대단한 재능을 가진 사람들과 함께했다는 것이다.
— 로벤 섬을 다시 찾아가, 남아프리카공화국 케이프타운, 1994년 2월 11일

물론 아주 즐거운 순간들도 있었다. 나는 ANC 내부에서나 밖에서나 대단한 동지들과 함께했다……. 그들과 앉아 토론하면 다시 태어나는 느낌이 들었다.

— 같은 곳

옥살이를 함께한 내 동지들은 정직하고 소신 있는 사람들이었다.

— 미출간 자서전 속편에서, 1998년경

교도소 : 환경 Prison : Conditions

매번 겨울철이 우리에게는 악몽이 되어 버렸으니, 전혀 추위를 막아 주지 못하는 지금의 복장으로 또 한 번의 겨울을 견뎌야 하는 일은 없었으면 좋겠습니다.

— 헬렌 수즈먼에게 쓴 메모에서, 로벤 섬, 1967년 2월 23일

베개를 받지 못해서 재킷이나 바지 따위를 베개로 써야 합니다. 1964년에 이불이 나왔는데(물론 나중에 들어온 사람들은 제외하고요), 그 후로 새 이불을 받지 못했어요.

— 같은 곳

처음부터 우리는 우리 문제를 당국과 직접 논의해서 교도소의 환경을 개선해 나갈 생각이었습니다.

— 같은 곳

나는 현재 종신형을 살고 있으니, 그 사이에 내가 변호사 일을 계속할 위험은 눈곱만큼도 없습니다.
— 주 검사 J. H. 두 토이트 씨에게 쓴 편지에서, 로벤 섬, 1967년 12월 6일

많은 사람이 일반 재소자의 문제를 생각할 때 앞으로 남은 기나긴 형기, 하지 않을 수 없는 고된 노동, 거칠고 맛없는 식사, 모든 재소자에게 엄습하는 지루함, 날마다 똑같은 삶이 반복될 때 인간이 겪는 좌절감에 더 관심을 기울이는 경향이 있습니다. 그러나 우리 가운데 일부는 이보다 훨씬 고통스러운 경험들을 했습니다. 이런 경험들은 존재를, 영혼을 너무 깊숙이 갉아먹습니다.
— 놀루사포 아이린 음콰이[88]에게 쓴 편지에서, 로벤 섬, 1969년 11월 19일

감동적이라 할 만한 요소를 하나도 꼽을 수가 없어요. 정부의 정책은 무자비하고 잔혹했습니다. 정부의 진짜 정책이 무엇인지 알려면 감옥에 가야 해요……. 철창에 갇혀 봐야 해요.
— 리처드 스텡글과 나눈 대화에서, 1992년 4월 29일

감방은 아주 작고, 창문도 없고, 아주 비위생적이었습니다.
— 1964년에 갇혀 있었던 로벤 섬 교도소의 감방에 관해 리처드 스텡글과 나눈 대화에서, 1992년 12월 3일

---

88 지마실레 윌튼 음콰이(노조 운동가이자 정치 활동가, ANC 회원)의 아내.

6월이었고, 아주 추웠어요. 그런데 우리는 짧은 바지에 카키색 셔츠, 면 재킷을 입고 있었습니다. 그리고 발가락이 나오는 샌들을 신었지요. 우리가 해야 할 일은 돌을 깨는 것이었습니다. 우리는 밖에 있었고 아주 추웠는데, 아무런 방한구도 없었어요. 엄청 추웠어요. 뼛속까지 추위가 느껴질 정도로.
— 같은 곳

일부 교도관이 우리를 인간 취급해 주는 멋진 순간들도 있었습니다.
— 리처드 스텡글과 나눈 대화에서, 1992년 12월 4일

나는 매일 내 변기통을 치웠고, 남의 변기통을 치우는 것도 아무 문제 없었어요.
— 리처드 스텡글과 나눈 대화에서, 1992년 12월 14일

외부와 완전히 차단된 곳에서, 누군가에게 호소할 기회도 없는 곳에서 고문을 견디기란 불가능한 일이지요.
— 리처드 스텡글과 나눈 대화에서, 1992년 12월 21일

신문을 읽는 것이 허용되지 않았는데, 우리가 어떻게 신문을 몰래 들여왔었는지 뚜렷이 기억난다.
— 로벤 섬을 다시 찾아가, 남아프리카공화국 케이프타운, 1994년 2월 11일

처음에는 일이 익숙지 않아 힘들었고, 어떤 사람은 물집까지 생겼다.
— 같은 곳

감방은 작았지만 우리는 사생활을 즐겼다.
— 다큐멘터리 〈전설 : 넬슨 만델라〉에서, 2005년

교도소 : 꿈 Prison : Dreams

내 꿈속 삶은 아주 풍요로워졌고, 밤새도록 옛 시절의 좋고 나빴던 때를 다시 사는 것 같았다.
— 『자유를 향한 머나먼 길』에서, 1994년

내가 옥중에서 끊임없이 꾸었던 꿈이 하나 있다. 집에 가느라 도시 한복판에 내려서 시내에서 소웨토까지 걸어갔는데 집에 도착해 보니 문이 열려 있고 집 안에 아무도 없어 위니와 아이들에게 무슨 일이 생겼나 하고 걱정하는 꿈이었다.
— BBC 다큐멘터리에서, 1996년

교도소 : 인내 Prison : Endurance

무슨 일이 일어나느냐 하는 것보다 그 일을 어떻게 받아들이느냐가 더 중요하다는 말을 천 번도 넘게 들었을 겁니다.
— 팀 마하라지[89]에게 쓴 편지에서, 로벤 섬, 1971년 2월 1일

---

89 맥 마하라지의 첫 아내.

나는 어떤 금속도, 심지어는 금이나 다이아몬드도 녹이 슬어 부식되는 것을 피할 수 없다는 사실을 깨닫기 시작했습니다.
— 토로베차네 추쿠두(애들레이드 탐보의 가명)에게 쓴 편지에서, 로벤 섬, 1977년 1월 1일

우리가 계속 건강을 누린대도, 계속 기운이 넘친대도, 그것이 꼭 교도당국의 어떤 특별한 배려나 보살핌 때문이라고 할 수는 없습니다.
— P. W. 보타 대통령에게 쓴 편지에서, 남아프리카공화국 케이프타운, 폴스무어 교도소, 1985년 2월 13일

우리는 교도소 담벼락이나 경비견도, 심지어는 로벤 섬 교도소를 둘러싼 죽음의 해자垓字 같은 차가운 바다도 모든 인류의 바람을 꺾을 수 없다는 사실을 알았다. 간수들이 주장하는 것보다 우리가 더 큰 인류에 속해 있다는 것을 알고 거기에 힘을 얻어 견딜 수 있었다.
— 웁살라 성당에서 연설하며, 스웨덴 웁살라, 1990년 3월 13일

교도소는 우리의 기를 꺾기는커녕 승리할 때까지 이 싸움을 계속하겠다는 다짐을 더욱 굳혀 주었습니다.
— 리처드 스텡글과 나눈 대화에서, 1993년 3월 10일

교도소는 인내와 끈기의 필요성을 엄청나게 배울 수 있는 곳이다. 무엇보다도 자신의 집념을 시험하는 곳이다. 그런 학교를 무사히 마친 사람들은 남다른 회복력으로 단련된 견고함을 얻었다.
— 로벤 섬을 다시 찾아가, 남아프리카공화국 케이프타운, 1994년 2월 11일

교도소와 당국이 공모하여 한 사람 한 사람의 존엄성을 앗아가려고 한다. 하지만 나는 살아남으리라는 확신을 얻었다. 어떤 사람이나 어떤 기관이 내 존엄성을 앗아가려고 해도 결국엔 실패하고 말 것이다. 어떤 대가를 치르든 어떤 압력을 받든 난 그것을 내어 줄 생각이 없으니까.
— 『자유를 향한 머나먼 길』에서, 1994년

교도소는 인간의 품성을 시험하는 고된 시련의 장이었다. 어떤 사람들은 감금의 압박 속에서 진정한 패기를 보여 주었지만, 겉보기보다 못한 자신의 본모습을 드러내 보인 사람들도 있었다.
— 같은 곳

교도소 당국으로부터 어떤 대우를 받을지는 자신의 처신에 달려 있으니, 바로 첫날 그 싸움에 붙어서 이겨야 한다.
— BBC 다큐멘터리에서, 1996년

그들에게 복종하여 수감 내내 잊히지 않을 굴욕적인 일을 한다면, 처음부터 태도를 분명히 하는 것이 좋다.
— 다큐멘터리 〈만델라 : 살아 있는 전설〉에서, 2003년

우리는 결코 타협하지 않고, 처음부터 끝까지 그들에게 도전했다.
— 번 해리스와의 인터뷰에서 교도당국에 도전한 것과 관련된 이야기를 하며, 남아프리카공화국 요하네스버그, 2005년

교도소 : 탈옥 Prison : Escape

죄수라면 탈옥 기회를 꼭 잡겠지만, 존경하는 특정 개인이 연루된다면 그 사람을 곤경에 빠뜨리고 싶지는 않을걸세.

― 존경하는 교도관이 처벌받을까 봐 탈옥 기회를 잡지 않은 일에 관해 아메드 카트라다와 나눈 대화에서, 1993~1994년경

나는 한 번도 탈옥을 고려하지 않았네. 특히 사람들이 내게 친절하게 대해 줄 때는. 나를 신뢰하는 사람을 이용하지 않고 혼자서 탈출할 수 있다면 그런 기회를 항상 찾았겠지. 하지만 난 탈옥은 생각지도 않았어.

― 같은 곳

예상 밖의 일처럼 보이겠지만, 나는 섬에 있는 동안 한 번도 탈출을 생각하지 않았다.

― 『자유를 향한 머나먼 길』에서, 1994년

교도소 : 강제 노역 Prison : Hard Labour

우리가 도착하자 돌을 잘게 부숴서 자갈로 만들라고 하더군요. 그들이 큰 돌을 가져와서 바닥에 내려놓으면 우리는 망치로 그 돌을 깼어요.

― 리처드 스텡글과 나눈 대화에서, 1993년 12월 5일

교도소 : 외로움 Prison : Loneliness

집을 떠난 뒤 내 가장 큰 문제는 당신 옆에서 잠들지 못하고 당신 곁에서 깨지 못하는 것이라오. 하루 종일 당신을 보지 못하는데 당신의 목소리가 귓가에 쟁쟁하게 울리니 큰일이오. 내가 당신에게 쓰는 편지와 당신이 내게 쓰는 편지는 우리가 헤어져서 입은 상처를 치료해 주는 연고요.
— 위니 만델라에게 쓴 편지에서, 로벤 섬, 1976년 10월 26일

질책은 언제나 상대를 무장 해제시킵니다. 일생의 친구들에 둘러싸여 많은 위로를 받을 때조차도 그렇지요. 하지만 감방에서 외롭게 지낼 때에는 사랑하는 아내의 질책이 심장을 꿰찌르는 화살처럼 고통스러울 수 있어요.
— 아미나 카찰리아에게 쓴 편지에서, 남아프리카공화국 케이프타운, 폴스무어 교도소, 1988년 3월 1일

감방에 혼자 있는 건 힘들어요. 정말 할 짓이 못 되지요.
— 리처드 스텡글과 나눈 대화에서, 1993년 4월 6일

나는 사람들과 어울리기 좋아하지만, 혼자 있는 것을 더 좋아한다. 혼자서 계획을 세우고 생각하고 궁리할 수 있는 기회를 환영한다. 그러나 고독도 지나치면 문제가 된다. 나는 아내와 가족이 그리워 지독히도 외로웠다.
— 로벤 섬을 다시 찾아가, 남아프리카공화국 케이프타운, 1994년 2월 11일

교도소 : 학대 Prison : Mistreatment

교도소에서 우리가 받고 있는 대우가 교도소법 및 옥칙의 정신과 조항에 전혀 맞지 않는다는 것이 우리가 숙고 끝에 내린 결론입니다.
— 헬렌 수즈먼에게 쓴 메모에서, 로벤 섬, 1967년 2월 23일

교도당국이 재소자의 식사량을 인종에 따라 차별하는 것은 정의와 공정함이라는 기본 원칙에 어긋나고 기독교 정신에도 맞지 않아요.
— 같은 곳

이런저런 이유로 재소자를 부당하게 괴롭히는 일이 교도소에서 일상적으로 일어나고 있어요.
— 같은 곳

나는 교도소를 옮겨 다니는 것이 싫다. 상당히 불편할 뿐더러 대우도 나빠지기 때문이다.
— 미출간 자서전 원고에서, 로벤 섬, 1975년

남아프리카공화국의 일반 간수들의 비인간성은 여전히 사라지지 않고 있습니다. 지금은 방향을 틀어 심리적 박해라는 미묘한 형태를 취하고 있을 뿐이며, 장군님의 지역 관리들 가운데 일부는 그 분야에서 전문가가 되려고 열심히 애쓰고 있습니다.
— 교정국장 두 프리어 장군에게 쓴 편지에서, 로벤 섬, 1976년 7월 12일

우리나라에서는 지역 병원에 입원하거나 겨우 무릎까지 내려오는 잠옷을 제공받은 동료 재소자들을 제외하면 백인 재소자들만이 잠옷을 입고 잘 권리가 있습니다. 흑인 재소자는 발가벗은 채 이불만 덮고 잡니다.
— 같은 곳

지난 15년 동안 감옥살이를 하면서 나는 대개의 교도관들이 재소자를 대할 때 법을 어기고 음모를 꾸미고 도덕률을 무시하는 것을 부적절한 일로 여기지 않는다는 사실을 알았습니다.
— 로벤 섬 교도소장에게 쓴 편지에서, 1977년 9월 18일

우리의 오랜 수감 기간 동안, 특히 첫 몇 해에 교도당국이 우리의 사기를 꺾기 위해 모든 수단을 총동원했다는 것은 누구나 아는 사실입니다. 우리는 잔혹하지는 않아도 가혹한 대우를 받았고, 많은 재소자들이 영원히 치유할 수 없는 육체적·정신적 피해를 입었습니다.
— P. W. 보타 대통령에게 쓴 편지에서, 남아프리카공화국 케이프타운, 폴스무어 교도소, 1985년 2월 13일

우리는 아주 혹독한 경험을 했지만 그것에 익숙해졌고, 리보니아 재판에서 나와 함께 유죄 판결을 받은 동료들과 나 자신의 경우 나중에는 그런 혹독한 경험을 잊을 정도로 사정이 나아졌다.
— 집에서, 남아프리카공화국 소웨토, 1990년 2월 14일

우리는 종신형을 살기 시작한 초기에 아주 혹독한 경험을 했다. 나는 무자비하게 폭행당한 적이 없지만, 내 주변의 많은 동료들은 그랬다.
— 〈타임〉지의 스콧 머클라우드와의 인터뷰에서, 남아프리카공화국 소웨토, 1990년 2월 26일

그들은 우리에게 감옥살이가 쉬운 일이 아니라는 걸, 소풍이 아니라는 걸, 다시는 감옥에 들어와서는 안 된다는 걸 보여주고 싶어 했어요. 우리의 기를 꺾어 놓으려고 했지요.
— 리처드 스텡글과 나눈 대화에서, 1992년 12월 3일

우리는 아무리 나쁜 간수라도 그 개인과 싸울 생각은 없었습니다. 교도당국의 정책과 싸우는 것이 우리의 관심사였어요.
— 리처드 스텡글과 나눈 대화에서, 1992년 12월 29일

우리는 폭행당하고 싶지도 상처받고 싶지도 않습니다. 고통스럽고 치욕스러우니까요. 하지만 우리의 견해, 우리의 이념을 주장하기 위해서는 그런 대가를 치러야 하지요.
— 리처드 스텡글과 나눈 대화에서, 1993년 3월 9일

한 나라를 평가하려면 상류층 시민이 아닌 하류층 시민이 어떤 대우를 받고 있느냐를 보아야 한다……. 남아프리카공화국은 감옥에 갇힌 아프리카 시민들을 동물처럼 대했다.
— 『자유를 향한 머나먼 길』에서, 1994년

간수들의 비열함이 믿기 어려울 정도였지만, 우리는 그리 놀라지 않았다.

— 다큐멘터리 〈만델라 : 살아 있는 전설〉에서, 2003년

교도소 : 내다보기 Prison : Outlook

감옥에 갇혀 있는 동안에도 내 마음과 영혼은 언제나 이곳 너머에 있는 저 먼 어딘가에, 초원과 숲에 있었답니다.

— 스와질란드 상원 의원 더글러스 루켈레에게 쓴 편지에서, 로벤 섬, 1970년 8월 1일

이 답답한 벽 뒤에 갇혀 있는 것은 내 살과 뼈뿐이랍니다. 내 살과 뼈는 갇혀 있어도 나는 여전히 세계주의적 시각을 가지고 전 세계를 내다보고 있으며, 생각은 송골매만큼 자유롭습니다.

— 같은 곳

교도소 담장 안에서도 지평선 위의 짙은 구름과 푸른 하늘을 볼 수 있다.

— 미출간 자서전 원고에서, 로벤 섬, 1975년

우리가 투옥된 첫날부터 나는 아파르트헤이트 체제가 우리를 지하 감옥에 가둘 수 없다는 사실이 결국엔 드러나리라는 것을 알았다.

— 국제 노동 회의에서 연설하며, 스위스 제네바, 1990년 6월 8일

감옥에서 살아남으려면 일상생활에서 만족을 얻는 방법을 개발해야 한다. 옷을 유난히 깨끗하게 빨고, 복도를 먼지 하나 없이 쓸고, 감방을 정리해 최대한의 공간을 확보하는 일에서도 성취감을 느낄 수 있다. 교도소 밖에서는 더 중대한 일에서 얻는 자부심을 교도소 안에서는 작은 일에서도 느낄 수 있다.

— 『자유를 향한 머나먼 길』에서, 1994년

나는 이상하고 낯선 곳을 구경하는 호기심 많은 관광객이 된 듯한 느낌이 들었다.

— 같은 곳

교도소 : 폴스무어 교도소 Prison : Pollsmoor Prison

다른 곳으로 이감되는 건 정말 짜증스러운 일이었지만, 우리는 곧 익숙해졌습니다.

— 리처드 스텡글과 나눈 대화에서, 1992년 12월 29일

교도소 : 반성 Prison : Reflections

감옥은 자신을 알고 깨우치기에, 자신의 마음과 감정의 흐름을 냉철하게 규칙적으로 살펴보기에 이상적인 곳이오.

— 당시 크루언스타트 교도소에 수감되어 있던 위니 만델라에게 쓴 편지에서, 로벤 섬, 1975년 2월 1일

교도소에 있으면, 특히 독방에 있는 사람들은 종이에 다 쓰지도 못할 만큼 많은 문제에 대해 깊이 생각할 시간을 많이 얻게 된단다.
— 진드지 만델라에게 쓴 편지에서, 로벤 섬, 1981년 3월 1일

교도소에서 27년을 보내면 많은 것을 잃는다. 그러나 교도소가 인간이 지낼 만한 장소는 아니어도 그곳에서 반성하고 생각할 수 있었고, 그로 인한 보람도 얻었다.
— 집에서, 남아프리카공화국 소웨토, 1990년 2월 14일

나는 교도소에서 한 걸음 떨어져서 나 자신과 우리 조직을 보고, 우리가 정치 활동을 하는 과정에서 저지른 실수와 드러낸 약점들을 아주 차분하게 돌아볼 수 있는 기회를 가졌습니다.
— 리처드 스텡글과 나눈 대화에서, 1993년 3월 10일

내 개인적으로는 수감 전이나 후나 견해에 변함이 없었고, 정치적 활동에 대한 열정과 국민을 섬기겠다는 마음가짐 역시 마찬가지였습니다.
— 같은 곳

감옥에 들어가기 전의 나와 근본적으로 달라진 건 없는 것 같아요. 다만, 감옥에 갇혀 있으면서 문제에 대해 고민하고 내가 저지른 실수들을 깨달을 시간이 많았지요. 그 덕에 성숙해져서 나올 수 있었습니다.
— 리처드 스텡글과 나눈 대화에서, 1993년 3월경

나는 27년이라는 기나긴 휴가를 보내러 갔고, 그동안 나 자신과 우리에게서 한 발 떨어져 우리의 과업을 바라보았다. 그것은 비극적 경험이었지만, 우리의 과업과 실수, 업적을 조용히 재평가하는 기회를 통해 과업을 수행하고 새로운 과제에 맞설 각오를 더욱 단단히 다질 수 있었기에 큰 도움이 되기도 했다.
— 1962년 8월 5일에 체포당했던 현장을 다시 방문하여, 남아프리카공화국 호윅, 1993년 11월 15일

교도소는 내가 했던 일과 하지 않은 일을 돌이켜볼 수 있는 시간을 차고 넘치도록 주었다.
— 『자유를 향한 머나먼 길』에서, 1994년

교도소에 있으면 과거를 돌아볼 시간이 생기는데, 기억은 친구가 되기도 하고 적이 되기도 한다. 내 기억은 아주 기뻤던 순간들과 아주 슬펐던 순간들로 나를 데려갔다.
— 같은 곳

아주 충격적인 경험이었지만, 이곳에서 있었던 긍정적인 일 또한 무시할 수 없다. 그 가운데 하나가 문제에 대해 고민할 수 있었다는 것이다. 지금은 투쟁에만 매진하다 보니 그럴 수가 없다.
— 같은 곳

감옥에 갇히는 건, 특히 오랜 기간 갇혀 있는 건 비극이지만, 감옥살이의 고마운 측면 하나는 앉아서 생각할 기회가 생긴다는 사실이다.
— 제49차 ANC 전국 회의 폐회 연설에서, 남아프리카공화국 블룸폰테인, 1994년 12월 22일

남아프리카공화국은 앞으로 다시는 현 정부와 의견이 다르다는 이유만으로 시민을 감옥에 가두지 않을 것이다.
— 로벤 섬 수감자 모임 회의에서, 남아프리카공화국 벨빌, 웨스턴케이프 대학교, 1995년 2월 12일

우리는 혼자 앉아 생각할 수 있게 되면서, 우리 자신을 바꿀 수 있는 놀라운 기회를 얻었다.
— BBC 다큐멘터리에서, 1996년

우리는 굴욕당하고 인간적 존엄성을 잃어버린 것에 화가 났다. 그래서 시간을 들여 제대로 생각하기보다는 화나는 대로 감정적으로 대응하는 경향이 있었다. 그러나 감옥에서는, 특히 독방에 있는 사람들은 앉아서 생각할 기회가 많다.
— 존 배터스비와의 인터뷰에서, 남아프리카공화국 요하네스버그, 2000년 2월 10일자 〈크리스천 사이언스 모니터〉에 게재

생각하는 것은 문제 해결에 있어 가장 중요한 무기인데…… 밖에서는 그 무기를 갖지 못했다.
— 같은 곳

내가 가장 이해하기 힘든 일은 우리가 이곳에서 그토록 오랜 시간을 보냈다는 것이다.
— 다큐멘터리 〈만델라 : 살아 있는 전설〉 중 로벤 섬 교도소의 감방 안에서 이야기하며, 2003년

석방된 후 읽고 생각하고 조용히 반성할 기회가 너무 적어지니, 감옥으로 다시 돌아가고 싶은 마음이 생길 정도였다.
— '은퇴에서의 은퇴'를 발표하며, 남아프리카공화국 요하네스버그, 넬슨 만델라 재단, 2004년 6월 1일

밤새도록 감방에 앉아서 생각할 수 있고, 자기 자신으로부터 한 발짝 떨어져 감옥에 들어오기 전의 행동들을 돌이켜볼 수 있다.
— 다큐멘터리 〈전설 : 넬슨 만델라〉에서, 2005년

교도소 : 갱생 Prison : Rehabilitation

예나 지금이나 우리나라의 교도소는 재소자의 갱생에 도움이 되지 않는다.
— 에쿠세니 청년 센터 개소식에서, 남아프리카공화국 뉴캐슬, 1996년 11월 19일

교도소 : 석방 거부 Prison : Rejection of Release

우리는 어떤 상황에서도 트란스케이는 물론 그 어떤 반투스탄으로 석방되는 것도 받아들이지 않을 것입니다. 우리가 감옥에서 인생의 후반을 보내는 것도 다름 아닌 '분리 발전'이라는 개념에 반대하기 때문 아닙니까. 분리 발전은 우리나라에서 우리를 외국인으로 만드는, 정부가 바로 오늘까지도 우리를 억압할 수 있게 만드는 정책입니다.

— 위니 만델라에게 보낸 편지에서 K. D. 마탄지마에게 쓴 편지 내용을 인용하며, 남아프리카공화국 케이프타운, 폴스무어 교도소, 1984년 12월 27일

여러분 가운데 내 자유를 소중히 여기는 사람들이 있겠지만, 올리버 탐보는 더욱 그러하며 내 석방을 위해서라면 목숨도 바칠 것이다. 그의 견해와 나의 견해는 다르지 않다.

— 진드지 만델라가 집회에서 대독한 조건부 석방 제안에 대한 응답에서, 남아프리카공화국 소웨토, 자불라니 스타디움, 1985년 2월 10일

[P. W.] 보타 [대통령]에게 고하니, 당신이 [다니엘] 말란이나 [요하네스] 스트레이돔이나 [헨드릭] 페르부르트와 다르다는 것을 보여 달라. 폭력을 포기하라. 아파르트헤이트를 폐지하겠다고 말하라. 국민 조직인 아프리카 민족회의에 대한 금지령을 해제하라. 아파르트헤이트에 반대한다는 이유로 투옥되거나 추방되거나 유배된 사람들을 모두 석방하라. 자유로운 정치 활동을 보장하여 국민들이 지도자를 직접 결정하게 하라.

— 진드지 만델라가 집회에서 대독한 조건부 석방 제안에 대한 응답에서, 남아프리카공화국 소웨토, 자불라니 스타디움, 1985년 2월 10일

자존심이 있는 사람이라면 대통령께서 요구하는 그런 약속을 함으로써 자신의 품위를 떨어뜨리고 스스로를 모욕하는 짓은 하지 않을 것입니다. 우리가 결코 받아들이지 않을 것이 뻔한 조건을 내거는 편법으로 우리를 영원히 감옥에 가둬 두려 하지 마십시오.

— P. W. 보타 대통령에게 쓴 편지에서, 남아프리카공화국 케이프타운, 폴스무어 교도소, 1985년 2월 13일

교도소 : 석방 Prison : Release

나를 포함한 정치범들의 석방을 위해 그동안 국내외에서 대규모 활동이 벌어진 사실도 알고 있다. 그것은 우리에게 큰 힘을 주었고, 덕분에 우리 곁에 수많은 친구가 있다는 것도 알았다.

— 미출간 자서전 원고에서, 로벤 섬, 1975년

우리 친구들이 우리의 석방을 끈질기게 주장하는 것을 알고 큰 힘을 얻었지만, 현실적으로 생각해 보면 그런 요구가 받아들여질 가능성을 완전히 배제해야 한다는 것을 알 수 있다.

— 같은 곳

나는 생전에 저 햇살 속으로 당당하게 걸어 나갈 것이다. 우리 조직의 힘과 우리 국민의 굳은 결의가 그렇게 만들 테니까.

— 같은 곳

친구들과 동지들, 그리고 남아프리카공화국 동포 여러분, 모두를 위한 평화와 민주주의, 자유의 이름으로 여러분 모두에게 인사드린다. 나는 선각자가 아니라 국민 여러분의 보잘것없는 종으로서 여기 여러분 앞에 섰다. 여러분의 지칠 줄 모르는 영웅적 희생 덕분에 오늘 내가 이 자리에 설 수 있게 되었다. 따라서 나의 남은 생도 여러분에게 맡긴다.
— 석방 후 첫 연설에서, 남아프리카공화국 케이프타운, 시청,
 1990년 2월 11일

나와서 정말 신난다.
— 석방 후 처음 열린 기자회견에서, 남아프리카공화국 케이프타운 비숍스코트, 데즈먼드 투투 대주교 관저, 1990년 2월 12일

석방되어 나를 환영하러 나온 인파를 보고는 정말 흥분되었다. 그렇게 많은 사람이 나오리라고는 예상치 못했다.
— 집에서, 남아프리카공화국 소웨토, 1990년 2월 14일

나를 환영하러 나온 수많은 사람들은 한 죄수가 석방되어 국민에게 돌아오는 모습을 보며 그 기쁨을 함께 나누고 싶어 했다.
— 같은 곳

우리는 만델라 개인의 석방을 요구한 적이 없다. 우리나라의 모든 정치범을 석방해 줄 것을 요구했다.
— 같은 곳

우리가 감옥에서 해방된 일은 국민들이 머지않아 아파르트헤이트 체제라는 더 큰 감옥에서 벗어나게 될 거라는 신호로 받아들여지고 있다.

— 국제 노동 회의에서 연설하며, 스위스 제네바, 1990년 6월 8일

나는 교도소 당국에 내가 수감되어 있던 구역에서 일한 간수들과 그 가족에게 감사 인사를 전할 수 있게 그들을 정문에 모아 달라고 부탁했어요. 그들은 교대 근무를 하니까 기껏해야 이삼십 명쯤 될 거라 짐작했지요. 서른 명은 안 넘을 줄 알았어요. 그런데 그 인파를 보고는 깜짝 놀랐습니다. 교도소 문 안팎에 모여 있는 군중 때문에 간수들은 볼 기회도 없었어요.

— 리처드 스텡글과 나눈 대화에서, 1993년 4월 22일

인파가 우리를 둘러싸는 바람에 아주 불안한 순간들이 있었습니다……. 한번은 차가 위험하게 기울어질 뻔해서 아주 걱정스러웠어요. 사람들은 공간을 만들어 차가 전진할 수 있게 하려고 무척 애썼습니다. 하지만 앞으로도 뒤로도 움직일 수 없었어요. 그래서 앨런 보삭 같은 사람들이 나를 위해 공간을 만들려고 애썼지요.

— 같은 곳

집에 돌아와서 행복하다. 정상적인 생활을 다시 시작하고, 아이들의 웃음소리를 듣고, 자라는 아이들의 길잡이 역할을 하는 것은 아주 보람 있고 삶을 풍요롭게 하는 경험이다.

— 인터뷰에서, 1993년경

간수가 "나가."라고 하는데도 장기 복역수가 교도소에 남아 있겠다고 주장하는 것만큼 이상한 일도 없었다. 그러나 나는 "여기서 트란스발의 한 장소까지 비행기로 태워다 준 다음, 일요일 밤 늦게 집으로 데려다 주겠다."라고 하는 그들의 말이 찜찜했다. 나는 그런 식으로 돌아가고 싶지 않았다. 내가 돌아갈 때 언론의 관심이 있었으면 했다.

— BBC와의 인터뷰에서, 1993년 10월 28일

자유의 몸이 되어 우리나라의 정치 활동에 참여할 수 있게 된 멋진 날이었다. 나는 1989년 7월에 만난 P. W. 보타 대통령에게, 그리고 두 번 만난 [F. W.] 데클레르크 대통령에게 나를 석방하여 건설적인 역할을 시키고 싶으면 우리 조직에 대한 금지령을 풀어 달라고 말했다.

— 로벤 섬을 다시 찾아가, 남아프리카공화국 케이프타운, 1994년 2월 11일

내가 감옥에서 풀려날 때 좀 아이러니한 일이 있었다. 2월 9일에 [F. W.] 데클레르크 대통령이 내게 일요일에 풀려날 거라고 알려줬는데 나는 밖에 있는 사람들과 준비할 수 있도록 2주를 더 달라고 했다. 석방으로 인해 혼란이 일어나지 않을까 걱정스러웠기 때문이다.

— 같은 곳

나는 미지의 세계로 나갈 참이었고, 그래서 당연히 내가 어떻게 받아들여질까, 어떤 대우를 받을까, 어떤 삶을 보내게 될까 걱정을 많이 했다.

— 같은 곳

몰려든 인파를 보자 주체할 수 없이 마음이 들떴다. 뭐라 말할 수가 없었다. 이제는 가족과 함께 지낼 수 있었고, 감옥에 있을 때 닫혔던 새로운 세계가 내 눈앞에 펼쳐져 있었다.

— 다큐멘터리 〈만델라 : 살아 있는 전설〉에서, 2003년

감옥에서 나와 보니 나를 감옥에 보냈던 나라와는 딴판이 되어 있었다. 우리는 그 사실을 반겨야 한다. 우리와 다른 입장을 취했던 사람들도 이제는 투쟁의 중요성을 깨달았기 때문이다. 우리가 피억압자들뿐만 아니라 억압자들도 해방했기 때문이다. 그들은 이제 어떤 보호를 받지 않고도 아무런 걱정 없이 우리들 사이에서 돌아다닐 수 있다.

— 여든여덟 번째 생일을 축하하는 파티에서, 남아프리카공화국 요하네스버그, 넬슨 만델라 아동 기금, 2006년 7월

나올 때에는 심정이 복잡했다. 사랑하는 아내를 만나는 것은 기쁘고 흥분되는 일이었다. 자식들과 손자손녀들이 잘 자라도록 도울 기회도 가질 수 있게 되었다. 이 27년 동안 투쟁의 불길이 계속 꺼지지 않게 해준 동지들도 만날 수 있었다. 하지만 동지들과 내가 직면한 과제의 무게도 크게 와 닿았다.

— 인터뷰에서, 날짜 미상

교도소 : 명성 Prison : Reputation

우리가 섬에 발을 딛자마자 우리가 도착했다는 소식이 재소자들 사이에 쫙 퍼졌다.

— 미출간 자서전 원고에서, 로벤 섬, 1975년

교도소 : 로벤 섬 교도소 Prison : Robben Island Prison

어렸을 때부터 말로만 듣던 곳, 우리 코사족 사람들이 에시퀴티니[90]라고 불렀던 로벤 섬을 볼 수 있을 거라는 생각에 흥분되었다.

— 미출간 자서전 원고에서, 로벤 섬, 1975년

아우추마오는 코이코이족과 네덜란드인 사이에서 일어난 1658년 전쟁 뒤에 [얀] 판 리베크에게 유배를 당했다. 그러한 영광이 한층 어울리는 것은 아우추마오가 최초이자 지금까지는 유일하게 이 섬에서 탈출한 사람이기도 하기 때문이다. 몇 차례에 걸친 시도 끝에 마침내 그는 구멍이 숭숭 뚫려 도무지 물 위에 뜰 것 같지 않은 낡은 배를 타고 탈출하는 데 성공했다.

— 같은 곳

---

[90] '그 섬에'라는 뜻.

왜 겨우 2주 만에 로벤 섬에서 다시 프리토리아로 보내졌는지는 도무지 알 길이 없다……. 그 이감은 후에 내가 리보니아 재판에 기소된 내용과는 아무런 관계도 없었다. 그 재판의 원인이 된 체포가 일어난 것은 1963년 7월 11일이었는데, 이때는 내가 로벤 섬에서 옮겨진 지 거의 한 달이 지난 시점이었기 때문이다.
— 같은 곳

어떤 날은 섬의 날씨가 아주 아름답다네.
— 친구에게 쓴 편지에서, 로벤 섬, 1978년 3월 5일

처음 몇 해 동안은 정말 힘들었지만, 우리는 우리가 맞서 싸우는 체제와 그 정책을 수행하는 개인을 명확히 구분했다.
— BBC의 제임스 로빈스와의 인터뷰에서, 남아프리카공화국 소웨토, 만델라의 자택, 1990년 2월 14일

이곳은 온갖 기억들을 불러일으키지만, 나는 즐거운 기억에만 집중하고 있다.
— 로벤 섬의 죄수들에게 그들의 석방을 위한 협의의 진척을 보고한 후, 1990년 10월 9일

분위기가 아주 좋았습니다.
— 종신형을 선고받고 로벤 섬으로 떠난 여정에 관해 리처드 스텡글과 나눈 대화에서, 1992년 12월 3일

1947년에 케이프타운에서 휴일을 보낼 때 케이프타운에서 가장 높은 테이블 마운틴에 올랐는데, 그곳에서 로벤 섬이 보이더군요. 그때 내가 훗날 그곳에 있게 되리라고는 꿈에도 몰랐습니다.
— 리처드 스텡글과 나눈 대화에서, 1993년 12월 3일

우리는 섬의 많은 측면들을 결합하는 길을 꼭 찾아낼 것이며, 그 과정에서 정치적 억압에 대한 인간 정신의 승리, 강제적 분열에 대한 화해의 승리라는 그 섬의 위대한 상징성을 인식할 것이다.
— 문화유산의 날 기념식에서, 남아프리카공화국 케이프타운, 로벤 섬, 1997년 9월 24일

남아프리카공화국 국민이 국제사회와 함께 손잡고, 세계에서 가장 악명 높은 인종차별의 상징을 인권의 보편성, 희망, 평화, 화해의 세계적 아이콘으로 탈바꿈시킨 사실을 우리는 어떻게 생각해야 할까?
— 같은 곳

로벤 섬은 남아프리카공화국이 물려받은 중요한 공동 유산이다.
— 같은 곳

수세기 동안 고통과 추방을 상징했던 에시퀴티니(섬)가 지금은 승리를 상징하며 우리에게 유산이라는 풍요로운 도전거리가 되고 있다. 그 섬의 미래는 치열하고 광범위한 논쟁의 대상이 되어왔다.
— 같은 곳

로벤 섬은 민주주의 투쟁의 유적이 되었다. 우리가 공명정대하고 번영하는 나라를 건설하기 위해 노력할 때 우리 아이들과 다른 나라 친구들에게 영감을 줄 유산이 되었다.
— 같은 곳

그들은 우리에게 아주 가혹했지만, 유력한 방문자가 오면 관대하게 굴었다. "아, 아니, 계속 일할 필요 없어. 원하면 채석장에서 그냥 산책해도 돼."라고 말하는 것이다. 그러면 우리는 곧 누가 오리라는 사실을 알았지만, 그 방문자가 떠나고 나면 그들은 또다시 무자비해졌다.
— 번 해리스와의 인터뷰에서, 남아프리카공화국 요하네스버그, 2005년

로벤 섬, 나는 그곳을 매우 좋아하지만 죄수 시절엔 그렇지 않았다. 그러나 지금 돌이켜보면, 그래도 좋은 곳이었다고 말해야겠다. 물론 그곳에서 겪은 일은 그렇지 않았다. 우리가 아는 것, 우리가 바라는 것과는 완전히 다른 경험이었으니까. 하지만 그런 경험을 견뎌낸 것이 행복했다.
— 다큐멘터리 〈90세의 만델라〉에서, 2008년

교도소 : 일과 Prison : Routine

거의 세계 어느 나라에서나 교도소에서는 정해진 일과가 최고의 법이고, 하루하루가 늘 그 전날과 같지요.

— 프리다 매튜스에게 쓴 편지에서, 남아프리카공화국 케이프타운, 폴스무어 교도소, 1987년 2월 25일

교도소 : 노래 Prison : Singing

그들은 우리의 기를 꺾고 싶어 했어요. 그래서 우리는 일을 하면서 자유의 노래를 불렀고, 모든 사람들이 거기에 힘을 얻었지요.

— 리처드 스텡글과 나눈 대화에서, 1992년 12월 8일

노래를 잘하는 친구들이 몇 있었습니다. 나는 그렇지 못했지만, 그래도 노래를 즐겼어요.

— 리처드 스텡글과 나눈 대화에서, 1992년 12월 14일

우리는 일할 때 자유의 노래를 불렀고, 그러면서 기운을 냈다. 그러자 당국은 우리가 노역의 고됨을 느끼게 하기 위해 노래 부르는 것을 금지했다.

— 로벤 섬을 다시 찾아가, 남아프리카공화국 케이프타운, 1994년 2월 11일

교도소 : 공부 Prison : Study

옥살이는 내게 큰 도움이 되었다. 예를 들어 내가 문학사 학위를 따려고 하면 ANC는 "그런 일은 그만 둬라. 운동에 도움이 되는 정치적인 일을 했으면 좋겠다."라고 했다. 그래서 공부를 할 수가 없었는데, 감옥 안에서 오히려 진전을 이루었다.

— 다큐멘터리 〈90세의 만델라〉에서, 2008년

교도소 : 고통 Prison : Suffering

내가 교도소에 들어간 뒤로 너무도 많은 사람이 죽었다. 자유를 사랑한 죄로 너무도 많은 이들이 고통을 당했다. 나는 그들의 미망인들, 고아가 된 그들의 자녀들, 그들 때문에 슬퍼하고 눈물을 흘린 부모들에게 빚을 졌다. 이 길고도 외롭고 헛된 세월 동안 고통받은 것은 나뿐만이 아니다. 나도 여러분 못지않게 삶을 사랑한다.

— 진드지 만델라가 집회에서 대독한 조건부 석방 제안에 대한 응답에서, 남아프리카공화국 소웨토, 자불라니 스타디움, 1985년 2월 10일

우리나라를 갈가리 찢으면서 그런 위험한 열정을 불러일으키고 있는 비극적 소동을 그냥 방관자의 입장에서 바라보기만 하는 것은 중대한 문제라고 하지 않을 수 없습니다.

— 니컬러스 베델 경에게 쓴 편지에서, 남아프리카공화국 케이프타운, 폴스무어 교도소, 1986년 6월 4일

26년 동안 감옥살이를 하면서, 금전적 도움을 달라는 당연한 요청에 실질적인 답을 해주지 못하는 것이 정말 가슴 아팠습니다.
— 오스틴 매시 목사에게 쓴 편지에서, 남아프리카공화국 파를, 빅터버스터 교도소, 1989년 1월 17일

교도소는 자유를 앗아갈 뿐만 아니라 정체성까지 없애려 든다.
— 『자유를 향한 머나먼 길』에서, 1994년

나는 수심에 잠겨 있을 시간이 없었다. 편지를 읽고 쓰는 것을 즐겼고, 그 일에 온 마음을 쏟았다. 물론 내 가족이 가혹한 일을 당했다는 사실을 알고 심란해지면 그러지 못했다.
— 로벤 섬을 다시 찾아가, 남아프리카공화국 케이프타운, 1994년 2월 11일

물론 고통스러운 순간들이 있었다. 아파르트헤이트 정권은 사람을 심리적으로 괴롭히는 데 선수니까.
— 다큐멘터리 〈만델라 : 살아 있는 전설〉에서, 2003년

교도소 : 석방 운동 Prison : Support for Release

우리는 결코 절망에 빠지지 않았다. 수많은 국가수반들, 정부들, 의회들의 찬사와 지지, 석방 요구 속에 큰 힘을 얻으며 감옥에 들어갔기 때문이다.
— BBC의 제임스 로빈스와의 인터뷰에서, 남아프리카공화국 소웨토, 만델라의 자택, 1990년 2월 14일

날마다 우리는 "정치범들을 석방하라!"라고 외치는 여러분의 목소리를 들었다. "우리 국민들을 풀어 줘라!"라고 노래하는 여러분의 목소리를 들었다. 인간을 걱정하고 배려하는 마음에서 나온 그 힘찬 외침에 우리는 기운을 얻었고, 우리가 석방되리라는 것을 알았다.
— 웁살라 성당에서 연설하며, 스웨덴 웁살라, 1990년 3월 13일

마침내 유력한 고위자들도 힘없는 국민들의 목소리를 들었다. 프리토리아 정권의 지하 감옥에 억울하게 체포된 사람들이 갇혀 있다는 사실을 그들도 알았다. "정치범을 석방하라."라는 숭고한 합창에 그들도 목소리를 보탰다.
— 같은 곳

우리는 아파르트헤이트 정권의 지하 감옥에 갇혀 있는 동안, 아파르트헤이트 체제에 대한 승리와 우리의 석방을 한 번도 의심하지 않았다. 프리토리아의 몰인정한 사람들도 남아프리카공화국 국민들과 전 세계 사람들의 협력이 뿜어내는 엄청난 힘을 견딜 수 없으리라는 것을 알았기 때문이다.
— 콘서트에서, 영국 런던, 웸블리 스타디움, 1990년 4월 16일

감옥에 있다가 나오면 작은 것에 감사하게 되지. 언제든지 원할 때 산책하고, 길을 건너고, 상점에 들어가 신문을 사고, 말하고 싶을 때 말하고 말하기 싫으면 잠자코 있을 수 있다는 생각에, 자신을 스스로 통제할 수 있는 단순한 행위에.
— 아메드 카트라다와 나눈 대화에서, 1993~1994년경

자신의 삶이 헛되지 않았다고 생각하는 재소자에게는 교도소 밖의 동지들이 투쟁의 불길을 계속 지펴 올리는 모습을 보는 것만큼 격려가 되는 일도 없다.

— 로벤 섬을 다시 찾아가, 남아프리카공화국 케이프타운, 1994년 2월 11일

우리가 투옥되어 있는 동안 전 세계 수많은 사람들이 우리와 뜻을 같이하여 부당한 억압에 맞서 싸운 것을 결코 잊지 않을 것이다.

— 라이브 8 콘서트에서, 남아프리카공화국 요하네스버그, 메리피츠제럴드 광장, 2005년 7월 2일

교도소 : 화합 Prison : Unity

로벤 섬에는 ANC, PAC(범아프리카 회의), AZAPO(아자니아 인민 기구)의 회원들이 있어서, 우리 재소자들의 문제를 다 함께 해결할 수 있었다.

— 로벤 섬을 다시 찾아가, 남아프리카공화국 케이프타운, 1994년 2월 11일

교도소의 이점 하나는…… 무엇보다도 서로 다른 정치 조직의 구성원들이 함께할 수 있다는 것이었다. 우리는 화합에 대해, 공통된 문제 해결법에 대해 토론할 수 있었다.

— 같은 곳

교도소 : 빅터버스터 교도소 Prison : Victor Verster Prison

나는 오랜 세월 갇혀 있던 콘크리트 정글에서 멀리 떨어진 이 농장에서 삶을 즐기고 있습니다. 여기서는 비교적 깨끗한 공기를 마실 수 있어요.
— 에븐 컨스에게 쓴 편지에서, 남아프리카공화국 파를, 빅터버스터 교도소, 1989년 2월 28일

그곳이 교도소임을 알려 주는 것은 건물을 둘러싼 높은 벽뿐이었다. 그것만 아니면 나는 자유로웠다.
— 로벤 섬을 다시 방문하여 빅터버스터 교도소에 관해 이야기하며, 1994년 2월 11일

나는 방해받지 않을 것 같은 나무 밑으로 가서 느긋하게 휴식을 취했는데, 그들이 그 나무에 마이크를 설치했다.
— 번 해리스와의 인터뷰에서, 남아프리카공화국 요하네스버그, 2005년

원래는 나를 처벌하기 위한 조치였지만, 나는 그것이 점점 마음에 들었다. 다른 재소자들은 모두 교도소 건물 안에 있었는데 나는 특별가옥에 격리된 채 지내며 일종의 특권을 누렸다.
— 같은 곳

교도관들은 수영하는 것이 허용되지 않았지만 보초를 세워두고 수영을 하곤 했다. 우리와 함께 수영하기도 했다.

— 같은 곳

교도소 : 면회자 Prison : Visitors

교도소 면회는 어떤 상황에서도 찬미할 만한 것이 못 된다네. 사랑하는 가족과 제한된 시간 동안만 이야기를 나눌 수 있고 사적인 만남은 전혀 보장되지 않으니 우울한 경험일 수밖에.

— 툼부무지 들라미니 왕자[91]에게 쓴 편지에서, 남아프리카공화국 케이프타운, 폴스무어 교도소, 1985년 8월 5일

재소자에게 면회는 항상 말로 표현하기 어려운 의미를 지닌답니다.

— 프리다 매튜스에게 쓴 편지에서, 남아프리카공화국 케이프타운, 폴스무어 교도소, 1987년 2월 25일

유리 칸막이를 사이에 두고 면회자와 재소자가 마주보고 있고, 그들이 가정사만 이야기하는지 감시하기 위해 면회자와 재소자의 뒤에 간수가 한 명씩 서 있었어요.

— 리처드 스텡글과 나눈 대화에서, 1992년 12월 4일

---

91 1973년에 만델라의 딸인 제나니 만델라와 결혼한, 스와질란드 소부자 왕의 아들.

교도소 : 교도관 Prison : Warders

교도관들은 모두 짐승이고 악한이라는 인상을 만들어 내지 않았으면 합니다. 처음부터 우리를 정당하게 대우해 줘야 한다고 생각하는 교도관들도 있었어요.
— 리처드 스텡글과 나눈 대화에서, 1992년 12월 4일

우리는 죄수였지만 우리의 개인적·집단적 위치를 이용하여 일부 교도관들과 친구가 되었다.
— 존 배터스비와의 인터뷰에서, 남아프리카공화국 요하네스버그,
 2000년 2월 10일자 〈크리스천 사이언스 모니터〉에 게재

나는 정원을 가꾸었는데, 토마토를 따먹을 때가 되면 교도관들이 아주 사근사근해져서는 나를 찾아와 토마토를 얻어 가곤 했다.
— 번 해리스와의 인터뷰에서, 남아프리카공화국 요하네스버그, 2005년

사생활 Privacy

인생에는 누가 됐든 제3자가 끼어들어서는 안 되는 일들이 있소.
— 위니 만델라에게 쓴 편지에서, 로벤 섬, 1975년 2월 1일

집안 문제와 종교관은 절대 남과 토론하지 말거라. 절친한 친구라도 말이다.
— 마카지웨 만델라에게 쓴 편지에서, 로벤 섬, 1979년 3월 11일

약속 Promises

약속을 하기는 쉽지만, 행동으로 옮기기는 절대 쉽지 않다.

— 라이브 8 콘서트에서, 남아프리카공화국 요하네스버그, 메리피츠제럴드 광장, 2005년 7월 2일

항의 Protest Action

대중 행동은 정부를 무너뜨릴 만한 힘이 있습니다. 한 예로, 우리의 주도 하에 국민들이 출근하지 않고 대규모로 오랫동안 파업을 벌인다면 정부를 무너뜨릴 수 있지요.

— 리처드 스텡글과 나눈 대화에서, 1993년 4월 29일

공공 서비스 Public Service

여러분이 침구를 갈든 상처를 꿰매든 음식을 만들든 약을 조제하든, 민주주의라는 꿈을 위해 목숨을 바친 모든 이들에게 필요한 공공 서비스를 구축하는 일이 여러분의 손에 달려 있다.

— 탐보 기념 병원 명명식에서, 남아프리카공화국, 1998년 4월 16일

인종차별 Racism

나는 인종차별주의자가 아니며 인종차별주의를 혐오한다는 사실을 분명히 하고 싶다. 흑인이든 백인이든 인종차별을 하는 것은 야만적인 행위이기 때문이다.

— W. A. 판 헬즈딩언 치안판사 기피 신청서에서, 남아프리카공화국 프리토리아, 올드 시나고그, 1962년 10월 22일

우리와의 관계에서 남아프리카공화국 백인들은 인류의 양심에, 문명 세계의 정직하고 올곧은 사람들의 양심에 어긋나는 정책을 추진하는 것이 공명정대하다고 생각한다. 그들은 우리의 열망을 억누르고, 자유로 향하는 우리의 길을 막으며, 우리가 도덕적·물질적으로 진보할 기회를, 그래서 공포와 결핍으로부터 벗어날 기회를 주지 않는다.

— 같은 곳

나는 어떤 형태든 인종차별을 가장 혐오한다. 나는 평생 그것과 싸워 왔고, 지금도 싸우고 있으며, 내 생이 끝나는 날까지 싸울 것이다. 지금은 뜻밖에도 내가 무척 존경하는 분에게 재판을 받고 있지만, 내가 처해 있는 상황은 몹시 마음에 들지 않는다. 마치 백인 법정에 선 흑인이 된 듯한 기분이 든다. 그것은 옳지 않다.

— 같은 곳

우리나라 백인들이 무슨 변명을 늘어놓든 간에, 그들이 대다수 시민들을 열등한 노예로 만들어 버린 정도를 보면 그들의 도덕적 수준을 알 수 있다.
— 같은 곳

인생의 모든 행운은 백인만이 누릴 수 있고, 우리 흑인은 피부가 하얀 사람들의 식탁에서 떨어지는 부스러기로 배를 채우는 데 만족해야 한다.
— 같은 곳

나는 인종차별 관행을 혐오하며, 인류의 압도적 대다수 역시 그것을 혐오한다는 사실이 내 정당성을 증명해 준다……. 이 법정이 내게 무슨 짓을 하든 내 안의 증오를 바꾸어 놓을 수는 없을 것이다. 내가 우리나라의 정치적·사회적 삶에서 없애려고 애써 왔던 불의와 비인간성이 사라져야 내 증오심도 사라질 것이다.
— 노동자 파업 선동 및 불법 출국 혐의로 유죄 판결을 받은 후 연설에서, 남아프리카공화국 프리토리아, 올드 시나고그, 1962년 11월 7일

나는 아이들에게 피부색에 대한 편견을 체계적으로 주입하는 것이 싫다. 국내외의 수많은 사람들이 나와 같은 생각을 가지고 있다는 사실이 내 증오심의 정당성을 증명해 준다.
— 같은 곳

아프리카 사람들이 인간의 존엄성을 박탈당한 것은 백인우월주의 정책의 직접적인 결과이다. 백인의 우월함은 곧 흑인의 열등함을 의미한다. 백인우월주의를 지탱하기 위해 만들어진 법들은 이러한 관념을 굳혀 버린다. 남아프리카공화국에서 비천한 일은 어김없이 아프리카인들의 몫이다.

— 리보니아 재판의 피고인석에서 진술하며, 남아프리카공화국 프리토리아, 법원, 1964년 4월 20일

모든 사람에게 선거권을 주면 인종차별적인 통치가 이루어질 거라는 말은 사실이 아니다. 피부색을 토대로 한 정치적 분리는 완전히 인위적이며, 그것이 사라지면 한 피부색이 다른 피부색을 지배하는 일도 사라질 것이다. ANC는 반세기 동안 인종차별과 싸워 왔다. ANC가 승리한다 해도 그 정책에는 변함이 없을 것이다.

— 같은 곳

나는 백인우월주의를 혐오하며, 내가 가지고 있는 모든 무기를 동원하여 그것과 싸울 것입니다.

— 교정국장 두 프리어 장군에게 쓴 편지에서, 로벤 섬, 1976년 7월 12일

나는 더 나아가 대령님과 휘하 관리들이 내가 수감된 독방 구역의 서로 다른 출신의 재소자들에게 인종차별을 설교하고 우리 사이에 적대감을 불러일으키는 것을 금하는 명령을 요구할 생각입니다.

— 교도소장 룰로프스 대령에게 쓴 편지에서, 로벤 섬, 1976년 10월 11일

우리는 일관되게 인종차별을 규탄하고, 소신 있는 사람이라면 품위를 버리면서 그것에 굴복할 리 없다고 주장했다.
— 「장애물을 없애고 적에 맞서라」라는 글에서, 로벤 섬, 1976년

어떤 인종도 다른 인종보다 선천적으로 우월하지 않다는 것을 과학과 경험은 보여 주었고, 흑인과 백인에게 발전의 기회가 똑같이 주어질 때마다 그 신화는 깨졌다.
— 「흑인 의식 운동은 어디로」라는 글에서, 로벤 섬, 1978년

백인우월주의의 영속을 돕는 자는 설령 흑인이라도 국민의 적이다. 반면, 모든 형태의 인종차별에 반대하는 사람들은 피부색에 관계없이 국민의 편이다.
— 같은 곳

그저 인종차별적인 억압 체제를 지키기 위해 나라를 내전으로 몰고 가서는 안 된다고 장관님에게 경고하는 것은 우리의 신성한 의무입니다.
— 치안장관 루이 르 그랑주에게 쓴 편지에서, 로벤 섬, 1979년 9월 4일

제2차 세계대전 후의 독일처럼 남아프리카공화국도 필요한 민주주의 제도를 확립하여 인종차별적인 독재가 다시는 그 추한 얼굴을 내밀지 못하도록 해야 한다.
— 국제 노동 회의에서 연설하며, 스위스 제네바, 1990년 6월 8일

우리나라는 물론 세계 어디에서도 인종차별이 그 추한 얼굴을 다시 내밀어서는 안 된다. 흑인이든 백인이든 우리 남아프리카공화국 국민들은 복수와 앙갚음을 용납하지 않는 상식적인 국민 의식을 길러야 한다.

— 캐나다 의회에서 연설하며, 캐나다 오타와, 1990년 6월 18일

전 세계의 인종차별을 없애려면 우리가 다 함께 힘을 모아 남아프리카공화국에서 아파르트헤이트 체제의 인종차별 정책을 뿌리 뽑아야 한다. 정의와 자유는 우리의 도구, 번영과 행복은 우리의 무기가 될 것이다.

— 미국 상하원 합동 회의에서 연설하며, 미국 워싱턴 D. C., 1990년 6월 26일

인종차별을 실시하고 인종차별적 통치를 지키려 애쓰는 사회 질서 속에서는 진실을 추구하는 교육 기관이 융성할 수 없다.

— 비트바테르스란트 대학교로부터 명예 법학 박사 학위를 받으며, 남아프리카공화국 요하네스버그, 1991년 9월 6일

다수이건 소수이건 정치적·경제적으로 종속시키는 것은 권리장전의 정신에 위배된다. 우리나라와 여러분의 나라에서 벌어진 인종차별 반대 투쟁을 통해 우리가 얻은 교훈이 하나 있다면, 인종차별과 의식적인 싸움을 벌여야지 그것을 점잖게 묵인해 줘서는 안 된다는 것이다.

— 클라크 대학교로부터 명예박사 학위를 받으며, 미국 애틀랜타, 1993년 7월 10일

사람이 다른 사람을 내다버릴 수 있는 쓰레기처럼 취급할 수 있다는 사실에 우리는 인간 이하의 대접을 받는 듯한 느낌을 받았다. 양심이 있는 사람이라면, 아파르트헤이트의 반인륜적 범죄를 종식시키기 위한 싸움을 팔짱 끼고 구경만 할 수는 없을 것이다.
— 국제연합에서 연설하며, 미국 뉴욕 시, 1993년 9월 24일

나치즘의 몰락 이후 가장 나쁜 형태의 인종차별을 겪은 우리가 세계 모든 곳의 인종차별에 효과적이고 지속적으로 저항함으로써 인간 문명에 이바지하는 날이 올 것이다.
— 제49차 국제연합 총회에서, 미국 뉴욕 시, 1994년 10월 3일

우리는 무슨 일을 하건, 수세기 동안 식민주의와 아파르트헤이트로 인해 분열된 우리 사회의 모든 국민들이 입은 상처를 치료해야 한다. 피부색과 인종, 성별은 사람에게 특별한 지위를 부여하는 지위지지 않는 표식이나 속성이 아니라, 신이 우리에게 내려 준 선물이 되어야 한다.
— 같은 곳

시간이 얼마나 걸리든 우리는 포기하지 않을 것이다. 인종차별은 가해자와 피해자 모두의 품위를 떨어뜨리므로, 인간의 존엄성을 수호하겠다는 약속을 지키기 위해서라도 우리는 승리할 때까지 싸움을 멈추지 않을 것이다.
— 같은 곳

우리는 인종차별이 얼마나 완강하게 사람의 마음에 달라붙을 수 있는지, 얼마나 깊숙이 인간의 정신을 파고들 수 있는지 잘 알고 있다. 우리나라처럼 인종차별이 물질세계의 인종차별적 질서에 의해 지탱될 경우, 그 완강함은 백배로 강해질 수 있다.

— 같은 곳

태어나면서부터 피부색이나 출신 배경, 종교를 이유로 다른 사람을 미워하는 사람은 없다. 미움은 배우는 것이며, 미움을 배울 수 있다면 사랑도 배울 수 있을 것이다. 사랑은 그 반대의 감정보다 인간의 마음에 더 자연스럽게 생기기 때문이다.

— 『자유를 향한 머나먼 길』에서, 1994년

우리나라에서 자행되고 있는 인종차별이 얼마나 흉악한지 진정으로 이해하려면 사람들이 사는 방식을 보면 된다. 인간이 다른 인간에게 그토록 무자비하게 굴다니, 얼마나 사악한 일인가?

— 〈스타(The Star)〉의 에이드리언 해들랜드와 AP(연합통신사)의 샘 벤터와 인터뷰하며, 남아프리카공화국 음타타 쿠누, 1995년 12월 25일

인종차별은 인간의 양심을 메마르게 한다. 사람에게 우열이 있다는 생각으로 자신의 우월함을 내세워 나머지 사람들을 인간 이하로 정의하고 그렇게 취급하는 사람은 설령 스스로를 신의 지위로 격상시킨다 해도 인간성을 인정받지 못한다.

— 영국 상하원 합동 회의에서 연설하며, 영국 런던, 웨스트민스터 홀, 1996년 7월 11일

우리 조상들이 시간에 갇힌 사람들로 표현되는 것을 우리가 계속 참을 수 있을까? 그런 모멸적인 묘사는 우리 아이들이 우리 민주주의와 관용, 인권의 가치와 장점을 제대로 인식하지 못하게 만든다. 또한, 희생자를 비하하고 가해자의 마음을 왜곡시킨다.
― 문화유산의 날 기념식에서, 남아프리카공화국 케이프타운, 로벤 섬, 1997년 9월 24일

우리는 하늘에서 이 새로운 남아프리카공화국으로 툭 떨어진 것이 아니다. 우리 모두 인종차별의 골이 깊은 과거의 진흙탕에서 힘들게 빠져나왔다. 그러므로 더 밝은 미래로 나아가면서 도중에 발을 헛디디면 서로를 일으켜 세워 주고 깨끗이 닦아 주어야 한다.
― 프리토리아 대학교에서 연설하며, 남아프리카공화국 프리토리아, 1997년 12월 4일

우리는 말과 태도로 서로를 죽인다. 머리에서 떠나지 않는 고정관념과 불신, 입에서 쏟아내는 증오의 말로 서로를 죽인다.
― 국정연설에서, 남아프리카공화국 의회, 1999년 2월 5일

우리는 백인우월주의와 싸웠지 백인과 싸운 것이 아니다.
― 움콘토 웨 시즈웨 창설 40주년 기념식에서, 남아프리카공화국 요하네스버그 소웨토, 2001년 12월 16일

우리는 사람들이 세상을 바라보는 방식에서 인종이라는 프리즘을 제거하려고 했다.
— '친애하는 만델라 씨, 친애하는 파크스 부인 : 아이들의 편지, 전 세계에 주는 교훈' 전시회 개막식에 보낸 영상 메시지에서, 남아프리카공화국 쿠누, 넬슨 만델라 국립 박물관, 2008년 7월 19일

인구의 일부를 차별하고 그들에게 낙인을 찍는 행위는 피해자들뿐만 아니라 우리나라 모든 국민의 인간성까지 유린했다.
— 2009 국제연합 세계인종차별철폐회의 개막식에서 읽은 성명서, 스위스 제네바, 2009년 4월 20일

인종주의적 편견, 증오, 차별, 편협함 없는 세상을 만들고자 하는 우리의 노력이 의견의 차이 때문에 무력화되는 일은 없어야 한다.
— 같은 곳

우리는 평생 백인 지배와 싸웠고 흑인 지배와도 싸웠다. 우리는 죽는 날까지 이 원칙을 고수할 것이다.
— 출처 미상

무지개 국가 Rainbow Nation

우리가 다양한 문화와 종교, 인종, 언어, 민족성 속에서도 하나로 단결된 무지개 국가에 대해 이렇듯 자랑스럽게 말할 수 있는 것은 우리가 따를 만한 도덕적 모범을 세계가 마련해 준 덕분이기도 하다.

그리고 이러한 성취가 지속될 수밖에 없는 것은, 끔찍한 과거의 진실을 알고 그런 일이 되풀이되지 않도록 해야만 화해와 국가 건설을 이룰 수 있다는 깨달음이 밑바탕에 깔려 있기 때문이다.

— 라지브 간디 재단에서 강연하며, 인도 뉴델리, 1995년 1월 25일

독서 Reading

학문적인 성과를 얻고 싶거든 이 말을 꼭 새겨들으렴. 문헌과 신문을 체계적으로 읽어 지식을 갈고 닦도록 해.

— 마카지웨 만델라에게 쓴 편지에서, 로벤 섬, 1978년 12월 31일

그런 작품을 읽으면 용기가 납니다. 활력이 생기죠.

— 윌리엄 어니스트 헨리의 시 「아무도 꺾을 수 없는(Invictus)」(1875년)에 관해 리처드 스텡글과 나눈 대화에서, 1993년 3월경

나는 그 시절에 독서를 좋아했습니다. 정말 바빠지기 전에는 책을 많이 읽었어요.

— 리처드 스텡글과 나눈 대화에서, 1993년 3월 19일

나는 책을 읽으면서 내가 모르는 세계가 있고 그 세계로 들어가는 문이 내게 열려 있다는 걸 알았습니다. 이 사람들의 영향력은 그러한 배경에 비추어 평가해야 합니다.

— 리처드 스텡글과 나눈 대화에서, 1993년 5월 3일

내가 로벤 섬에 갇혀 있는 동안 그 누구보다 맥 마하라지가 로벤 섬
에 정치 관련 문헌을 들여오는 데 크게 기여했어요.
― 리처드 스텡글과 나눈 대화에서, 1993년 12월 22일

그것은 정말 굉장한 경험입니다……. 그리스 비극과 그리스 문학
전반을 꼭 읽어 봐야 해요.
― 리처드 스텡글과 나눈 대화에서, 1993년 12월 23일

아이들에게 내가 좋아하는 소일거리, 독서에 관해 이야기할 때마다
무척 즐겁다.
― 『마디바 : 레인보우맨(Madiba : The Rainbow Man)』 출간 기념행사에서,
1997년 11월 27일

우리는 독서를 하면서 많은 곳을 여행하고 많은 사람을 만나고 세
상을 이해할 수 있다. 또, 과거로부터 교훈을 얻어 지금의 문제를 어
떻게 해결할지 배울 수 있다.
― 같은 곳

한 가지 슬픈 현실은 책을 읽는 사람이 거의 없고, 특히 젊은이들이
책을 읽지 않는다는 것이다. 창의적인 방법으로 이런 현실을 타개
하지 못하면, 미래 세대는 역사를 잃어버릴지도 모른다.
― 넬슨 만델라 재단이 추진한 세 가지 프로젝트('이지포(Izipho : 선물)' 전시회,
책, 만화책 시리즈)의 출범식에서, 남아프리카공화국 요하네스버그,
2005년 7월 14일

나는 어디에 있든 신문을 구할 수만 있으면 하루도 빠짐없이 챙겨 읽는다.

— 제14차 세계 편집인 포럼에서 세계 신문 협회 회의에 전한 메시지, 남아프리카공화국 케이프타운, 희망의 성, 2007년 6월 3일

현실주의자 Realists

현실주의자는 자신이 숭배하는 사람의 약점에 아무리 충격 받고 실망한다 해도, 인간의 행동을 다각도에서 객관적으로 보고 상대의 본받을 만한 자질들, 기운을 북돋아 주고 삶에의 열정을 부추겨 주는 자질들에 집중할 것이오.

— 위니 만델라에게 쓴 편지에서, 로벤 섬, 1979년 12월 9일

화해 Reconciliation

치료를 하려면 종기에 메스를 대야 한다는 것을 이해하지 못한 사람들이 많다. 노예가 된 사람들의 순종적인 침묵이 우리의 당연한 권리인 평화에 대한 보답이 아니라는 것을 아직도 이해하지 못하는 사람들이 많다. 독재에 항거할 수 있는 권리야말로 자유의 영속을 보장해 준다는 사실을 이해하지 못하는 사람들도 있다.

— 올리버 탐보의 장례식에서, 남아프리카공화국 요하네스버그 소웨토, FNB(퍼스트 내셔널 뱅크) 스타디움, 1993년 5월 2일

상처를 치료할 시간이 왔다. 우리 사이의 깊은 골을 메울 순간이 왔다. 건설의 시간이 왔다.
— 남아프리카공화국 대통령으로 취임하며, 남아프리카공화국 프리토리아, 유니언 빌딩(정부 청사), 1994년 5월 10일

이것이 과거를 잊고 우리나라를 건설할 수 있는 현실적인 길이다.
— 남아프리카공화국 과거 자유의 투사들·전직 대통령들·수상들의 부인과 미망인을 위한 다과회에서, 남아프리카공화국 프리토리아, 1994년 7월 23일

결국 화해는 정신적 과정이기에, 법적인 틀만으로는 해결되지 않는다. 사람들의 가슴과 마음에서 우러나와야 한다.
— 감리교회의 연례 회의에서, 남아프리카공화국 음타타, 1994년 9월 18일

정의, 평화, 화해, 그리고 인종차별과 성차별 없는 민주 국가 건설을 우리의 모토로 삼아야 한다. 수세기 동안 식민주의와 아파르트헤이트로 인해 분열된 우리 사회의 모든 국민들이 입은 상처를 치료해야 한다.
— 제49차 국제연합 총회에서, 미국 뉴욕 시, 1994년 10월 3일

화해란 과거의 불의가 남긴 유산을 바로잡기 위해 협력하는 것이다.
— 국민 화해의 날에, 남아프리카공화국, 1995년 12월 16일

새로이 태어난 우리나라의 첫 초석은 국민 화해와 국민 통합이다. 그 초석이 견고하게 자리 잡았다는 사실은 이제 모르는 사람이 없을 것이다. 그렇지 않았다면, 공동의 운명으로 묶인 동등한 시민으로서 평화롭게 함께 살고자 하는 우리 국민들, 흑인과 백인 모두의 요구가 받아들여지지 않았음을 만천하에 알리는 피가 거리를 물들였을 것이다.
— 영국 상하원 합동 회의에서 연설하며, 영국 런던, 웨스트민스터 홀, 1996년 7월 11일

우리는 늦깎이로 자유와 민주주의를 얻게 되었지만, 다른 나라의 경험을 참조할 수 있는 이점이 있다. 다른 나라의 경험을 통해 우리는 국민의 삶을 실질적으로 개선하지 않으면, 옛 질서의 수혜자들과 새로운 질서의 개선을 모색하는 자들을 모두 아우르는 포괄적인 접근법을 취하지 않으면, 형식적인 정치적 권리는 빈껍데기로 남고 민주주의는 무력해진다는 사실을 잘 알고 있다.
— 옥스퍼드 대학교 부설 이슬람 연구소에서 강연하며, 영국 옥스퍼드, 셸도니언 극장, 1997년 7월 11일

우리 삶의 모든 측면에서 화해가 이루어진다면, 그것이 우리나라의 생명줄이 될 것이다.
— 진실과 화해 위원회 보고서에 대한 특별 토론회에서, 남아프리카공화국 케이프타운, 의회, 1999년 2월 25일

화해의 길을 탐색하면서 우리의 험난한 협상 과정이 활기를 띠게 되었고, 그로부터 합의가 도출되었다.

— 같은 곳

목숨을 걸고 온갖 위험을 무릅쓰며 아파르트헤이트와 백인 지배에 맞서 싸운 수많은 사람들이 품고 있던 비전의 중심에는 화해가 있다. 모든 국민에게 시민으로서의 공통된 권리와 의무를 부여하고 국민의 풍부한 다양성을 존중하는, 인종차별 없고 민주적이며 통합된 국가를 건설하려면 화해는 반드시 필요하다.

— 같은 곳

우리가 한 운명을 지닌 한 국민이라면 우리의 첫 번째 임무는 우리 국민의 화해에 꼭 필요한 조치로서 아파르트헤이트라는 비인간적인 체제가 남긴 유산을 함께 뿌리 뽑는 것이다.

— 대통령의 예산안 심의회 개막 연설에서, 남아프리카공화국 케이프타운, 의회, 1999년 3월 2일

화해는 우리의 투쟁과 최후의 승리에 덧붙여지는 부가 조항 같은 것이 아니었다. 그것은 우리 투쟁에 늘 깊숙이 새겨져 있었다. 화해는 우리 투쟁의 최종 목표이자 투쟁의 수단이었다.

— 세계 여성 포럼 회의에서 연설하며, 일본 도쿄, 2003년 1월 30일

우리는 우리 자신과 우리의 성취를 최대한 자주 축하할 필요가 있다. 그리고 이 프로젝트를 진행하기로 했다면, 그 성취를 기반으로 국민 화해라는 대의를 장려하고 발전시켜 나가야 한다.
— 노벨 광장에서 연설하며, 남아프리카공화국 케이프타운,
  2003년 12월 14일

각계각층의 모든 남아프리카공화국 국민에게 요청하고 싶다. 자신의 공동체나 지역, 도시 안에서 국민 화해를 실현할 수 있는, 실생활에서 국민 화해를 실천할 수 있는 구체적인 기회를 찾기 바란다.
— 같은 곳

우리가 그들을 용서하지 않는다면 억울함과 복수심이 생길 것이다. 그래서 우리는 "과거는 잊고 현재와 미래를 생각하자."라고 말하지만, 그것은 과거의 잔혹한 일들이 결코 되풀이돼서는 안 된다는 뜻이다.
— 다큐멘터리 〈만델라 : 살아 있는 전설〉에서, 2003년

나는 남아프리카공화국에서 나고 자랐기 때문에, 국가 건설과 화해의 메시지에 남아프리카공화국 국민이 어떤 반응을 보일지 아주 분명하게 알고 있었다.
— 다큐멘터리 〈전설 : 넬슨 만델라〉에서, 2005년

재건과 발전 Reconstruction and Development

우리의 정치적 해방이 쉽지 않았던 만큼 모든 국민의 사회경제적 발전 또한 쉬운 여정이 아닐 것이다. 따라서 우리는 재건과 발전이라는 과제에 철저히 현실적으로 접근해야 한다.

— 재건과 전략 수립을 위한 ANC 전국 회의에서, 남아프리카공화국 요하네스버그, 나스렉, 1994년 1월 21

사람 중심의 사회를 만든다는 우리의 목표에 충실하고 성장과 재건, 발전이라는 중대한 문제를 효과적으로 해결하기 위해 우리는 노동조합, 사적 부문과 함께 인적 자원 개발에 특별한 관심을 기울일 것이다.

— 국정연설에서, 남아프리카공화국 케이프타운, 의회, 1994년 5월 24일

우리는 자유를 얻었다. 그러나 아파르트헤이트로 인해 야기된 사회적 상황을 해결하는 작업을 당장 시작하지 않으면 형식적 해방은 빈껍데기가 될 것이다. 재건과 발전 계획을 지체 없이 실행에 옮겨야 한다.

— 1976년 6월 16일에 일어난 소웨토 봉기 기념일에, 1994년 6월 16일

재건과 발전 계획을 성공적으로 실행하면 영원한 평화와 안정이 확실히 보장될 것이다.

— 편집인 회의 오찬에서, 남아프리카공화국, 1994년 9월 6일

재건과 발전은 일자리 창출이나 집 짓기만을 뜻하지는 않는다. 일터에서의 인간관계를 포함하여 우리 사회 전반을 근본적으로 개조하는 것이다.
— 제5차 COSATU(남아프리카 노동조합 회의) 전국 회의에 전한 메시지, 남아프리카공화국 소웨토, 1994년 9월 7일

사적 부문과 공적 부문에서, 학교와 대학에서, 병원과 농촌에서, 그리고 범죄와 사회 혼란에 대처할 때, 과거의 생각을 버리지 못하고 늘 하던 대로 계속한다면 우리나라를 건설하거나 치유할 수 없다. 언제 어디서 우리가 무슨 일을 하든 지금 필요한 것은 대담한 생각과 확고한 결의, 그리고 일관성 있는 행동이다.
— 국정연설에서, 남아프리카공화국 케이프타운, 의회, 1995년 2월 9일

재건과 발전 없이는 화해를 이룰 수 없고, 그 반대도 마찬가지이다.
— 〈선데이 타임스〉(남아프리카공화국)에 기고한 글에서, 1996년 2월 22일

남아프리카공화국이 아파르트헤이트로부터 해방된 것이 아프리카의 성취이듯이, 우리나라의 재건과 발전 또한 아프리카 대륙의 부활에 중요한 부분을 차지한다.
— 옥스퍼드 대학교 부설 이슬람 연구소에서 강연하며, 영국 옥스퍼드, 셸도니언 극장, 1997년 7월 11일

올리버 탐보는 우리를 자유로 이끌었다. 지금 우리는 훨씬 더 어렵고 벅찬 투쟁, 모든 국민이 더 나은 삶을 누릴 수 있도록 우리나라를 재건하고 발전시키기 위한 투쟁을 벌이고 있다.

— 탐보 기념 병원 명명식에서, 남아프리카공화국, 1998년 4월 16일

우리는 빈곤 퇴치와 고용 창출을 목표로 한 특별 프로그램에 할당되는 예산을 꾸준히 늘려 왔다. 우리 프로그램은 사회적 요구와 성장 욕구를 충족시키기 위한 광범위한 프로그램이다. 몇몇 공동체가 아니라 궁핍한 모든 공동체에 초점을 맞추며, 재건과 발전에 폭넓게 다면적으로 접근한다.

— 대통령의 예산안 심의회 개막 연설에서, 남아프리카공화국 케이프타운, 의회, 1999년 3월 2일

재건과 발전, 특히 빈곤 퇴치라는 우리의 목표를 달성하려면 지속적인 경제 성장이 반드시 필요하다.

— 네덜란드 의회 연설에서, 네덜란드 헤이그, 1999년 3월 12일

내가 우리나라를 이 새로운 시대로 이끌어 올 수 있었던 것은 세계인의 더 나은 삶이라는 비전을 품은 사람들로부터 가르침을 받은 덕분이다.

— 민주적으로 선출된 첫 의회의 마지막 회기에, 남아프리카공화국 케이프타운, 1999년 3월 26일

많은 이들이 말하듯 우리는 과거의 깊은 분열에서 기적적으로 벗어나 모든 사람을 포용하는 새로운 민주 질서를 창조했다. 따라서 한 국민으로서 재건과 발전이라는 과제에도 정면으로 맞설 수 있을 거라는 확신이 있었다.
— 민주주의 10년을 기념하는 상하원 합동 회의에서, 남아프리카공화국 케이프타운, 의회, 2004년 5월 10일

적십자 Red Cross

로벤 섬에 갇혀 있을 때 우리의 처우가 개선된 데는 그 존재 자체가 간수들에게 큰 압력이 된 적십자의 공이 컸다.
— 영국 적십자 인류애 강의에서, 영국 런던, 엘리자베스 2세 컨퍼런스 센터, 2003년 7월 10일

유혈 사태와 전쟁, 적개심과 고통, 증오와 갈등의 한복판에서 적십자는 우리의 공통된 인간성에 대한 믿음을 계속 주장하며, 그 반대 정서가 판을 치는 상황과 환경에서도 그 믿음을 실천했다.
— 같은 곳

후회 Regret

이제까지 살면서 한 가지 후회스러운 일이 있다. 세계 권투 헤비급 챔피언이 되지 못한 것이다.

— 빌 클린턴 대통령과 함께한 행사에서, 미국 워싱턴 D. C., 1990년

나는 놈자모 [위니 만델라] 동지와 함께 나누려 했던 삶을 결코 후회하지 않을 것이다. 하지만 우리도 어찌 할 수 없는 상황으로 인해 함께할 수 없게 되었다. 서로에 대한 어떤 비난도 없이 헤어지고자 한다. 처음 만난 순간부터 교도소 안에서나 밖에서나 아내에게 품었던 모든 사랑과 애정으로 아내를 안아 줄 것이다.

— 위니 만델라와의 별거를 발표하며, 남아프리카공화국 요하네스버그, 1992년 4월 13일

오늘이 있기까지 큰 공헌을 한 많은 사람들이 새로운 남아프리카공화국을 생전에 보지 못한 것이 안타깝다.

— 로벤 섬 수감자 모임 회의에서, 남아프리카공화국 벨빌, 웨스턴케이프 대학교, 1995년 2월 12일

감옥에 갇혀 있는 동안 나는 사람들이 간과하고 게을리 하는 일들에 관해 종종 생각했다. 그러면 내가 미처 감사와 찬사를 전하지 못한 사람들이 생각났다. 우리는 투쟁을 함께한 사람들의 가족과 그들이 사랑하는 사람들을 소홀히 하는 경우가 많았다.

— 유서프 카찰리아와 브람 피셔의 삶을 기리며, 남아프리카공화국 요하네스버그, 요하네스버그 메트로폴리탄 센터, 2005년 6월 5일

관계 Relationships

나는 같은 가치를 신봉하는 사람들, 공통의 비전을 가진 사람들, 서로의 진실성을 받아들이는 사람들이 좋은 관계를 위한 토대를 마련했다고 생각한다.

— 개인 서류에서, 날짜 미상

종교 Religion

정신적 무기는 엄청난 힘을 발휘할 수 있어서, 어떤 상황에서 실제로 경험해 보지 않으면 충분히 알기 어려운 큰 영향을 끼칠 때도 많답니다. 어떤 점에서 그것은 죄수를 자유인으로 만들고, 평민을 군주로 만들고, 먼지를 순금으로 만듭니다.

— 스와질란드 상원 의원 더글러스 루켈레에게 쓴 편지에서, 로벤 섬, 1970년 8월 1일

그 시절 나의 생각과 행동에 지배적인 영향을 끼친 것은 족장과 교회라는 제도였다.

— 미출간 자서전 원고에서, 로벤 섬, 1975년

종교적인 가정에서 자라고 기독교계 학교에서 공부한 우리는 우리가 신성하게 여기던 삶의 방식이 새로운 철학의 도전을 받았을 때, 우리의 믿음을 아편으로 치부하는 사람들 중에 그 진실성과 동료애

를 의심할 수 없는 냉철한 사상가도 있다는 사실을 깨달았을 때 극심한 정신적 갈등을 겪었습니다.
— 파티마 미어에게 쓴 편지에서, 로벤 섬, 1976년 1월 1일

모든 종교, 모든 철학, 삶 자체가 우리에게 주는 단순한 교훈은 악이 일시적으로 날뛸 수는 있어도 결국은 선이 승리의 월계관을 쓴다는 것입니다.
— 같은 곳

나는 신의 존재 여부에 관해 내 나름의 믿음이 있단다. 왜 인류가 태곳적부터 신의 존재를 믿었는지는 그리 어려운 문제가 아니야.
— 마카지웨 만델라에게 쓴 편지에서, 로벤 섬, 1977년 3월 27일

포트하레에서는 일요 학교 선생이 되기도 했지.
— 같은 곳

나는 물론 감리교 교회에서 세례를 받고 기독교계 학교에 다녔습니다. 밖에서나 여기서나 나는 여전히 독실한 교인이지만, 교회에 대한 관점이 넓어지고 종파의 통합을 위한 노력을 반기게 됐습니다.
— N. 툴라레 여사에게 쓴 편지에서, 로벤 섬, 1977년 7월 19일

종교는 네 자신에게만 국한된 개인적이고 사적인 일이다. 너의 종교나 사적인 일로 남에게 부담을 주지 마라.
— 마카지웨 만델라에게 쓴 편지에서, 로벤 섬, 1978년 12월 21일

그리스 신화에 다수의 신이 등장하는 것은 초인간적인 탁월함으로 모든 창조물에 영감과 희망을 주고 그 탁월함으로 결국 세상을 다스리는 신성한 존재들의 손에 자연과 인간의 모든 일이 달려 있다는 일반적인 믿음의 또 다른 표현인 것 같습니다.

— 파티마 미어에게 쓴 편지에서, 로벤 섬, 1979년 1월 1일

성서를 신봉하는 사람이든 무신론자든 적어도 한 가지 사실에는 모두 동의했습니다. 초인적인 힘을 가진 존재에 대한 믿음은 인간이 무엇이 되고 싶어 하는지, 왜 인간이 수세기 동안 온갖 악과 싸우며 고결한 삶을 살려고 했는지 설명해 준다는 것이지요.

— 같은 곳

비전이 있는 사람들은 우리가 한 세상에 살고 있고 공통의 사회적 문제에 직면해 있으며 정의와 평화가 인간에게 안전과 기쁨을 가져다준다는 복음을 전했습니다.

— 헬렌 조지프[92]에게 쓴 편지에서, 로벤 섬, 1979년 3월 11일

종교, 특히 신이 존재한다는 믿음은 늘 국민을 이간시키고 가족마저 분열시키는 논란거리였습니다. 그러나 인간과 신의 문제를 순전히 개인적인 일로, 논리가 아닌 신앙의 문제로 다루는 것이 최선입니다. 다른 사람에게 믿어라, 믿지 말아라 하고 강요할 권리가 있는 사람은 아무도 없으니까요.

— 데보라 오피츠에게 쓴 편지에서, 남아프리카공화국 파를, 빅터버스터 교도소, 1989년 5월 10일

---

[92] 1905~1992년. 반아파르트헤이트 활동가, 교사, 사회복지사.

남아프리카공화국 교회들은 우리나라의 진정한 변화를 위한 투쟁에 상당한 기여를 했고, 남아프리카 성공회는 역사적으로 중요한 위치를 차지하고 있습니다. 국가 문제에 관련해서 성공회가 보여준 일관성과 거리낌 없는 태도는 우리 모두에게 용기와 희망을 줍니다.

— 데즈먼드 투투 대주교와 리아 투투 부부에게 쓴 편지에서, 남아프리카공화국 파를, 빅터버스터 교도소, 1989년 8월 21일

남아프리카 성공회가 가장 고결한 영웅과 순교자를 배출했다는 사실을 부정할 사람은 거의 없을 겁니다.

— 앤드루 헌터 목사에게 쓴 편지에서, 남아프리카공화국 파를, 빅터버스터 교도소, 1989년 8월 21일

우리 성직자들, 종교 조직들은 우리 국민이 안전하고 평화롭게 살 수 있도록 돕는 훌륭한 일을 하고 있다.

— 카기소에서 연설하며, 남아프리카공화국 웨스트랜드, 1991년

우리는 화해의 다리를 놓아, 모든 인류가 한 우산을 쓰고 더 나은 미래를 향해 힘차게 나아갈 수 있도록 돕는 일에 전념하고 있다. 이는 힌두교 경전의 말씀과 다르지 않을 것이다.

— 디왈리(인도의 빛의 축제) 기념행사에서, 남아프리카공화국 더반, 1991년 11월 3일

종교는 논리가 아닌 믿음에 의존하지만, 때로는 성경 속에 담긴 생각의 기원이 무엇인지, 성경에 그려진 경험들로부터 어떤 교훈을 얻을 수 있는지 조사해 보고 싶은 마음이 들고, 거기서 과학적 토대를 발견하면 새로운 깨달음을 얻게 됩니다. 성경 자체가 위대한, 아주 위대한 문학이니까요.
— 리처드 스텡글과 나눈 대화에서, 1992년 12월 21일

한 친구가 기도를 했어요, 자프타 목사였는데, 그가 아주 주목할 만한 기도를 했습니다. "신이시여, 우리는 그동안 당신께 우리를 해방시켜 달라고 계속 기도하고 빌고 간청하기만 했습니다. 이제는 우리가 당신께 지시하오니 우리를 해방시키십시오."라고요.
— 리처드 스텡글과 나눈 대화에서, 1993년 4월 5일

역사적으로 해방 투쟁에 참여한 우리 백인 동포들 중에 유대인 혈통의 남아프리카인을 대변하는 사람들은 그리 많지 않았다.
— 제37차 남아프리카공화국 유대인 대표자 회의에서, 남아프리카공화국 요하네스버그, 칼턴 호텔, 1993년 8월 21일

종교란 서로를, 그리고 삶 자체를 사랑하고 존중하는 것이다. 종교는 신의 형상으로 만들어진 인간의 존엄과 평등에 관한 것이다.
— 찰스 빌라-비센치오와의 인터뷰에서, 남아프리카공화국 요하네스버그, 1993년

우리 교회의 전통인 성찬식을 함께하는 것이 내게는 중요한 일이었다. 그 자리에 있으면 마음이 차분하고 고요해졌다. 예식을 치르고 나면 새 사람이 된 것 같은 기분이 들었다.
— 같은 곳

나는 특별히 종교적이거나 영적인 사람이 아니다. 말하자면, 삶의 의미와 목적을 발견하는 일에 관심이 있다. 그것을 실행하는 데 있어서 종교는 중요한 부분을 차지한다.
— 같은 곳

나는 내 기독교 신앙을 버린 적이 없어.
— 아메드 카트라다와 나눈 대화에서, 1993~1994년경

과학적인 설명을 받아들이면서도 독실한 기독교인으로서 종교적 신념을 가지고 있는 사람들이 많지.
— 같은 곳

여러분은 우리나라에서 인종차별과 아파르트헤이트라는 재앙을 몰아내는 데 지대한 공헌을 함으로써, 종교계가 늘 품어 왔던 사회적 책임감을 증명해 보였다. 당국에 반대하는 언사와 행동으로 박해와 심지어는 죽음까지 당할 수 있는 상황에서도 여러분은 용기 있게 일어나 독재자에 맞섰다.
— 감리교회의 연례 회의에서, 남아프리카공화국 음타타, 1994년 9월 18일

감리교회가 내 삶에서 한 역할은 아무리 강조해도 지나치지 않다.
── 같은 곳

교회는 용서의 메시지를 통해 국민 화해에 특별한 역할을 한다.
── 같은 곳

부당한 특권의 결과물을 누린 사람들이 나눔의 정신을 새롭게 발견할 수 있도록 도와주어야 한다.
── 같은 곳

국민들 사이의 화해 분위기와 선의는 상당 부분 종교계의 도덕적·정신적 개입 덕분일 수도 있다.
── 같은 곳

모든 남아프리카 국민들은 어떤 종교든 자유롭게 선택할 수 있어야 한다.
── 남아프리카공화국 능력복음교회 창립 23주년 회의에서, 남아프리카공화국 비쇼, 1995년 9월 10일

다르게 태어났다는 이유로, 정치적 견해가 맞지 않다는 이유로, 신에게 기도하는 방식이 다르다는 이유로 권리를 제대로 누리지 못하거나 박해당하는 사람이 없어야 한다.
── 국제연합 창립 50주년을 기념하는 총회 특별 회의에서, 미국 뉴욕 시, 1995년 10월 23일

주요 종교들은 하나같이 평화와 화해의 중요성을 가르친다. 그러나 화해와 함께 불의의 종식도 이루어져야 한다고 주장한다.
— 청년 기독교 노동자 세계 위원회 개회식에서, 남아프리카공화국 우카시, 1995년 11월 26일

새로운 나라를 건설하려면 재건과 함께 화해도 이루어져야 한다. 모든 국민이 과거의 분열에서 벗어나 하나로 단결하여 잘못을 바로잡고 정의로운 질서를 다시 세우며 미래로 나아가는 데 교회가 정의와 평화, 용서와 치유의 메시지를 통해 핵심 역할을 해주리라 믿는다.
— 은퇴하는 데즈먼드 투투 대주교에게 고마움을 전하는 예식에서, 남아프리카공화국 케이프타운, 세인트조지 대성당, 1996년 6월 23일

모든 종교인들이여, 교사와 학생들이여, 우리 도시와 농촌에서, 북에서 남까지 동에서 서까지 다 함께 손잡고 평화와 번영을 이루자.
— 새 헌법에 서명하며, 남아프리카공화국 페레니힝 샤프빌, 1996년 12월 10일

이 세상에 종교에 비견할 만한 힘은 없다. 그래서 나는 종교를 존중한다.
— BBC 다큐멘터리에서, 1996년

다른 유산들과 마찬가지로 아프리카의 전통 종교 역시 세계에 기여한 바를 점차 인정받고 있다. 이제는 다른 우월한 믿음으로 대체되어야 할 미신으로 멸시 당하지 않는다. 오히려 인류의 정신 유산을

풍요롭게 한 공을 인정받고 있다.
— 옥스퍼드 대학교 부설 이슬람 연구소에서 강연하며, 영국 옥스퍼드, 셸도니언 극장, 1997년 7월 11일

새로운 세계 질서에서 어떤 나라나 지역, 대륙도 이제는 독자적으로 동떨어져서 움직일 수 없다. 어떤 나라나 대륙의 사회 운동도 같은 곳에 함께 존재하는 비슷한 운동들과 동떨어져 있을 수 없다. 이는 사회 속에 사는 다른 모든 것과 마찬가지로 종교에도 적용될 것이다.
— 같은 곳

종교들이 그저 화합하거나 공존하는 데 그치지 않고 연대 행동으로 아파르트헤이트에 맞선 것이 그 사악한 체제를 종식시키는 데 결정적인 역할을 했다. 서로의 주장을 앞세우기보다는 연대 방식을 택함으로써, 각 전통이 저마다 최고의 것을 제안하여 전체에 도움을 줄 수 있었다.
— 같은 곳

종교 기관들은 앞으로도 계속 사회의 양심, 도덕의 수호자, 약자와 피억압자를 위한 용감한 투사가 되어야 한다. 시민 사회의 일원으로서 기본 인권의 보호와 정의의 실현을 위해 싸워야 한다.
— 레지나 문디의 날에, 남아프리카공화국 소웨토, 레지나 문디 교회, 1997년 11월 30일

남아프리카공화국의 확실한 대다수인 종교계의 적극적인 참여로 자유를 쟁취함으로써 우리는 모든 남아프리카공화국 국민에게 종교의 자유를 보장하는 헌법을 얻었다.

— 같은 곳

종교 기관들은 아파르트헤이트의 본질인 허위성과 이단성을 폭로하는 데 핵심적인 역할을 했다. 신은 억압을 용인하지 않고 억압받는 자들과 함께한다는 말은 우리에게 큰 용기를 주었다.

— 연 3회 열리는 남아프리카공화국 감리교회 회의 중 첫 번째 회의에서, 남아프리카공화국 더반, 1998년 7월 17일

종교의 고귀한 이상과 가치가 그것을 실현하기 위한 실제 행동과 결합될 때마다 우리는 큰 힘을 얻었고, 해방 운동 내에서도 그런 이상을 품게 되었다.

— 세계 교회 협의회 창립 50주년에, 짐바브웨 하라레, 1998년 12월 13일

세계 여러 곳의 몇몇 공동체들은 전 세계가 반인륜적 범죄로 규탄하는 행동을 정당화하기 위해 신의 이름을 사용함으로써 도덕적 부패를 드러내고 있다.

— 미출간 자서전 속편에서, 1998년경

새로운 세기가 오면 우리 인간의 신앙의 원천을 깊이 탐구해야 할 것이다. 새로운 세기에도 종교는 우리가 지금 직면해 있는 거대한 과제에 맞설 수 있도록 인류를 인도하고 고무하는 중대한 역할을 할 것이다.
— 세계 종교 회의에서, 남아프리카공화국 케이프타운, 1999년 12월

교회가 없었다면, 종교 기관이 없었다면 나는 오늘 이 자리에 있지 못했을 것이다.
— 같은 곳

나는 종교의 중요성을 인정한다……. 아파르트헤이트 체제하의 남아프리카공화국 교도소에 가보면, 인간이 서로에게 얼마나 잔인하게 구는지 적나라하게 볼 수 있다. 그러나 언젠가는 그곳에서 나갈 거라는, 다시 돌아갈 거라는 희망을 우리에게 준 것은 종교 기관들, 힌두교도들, 이슬람교도들, 유대교 지도자들, 기독교도들이었다.
— 같은 곳

억압이 점점 심해져서 급기야는 국민들을 협박하여 복종시키는 끔찍한 지경에 이르렀을 때, 종교 지도자들은 우리 국민들의 저항 정신이 사그라지지 않도록 하는 데 앞장섰다.
— 데즈먼드 투투 대주교의 일흔다섯 번째 생일에, 남아프리카공화국 요하네스버그, 2006년 10월 8일

탄압 Repression

탄압은 우리나라에서 눈에 띄는 국민 조직을 깡그리 없애 버렸다. 그러나 역사의 전환기마다 아파르트헤이트는 저항을 야기할 수밖에 없었고, 자신을 소멸시킬 세력에 오히려 생명력을 불어넣었다.

— 경찰서 유치장에서 죽은 스티브 비코의 사망 20주기 추모 행사에서, 남아프리카공화국 이스트런던, 1997년 9월 1일

결심 Resolutions

새해가 시작될 때마다 어떤 일을 하리라 결심하곤 했는데, 그 결심이 채 이틀도 가지 않더군요.

— 리처드 스텡글과 나눈 대화에서, 1993년 5월 3일

존경 Respect

경찰은 나를 어느 정도 존중해 줬어요. 내가 이미 변호사였기 때문이지요. 내가 변호사라 나를 조금은 존중해 줬고, 그들은 내 배경도 알고 있었어요.

— 리처드 스텡글과 나눈 대화에서, 1993년 3월 18일

은퇴 Retirement

이 대통령이 떠난다고 해서 삶이 끝나는 것은 아니다. 삶이 계속될 뿐만 아니라, 지금의 내 능력으로는 불가능한 아주 빠른 속도의 극적인 변화가 일어나는 모습도 보게 될 것이다.
— 존 메이저 수상과 만난 뒤 수상 관저 밖에서 언론매체에 이야기하며, 영국 런던, 1996년 7월 10일

해방 운동을 안전하게 제어하는 방법이 있다. 운동의 소중한 유산을 지키고 보호하며, 변화에 전력을 다하면서도 운동의 일관성과 진실성을 유지하고, 오로지 국민을 섬기기 위해 노력하는 진정한 혁명가처럼 운동의 민중적인 목표들을 추구하는 것이다.
— 제50차 ANC 전국 회의 폐회식에서, 남아프리카공화국, 노스웨스트 대학교 마피켕 캠퍼스, 1997년 12월 20일

바통을 넘겨줄 때가 왔다. 그래서 여러분이 여기서 보았던 내 동료 노병들과 함께 가까이에서 지켜보고 멀리서 평가할 수 있는 순간이 기대된다. 1999년이 다가오면 점점 더 많은 책임을 위임하여 다음 대통령 시대로의 이행이 원활히 이루어지도록 국가 대통령으로서 노력할 것이다. 그렇게 하면 말년에 내 손자손녀들의 응석을 받아주고 남아프리카공화국의 아이들, 무심한 체제의 불운한 희생자였던 그 아이들을 다양한 방식으로 도울 수 있는 기회를 얻을 수 있을 것이다.
— 같은 곳

작별을 고할 때가 왔다. 85년도 더 전에 망가웅(블룸폰테인)에서, 아니 수세기 전에 아우추마오, 마카나, 음질리카지, 모셰셰, 카마, 세쿠쿠네, 라보치베니, 케츠와요, 은궁구냐네, 우이탈데르, 라마불라나 같은 전사들이 국민으로서의 존엄성과 자기 본연의 모습을 지키기 위해 목숨을 바쳤을 때부터 시작된 이어달리기에서 바통을 넘길 때가 왔다.

— 같은 곳

제1차 세계대전이 막바지에 이르렀을 때 태어나 세계인권선언이 채택된 지 반세기가 지난 때에 공직을 떠나는 나는 기나긴 인생의 여정에서 여느 사람들처럼 낙향하여 조용히 쉴 수 있는 기회를 얻게 되었다.

— 제53차 국제연합 총회에서, 미국 뉴욕 시, 국제연합, 1998년 9월 21일

공직 생활이 끝나가는 시점에 더 나은 세상을 위한 생각과 꿈을 여러분과 나눌 수 있어서 정말 영광이다. 세계를 활동무대로 삼아 자유와 정의를 추구하고 있는 사람들 사이에 있으니 희망이 샘솟는다. 평화롭고 공정한 세상이 실현된다면, 모두의 더 나은 삶을 위해 평생 분투한 전 세계의 수많은 사람들과 나는 안심하고 편안하게 은퇴할 수 있을 것이다.

— 세계 교회 협의회 창립 50주년에, 짐바브웨 하라레, 1998년 12월

나는 우리 사회의 노인, 농촌 주민, 우리나라의 청소년을 염려하는 사람, 힘이 닿는 한 전 세계 모두의 더 나은 삶을 위해 힘쓰는 세계 시민으로 지낼 것이다. 그리고 늘 그랬듯이, 평화와 민주주의의 실현을 위한 광범위한 운동의 규율 내에서 내가 할 수 있는 일을 할 것이다.
— 민주적으로 선출된 첫 의회의 마지막 회기에, 남아프리카공화국 케이프타운, 1999년 3월 26일

이 의회를 책임지는 것이 내게는 정말 큰 영광이었음을 말하고 싶다. 작별을 고하려니 슬프기도 하지만, 내가 참여한 많은 토론에서 들었던 목소리들에 아주 만족하고 있다.
— 같은 곳

[타보] 음베키는 자신이 이 늙은이보다 무엇을 더 잘해야 하는지 분명히 알고 있다.
— 퇴임을 앞두고 신문 방송 편집인들과 여론 주도자들에게 브리핑하며, 남아프리카공화국 프리토리아, 1999년 5월 10일

나는 100세가 되어서까지 복잡한 국제 문제에 대한 해결책을 찾아다니고 싶지는 않다.
— 같은 곳

내가 물러나면 사람들에게 잊히겠지만, 그것이 오히려 즐거우리라.
— 같은 곳

수많은 사람들이 아직도 빈곤과 불안에 시달리고 있는데 편히 쉬기란 쉬운 일이 아니다. 그러나 우리가 인류의 이름으로 오늘까지 머나먼 길을 함께 걸어왔듯이 사회적 경계선과 국경을 넘어, 대륙과 대양을 가로질러 다 같이 손을 맞잡고 공통된 인간성을 발휘한다면 나는 만족스럽게 지낼 수 있을 것이다.

— 타보 음베키 대통령이 열어 준 송별회에서, 남아프리카공화국 프리토리아, 1999년 6월 16일

물러나서 편히 쉬고 싶은 마음도 들겠지만, 할 수 있으면 조금이라도 기여할 책임이 우리 모두에게 있다.

— 넬슨 만델라와 그라사 마셸[93]을 위한 만찬에서, 미국 뉴욕 시, 스탠호프 호텔, 2002년 5월 6일

아주 젊은 빌 클린턴이 은퇴하고 면직당해 이제는 직책도 권력도 없는 전직 대통령의 대열에 합류했을 때, 나는 아주 큰 위안과 위로를 받았다.

— 클린턴 재단에 보낸 육성 메시지에서, 2004년 3월 1일

늙은이에게 인정을 베풀어 편히 쉴 수 있게 해주어 고맙다. 27년 동안이나 섬 등지에서 빈둥거리던 나에게 휴식은 과분하다고 생각하는 사람들이 많을지도 모르겠다.

— '은퇴에서의 은퇴'를 발표하며, 남아프리카공화국 요하네스버그, 넬슨 만델라 재단, 2004년 6월 1일

---

93 1945년~. 모잠비크의 교사이자 인권 운동가, 여성 아동 권리 옹호자, 정치가. 모잠비크 대통령 사모라 마셸의 미망인. 1998년 7월에 넬슨 만델라와 결혼했다.

몇 달 전에 내 조언자 한 명에게 은퇴하고 싶다고 했더니 그는 "이미 은퇴했잖아요."라고 투덜거렸다. 그게 사실이라면, 이제 은퇴로부터의 은퇴를 선언해야겠다.
— 같은 곳

대중으로부터 완전히 숨으려는 것이 아니다. 지금부터는 어떤 일이나 행사 참여를 요청받기보다는 내가 끼어도 좋을지 물어보는 입장에 있었으면 한다. 그러니 내게 전화하지 말아 달라, 내가 전화할 테니.
— 같은 곳

우리는 평화와 화해를 위해, 사회 정의를 위해, 모든 남녀노소가 평등한 기회를 누리며 사이좋게 지내는 세상을 실현하기 위해 싸웠다. 나는 지금도 이러한 이상을 믿고 인생의 목적으로 삼고 있지만, 그동안 내가 해왔던 일을 나의 자선 단체들인 넬슨 만델라 재단과 넬슨 만델라 아동 기금, 만델라 로즈 재단에 완전히 넘길 때가 왔다.
— 파스퇴르 재단에 보낸 육성 메시지에서, 2004년 12월 1일

나는 이제 정치를 하지 않는다. 그냥 멀리서 지켜보기만 하고, 사람들이 찾아와서 "이런 상황에서는 어찌해야 하느냐?"라고 물으면, "아니, 정치하는 사람들에게 가라. 나는 이제 정치를 하지 않는다. 은퇴했다."라고 답한다.
— 다큐멘터리 〈90세의 만델라〉에서, 2008년

글로벌 엘더스의 이 획기적인 첫 모임에 참석하게 되어 정말 자랑스럽다. 그동안 말했듯이 나는 나의 은퇴를 진지하게 받아들이려 애쓰고 있으며, 그래서 문제를 분석하고 해결책을 찾고 파트너를 구하는 일처럼 흥미로운 부분에는 참여하지 못하겠지만, 마음만은 여러분과 함께하겠다.

— 디 엘더스에게 연설하며, 남아프리카공화국 울루사바 민간 금렵구, 2008년 5월 26일

리보니아 재판 Rivonia Trial

리보니아 재판은 엄청난 감정을 불러일으켰고, 정부가 우리를 피고인석에 앉히려 했던 그 재판에서 우리가 정부를 피고인석에 앉혔습니다. 우리는 피고인 답변을 할 때부터 이것이 유일무이한 재판임을 분명히 하고, 피고인석에 앉아야 할 것은 우리가 아니라 정부라고 했습니다. 무죄를 주장했지요.

— 리처드 스텡글과 나눈 대화에서, 1992년 12월 3일

나는 그 연설문을 읽었습니다. 당국에 이의를 제기하는 그 연설문에서 내가 한 일들을 얘기했어요. 소신 있는 사람이라 그런 일을 했고, 열등한 사람으로 취급당하는 것을 용납할 수 없어 의식적으로 그랬다고 했지요. 그 일로 나는 약간의 주목을 받았습니다.

— 리처드 스텡글과 나눈 대화에서, 1993년 3월 10일

내가 유죄라는 것이 아주 분명한 데다, 내가 일부 혐의를 부인하는 것은 정치적으로 정당하지 않았고, 반대심문을 받기 전에 내가 한 일을 나 스스로 정당화해야 했기 때문입니다.
— 리보니아 재판에서 증언하는 대신 피고인석에서 진술한 이유를 설명하며, 1993년 4월 17일

우리는 리보니아 재판에서 절대 유죄를 인정하지 않았어. 무죄를 주장했지, 기억하나? 범죄자는 정부라고 말하면서 말이야.
— 아메드 카트라다와 나눈 대화에서, 1993~1994년경

일상 Routine

몰두할 계획이 있을 때는 그 계획의 이점이 무엇이든 간에 삶의 부정적 측면에 집중하기가 어렵다.
— 로벤 섬을 다시 찾아가, 남아프리카공화국 케이프타운, 1994년 2월 11일

성인과 죄인 Saints and Sinners

성인은 계속 노력하는 죄인이라는 사실을 잊지 마시오.
— 위니 만델라에게 쓴 편지에서, 로벤 섬, 1975년 2월 1일

흔히 말하듯이 성인은 늘 청렴하려고 노력하는 죄인이라오. 어떤 사람이 인생의 4분의 3을 악한으로 살고도 성인으로 추앙받는 것은 나머지 4분의 1을 성인으로 살았기 때문이오.
— 위니 만델라에게 쓴 편지에서, 로벤 섬, 1979년 12월 9일

감옥에 갇혀 있을 때 심히 걱정스러웠던 문제는 내가 나도 모르게 바깥 세상에 허상을 투사하여 내가 성인으로 여겨지고 있다는 것이었다. 성인은 계속 노력하는 죄인이라는 세속적인 정의를 적용한다 해도 나는 절대 성인이 아니다.
— 미출간 자서전 속편에서, 1998년경

성인이라는 인상을 주면 사람들을 크게 실망시킬 수도 있다.
— 존 배터스비와의 인터뷰에서, 남아프리카공화국 요하네스버그, 2000년 2월 10일자 〈크리스천 사이언스 모니터〉에 게재

내가 늘 100퍼센트 옳고 절대 잘못을 하지 않는 사람이라는 이미지가 생길까 봐 감옥 안에서 늘 걱정스러웠다.
— 같은 곳

반신반인 같은 이미지가 걱정스러웠다. 나는 미덕과 악덕을 모두 가진 평범한 사람으로 보이고 싶었다.
— 다큐멘터리 〈만델라: 살아 있는 전설〉에서, 2003년

제재 Sanctions

제재 덕분에 그런 엄청난 진보가 이루어졌다.
— 다큐멘터리 〈미국에 온 만델라〉에서, 1990년

우리는 제재라는 방법을 쓸 수밖에 없었다. 전진하기 위해서는 무장 투쟁 말고는 그 길밖에 없었기 때문이다.
— 집에서, 남아프리카공화국 소웨토, 1990년 2월 14일

우리로서는 제재가 아주 효과적이었다.
— 같은 곳

과학 Science

남들이 비과학적인 완전 허구로 여기는 생각들을 납득시키려다 보면 너도 모르게 무례를 범할 수도 있단다.
— 마카지웨 만델라에게 쓴 편지에서, 로벤 섬, 1977년 3월 27일

어떤 일이든 항상 과학적인 설명을 찾는 편이 안전할 거다. 설사 잘못된 결론에 이르더라도.
— 진드지 만델라에게 쓴 편지에서, 로벤 섬, 1978년 11월 26일

언제나 먼 나라에서 일어나는, 더군다나 과학적인 설명이 불가능한 기적을 나는 좋아하지 않는다.
— 진드지 만델라에게 쓴 편지에서, 로벤 섬, 1979년 3월 25일

과학적 지식은 믿음과 신화, 미신이 아니라 사실과 지식을 토대로 결정을 내릴 수 있게 해준다.
— HIV 발병과 치료를 주제로 한 제2차 세계 에이즈 회의에서, 프랑스 파리, 2003년 7월 13일

자제력 Self-control

나는 고등학교에서, 기숙학교에서 자랐어요. 그곳에서 거의 6개월 동안 여자 없이 지내면서 자제력을 발휘했지요.
— 리처드 스텡글과 나눈 대화에서, 1993년 3월 9일

결국 그 간수 때문에 내 자제력은 무너져 내렸고, 나는 적에게 패배한 것이라 여겼다.
— 『자유를 향한 머나먼 길』에서 간수에 관해 이야기하며, 1994년

이타심 Selflessness

우리나라 교도소에서 아프리카인의 처지가 얼마나 가혹하고 절망적인지 알고 있지만, 나는 벌을 받을 각오가 되어 있다.

― 노동자 파업 선동 및 불법 출국 혐의로 유죄 판결을 받은 후 연설에서, 남아프리카공화국 프리토리아, 올드 시나고그, 1962년 11월 7일

정직하고 성실하고 소박하고 겸손하며 순수하게 너그럽고 허영심이 없고 남을 위해 기꺼이 일하는 것, 이 모두는 누구나 얻기 쉬운 것들이지만 우리의 정신적 삶의 바탕을 이루는 자질들이오.

― 위니 만델라에게 쓴 편지에서, 로벤 섬, 1975년 2월 1일

아무런 대가도 바라지 않고 시간과 힘을 쏟아 남을 돕는 것만큼 큰 재능은 없을 것이다.

― 넬슨 만델라 재단의 HIV·에이즈 교육 프로그램을 지원하는 FCB 할로 버틀러 사에게 고마움을 전하는 의식에서, 남아프리카공화국 요하네스버그, 넬슨 만델라 재단, 2004년 2월 27일

개인 생활이나 공동체 생활에서 기본적으로 남을 배려한다면, 우리가 그토록 간절히 꿈꿔온 더 나은 세상을 만드는 데 큰 도움이 될 것이다.

― 제6차 넬슨 만델라 연례 강연에서, 남아프리카공화국 소웨토 클립타운, 2008년 7월 12일

성 Sexuality

감옥에 갔을 때 성적 표현을 할 기회가 없다는 사실을 그냥 묵묵히 받아들였고, 그래서 그 문제를 해결할 수 있었어요.

— 리처드 스텡글과 나눈 대화에서, 1993년 3월 9일

노예제 Slavery

노예제는 아프리카에 역사와 문화가 없다는 믿음을 강화하는 데 일조했다.

— 다큐멘터리 〈마지막 마일 : 만델라-아프리카와 민주주의〉에서, 1991년

장담컨대 그것은 통렬한 경험이었다.

— 다큐멘터리 〈마지막 마일 : 만델라-아프리카와 민주주의〉에서 아프리카인들이 아메리카 대륙에 노예로 팔려갔던 세네갈 고레 섬을 방문한 뒤에, 1991년

세상을 정복하고 인간을 노예로 만들고 싶어 하는 오만한 사람들이 있었다. 그러나 늘 국민들이 그런 사람들을 끝장냈다.

— 세계 종교 회의에서 연설하며, 남아프리카공화국 케이프타운, 1999년 12월

흡연 Smoking

친구들이 담배를 피우고 있으면 나도 그냥 한 개비 꺼내서 입에 물었어요. 담배를 피우는 게 당시로서 조금은 현대적인 일이었지만, 나는 담배를 끊었습니다. 열여섯 살이 안 되었을 때였던 것 같은데, 아마도 1934년에 끊었을 겁니다……. 그 전에는 정말 많이 피웠어요.

— 리처드 스텡글과 나눈 대화에서, 1993년 5월 3일

사회주의 Socialism

우리는 우리나라가 선진국을 따라잡고 대대로 내려오는 극심한 빈곤을 극복하려면 모종의 사회주의가 필요하다고 생각한다. 그렇다고 해서 우리가 마르크스주의자라는 뜻은 아니다.

— 리보니아 재판의 피고인석에서 진술하며, 남아프리카공화국 프리토리아, 법원, 1964년 4월 20일

지금 나는 계급 없는 사회라는 개념에 관심이 많다. 마르크스주의에 대해 읽었기 때문이기도 하고, 초기 아프리카 사회의 구조와 조직을 높이 평가하기 때문이기도 하다. 당시 주요 생산 수단이었던 토지는 부족의 소유였다. 부자도 빈자도 없었고, 착취 또한 없었다.

— 같은 곳

연대 Solidarity

인종, 정당, 종교적 믿음, 이데올로기적 신념에 관계없이 모든 민주 세력이 연대해야 할 필요성을 국민들도 점차 인식하고 있다.
— 「사람들이 죽음에 내몰리고 있다」라는 글에서, 〈해방〉, 1955년 10월

나는 오늘 이 자리에 전 세계 수많은 사람들의 대표자로 섰다. 남아프리카공화국이나 그 국민들과 싸우기 위해서가 아니라 비인간적인 체제에 항의하고 아파르트헤이트의 반인도적 범죄를 하루 빨리 종식시키기 위해 우리와 뜻을 함께한 정부들과 단체들, 반아파르트헤이트 운동을 대표하여 왔다.
— 노벨 평화상 시상식에서, 노르웨이 오슬로, 1993년 12월 10일

우리가 자유와 민주주의의 쟁취를 축하할 때, 전 세계의 변화에 일조한 우리의 국제 연대 협력자들을 떠올릴 수밖에 없다. 그들의 도덕적·물질적 지원이 없었다면, 제때에 제대로 된 방식으로 자유를 얻을 수 없었을 것이다.
— 아프리카를 주제로 한 로마 회의에 전한 메시지에서, 2004년 4월

예전에 인간적인 사회를 추구하는 데 원동력이 되었던 인간 연대의 가치가 지금은 즉각적인 쾌락의 추구와 무신경한 물질주의로 대체되거나 혹은 그것에 위협을 받고 있는 것 같다. 우리 시대의 과제는 인간이 서로를 위해, 타인 때문에, 타인을 통해 세상에 존재한다는 인간 연대 의식을 우리 국민에게 다시 심어 주는 것이다. 굳이 경건

주의나 도덕주의를 강요할 필요는 없다.
— 제5차 스티브 비코 강연에서, 남아프리카공화국 케이프타운, 케이프타운 대학교, 2004년 9월 10일

여러분의 목소리가 바다를 건너와 저 멀리 감방에 갇혀 있던 우리에게 용기와 희망을 주었다. 오늘밤 우리는 자유롭다.
— 46664 콘서트에서, 영국 런던, 하이드파크, 2008년 6월 27일

아흔 살 먹은 노인이 이 자리를 빌려 부탁받지도 않은 조언을 하나 하자면, 나이에 상관없이 여러분 모두가 인간의 유대, 타인에 대한 관심을 기본적인 인생관으로 삼았으면 좋겠다.
— 제6차 넬슨 만델라 연례 강연에서, 남아프리카공화국 소웨토 클립타운, 2008년 7월 12일

해결책 Solutions

이 해결책이 정당하고 지속적인 것이라면, 남아프리카공화국은 인종차별 없고 하나로 통합된 민주 국가로 탈바꿈할 것이다. 이에 미치지 못하는 결과가 나온다면 우리나라는 갈수록 악화되는 고질적 갈등에 빠지고 말 것이다. 이는 아파르트헤이트 체제의 종말이 눈앞에 다가왔다고 자신 있게 말할 수 있는 오늘 이 순간을 우리에게 선사해 주기 위해 목숨까지 바친 남아프리카공화국과 나머지 지역의 수많은 동포들에 대한 기억에 먹칠을 하는 일이 될 것이다.
— 유럽 의회 연설에서, 프랑스 스트라스부르, 유럽 의회, 1990년 6월 13일

인간사에서 절대적으로 옳은 궁극적 견해를 가진 개인이나 조직, 사회 형태는 여태껏 없었다. 우리는 대화와 토론, 비판적 논의를 통해, 실행 가능한 해결책을 제시하는 견해에 접근할 수 있다.
— 제8차 COSATU(남아프리카 노동조합 회의) 전국 회의에 전한 메시지에서, 남아프리카공화국 미드랜드, 2003년 9월 15~18일

남아프리카공화국 South Africa

바르톨로뮤 디아스가 우리 해안을 발견하고 코이코이족(이른바 호텐토트족)에게 환영받기 한참 전에 아바트와족이라는 흑인들이 남아프리카를 세웠다. 백인 문헌은 그들을 비하하여 부시먼이라고 부른다.
— 「흑인 의식 운동은 어디로」라는 글에서, 로벤 섬, 1978년

우리 동포들에게 단호히 말하건대, 우리 모두는 프리토리아의 유명한 자카란다 나무와 남아프리카 저지대의 미모사만큼이나 단단하게 이 아름다운 나라의 땅에 뿌리내리고 있다.
— 남아프리카공화국 대통령으로 취임하며, 남아프리카공화국 프리토리아, 유니언 빌딩(정부 청사), 1994년 5월 10일

남아프리카공화국 : 한 국민으로서
South Africa : As One Nation

과거의 불의에 희생된 사람들은 용서를 베풀고 과거의 수혜자들은 그저 고맙게 용서를 받는 이런 일방적 과정으로는 치유도 건설도 제대로 할 수 없다. 다 함께 과거의 잘못을 바로잡아 나가야 한다.
— 국정연설에서, 남아프리카공화국 케이프타운, 의회, 1995년 2월 9일

지금 우리는 이렇게 자문해 봐야 한다. 꿈의 나라를 건설하기 위해 우리가 최선을 다하고 있는가?
— 서로 다른 문화들이 한데 어울려 이슬람교 축제 이드를 축하하는 자리에서, 남아프리카공화국 요하네스버그, 1998년 1월 30일

이제 ANC는, 그리고 ANC를 통해 아프리카인들은 우리나라의 기조와 국가 의제를 정할 수 있으며, 또 정해야 한다. 진정한 과제는, 흑인과 백인을 불문하고 남아프리카공화국의 모든 국민이 하나가 되어 빈곤을 뿌리 뽑고 인종차별과 성차별 없는 번영하는 남아프리카공화국을 만든다는 공통의 목표를 위해 함께 노력할 수 있도록 국가 의제를 신중하게 세우고 제시하는 것이다.
— 월터 시술루의 죽음에 대해 이야기하며, 남아프리카공화국, 2003년 5월 5일

우리 국민은 깊은 분열과 갈등의 역사를 가지고 있다. 우리의 행동이나 말 때문에 국민들이 그 길로 되돌아가는 일은 절대로 없어야 한다.

— 만델라의 아흔 번째 생일을 축하하는 ANC 집회에서, 남아프리카공화국 프리토리아, 로프터스 버스펠드 스타디움, 2008년 8월 2일

남아프리카공화국 : 과제 South Africa : Challenges

저항하기는 쉽다. 정말 어려운 일은 남아프리카의 문제를 해결하는 데 일조하기 위해 적극적으로 나서는 것이다.

— 다큐멘터리 〈전설 : 넬슨 만델라〉에서, 2005년

우리는 승리한 국민이다! 우리는 우리의 문제와 과제를 인정하고, 낙관적이고 단호하게 맞붙어 싸우고 있다. 지금 이 자리에 오기까지 우리는 많은 것들을 극복했다.

— 영상 메시지에서, 2007년 10월 20일

남아프리카공화국 : 민주 국가
South Africa : Democratic Nation

우리는 아프리카인, 혼혈인, 인도인, 백인 모두 우리 국민이라는 사실이 자랑스럽다. 우리는 '한 나라 한 국민'이다.

— 블룸폰테인에서 연설하며, 남아프리카공화국, 1990년경

우리나라의 기본적인 문제는 흑인들이 자결권을 누릴 수 있는가 하는 것이다.
― 남아프리카공화국 소웨토에서 연설하며, 1990년경

우리가 꿈꾸는 남아프리카는 인종차별과 성차별이 없는 하나로 통합된 민주 국가이다. 현재 우리는 어떤 군사권과도 동맹을 맺고 있지 않다. 하지만 근본적이고 보편적인 인권 문제들, 모든 개인이 아무런 방해 없이 최대한 발전할 수 있는 권리, 모든 나라가 자신의 미래를 결정할 수 있는 권리, 지역 갈등과 핵전쟁의 위협이 없는 세계에서 환경과 평화를 지키는 일과 관련해서는 분명하게 뜻을 같이 할 것이다.
― 스웨덴 의회에서 연설하며, 스웨덴 스톡홀름, 1990년 3월 13일

우리는 인종과 피부색, 성별, 지위에 관계없이 깊은 애국심을 가질 수 있도록 노력해야 한다. 너그럽게 포용하는 정신으로 과거의 증오와 갈등에서 벗어나야 한다. 세계가 부러워할 남아프리카 사회를 건설하겠다는 결의를 다지며 다 같이 노력해야 한다.
― 크리스마스 메시지에서, 1990년 12월 25일

우리나라의 미래를 결정하는 것은 흑인과 백인을 불문하고 모든 남아프리카 국민의 권리였다.
― 올리버 탐보, 월터 시술루와 함께한 기자회견에서, 남아프리카공화국 요하네스버그, 1991년 1월 8일

우리는 남아프리카공화국이 스스로의 개조를 위해 분투하면 곧 태어날 새로운 세계의 축소판이 되리라는 희망을 가지고 있다.
— 노벨 평화상 시상식에서, 노르웨이 오슬로, 1993년 12월 10일

우리는 비관주의, 분열, 제한된 기회, 혼란과 갈등의 시대와 결별하고 희망과 화해, 국가 건설의 새로운 시대로 나아가고 있다.
— 생애 최초로 투표한 후 올랑게 고등학교에서, 남아프리카공화국, 1994년 4월 27일

내일 ANC 지도부와 나는 우리의 책상으로 돌아갈 것이다. 돌아가서 소매를 걷어붙이고 우리나라가 직면한 문제들과의 싸움을 시작할 것이다. 여러분도 우리와 함께해 주기를 바란다. 아침에 여러분의 일터로 돌아가라. 그래서 남아프리카가 잘 돌아가게 만들자. 지금 당장 모두 힘을 합쳐, 남아프리카 국민들의 더 나은 삶을 건설해 나가야 한다. 즉, 일자리를 창출하고 집을 짓고 국민들을 교육시키고 평화와 안전을 이루어야 한다.
— ANC의 선거 승리를 축하하는 연회에서, 남아프리카공화국 요하네스버그, 칼턴 호텔, 1994년 5월 2일

기나긴 세월 인재人災에 시달린 경험을 바탕으로, 모든 인류가 자랑스러워할 만한 사회를 탄생시켜야 한다.
— 남아프리카공화국 대통령으로 취임하며, 남아프리카공화국 프리토리아, 유니언 빌딩(정부 청사), 1994년 5월 10일

평범한 남아프리카 국민들의 일상적인 행동이 만들어 내는 남아프리카의 현실은 정의에 대한 인류의 믿음을 강화하고, 인간 정신의 고결함에 대한 확신을 더욱 굳히며, 모든 국민의 멋진 삶이라는 우리의 희망을 지켜 주어야 한다.
— 같은 곳

우리는 흑인이든 백인이든 모든 남아프리카 국민들이 인간의 존엄성에 대한 절대적 권리를 확신하고 아무런 두려움 없이 당당하게 걸을 수 있는 사회, 나라 안팎으로 불화가 없는 무지개 국가를 건설할 것을 맹세한다.
— 같은 곳

우리는 모든 시민에게 정치적 자유와 인권을 보장하는 국민 중심의 자유로운 사회를 건설해야 한다.
— 첫 국정연설에서, 남아프리카공화국 케이프타운, 의회, 1994년 5월 24일

아프리카너 농부들이 자신의 고용인들과 느긋한 분위기에서 이야기 나누는 모습을 보면, 새로운 남아프리카가 곧 탄생하리라는 사실을 알 수 있다.
— 다큐멘터리 〈자유로의 마지막 여정 : 남아프리카공화국을 바꾼 열흘〉에서, 1994년

우리 남아프리카 국민은 모두를 위한 더 나은 삶이라는 목표를 가능한 한 짧은 시간에 달성할 수 있다고, 현재 조건으로도 충분히 실현할 수 있다고 확신한다. 우리가 이렇게 확신할 수 있는 이유는, 피부색과 정치적 차이를 뛰어넘어 압도적인 대다수의 남아프리카 국민들이 바로 그러한 비전을 공유하고 있다는 사실을 알고 있기 때문이다.

— 라지브 간디 재단에서 강연하며, 인도 뉴델리, 1995년 1월 25일

우리 땅에서 갈등의 시대는 끝났다. 우리는 정의를 토대로 서로 포용하여 다 함께 대가족을 이루어야 한다.

— 바이어스 노디어[94]의 여든 번째 생일에, 남아프리카공화국 요하네스버그, 1995년 5월 23일

우리는 남아프리카공화국을 더 나은 방향으로 변화시킬 수 있는 힘을 지니고 있다.

— 여성의 날 메시지에서, 1995년 8월 9일

그렇다, 남아프리카공화국은 올바른 길로 나아가고 있으며, 우리나라를 꿈의 나라로 만들고자 하는 우리의 노력 또한 순항 중이다.

— 국정 연설에서, 남아프리카공화국 케이프타운, 의회, 1996년 2월 9일

---

94 1915~2004년. 성직자이자 신학자. 아프리카너들의 반아파르트헤이트 운동을 이끌었다.

남아프리카공화국은 더 나은 새로운 삶에 순조로이 다가가고 있다. 그러나 별 생각 없이 그 여정을 이어가고 싶은 유혹을 떨쳐야만, 우리에게 손짓하는 기회를 모두 잡아야만 그 목표를 달성할 수 있다.
— 같은 곳

남아프리카 국민들은 하나로 통합된 평화로운 번영 국가라는 공통의 미래상을 실현하고 그들의 문제를 해결하는 역량과 결단을 발휘함으로써, 비관론자들의 생각이 틀렸음을 몇 번이고 증명해 보였다.
— 종파를 초월해 TRC(진실과 화해 위원회)에 임무를 맡기는 의식에서, 남아프리카공화국 케이프타운, 세인트조지 대성당, 1996년 2월 13일

우리나라가 암흑의 밤에서 벗어나 자유와 민주주의가 동트는 밝은 미래로 나아가고 있는 이 시대에 살고 있는 것은 우리가 남아프리카 국민으로서 누리고 있는 특권이다.
— 새 헌법을 채택하며, 남아프리카공화국 케이프타운, 제헌의회, 1996년 5월 8일

남아프리카공화국은 끔찍한 과거를 청산하고 처음에는 머뭇거리며 첫발을 내딛었으나 이제는 성숙하여 자신 있게 미래를 향해 나아가며 다시 태어나고 있다.
— 같은 곳

나는 새롭게 태어나는 국가의 대표로서, 서로의 가치를 인정하고 어려운 목표를 실현하기 위해 다 함께 노력하고 있는 무지개 국민의 대표로서 여러분 앞에 서 있다. 사실 우리는 자유 국가의 대열에 뒤늦게 합류했지만, 아이러니하게도 바로 그 덕분에 인류 문명의 최고 장점들은 끌어 오고 최악의 것은 버리며, 인류의 풍부한 경험과 우리의 독특한 과거를 결합시킬 수 있다.
— CBI(Confederation of British Industry, 영국 산업 연맹) 회의에서 연설하며,
영국 런던, 1996년 7월 10일

남아프리카 국민들은 분열과 갈등을 과거지사로 돌려 버림으로써 비관론자들의 예상을 뒤집었다. 물론 풀어야 할 문제들도 있다. 그러나 우리는 인종차별과 불의, 종교적 불관용을 비롯한 여러 불관용을 근절하기 위해 위대한 조치들을 취한 것에 자부심을 느낀다.
— 국제 지도자 모임 만찬에서, 남아프리카공화국 케이프타운,
1996년 10월 20일

모든 사람이 평등하게 자유와 정의를 누리지 못하는 한 이 땅에는 평화도 영원한 안전도 번영도 있을 수 없었다. 다양성 속에서도 하나로 단결하여 모두에게 더 나은 삶을 건설하기 위해 함께 노력하는 자유로운 남아프리카라는 미래상은 바로 그런 경험에서 탄생한 것이다. 우리 역사에 수없이 출몰한 샤프빌 사태를 통해 우리는 인간 생명의 존중, 자유, 행복을 어떤 세력도 감히 건드릴 수 없는 권리로 소중히 해야 한다는 확고한 결의를 다지게 되었다.
— 새 헌법에 서명하며, 남아프리카공화국 페레니힝 샤프빌,
1996년 12월 10일

우리는 배척의 시대와 영웅적 투쟁의 시대를 마감하면서, 남아프리카 국민으로서, 아프리카인으로서, 세계 시민으로서 자랑스러워할 수 있는 사회를 건설하겠다는 결의를 다시 한 번 다진다.
— 같은 곳

새로운 나라를 건설한다 함은 우리나라 국민들 사이에 관용과 사랑과 존중의 정신을 확립한다는 뜻이기도 하다.
— 치명적인 병에 걸린 아이들을 돕기 위한 만델라의 생일 파티를 열어 준 후원자들에게 고마운 뜻을 전하는 오찬에서, 남아프리카공화국, 1997년 7월 4일

더 늦기 전에 남아프리카에 더 인간적인 사회라는 가장 큰 선물을 주어야 한다. 우리는 새로운 번영 국가를 건설하는 것이 곧 스티브 비코가 목숨까지 바친 투쟁을 계속 이어나가는 길이라고 믿는다.
— 경찰서 유치장에서 죽은 스티브 비코의 사망 20주기 추모 행사에서, 남아프리카공화국 이스트런던, 1997년 9월 1일

내가 여러분에게 명예박사 학위를 받고 있지만, 내 개인적인 공로를 인정받아서가 아니라는 사실을 잘 알고 있다. 그보다는 남아프리카 국민 전체의 승리 덕분일 것이다. 남아프리카 국민은 분열과 갈등이라는 아파르트헤이트의 사막을 탈바꿈시켜 무지개 국가의 번성을 위해 다 함께 노력할 수 있는 사회로 만들었다. 나는 갈등에 휩싸여 있는 모든 공동체와 사회에서 우리의 성취가 평화와 화해, 희망의 상징이 될 거라는 열렬한 희망을 품고 겸허하게 이 상을 받겠다.
— 네게브의 벤구리온 대학교로부터 명예박사 학위를 받으며, 남아프리카공화국 케이프타운, 1997년 9월 19일

많은 국민들이 새로운 세상의 탄생에 참여할 수 있는 특권을 얻은 지금, 과거의 역사는 결코 되풀이되지 않을 것이다.
― 제50차 ANC 전국 회의 개회식 연설에서, 남아프리카공화국, 노스웨스트 대학교 마피켕 캠퍼스, 1997년 12월 16일

남아프리카의 평화적인 변화를 '기적'이라고 말하는 경우가 많다. 그러나 그런 기적이 가능했던 것은 관용과 비인종주의의 정치 문화를 건설하고 유지하려는 수십 년간의 노력 덕분이라는 사실을 간과해서는 안 된다.
― 제50차 ANC 전국 회의 폐회식에서, 남아프리카공화국, 노스웨스트 대학교 마피켕 캠퍼스, 1997년 12월 20일

새로운 세대에게 길을 열어 줄 때가 왔다. 우리가 수많은 실수를 저질렀지만 그래도 자유라는 대의에 기여하려 했다는 사실에 마음이 놓인다. 때로 발을 헛디디기도 했지만, 그때 생긴 상처는 우리가 우리나라의 탄생에 조금이나마 기여하기 위해 배워야 했던 교훈의 흔적이다. 그래서 우리 국민은 패배와 모멸의 공백기를 지나, 공동 운명의 주인으로서 우리의 삶을 새롭게 건설할 수 있게 되었다.
― 같은 곳

우리가 남아프리카공화국의 성공을 자신할 수 있는 것은 헌법 재판소, 국민 권익 보호원, 인권 위원회, 이제 막 도전적인 과업을 시작한 선거 관리 위원회, 그리고 법무장관의 존재를 알기 때문이다. 이 모두는 우리가 하는 일의 합헌성, 적법성, 정당성을 보장해 줄 뿐만

아니라, 약자들을 비롯한 모든 국민의 눈에도 그렇게 보이도록 해 줄 것이다.
— 국회 개원식에서, 남아프리카공화국 케이프타운, 1998년 2월 6일

남아프리카공화국 국민들이 협력하여 영원히 우리를 괴롭힐 것 같았던 문제들을 극복했다는 사실에서 우리는 자신감을 얻는다. 우리가 하나로 뭉친다면, 아파르트헤이트를 무너뜨렸듯이 빈곤과 차별도 물리칠 수 있다.
— 〈소웨탄〉의 국가 건설 계획 추진 10주년에, 남아프리카공화국 요하네스버그, 1998년 6월 30일

우리는 결코 현실에 안주할 수 없다. 과거의 유산이 지금도 우리 사회 전체에 뿌리 깊이 박혀 있기 때문이다. 따라서 국가 건설을 위해서는 무엇보다도 남아프리카 국민들이 인종과 부족의 차이를 뛰어넘어 다 함께 손잡고 빈곤과 실업, 부패와 범죄, 사회적 갈등을 없애야 한다.
— 같은 곳

고마운 일이 참 많다. 그러나 내 여든 번째 생일에 기쁜 일 한 가지를 특별히 말하자면, 남아프리카공화국 국민들이 공동의 목표를 향해 하나가 되고 있다는 것이다.
— 만델라의 여든 번째 생일을 축하하는 행사에서, 남아프리카공화국 미드랜드, 갤러거 이스테이트, 1998년 7월 19일

이제 우리 남아프리카공화국은 자유롭기에, 다양한 종교와 문화, 언어에 동등한 권리를 인정해 주는 자랑스러운 새 정체성을 만들어 가고 있다.
— 걸프 협력 회의 정상회담에서, 아랍에미리트연합국 아부다비, 1998년 12월 7일

몇 년 전까지만 해도 남아프리카공화국은 세계의 골칫거리였는데, 국제 사회와의 관계에서 실로 혁명이 일어났다. 세계가 남아프리카에게 문을 열어 주었다. 인류 전체가 소중히 여기는 것들을 우리가 성취했기 때문이다. 우리는 이 점을 자랑스러워해야 한다.
— 국정 연설에서, 남아프리카공화국 케이프타운, 의회, 1999년 2월 5일

남아프리카 국민들은 수백 년 동안의 분열을 극복하고, 대부분의 사람들이 불가피하다 여겼던 대량 학살을 피했다. 그래서 우리의 순조로운 이행은 기적이라 불리며 널리 환영받았다.
— 타보 음베키 대통령이 열어 준 송별회에서, 남아프리카공화국 프리토리아, 1999년 6월 16일

남아프리카공화국은 아직 쓰지 않은 잠재력과 엄청난 가능성으로 가득 찬 나라이다.
— 넬슨 만델라 장학금 수령자들에게 연설하며, 남아프리카공화국, 2002년 8월

아파르트헤이트 이후 시대에 우리 남아프리카의 가장 근본적인 과제는 남을 배려하는 마음을 새로운 우리 사회의 주요 특징으로 확립시키는 것이다.

— 기금 모금 행사에서, 남아프리카공화국, 2002년 9월

우리가 문제와 과제를 파악하고 인정하고 토론하는 방식을 보면 우리나라의 잠재적인 위대함을 어느 정도 알 수 있다.

— 넬슨 만델라 장학금 수령자들에게 연설하며, 남아프리카공화국, 2003년 8월

우리는 우리의 동료 남아프리카 국민들에게 다시 헌신해야 한다. 손을 내밀자. 가벼운 미소, 인사, 도움의 손길, 정중한 행동으로 이렇게 말하자. 나는 당신 없이는 아무것도 아니다. 나는 당신 덕분에 더 부유해졌다. 나는 당신을 있는 그대로 존중한다. 우리 모두가 승자인 나라, 모두가 집과 먹을 것이 있고 교육을 받을 수 있는 나라, 이 공동의 목표를 위해 다시 열심히 노력하자. 투사들의 나라를 만들자.

— 월터 시술루 묘비 제막식에서, 남아프리카공화국 요하네스버그, 뉴클레어 공동묘지, 2003년 12월 16일

마하트마 [간디]에게 영감을 주고 그에게서 영감을 받은 나라, 남아프리카공화국은 모든 비관론자들 앞에서 평화의 길을 선택했다. 간디의 길, 타협과 화해의 길을 선택했다. 우리가 그의 명성을 지켰기를 바란다. 그래서 그 위대한 전통을 기려 다른 사람들도 그 뒤를 따르기를 바란다.

— 평화와 비폭력을 위한 세계 대회에 전한 메시지에서, 인도 뉴델리, 2004년 1월 31일

우리 남아프리카 국민들은 과거를 극복하고 모든 사람이 자신의 존엄성을 최대로 보호받을 수 있는 사회를 건설하기 위해 다 함께 노력했다. 우리 헌법이 열망하는 가치들, 즉 인간의 존엄성, 평등, 인권, 자유, 비인종주의, 비성별주의 같은 가치들을 통해 활기찬 현실을 만들기 위해 노력했다.

— 헌법재판소 건물의 정식 개방을 축하하는 특별 만찬에서, 남아프리카공화국 요하네스버그, 헌법재판소, 2004년 3월 19일

우리는 한 국민으로서 과거의 파괴와 분열을 딛고 다시 일어섰다. 변화 속에서도 함부로 부수거나 파괴하지 않았다. 옛 형식과 구조를 가져와 거기에 인도적 정신과 인간의 연대 같은 새로운 가치들을 채우는 경우가 많았다.

— 같은 곳

우리는 헌법에 대한 공동의 헌신으로 단결하고 다양성 속에서 단단하게 하나로 뭉친 한 국민이다. 우리는 인종차별적인 과거에서 완전히 벗어나, 인종차별 없는 통합된 민주 국가로서 자신 있게 미래를 맞고 있다.
— 남아프리카공화국의 민주주의 10년을 축하하는 영상 메시지에서, 2004년 4월

우리 헌법의 전문에 따르면, 우리나라 국민은 남아프리카공화국이 다양성 속에서도 똘똘 뭉친 국민 모두의 것이라고 믿고 있다.
— 민주주의 10년을 기념하는 상하원 합동 회의에서, 남아프리카공화국 케이프타운, 의회, 2004년 5월 10일

우리 국민과 국민적 노력의 특징인 관용 정신이 우리의 마음을 따뜻하게 녹여 준다.
— 같은 곳

지금 우리는 경제가 건실하고 꾸준히 성장하는 나라에 살고 있다. 현대적이고 안정적인 민주 국가에서, 다양함 속에서도 하나로 뭉쳐 헌법과 법률에 따라 차이와 갈등을 이겨 나가고 있다.
— 제4차 넬슨 만델라 연례 강연에서, 남아프리카공화국 요하네스버그, 위츠 그레이트 홀, 2006년 7월 29일

남아프리카는 평화적 해결책을 찾을 의지와 헌신이 있으면 갈등 상황에서도 큰 성과를 이룰 수 있음을 보여 주는 예이다. 우리는 차이와 갈등 속에서도 잘 융합된 국민이다.

— 데즈먼드 투투 대주교의 일흔다섯 번째 생일에, 남아프리카공화국 요하네스버그, 2006년 10월 8일

우리는 이제 우리나라를 건설하는 중대한 임무에 착수할 준비가 되었다.

— 다큐멘터리 〈저명인사들과 전설들 : 넬슨 만델라〉에서, 2006년

우리는 한 나라, 한 국민이다.

— 같은 곳

남아프리카공화국 : 치유 과정
South Africa : Healing Process

남아프리카 국민 전체가 피해자였고, 따라서 우리는 그 맥락 안에서 존엄성 회복과 보상 문제를 다루어야 한다. 치유 과정은 개인과 가족, 공동체를 위한 것이다. 하지만 무엇보다도 치유 과정에는 국민이 포함되어야 한다. 국민들에게도 회복과 재건이 필요하기 때문이다.

— 종파를 초월해 TRC(진실과 화해 위원회)에 임무를 맡기는 의식에서, 남아프리카공화국 케이프타운, 세인트조지 대성당, 1996년 2월 13일

남아프리카공화국 : 유대인 사회
South Africa : Jewish Community

유대인 사회는 모든 영역에서 남아프리카의 복리에 크게 이바지했다. 우리 문화를 풍요롭게 하고, 경제 건설을 도왔으며, 우리의 지적 성취를 자극해 주었다. 유대인 사회의 많은 이들이 민주주의 투쟁에 참여했고, 그들 중에는 아주 큰 희생을 치른 이들도 있다.

— 유대교 신년제(로시 하샤나)에 전한 메시지, 남아프리카공화국, 1996년 9월 13일

남아프리카공화국 : 이슬람 사회
South Africa : Muslim Community

우리나라는 이슬람교도들을 우리 국민의 존경을 받는 형제자매, 동포, 자유의 투사, 지도자로 자랑스럽게 부를 수 있다. 이슬람교도들은 피와 땀과 눈물로 명예의 전당에 이름을 올렸다.

— 서로 다른 문화들이 한데 어울려 이슬람교 축제 이드를 축하하는 자리에서, 남아프리카공화국 요하네스버그, 1998년 1월 30일

남아프리카공화국 : 국유화 South Africa : Nationalisation

국유화하지 않으면, 국민 생활의 향상과 국가 성장을 위한 자금을 어디서 얻을 수 있겠는가?

— 집에서, 남아프리카공화국 소웨토, 1990년 2월 14일

나라의 경제 전체를 국유화하겠다는 것이 아니다. 우리가 언급했던 광산이나 금융기관, 독점 사업 같은 부문들을 제외하고는 아무런 변화도 없을 것이다.

— 같은 곳

우리나라 흑인들의 문제와 불만을 해결하고자 한다면 우리에게 대안이 없다.

— 집에서 은행과 광산의 국유화를 지지하며(후에 재계가 그런 정책을 쓰는 나라에는 투자하지 않겠다는 뜻을 비치자 만델라는 생각을 바꾸었음. 1993년 10월 28일자 발언을 참고할 것.), 남아프리카공화국 소웨토, 1990년 2월 14일

발전을 위한 재원을 마련하려면 경제의 일정 부문을 국유화하는 길밖에 없다.

— 같은 곳

국유화는 우리나라 역사의 일부이다. 지금 우리 경제의 많은 부문들이 국유화되어 있다. 그런데 지금 웬일인지 정부는 우리 경제 체제에 대한 접근 방식을 완전히 바꾸려 하면서, 사유화를 요구하고 있다.

— 국영 방송 SABC(남아프리카공화국 방송국)와의 인터뷰에서, 남아프리카공화국 요하네스버그, 1990년 2월 15일

ANC가 아는 경제 용어는 국유화와 재분배뿐이라는 것은 잘못된 생각이다. 경제 권력을 민주화하고 비인종주의화하는 문제를 논의

할 때 고려해야 할 사안들이 많다.
― 협의 경영 운동이 '경제적 미래 구축을 위한 방안들'이라는 주제로 개최한 회의에서, 남아프리카공화국, 1990년 5월 23일

ANC는 어떤 자산을 국유화할 것인지, 그 국유화가 어떤 형태를 취할 것인지에 관한 청사진을 가지고 있지 않다. 그러나 우리는 이 방안을 계속 토론에 부쳐 비판적으로 분석하고 남아프리카 사회의 현실을 제대로 반영할 것이다.
― 같은 곳

ANC는 국유화 정책을 꼭 채택해야 한다는 이데올로기적 주장을 하고 있는 것이 아니다. 그러나 남아프리카 경제 내에 공정한 성장을 보장해 주는 자율적 메커니즘이 없다는 관점을 견지하고 있다.
― 미국 상하원 합동 회의에서 연설하며, 미국 워싱턴 D. C., 1990년 6월 26일

땅이 남아프리카 국민 모두의 것이 될 거라고 막연히 말하지만, 그것은 국유화가 아닙니다. 그것이 개인 소유를 뜻할 수도 있고, 우리는 그 문제에 관해 전혀 논의한 바가 없었어요.
― 리처드 스텡글과 나눈 대화에서, 1992년 12월 22일

내가 감옥에서 국유화가 여전히 우리의 정책이라고 한 발언에 대해 이미 남아프리카에서 격렬한 반발이 있었습니다.
― 리처드 스텡글과 나눈 대화에서, 1993년 4월 22일

사람들의 재산이 몰수될 위험이 있으면 해외는 물론 국내에서도 투자를 이끌어낼 수 없다는 사실을 우리도 잘 알고 있다.

— BBC와의 인터뷰에서(국유화에 대한 1990년 2월 14일자 발언 참고),
  1993년 10월 28일

확실히 전 세계적으로 국유화는 그리 인기 있는 방안이 아니다.

— BBC와의 인터뷰에서, 1993년

감옥에서 풀려났을 때 나는 국유화가 우리 경제 정책의 초석이라고 밝혔다. 그러나 세계를 돌아다니며 경제 성장 방법에 관해 선도적인 사업가들과 경제학자들의 견해를 들으면서 자유 시장에 대한 확신을 갖게 되었다. 문제는 자유 시장의 요구 사항들과 세계의 화급한 사회 문제들을 어떻게 조화시키느냐 하는 것이다.

— 밀턴 S. 아이젠하워 심포지엄에서, 미국 볼티모어, 존스홉킨스 대학교,
  2003년 11월 12일

남아프리카공화국 : 국민 South Africa : People

나는 지금의 나 자신, 우리나라와 국민, 우리의 역사와 전통, 언어, 음악, 예술이 자랑스럽다. 그리고 아프리카인들이 세계 문화에 공헌할 만한 독특한 개성을 지니고 있다고 굳게 믿는다.

— 미출간 자서전 원고에서, 로벤 섬, 1975년

우리나라의 땅 밑에는 광물과 보석이 풍부하게 묻혀 있지만, 우리나라의 가장 큰 재산은 광물과 다이아몬드보다 아름답고 진실한 우리 국민이라는 사실을 나는 늘 잊지 않았다.
— 브람 피셔 추모 강연에서, 남아프리카공화국 요하네스버그, 마켓 시어터, 1995년 6월 9일

남아프리카공화국 국민은 아무리 무시무시한 난국에 처해도 결코 물러서지 않는 대담한 사람들이다.
— 지방의 안전과 안보를 위한 정상회담에서, 남아프리카공화국 미드랜드, 1998년 10월 10일

남아프리카공화국 국민은 외부의 개입, 선동, 지시가 없어도 화해와 보상, 변혁의 문제를 스스로 다룰 능력이 있다. 우리는 그런 식으로 정치적 이행을 성공했고, 변혁의 다른 측면들도 비슷한 방식으로 해결할 수 있다.
— 드비어스 그룹이 만델라 로즈 재단에 로즈 빌딩을 기증하는 자리에서, 남아프리카공화국 케이프타운, 2003년 8월

우리의 독특한 처지를 다른 상황에 너무 투영하지 않도록 조심해야 한다. 그러면 남아프리카 국민들이 오만하게 비쳐 사람들을 불쾌하게 만들 수도 있다.
— 로리 카나스의 노벨상 수상자 인터뷰에서, 2004년 4월

남아프리카공화국 : 장소 South Africa : Places

알렉산드라

알렉산드라! 멋진 곳입니다. 어떤 사람들에게 그곳은 그리 평판이 좋지 않은 타운십[95]이지요. 악명 높은 범죄 조직과 빈민가, 화로와 연기로 더 유명하니까요. 그러나 그곳을 완벽한 천국으로 생각하는 사람들도 있습니다. 그들은 자기 땅에 꿈의 집을 짓고 자신의 성에서 사랑받을 수 있었어요. 내게 그곳은 또 하나의 고향입니다.
— 오니카 마셰고에게 쓴 편지에서, 로벤 섬, 1970년 11월 8일

생명은 하찮게 여겨졌고, 밤에는 총과 칼이 세상을 지배했다.
— 미출간 자서전 원고에서, 로벤 섬, 1975년

그 어둠의 도시를 생각할 때마다 향수병을 앓게 됩니다. 그곳은 내가 요하네스버그에 처음 갔을 때 머물렀던 곳이지요. 나의 가장 친한 친구 몇 명도 그 도시에 살았습니다.
— 레베카 코타네[96]에게 쓴 편지에서, 로벤 섬, 1979년 10월 7일

---

95 인종차별 정책에 의한 흑인 거주 구역.
96 1912년~. 모지스 코타네(ANC와 남아프리카공산당 지도부)의 아내.

알렉산드라는 죽거나 살아 있는 수많은 투사들의 가슴속에 영원히 남을 것이며, 그 물리적 유산도 결코 세상에서 잊혀서는 안 됩니다.

― 샘 부티 목사에게 쓴 편지에서, 남아프리카공화국 케이프타운, 폴스무어 교도소, 1983년 6월 29일

내가 고향으로 기억하는 알렉산드라와 그 주변의 지역 사회들이 조직적이고 통합된 사회가 되기를 고대한다.

― 집회에서 연설하며, 남아프리카공화국 알렉산드라, 알렉산드라 스타디움, 1995년 8월 19일

블룸폰테인

ANC는 블룸폰테인의 자식이다. ANC의 탯줄이 여기에 묻혀 있다.

― 집회에서 연설하며, 남아프리카공화국 블룸폰테인, 1990년 2월 25일

케이프타운

우리가 여기 희망봉에 새 나라의 초석을 놓은 것은 역사적인 운명일지도 모른다. 3세기도 더 전에 여기 희망봉에서 아프리카와 유럽, 아시아 사람들이 운명적인 만남을 갖기 시작했으니 말이다.

― 대통령에 당선된 후 케이프타운 사람들에게 연설하며, 남아프리카공화국 케이프타운, 시청, 1994년 5월 9일

케이프타운에는 우리 아프리카 민족의 풍요로운 다양성을 이루는 소중한 자산인 수많은 민족과 문화의 정신이 깃들어 있다. 그러나 우리 역사의 이러한 유산은 강점인 동시에 우리에게 과제를 던져 준다.
― 케이프타운 명예시민권을 받으며, 남아프리카공화국 케이프타운,
  1997년 11월 27일

케이프타운의 로벤 섬은 수백 년 동안 억압의 상징이었지만, 이 도시는 식민 지배가 시작되었을 때부터 우리 국민이 압제에 승리를 거둘 때까지 장쾌한 저항이 펼쳐진 곳이기도 하다.
― 같은 곳

케이프타운의 위대함은 이곳이 우리 경제에 기여한 공로뿐만 아니라 그 역사적 의미에도 있다. 바로 이곳에서 300년 전 유럽의 선원들이 시작한 약탈이 연이은 약탈을 낳았으며, 우리는 아직도 그 여파와 싸우고 있다.
― 같은 곳

나와 내 동료들은 이 도시에서 26년 넘게 살았다. 내가 자유를 얻은 첫날 나를 반겨 준 것도 케이프타운 사람들이었다.
― 같은 곳

남아프리카의 그 어떤 도시보다도 케이프타운은 오랫동안 다양한 문화권 사람들의 고향이었다. 케이프타운을 고향으로 여기는 많은

사람들은 전 세계에 걸친 아주 다양한 혈통을 가지고 있다. 이슬람교도와 유대교도, 기독교도와 힌두교도, 혼혈인, 아프리카인, 인도인, 백인을 비롯해 그들 모두는 세계 여러 곳의 많은 민족과 문화의 혼을 케이프타운에 가져왔다.

— '하나의 도시 많은 문화' 프로젝트를 시작하며, 남아프리카공화국 케이프타운, 1999년 3월 1일

요하네스버그

요하네스버그는 늘 진취적인 사람들의 메카였고, 아주 중요한 인생학교였으며, 그곳의 상황은 국민들에게 아프리카 해방 운동에의 참여를 부추겼습니다.

— 리처드 스텡글과 나눈 대화에서, 1993년 4월경

활기와 생기가 넘치는 이 도시가 영원하기를. 우리는 이 도시가 분열의 역사를 넘어서리라 확신한다. 우리는 이 도시가 우리 국민의 통합을 주도하는 곳이 되리라 확신한다. 우리는 이 도시가 우리나라 번영의 중심으로서 모든 국민에게 더 나은 삶의 기회를 줄 거라 확신한다.

— 남아프리카공화국 민주주의 10년을 기념하는 요하네스버그 시 행사에서, 남아프리카공화국 요하네스버그 소웨토, 올랜도 커뮤니티 홀, 2004년 7월 23일

콜바드 하우스[97]

그 시절에 우리는 사무실이라고 할 만한 곳이 없어서 그의 집에서 만났습니다. [유서프] 다두 박사[98] 역시 그곳에서 사람들을 많이 만났어요. 그 집은 원래 내 대학 동창인 이스마일 미르의 집이어서, 나도 시험을 준비할 때 그곳에서 많은 시간을 보냈고, 잠을 자기도 했지요.

— 리처드 스탱글과 나눈 대화에서, 1993년 3월 17일

우리가 사무실 문을 닫은 것은 올리버 탐보가 망명을 떠나고 나는 매일 반역죄 재판을 받았기 때문입니다. 내가 사무실을 운영할 수 없어서 문을 닫았어요. 하지만 변호사 일은 계속 했고, 그때 그 집을 내 사무실로 썼지요.

— 같은 곳

나는 기록이 정확하기를 바라네. 다른 집단들이 우리 모두에게 무엇을 해주었는지 알려 주는 자료니까 말이야.

— 콜바드 하우스와 비인종주의에 관해 아메드 카트라다와 나눈 대화에서, 2009년경

---

97 Kholvad House. 요하네스버그의 중심가에 있던 공동주택으로, 13호가 이스마일 미르의 아파트였다.
98 1909~1983년. 의사이자 반아파르트헤이트 활동가. 남아프리카 공산당 당수를 지냈으며 ANC 지도부였다.

랑가

랑가가 지독히 그리워서 때로는 1948년에 그랬던 것처럼 테이블마운틴에 갈 수 있었으면, 그저 멀리서라도 볼 수 있었으면 좋겠다는 생각이 듭니다.

— 음조반지 음보야 박사에게 쓴 편지에서, 남아프리카공화국 파를, 빅터버스터 교도소, 1988년 3월 1일

릴리스리프

리보니아가 범법자의 삶을 사는 사람에게 이상적인 곳이라는 사실을 자연스레 알게 되었다. 그 전까지는 낮 동안 실내에서만 있다가 밤이 되어서야 위험을 무릅쓰고 밖에 나갈 수 있었다. 그러나 릴리스리프에서는 다르게 살 수 있었고, 훨씬 더 효율적으로 일할 수 있었다.

— 리보니아 재판의 피고인석에서 진술하며, 남아프리카공화국 프리토리아, 법원, 1964년 4월 20일

내가 체포될 때까지 릴리스리프 농장은 아프리카 민족회의 본부도 움콘토 본부도 아니었다. 나를 제외하고는 두 단체의 임원이나 회원은 그곳에 살지 않았고, 그곳에서 어떤 지도부 회의도 열리지 않았으며, 두 단체와 관련된 어떤 활동도 그곳에서 조직되거나 지시되지 않았다.

— 같은 곳

[릴리스리프를] 움콘토 웨 시즈웨의 본부로 여길 수도 있었지만, 리보니아나 트레발린을 움콘토의 본부로 삼는다는 결정은 공식적으로든 비공식적으로든 내려진 적이 없었어요.

—리처드 스텡글과 나눈 대화에서, 1993년 4월 17일

음케케즈웨니

한때는 위풍당당했던 음케케즈웨니의 건물들이 낡아빠진 모습을 보면 우주가 정말 빨리 늙어가고 있다는 사실을 실감하게 됩니다. 그 말 없는 담벼락 안에 많은 역사가 갇혀 있지요.

—아미나 프렌스와 피터 프렌스에게 쓴 편지에서, 남아프리카공화국 파를, 빅터버스터 교도소, 1989년 8월 21일

내가 우리 마을인 음케케즈웨니를 떠날 때만 해도 여객 열차가 우리 지역을 지나는 일이 아주 드물어서 그런 날은 미리 알려졌고 열차가 지나가면 마을 사람들이 나와서 구경을 했어요. 그런 일이 흔치 않고 낯설었으니까요.

—리처드 스텡글과 나눈 대화에서, 1993년 1월 13일

파를

이 유명한 도시의 주민들이 두 팔 벌려 나를 환영해 준 덕분에 마음이 아주 편합니다.

—파를 상담소에 쓴 편지에서, 남아프리카공화국 파를, 빅터버스터 교도소, 1989년 8월 21일

쿠누

1990년에 쿠누로 귀향했을 때, 가슴이 뭉클했어요. 그때 처음 어머니의 무덤을 봤거든요.
— 리처드 스텡글과 나눈 대화에서, 1993년 1월 13일

쿠누에 가면 지금도 사람들이 말하는 방식이 조금 다릅니다. 그곳 사람들에게는 아주 독특한 면모가 있어서, 그들의 얘기를 듣고 있으면 무척 즐겁지요. 그들의 태도를 보면 내 어린 시절이 떠올라요.
— 리처드 스텡글과 나눈 대화에서, 1993년 3월 10일

여기 있으면 아주 많은 감정이 일어난다. 내 자신의 일부가 이곳에 묻혀 있다고 해도 무방하다.
— BBC 다큐멘터리에서 쿠누의 조상 묘지에 관해 이야기하며, 1996년

나는 어디서 죽든 이곳에 묻힐 것이다. 이곳이 내가 묻힐 곳이다.
— BBC 다큐멘터리 중 쿠누에서 말하며, 1996년

해와 함께 일어날 수 있는 날을, 내 시골 마을 쿠누의 산과 계곡을 조용히 평화롭게 걸을 수 있는 날을 고대한다.
— 제50차 ANC 전국 회의 폐회식에서, 남아프리카공화국, 노스웨스트 대학교 마피켕 캠퍼스, 1997년 12월 20일

소웨토

경찰은 폭동을 진압하는 과정에서 인명을 완전히 무시했다. 어린 학생들에게 무자비하게 총을 쏘고, 손에 붙잡히는 사람들을 고문하고, 감옥에 갇힌 사람들을 학대했다.

── 「흑인 의식 운동은 어디로」라는 글에서, 로벤 섬, 1978년

남아프리카공화국 : 인종차별적 억압
South Africa : Racial Oppression

남아프리카는 피부색 차별이 가장 극심하게 일어나는 곳, 아프리카인들의 비폭력적인 해방 투쟁이 폭력으로 진압되는 곳으로 전 세계에 알려져 있다. 인종끼리의 극심한 불화와 갈등으로 갈가리 찢긴 그곳에는 아프리카인 애국자들의 피가 끊임없이 흐르고 있다.

── PAFMECA(동아프리카와 중앙아프리카의 범아프리카 자유 운동)에 파견된 ANC 위원단을 대표한 연설에서, 에티오피아 아디스아바바, 1962년 2월 3일

아프리카 자유의 제단에 갖가지 방식으로 희생된 유명 무명의 남아프리카 애국자들이 수없이 많다.

── 같은 곳

우리는 남아프리카에 사는 아프리카인들의 삶을 상징하는 두 가지 특징, 그리고 우리가 폐지하려 애썼던 법 때문에 단단히 뿌리 내린 두 가지와 싸우고 있다. 그것은 바로 빈곤과 인간적 존엄성의 결여이다.

— 리보니아 재판의 피고인석에서 진술하며, 남아프리카공화국 프리토리아, 법원, 1964년 4월 20일

남아프리카와 아프리카 대륙은 더 넓은 세계의 일부이고, 우리나라 국민과 아프리카 사람들은 인류의 일부이다. 그들의 문제를 다룰 때에는 개별 민족으로서의 고유함과 인류 전체의 역사라는 두 가지 관점을 적용해야 한다.

— 미출간 자서전 원고에서, 로벤 섬, 1975년

현재의 남아프리카는 인종차별적 억압, 재판 없는 구금, 고문, 가혹한 형벌의 나라이며, 정치범 수용소의 위협은 먼 과거가 아닌 바로 눈앞에 닥친 미래의 일입니다.

— 교정국장 두 프리어 장군에게 쓴 편지에서, 로벤 섬, 1976년 7월 12일

새로운 남아프리카는 아파르트헤이트가 초래한 인종차별적 증오와 의심을 완전히 없애고 모든 시민에게 평화와 안전, 번영을 보장해야 한다.

— 귀향 환영 집회에서, 남아프리카공화국 소웨토, 사커시티, 1990년 2월 13일

남아프리카공화국 : 명성 South Africa : Reputation

우리나라를 전 세계 모든 나라의 미움의 대상으로 만들어 버린 이 끔찍한 과거를 버릴 때가 왔다.

— 크리스마스 메시지에서, 1990년 12월 25일

인종차별과 성차별 없는 통합된 민주 남아프리카가 이 지구의 보석이 될 것이다.

— 간디 홀 개장식에서, 남아프리카공화국 레나시아, 1992년 9월 27일

우리 모두는 이 조국과 정신적으로 물리적으로 하나가 되었다. 그래서 우리는 우리나라가 끔찍한 갈등으로 갈가리 찢기는 모습을 보면서, 우리나라가 사악한 인종차별과 인종차별적 억압의 이데올로기나 실천의 보편적 토대가 되어 전 세계 사람들에게 외면당하고 매장당하고 고립되는 모습을 보면서 깊은 슬픔을 느꼈다.

— 남아프리카공화국 대통령으로 취임하며, 남아프리카공화국 프리토리아, 유니언 빌딩(정부 청사), 1994년 5월 10일

내가 무언가를 성취할 수 있었던 것은 남아프리카 국민의 자손이기 때문이다.

— 민주적으로 선출된 첫 의회의 마지막 회기에, 남아프리카공화국 케이프타운, 1999년 3월 26일

아무리 뿌리 깊은 갈등이라도 평화적으로 해결할 수 있다는 세계의 희망을 되찾아 준 나라를 섬기는 것은 고무적인 일이었다.
— 타보 음베키 대통령이 열어 준 송별회에서, 남아프리카공화국 프리토리아, 1999년 6월 16일

나는 세계가 우리에게 그토록 큰 지지를 보내 주리라고는, 우리나라가 기적의 나라로 알려지리라고는 꿈에도 상상하지 못했다. 전혀 예상하지 못한 일이었지만, 그로 인해 우리는 큰 자부심을 얻었다.
— 다큐멘터리 〈만델라 : 살아 있는 전설〉에서, 2003년

우리 남아프리카 국민과 해방 운동은 그토록 고대하던 해방을 우리 살아생전에는 결코 얻을 수 없을 것처럼 보이는 순간마다 크게 낙담했다.
— 민주주의 10년을 축하하는 〈선데이 타임스〉(남아프리카공화국) 기사에서, 2004년 4월

우리는 자랑스러워하고 고마워할 것이 참 많다. 지금 우리는 세계의 많은 이들이 부러워하는 헌법에 의거한 포용력 있고 안정된 민주주의 국가에서 살고 있다. 우리나라는 인종차별 없이 하나로 화합하여 세계를 깜짝 놀라게 했다.
— 남아프리카공화국 2010 월드컵 유치 위원회 환송 연회에서, 남아프리카공화국 미드랜드, 보다월드, 2004년 5월 10일

냉소적인 세계에서 우리는 많은 이들에게 감화를 주었다. 우리는 인간의 선함을 기꺼이 믿는 사람들은 선을 이룰 수 있다는 사실을 입증해 보였다.

— 민주주의 10년을 기념하는 상하원 합동 회의에서, 남아프리카공화국 케이프타운, 의회, 2004년 5월 10일

남아프리카공화국 : 전쟁 South Africa : War

우리나라의 자원과 과학자, 공학자들이 대량 살상 무기를 생산함으로써 어떤 이데올로기의 지지에 이용당하는 일은 두 번 다시 없어야 한다.

— 남아프리카공화국 기계학회 창립 100주년 회의에서, 1993년 8월 30일

연설 Speaking

장황하게 말을 늘어놓고, 주먹을 휘두르고, 탁자를 쾅 내리치고, 객관적 상황과 관계없이 강경한 표현으로 결의를 다지는 것은 대중의 행동을 불러일으키지 못한다. 오히려 우리 조직과 투쟁에 큰 해를 끼칠 수 있다.

— ANC 트란스발 회의 중 〈자유로 향하는 험난한 길〉로도 알려진 의장 연설에서, 남아프리카공화국 트란스발, 1953년 9월 21일

사회 개혁가로 살다 보면, 충분히 이해되지 않은 채 머릿속에 쌓여 있는 정보 쪼가리들을 덜어내기 위하여 연단에서 큰 소리를 내게 되는 때가 있소. 직접 경험하고 깊이 있게 연구해야 그 보편적 진리를 분명히 알 수 있는 원칙과 사상을 차분히 쉽게 설명하기보다는, 사람들에게 큰 인상을 남기려는 욕심으로 말이오.

— 위니 만델라에게 쓴 편지에서, 로벤 섬, 1970년 6월 20일

남의 험담을 하는 것은 분명 악덕이지만, 자기 험담을 하는 것은 미덕이다.

— 일기에서, 로벤 섬, 1977년 1월 18일

대중은 책임감 있고 책임감 있게 말하는 사람을 보고 싶어 합니다. 그래서 나는 대중을 선동하는 연설은 피합니다.

— 리처드 스텡글과 나눈 대화에서, 1993년 2월 3일

이삼십 명의 청중에게 이야기하듯이 대중에게 이야기할 수는 없다. 그렇지만 나는 대중에게 문제를 설명할 때 소수에게 할 때와 똑같이 주의를 기울이려고 항상 노력했다.

— 『자유를 향한 머나먼 길』에서, 1994년

스포츠 Sport

달리기와 수영, 테니스 같은 스포츠를 하면 늘 건강하고 강하고 밝게 지낼 수 있을 거다.

— 두마니 만델라[99]에게 쓴 편지에서, 남아프리카공화국 파를, 빅터버스터 교도소, 1989년 2월 28일

축구는 아프리카가 오랫동안 감춰 두고 있던 실력을 유감없이 발휘하고 있는 종목이다.

— 아프리카 네이션스컵 개막식에서 연설하며, 남아프리카공화국 요하네스버그, 1996년 1월 13일

스포츠는 오랜 분열을 극복하고 공동의 열망으로 하나가 되게 하는 힘을 지니고 있다.

— 아프리카 네이션스컵을 위한 연회, 남아프리카공화국, 1996년 3월 1일

그들은 우리의 소중한 재산, 우리나라의 보물이다. 세계 수많은 나라들 사이에서 그들이 높이 치켜든 국기의 나라인 무지개 국가 전체가 그들의 승리를 축하하고 있다는 사실을 그들도 알 것이다.

— 대통령 스포츠 상 시상식에서, 남아프리카공화국 프리토리아, 1996년 10월 4일

---

[99] 1976년~. 넬슨 만델라의 손자, 마카지웨 만델라의 아들.

스포츠가 공명정대함과 정의를 널리 전파하는 중요한 창구라는 사실을 누가 의심할 수 있을까? 어쨌거나 공명정대함은 스포츠에 꼭 필요한 가치이다!
— 국제 페어플레이 상 시상식에서 연설하며, 남아프리카공화국 프리토리아, 1997년 6월 25일

재건과 화해, 국가 건설과 발전은 함께 이루어져야 한다. 이 과정에서 스포츠는 사람들을 단결시키고 화해시키는 데 큰 힘이 된다.
— 같은 곳

우리는 사람들의 선이 일반적으로 승리하는 세계에 살고 있지만, 슬프게도 아량과 관대함을 이용하는 사람들도 있다. 따라서 우리는 선행과 사회적 미덕을 끊임없이 긍정하고 찬미해야 한다. 이런 점에서 스포츠는 선을 분명히 정의하고 건강한 것을 구현하는 데 탁월한 역할을 하고 있다.
— 같은 곳

스포츠는 세계를 바꾸는 힘이 있다. 사람들을 고무하는 힘이 있고, 거의 유일무이한 방식으로 사람들을 단결시키는 힘이 있다. 스포츠는 젊은이들에게 그들이 이해하는 언어로 이야기한다.
— 제1회 라우레우스 평생 공로상을 수여하며, 모나코 몬테카를로, 스포팅 클럽, 2000년 5월 25일

스포츠는 절망밖에 없었던 곳에도 희망을 불러일으킬 수 있다. 스포츠는 정부보다 더 막강한 힘으로 인종차별적 장벽을 허물어뜨릴 수 있다. 스포츠는 모든 종류의 차별을 비웃는다.
— 같은 곳

스페셜 올림픽은 시련과 장애를 극복할 수 있는 우리의 능력과 인간의 정신이 결코 파괴될 수 없음을 분명하게 증명해 준다.
— 2003 하계 스페셜 올림픽 개막식에서, 아일랜드 더블린, 2003년 6월 21일

스포츠의 힘은 정치가들의 손이 닿지 않는 곳까지 미친다.
— 다큐멘터리 〈만델라 : 살아 있는 전설〉에서, 2003년

우리는 2010년 월드컵을 치를 준비가 되어 있으며, 지금은 준비에 전력투구해도 좋다는 FIFA의 최종 승인만 기다리고 있다.
— 남아프리카공화국 2010 월드컵 유치 위원회 환송 연회에서, 남아프리카공화국 미드랜드 보다월드, 2004년 5월 10일

아프리카에서 축구는 높은 인기를 누리고 있으며, 사람들 마음속에 특별한 자리를 차지하고 있다.
— 넬슨 만델라 재단에서 연설하며, 남아프리카공화국 요하네스버그, 2009년 12월

FIFA 월드컵

열다섯 살짜리 어린애로 돌아간 듯한 기분이다.

— 남아프리카공화국이 2010년 FIFA 월드컵 주최국으로 선정되자, 독일, 2004년

럭비 월드컵 결승전

경기장에 갔다가 예상치 못했던 열렬한 환영을 받았다.

— 다큐멘터리 〈만델라 : 살아 있는 전설〉에서, 2003년

그 일은 두 가지 효과를 거두었다. 백인들의 두려움을 가라앉혔고, 더불어 흑인들의 두려움도 누그러뜨렸다. 많은 사람들이 "저 노인네가 이제 신념을 버리고 있구나."라고 말했고, 내가 "이제 럭비를 응원하자. 이 젊은이들을 우리의 아이들로 여기자."라고 말하자 야유를 보내는 사람들도 많았다.

— 같은 곳

무단결근 투쟁 Stay-at-Home

무단결근 투쟁의 가장 주목할 만한 점은, 학생들과 투사들에게 폭넓은 지지를 받고 그들의 시위를 고무했다는 것이다.

— 전국 대회를 지지하는 1961년 5월 29~31일의 무단결근 투쟁 후 전국행동위원회를 대표하여 발표한 성명에서, 남아프리카공화국, 1961년

우리 국민은 엄청난 용기를 보여 주었지만, 참여한 사람들의 숫자는 기대에 못 미쳤다. 실수와 잘못이 있었고, 약점과 단점들이 발견되었다. 우리는 거기에 주의를 기울여야 한다. 일하는 방식을 조정하여, 예기치 않은 만일의 사태에 대응할 수 있어야 한다. 그래야만 힘을 키워 공격력을 증강시킬 수 있다.

— 같은 곳

5월 말의 파업은 우리 전투의 시작일 뿐이다. 우리는 이제 페르부르트 정부에 대한 비협력 투쟁을 전국적이고 본격적으로 벌일 것이다. 우리나라 국민 전체를 대변해 주는 전국 대회를 열어 새로운 민주 헌법을 만들고 시행할 수 있는 날이 올 때까지 우리의 투쟁은 멈추지 않을 것이다.

— 같은 곳

계승 Succession

알다시피 나는 시골 출신이라 사냥도 하고 숲 등지에서 살며 큰 나무들도 보았다. 나무 아래를 보면 아무것도 자라고 있지 않지만, 나무가 쓰러지고 나면 그 밑에서 새로운 나무가 자라 이전의 나무만큼 크는 것을 볼 수 있다.

— 셸하우스(ANC 본부)에서 연설하며, 남아프리카공화국 요하네스버그, 1993년 10월 28일

고통 Suffering

어떤 나라의 국민이 고통을 받으면 세계 모든 사람들이 영향을 받게 되어 있다. 따라서 다국간 기구들이 약자와 강자, 부자와 빈자, 선진국과 개발도상국을 모두 고려하여 세계의 문제를 공정하고 공평하게 해결할 수 있는 방안을 찾아야 한다.

— 무아마르 카다피가 주최한 연회에서, 리비아, 1997년 10월 22일

우리는 남녀노소 불문한 수많은 사람들이 자유와 목숨마저 희생하고, 불구가 되고, 가족을 잃었다는 사실을 알고 있다. 공동체들이 겪고 있는 고통과 전 국민의 정신적 외상에 주의를 기울이고 있다.

— TRC(진실과 화해 위원회)에 대한 특별 토론회 개막 연설에서, 남아프리카 공화국 케이프타운, 의회, 1999년 2월 25일

대개 사회의 최약자들에게 가해지는 고통은 우리 모두의 인간적 품위를 떨어뜨린다. 이런 갈등 상황에서 고통당하는 사람들이 어김없이 여성과 아이, 노인, 장애인이라는 사실은 인류의 수치이다.

— 관광을 통한 평화 증진을 주제로 한 국제회의에서, 요르단 아만, 그랜드 하이엇 아만 볼룸, 2000년 11월

미신 Superstition

기가 막힌 우연의 일치가 일어난다 해도 절대 미신을 믿지 않는 것이 좋습니다.

— W. A. 유베르 교수에게 쓴 편지에서, 남아프리카공화국 파를, 빅터버스터 교도소, 1989년 5월 22일

세계가 지난 수세기 동안의 미신에서 벗어났거나 벗어나고 있는 것은 정말 고무적인 일입니다. 그렇지 않다면 많은 지도자들이 순전히 우연한 사건을 인과관계에 의한 일로 받아들일 것입니다.

— 맘펠라 람펠레에게 쓴 편지에서, 남아프리카공화국 파를, 빅터버스터 교도소, 1989년 9월 19일

나는 미신을 전혀 믿지 않아요.

— 리처드 스텡글과 나눈 대화에서, 1993년 3월 30일

지지 Support

알려지지는 않았지만 대단한 거물들과 중요 인물들이 운동에 동조해서 아낌없이 우리를 지지해 줬지.

— 아메드 카트라다와 나눈 대화에서, 1993~1994년경

국민들이 자유롭게 보내 주는 지지에 의지하는 것이 가장 좋다. 그렇지 않으면 그 지지는 약하고 덧없다. 조직은 안식처가 되어야지 감옥이 되어서는 안 된다.

— 『자유를 향한 머나먼 길』에서, 1994년

의혹 Suspicion

우리가 다른 사람을 판단할 때는 우리 자신도 평가받게 되지. 의심이 많은 사람은 늘 의혹에 시달릴 것이오.

— 위니 만델라에게 쓴 편지에서, 로벤 섬, 1979년 12월 9일

과학 기술 Technology

과학 기술과 통신 기관의 놀라운 발전 덕분에 엄청나게 멀리 떨어진 지역들 사이의 거리가 짧아지고, 낡은 믿음과 사람들 사이의 허상적인 불화가 빠른 속도로 뿌리 뽑히고, 배타성보다 협력과 상호 의존이 득세하는 이 세계에서, 우리도 좁은 시야에서 벗어나 새로운 현실에 적응할 필요가 있었습니다.

— 인도 문화교류 위원회 서기 마노라마 발라 여사에게 쓴 편지에서, 로벤 섬, 1980년 8월 3일

텔레비전은 중요한 측면에서 남아프리카공화국의 사회생활을 혁명적으로 변화시켰습니다. 최고 경계 교도소의 음울한 분위기마저 부드럽게 바꾸고, 말 그대로 세상을 감방까지 날라다 줬어요. 그래서 우리는 사람이 어떤 상황에 있든 삶은 가치 있고 충만하다는 느낌을 가질 수 있었지요.

— 에피 슐츠에게 쓴 편지에서, 남아프리카공화국 케이프타운, 폴스무어 교도소, 1987년 4월 1일

사진기는 똑같은 한 사람에게 다양한 얼굴을 주는 능력이 있어요.

— 맘펠라 람펠레에게 쓴 편지에서, 남아프리카공화국 케이프타운, 폴스무어 교도소, 1988년 3월 1일

절약 Thriftiness

절약은 미덕입니다. 젊은 여성의 경우에는 더욱 그렇지요. 하지만 극단으로 치달아서 그것을 금욕이나 궁상과 동일시하는 건 거식증만큼이나 위험합니다.

— 일레인 컨스에게 쓴 편지에서, 남아프리카공화국 파를, 빅터버스터 교도소, 1989년 2월 14일

시간 Time

나는 허비한 시간이 전혀 생각나지 않습니다. 나를 위해 설계된 계획이 있으면 그냥 그 계획을 실행하지요.

— 리처드 스텡글과 나눈 대화에서, 1993년 5월 3일

타이밍 Timing

교과서 같은 상황은 기다려도 절대 일어나지 않는다.

—『자유를 향한 머나먼 길』에서, 1994년

시간이 없다. 지금 당장 우리 모두 합심하여 행동하지 않으면, 세계 곳곳에서 빠르게 번지고 있는 작은 들불 같은 위기들이 걷잡을 수 없는 큰 화재가 될지도 모른다.

— 아이들을 위한 세계적 협력을 구축하자는 취지의 성명서에서, 2000년 5월 6일

관용 Tolerance

ANC는 우리의 정치적 과업을 수행하는 동안 관용의 중요성을 수없이 강조했다. 다른 정당들도 여타 정치 조직의 간섭을 받지 않고 자유롭게 주장을 펼칠 권리가 있다는 것이 우리의 입장이다. 처음부터 늘 그래 왔다.
— 기자회견에서, 남아프리카공화국 케이프타운, 1990년 5월 4일

골을 메우고, 관용과 동정심을 발휘하고, 배척하기보다는 포용하고, 품위와 자긍심을 기르고, 표현의 자유를 격려하여 평화와 통일을 지향하는 시민사회를 창조하자.
— 시빅 시어터에서 열린 문화 발전 회의 개막식 행사에서, 남아프리카공화국 요하네스버그, 1993년 4월 25일

타자에 대한 관용과 존중이라는 이상을 받아들여 그것을 여러분의 학교, 여러분의 공동체에서 평생 실천하는 것이 여러분 모두의 과제이다.
— 라운드 스퀘어 캠페인에 전한 육성 메시지에서, 남아프리카공화국, 1996년 10월 4일

서로의 생각을 이해하는 관용의 정신으로, 우리 모두 최고의 실력을 발휘하여 번성할 수 있는 평화로운 환경을 만들자.
— 새 헌법에 서명하며, 남아프리카공화국 페레니힝 샤프빌, 1996년 12월 10일

우리가 모든 문제에 대해 같은 관점을 가져야 한다거나, 우리의 의견 차이를 떠들썩하게 표현하는 것을 삼가야 한다는 생각은 버려야 한다. 그보다는 서로의 견해를 너그럽게 받아들이고, 지도자로서 민주주의로의 협의된 이행과 새로운 헌법의 채택에 근거가 된 합의를 토대로 우리 국민의 통합을 위해 노력해야 한다.

— 대통령의 예산안 심의회 개막 연설에서, 남아프리카공화국 케이프타운, 의회, 1999년 3월 2일

노동조합 Trade Unions

우리 국민이 살고 있는 모든 집과 모든 오두막, 모든 진흙 구조물을 노동조합 운동의 지부로 만들어 절대 항복하지 말아야 한다.

— ANC 트란스발 회의의 의장 연설에서, 남아프리카공화국, 1953년 9월 21일

왜 우리가 우리 피와 땀의 산물을 도둑질하는 사람들, 우리를 착취하고 노동조합 결성의 자유를 주지 않는 사람들의 배를 계속 불려줘야 하는가?

— 「투쟁은 나의 삶」이라는 기자회견문에서 전국행동위원회의 권고에 따라 지하에서 정치 활동을 이어가기로 한 결심을 설명하며, 남아프리카공화국, 1961년 6월 26일

노동조합 운동은 20세기 초부터 우리의 업무에서 중요한 역할을 해왔습니다. 지금은 대단한 결속력으로 똘똘 뭉쳐, 언젠가는 값진 보상을 가져다줄 전략을 이용하며 진보의 가장 역동적인 도구가 되었지요.
— 샘 은두에게 쓴 편지에서, 남아프리카공화국 파를, 빅터버스터 교도소, 1989년 8월 21일

오늘날의 노동조합 지도자들은 수십 년의 노고와 희생으로 태어난 전통의 기수들이라네.
— 크리스 들라미니[100]에게 쓴 편지에서, 남아프리카공화국 파를, 빅터버스터 교도소, 1989년 8월 21일

새로운 남아프리카에서 우리는 고용주의 이익에 맞서 노동자의 이익을 지키고 주장하기 위해 조직적인 단결을 멈추지 않을 노동자들을 만들어 내고 싶다.
— 노동절 집회에서 연설하며, 남아프리카공화국, 1991년 5월 1일

우리나라의 수백만 노동자를 위해 지칠 줄 모르고 헌신하는 여러분에게 경의를 표한다. 힘들어도 지치거나 실망하지 말고 어려운 시기에도 곧바로 일어나 활기찬 모습을 보여 주기 바란다.
— 제9차 COSATU(남아프리카 노동조합 회의) 전국 회의에 전한 메시지에서, 남아프리카공화국 미드랜드, 2006년 9월 18일

---

[100] 1944~2009년. 남아프리카 노동조합 회의의 초대 부의장.

전통적 구조 Traditional Structures

전 세계 모든 민족들이 한때는 씨족들을 가지고 있었고, 그중 몇몇 씨족들은 더 강하고 역사적으로 더 유명했습니다……. 우리 씨족은 세상 전부입니다. 우리의 우산이고, 모든 장애물을 없애 주는 커다란 강철 칼이지요.

— N. 툴라레 여사에게 쓴 편지에서, 로벤 섬, 1977년 7월 19일

반역죄 재판 Treason Trial

우리가 유죄 판결을 받으리라고 믿는 사람은 거의 없었어요. 사실 그 소송에서도 사람들은 책을, 소설을 읽고 완성했을 뿐입니다. 그들은 재판 절차에는 관심이 없었어요.

— 리처드 스텡글과 나눈 대화에서, 1993년 3월 30일

두마 노크웨와 나의 본업은 훈련된 변호사로서 피고측의 증거를 준비하는 일이었습니다.

— 리처드 스텡글과 나눈 대화에서, 1993년 4월 4일

부족주의 Tribalism

80년 전 픽슬리 카 세메가 ANC를 창립할 때 "우리는 부족주의라는 악마를 땅에 묻어야 한다."라는 말로 우리에게 전하려 했던 분명한 메시지를 잊어서는 안 된다.

— 레지 하데베[101]의 장례식에서, 남아프리카공화국, 1992년 11월 7일

진실 Truth

수많은 순진한 사람들이 왜곡에 현혹당하는 것은, 아직도 양심이 있는 사람이라면 결코 부인하지 않을 구체적 사실과 사건을 바탕으로 왜곡이 이루어지는 탓이오.

— 위니 만델라에게 쓴 편지에서, 로벤 섬, 1979년 12월 9일

어떤 개인, 어떤 의견, 어떤 정치적 신조, 어떤 종교적 신조도 진실에 대한 독점을 주장할 수 없다.

— 국제 신문 발행인 협회에서, 체코공화국 프라하, 1992년 5월 26일

---

[101] 1957~1992년. 아프리카 민족회의의 고위 관리. 잉카타 자유당 수뇌부와의 회의를 마치고 돌아가던 중 총에 맞아 사망했다.

진실과 화해 위원회 Truth and Reconciliation Commission

진실과 화해 위원회가 이러한 진실에 조금씩 다가갈수록 우리는 피해자들이 치러야 할 사법적 대가에 대해 고민할 수밖에 없다. 그러나 우리는 하급 심문자의 반쪽짜리 진실이 명령을 내린 지휘관들과 정치 지도자들의 과오를 감출 수 없고 그래서도 안 된다는 확신에서 위안을 얻는다. 그들은 그와 해방 운동 지도부의 관계를 어떻게든 밝혀내려 애썼다. 언젠가는 진실이 밝혀질 것이다!

— 경찰서 유치장에서 죽은 스티브 비코의 사망 20주기 추모 행사에서, 남아프리카공화국 이스트런던, 1997년 9월 1일

진실과 화해 위원회는 우리를 험난한 여정으로 이끌면서, 우리의 고통스러운 과거를 이해할 수 있도록 도와주었다. 그 과정은 불완전한 미완성일지 몰라도, 우리가 과거의 짐을 덜고 영광스러운 미래를 향해 자유로이 나아갈 수 있게 해줄 것이다.

— 새해 메시지에서, 1998년 12월 31일

전국의 집회장에서, 스러진 영웅들의 이름 없는 묘지 옆에서 남아프리카 국민들의 굴하지 않는 인간 정신을 느낄 수 있었다. 흐르는 눈물과 감정이 북받친 목소리는 우리가 얻은 자유를 당연하게 여겨서는 안 된다는 교훈을 다시 한 번 일깨워 주었다.

— 진실과 화해 위원회 보고서에 대한 특별 토론회에서, 남아프리카공화국 케이프타운, 의회, 1999년 2월 25일

결핵 Tuberculosis

세계가 에이즈 퇴치를 최우선 순위에 두었다. 이는 다행스러운 일이다. 그러나 결핵은 여전히 관심을 받지 못하고 있다. 결핵과의 싸움에 더욱 힘쓰지 않으면 에이즈도 물리칠 수 없다는 사실을 전 세계가 인식하기 바란다.

― 제15차 국제 에이즈 회의 폐막 연설에서, 타이 방콕, 2004년 7월 16일

우분투 Ubuntu

우문투 은구문투 은가반투. 동료를 섬겨야 한다는 말입니다. 동료를 충심으로 존중하고 섬기라는 것이지요. 그들의 지원이 없으면 결코 진보할 수 없으니까요. 이것이 바로 그 말의 의미입니다.

― 리처드 스텡글과 나눈 대화에서, 1993년 4월 29일 혹은 5월 3일

다른 유산들과 마찬가지로 아프리카의 전통 종교 역시 세계에 기여한 바를 점차 인정받고 있다. 이제는 다른 우월한 믿음으로 대체되어야 할 미신으로 멸시 당하지 않는다. 오히려 인류의 정신 유산을 풍요롭게 한 공을 인정받고 있다. 우분투 정신, 즉 우리는 다른 인간들의 인간애를 통해서만 인간이 될 수 있다는 심오한 아프리카 사상은 우리 대륙에만 국한된 현상이 아니라, 더 나은 세상을 일구려는 전 세계의 노력에 힘을 더해 주었다.

― 옥스퍼드 대학교 부설 이슬람 연구소에서 강연하며, 영국 옥스퍼드, 셸도니언 극장, 1997년 7월 11일

아프리카에는 우분투라는 개념이 있는데, 그것은 우리가 다른 사람들을 통해서만 인간이 될 수 있다는 인식에 토대를 두고 있다.
— 제14차 국제 에이즈 회의 폐막식에서, 에스파냐 바르셀로나, 2002년 7월 12일

민주 연합 전선 United Democratic Front

민주 연합 전선은 대중 민주주의 운동을 지탱해 주는 기둥이라네.
— 둘라 오마르[102]에게 쓴 편지에서, 남아프리카공화국 파를, 빅터버스터 교도소, 1989년 8월 21일

국제연합 United Nations

국제연합은 우리나라의 인종차별이 다른 국가들에도 인종차별을 불러일으킬 수밖에 없다는 사실을 잘 이해했다. 따라서 전 세계의 반아파르트헤이트 투쟁은 우리 국민에 대한 연민에서 비롯된 자선 행위가 아니라 우리의 공통적인 인간애를 확인하는 행위였다. 그렇다면 국제연합은 모든 인류를 위한 더 나은 세계를 만들어 주는 기초적인 일에 다시 한 번 집중적이고 지속적인 주의를 기울여야 한다.
— 제49차 국제연합 총회에서, 미국 뉴욕 시, 1994년 10월 3일

---

[102] 1934~2004년. 반아파르트헤이트 활동가이자 변호사였으며, 1994년부터 사망하기 전까지 남아프리카공화국 법무장관을 지냈다.

사무총장이 백인이었을 때는 국제연합을 무시하는 나라가 전혀 없었다. 그런데 부트로스 부트로스-갈리와 지금의 코피 아난 같은 흑인 사무총장이 등장하자, 백인우월주의를 신봉하는 몇몇 나라들이 국제연합을 무시하고 있다. 이 상황을 하루 빨리 타파해야 한다.
— 기자회견에서, 인도네시아 자카르타, 2002년 9월 30일

아무리 강대국이라도 국제연합 밖에서 행동할 권한은 없다. 국제연합의 설립 목적은 어떤 대륙에 속해 있느냐에 상관없이 국가들이 규율 있게 잘 조직된 기구를 통해 행동하도록 하기 위함이다. 국제연합은 세계 평화 증진을 위해 존재하며, 국제연합 밖에서 행동하는 나라는 중대한 실수를 저지르고 있는 것이다.
— 같은 곳

오늘날의 세계는 국가들 간의 정중하고 공평한 파트너십을 필요로 한다. 국가들의 필요에 공평하게 응해 주는 국제기구도 필요하다.
— 학위 수여식에 보낸 육성 메시지, 미시간 주립 대학교, 2008년 4월 29일

아메리카합중국 United States of America

여러분이 단호한 입장을 취하는 모습을 지켜보며 수백만 명의 우리 국민은, 우리의 아픔에 같이 아파하고 우리와 마찬가지로 독재에 맞서 민주주의를 쟁취하려 했기에 우리의 승리를 빌어 준 친구들과 인종차별 대항 투사들이 이곳에 있다는 사실을 알게 되었다. 비단

국회의원 여러분들뿐만이 아니다. 이 위대한 나라 전역에서 떨쳐 일어나 반아파르트헤이트 투쟁에 참여한 수많은 사람들도 마찬가지이다.

— 미국 상하원 합동 회의에서 연설하며, 미국 워싱턴 D. C.,
 1990년 6월 26일

우리가 문헌을 통해 조지 워싱턴과 에이브러햄 링컨, 토머스 제퍼슨 같은 위인들을 접하지 못했다면 그들처럼 행동에 나서지 못했을 것이다. 우리가 존 브라운, 소저너 트루스, 프레더릭 더글러스, W. E. B. 듀보이스, 마커스 가비, 마틴 루터 킹 2세 같은 인물들에 대해 듣고 그들을 존경하지 않았다면 그들처럼 행동에 나서지 못했을 것이다. 우리가 여러분의 독립선언문에 대해 알지 못했다면, 국민의 생명과 자유, 행복 추구권을 보장해 주기 위한 투쟁에 합류할 결심을 하지 못했을 것이다.

— 같은 곳

미국은 경호가 아주, 대단히 전문적이에요. 그들은 어떻게 움직일지 간략히 설명해 주고, 가장 위험한 순간은 어떤 곳에 있다가 차로 이동할 때, 차에서 내려 다른 곳으로 이동할 때라고 말해 주더군요. 그리고 빠르게 움직이라고 계속 재촉해요. 장소를 옮길 때마다 경호원들이 빙 둘러싸죠. 그래서 새로운 곳을 방문하면 사람들과 이야기하며 그들이 어떻게 생각하는지, 여러 가지 다양한 주제에 대해 그들의 견해는 어떤지 알고 싶어도 그러기가 어려워요.

— 리처드 스텡글과 나눈 대화에서, 1993년 4월 22일

이루 말할 수 없는 만행을 저지르고 있는 나라가 있다면, 바로 미국이다. 그들은 인간을 보살피지 않는다.
— 세계 여성 포럼 회의에서 연설하며, 일본 도쿄, 2003년 1월 30일

나는 한 강국이 선견지명 없고 생각 없는 대통령 때문에 세계를 파국으로 몰아가고 있음을 규탄한다. 세계 사람들, 특히 미국인들이 떨쳐 일어나 자국의 대통령에 반기를 들고 있어서 다행이다. 국민들의 항의 덕분에라도 언젠가는 그[조지 W. 부시]가 국제기구의 허가 없이 세계의 경찰 노릇을 자처하면서 대량 살상을 시도한 것이 인생 최대의 실수였음을 깨달았으면 좋겠다. 그것은 우리가 주저 없이 비난해야 할 일이다.
— 같은 곳

나는 미국의 정치 지도자들이 미국의 최고 가치와 미국 헌법에 위배되는 행동을 한다고 생각될 때 그들에게 이의를 제기했다. 한 예로, 나는 미국이 이라크에 대해 국제연합 밖에서 단독으로 조치를 취하는 것에 강하게 반대했다. 하지만 미국의 세계 지도자적 역할을 여전히 존중하며, 미국 지도자들이 세계에서 하고 있는 역할을 여전히 고맙게 생각하고 있다.
— 밀턴 S. 아이젠하워 심포지엄에서, 미국 볼티모어, 존스홉킨스 대학교, 2003년 11월 12일

나는 미국이 권력에 취해 있다고 생각한다.
— 다큐멘터리 〈만델라 : 살아 있는 전설〉에서, 2003년

여성 회의 연합 United Women's Congress

여성 회의 연합은 인간의 존엄과 정의를 쟁취하기 위한 투쟁에서 가장 효과적인 무기 가운데 하나가 되었습니다.

— 여성 회의 연합에 쓴 편지에서, 남아프리카공화국 파를, 빅터버스터 교도소, 1989년 8월 21일

통합 Unity

우리의 주요 과제는 억압받는 사람들 모두의 전적인 지지를 받는 막강한 힘으로 다 함께 단결하여 적에 맞서는 것이다.

— 「장애물을 없애고 적에 맞서라」라는 글에서, 로벤 섬, 1976년

ANC와 PAC[범아프리카 회의]의 단결은 자유헌장, 공산당을 비롯한 국내 단체들의 역할, 극단적 민족주의라는 주장 등에 대한 이견에 가로막히고 말았다.

— 같은 곳

여기 교도소에서 우리는 정책의 차이에 상관없이 적에 맞서 연합 전선을 펴고 있다.

— 같은 곳

억압받는 자들의 확고한 지지를 받으며 경쟁에 한눈팔지 않고 모든 자원을 적의 분쇄라는 단 하나의 목표에 쏟아 부을 수 있는 통합된 해방 운동은 우리나라 역사의 전환점이 될 것이다.
— 같은 곳

우리는 이미 무장투쟁을 벌이고 있거나 아직 그 준비를 하고 있거나 혹은 그런 계획조차 없는 기존 정치 단체들의 통합을 주장하는 바이다.
— 같은 곳

통합된 운동만이 국가의 통합이라는 과제를 성공적으로 수행할 수 있다.
— 같은 곳

승리의 첫 번째 조건은 흑인의 통합이다. 흑인들을 분열시키고 이간질하려는 노력은 모두 격퇴당해야 한다.
— 1976년 소웨토 봉기에 관한 성명서에서, 망명 중이던 ANC가 로벤 섬 교도소에서 몰래 빼내어 발표, 1980년

우리의 투쟁이 갈수록 첨예해지고 있다. 지금은 분열과 불화 같은 사치를 누릴 때가 아니다. 사회의 각계각층이 하나로 똘똘 뭉쳐야 한다. 서로 간의 의견 차이를 누르고, 아파르트헤이트와 인종차별적 지배의 완전한 타도라는 단 하나의 목적을 성취해야 한다.
— 같은 곳

오늘날 지도부가 직면한 가장 어려운 과제 중 하나가 바로 국민의 통합입니다. 해방 운동의 역사에서 그 어느 때보다 지금, 우리 국민은 한 목소리를 내야 하고 자유의 투사들은 그들의 노력을 하나로 모아야 합니다.
— 망고수투 부텔레지에게 쓴 편지에서, 남아프리카공화국 파를, 빅터버스터 교도소, 1989년 2월 3일

우리는 하나로 똘똘 뭉쳐 있지만, 우리처럼 구성원들의 희생을 감내한 다른 정치 조직들도 있다는 사실을 고려해야 한다. 그들의 기여를 인정하고 그들과의 통합을 모색하는 것이 옳은 일이다.
— 제5차 OAU(아프리카 통일 기구) 남아프리카 특별 위원회 회의에서 브리핑하며, 1990년 9월 8일

우리는 자유로 가는 길이 쉽지 않다는 사실을 지금도 잘 알고 있다. 우리 가운데 그 누구도 혼자 행동해서는 성공을 거둘 수 없다. 따라서 우리는 국민 화해, 국가 건설, 새로운 세계의 탄생을 위해 힘을 합쳐 함께 행동해야 한다.
— 남아프리카공화국 대통령으로 취임하며, 남아프리카공화국 프리토리아, 유니언 빌딩(정부 청사), 1994년 5월 10일

우리나라의 흑인과 백인 모두 서로가 형제자매라고, 다양한 인종과 피부색의 긴밀한 유대를 통해 힘을 얻는 통합된 무지개 국민이라고 말할 수 있다는 것은 인류가 하나임을 만천하에 알리는 의미를 지닌다.
— 미국 상하원 합동 회의에서 연설하며, 미국 워싱턴 D. C., 1994년 10월 6일

우리가 강하게 결속하여 새로운 나라의 튼튼한 토대를 마련하려면, 정치적 소속에 상관없이 국민 모두를 위한 미래 건설에 협력해야 한다.
— 복스버그 시 명예시민권을 받으며, 남아프리카공화국 복스버그, 1997년 6월 26일

인종과 피부색, 성별에 관계없이 공통의 애국심을 중심으로 국민 대다수를 통합하는 것은 험난한 여정이 될 것이며, 그 과정에서 가장 중요한 일은 서로를 배려하는 사회를 확립하는 것이다.
— 제50차 ANC 전국 회의 폐회식에서, 남아프리카공화국, 노스웨스트 대학교 마피켕 캠퍼스, 1997년 12월 20일

우리가 아파르트헤이트 시대라는 난제에 직면했을 때, 인종차별 폐지, 행동의 결속, 모든 피억압민의 이익 수호에 대한 흔들림 없는 헌신은 우리 운동의 초석이 되었다. 이는 통합된 민주 국가를 건설하려는 우리의 노력에도 초석이 되어야 한다.
— 유서프 다두 탄생 100주년 기념식에서, 남아프리카공화국, 요하네스버그 대학교, 2009년 9월

가치 Values

국민의 열망에 무관심하거나 적대적인 사람들은 사회생활과 사회사상에서 불변의 가치를 창출할 수 없소.
— 위니 만델라에게 쓴 편지에서, 로벤 섬, 1969년 6월 23일

허세 Vanity

크게 성공한 사람은 허세를 부리기 쉽다는 것이 문제입니다. 성공적인 삶을 살다 보면, 이기적으로 굴어도 될 것 같고 자신의 특별한 성과를 사람들에게 떠벌려도 될 것 같은 때가 찾아오기 마련이지요.

— 파티마 미어에게 쓴 편지에서, 로벤 섬, 1971년 3월 1일

복수 Vengeance

우리는 우리 투쟁의 깃발에 복수를 새기고 야만에 야만으로 맞서기로 결심할 수도 있었을 것이다. 그러나 억압이 피억압자를 해치듯 억압자의 인간성도 말살한다는 사실을 알았다. 독재자의 만행을 흉내 내었다가는 우리 자신도 야만인이 될 수 있다는 것을 알았다. 어느 단계에서든 억압자들이 하는 짓을 차용했다가는 우리의 대의가 훼손되고 더럽혀진다는 것을 알았다. 우리는 오랜 희생으로 우리의 심장이 딱딱해지는 일을 막아야 했다.

— 아일랜드공화국 의회에서 연설하며, 아일랜드 더블린, 1990년 7월 2일

승리 Victory

대의에서 승리를 거두었느냐 하는 것은 최종 목표의 달성 여부로만 판단되는 것이 아닙니다. 기대에 어긋나지 않게 사는 것 또한 승리입니다.

― 프랭크 치카네 목사에게 쓴 편지에서, 남아프리카공화국 파를, 빅터버스터 교도소, 1989년 8월 21일

우리는 누구는 승자가 되고 누구는 패자가 되는 목표를 추구하지 않는다. 흑인이든 백인이든 우리 국민 모두가 승자가 될 수 있는 방식과 결과를 향해 나아가려 노력하고 있다.

― 유럽 의회에서 연설하며, 프랑스 스트라스부르, 1990년 6월

대세는 이미 우리 동지들과 우리 국민들에게로 기울었다. 마지막 공세를 위해 분발하자. 승리가 눈앞에 있다! 지구상의 어떤 세력도 하나로 단결한 우리 국민을 꺾을 수 없다.

― 집회에서 연설하며, 남아프리카공화국 소웨토, 사커시티, 1990년 12월 16일

우리는 질 수 없다. 전 세계 사람들이 우리의 패배를 허용하지 않을 테니까.

― 다큐멘터리 〈미국에 온 만델라〉에서, 1990년

우리나라 안팎에서 수많은 사람들이 사리사욕 없이 고결한 정신으로 독재와 불의에 저항했다. 그들은 한 사람의 상처가 모든 이의 상처라는 것을 알았고, 그래서 정의와 모든 인류의 품위를 지키기 위해 함께 행동했다. 오랫동안 그들이 보여 준 용기와 끈기 덕분에 오늘 우리는 우리 세기에 인간이 거둔 빛나는 승리를 함께 모여 기념할 날까지 정할 수 있게 되었다.

— 노벨 평화상 시상식에서, 노르웨이 오슬로, 1993년 12월 10일

오늘 우리는 우리나라와 우리 국민을 위한 새로운 시대에 첫발을 디디고 있다. 오늘 우리가 축하하는 것은 한 정당의 승리가 아니라, 남아프리카 국민 모두를 위한 승리이다.

— 대통령 당선을 축하하는 집회에서, 남아프리카공화국 케이프타운, 시청, 1994년 5월 9일

우리는 세계 모든 사람들과 함께 세계의 승리를 축하했다. 그것은 우리가 우리의 공통된 인간애에 헌신한 결과로 얻은 승리이자, 그 헌신을 입증해 준 승리였다.

— 타보 음베키 대통령이 열어 준 송별회에서, 남아프리카공화국 프리토리아, 1999년 6월 16일

우리의 승리를 언제나 확신했지만, 아파르트헤이트 정권이 우리보다 강해 보여 의혹을 품은 적도 있었다.

— 다큐멘터리 〈만델라 : 살아 있는 전설〉에서, 2003년

폭력 Violence

사람들이, 우리 국민들이, 아프리카인들이 정부에 맞서기 위해 폭력과 무력을 계획적으로 사용하는 쪽으로 돌아서고 있는 조짐들이 보인다. 정부가 몸소 보여 준 대로 그들이 이해하는 유일한 언어로 그들을 설득하기 위해서 말이다.

— 노동자 파업 선동 및 불법 출국 혐의로 유죄 판결을 받은 후 연설에서, 남아프리카공화국 프리토리아, 올드 시나고그, 1962년 11월 7일

정부의 폭력은 한 가지 일밖에 할 수 없다. 폭력에 대한 폭력을 낳는 것이다. 우리는 정부가 계속 폭력에 의지하면 그에 대한 보복적 폭력이 일어날 거라고 거듭 경고했다. 결국 정부 쪽에서 제정신을 차릴 기미가 보이지 않으면 폭력과 힘으로 분쟁이 해소될 것이다.

— 같은 곳

국민들이 평화적이고 예리하고 현명하며 민주적인 견해를 표명하자 정부는 문명사회의 정부라면 감히 할 수 없는 행동을 보여 주었다. 군대를 동원하여 우리의 평화적 시위를 공포로 몰아넣었고, 정치 활동을 하는 것으로 알려진 사람들을 체포했다.

— 같은 곳

계속 우리의 열망을 억누르고 강압 통치에 기댄다면 우리 국민은 더욱 폭력으로 치달을 것입니다.

— 법무장관에게 쓴 편지에서, 로벤 섬, 1969년 4월 18일

우리나라에 지독한 갈등과 유혈 사태가 일어나느냐 마느냐는 온전히 정부의 손에 달려 있습니다.

— 법무장관에게 쓴 편지에서, 로벤 섬, 1969년 4월 22일

우리의 통치자들에게 우리는 아무것도 기대할 수 없다. 총을 겨누도록 군인에게 명령하는 사람들도 그들이고, 방아쇠에 댄 손가락을 움직이는 것도 그들이다.

— 1976년 소웨토 봉기에 관한 성명서에서, 망명 중이던 ANC가 로벤 섬 교도소에서 몰래 빼내어 발표, 1980년

총은 우리 역사에서 중요한 역할을 했다. 식민 지배를 하려는 백인 침입자들에 대한 흑인의 저항이 총으로 진압 당했다. 백인 지배에서 벗어나려는 우리의 해방 투쟁을 저지한 것도 무력이다.

— 같은 곳

폭력의 문제에 관한 ANC의 입장은 아주 단순합니다. ANC는 폭력에 관한 한 기득권자가 아닙니다. ANC는 인명 손실과 재산 파괴, 국민의 고통을 초래할 수 있는 모든 행동을 증오합니다. ANC는 공통의 가치를 추구하는 남아프리카를 위해, 인종차별 없고 평화롭게 통합된 국가를 건설하기 위해 오랫동안 끈질기게 노력해 왔습니다. 그러나 평화적인 형태의 항의마저 허락하지 않는 도덕적으로 혐오스러운 정부에 대항한 무력 투쟁은 정당방위라고 생각합니다.

— P. W. 보타에게 쓴 메모에서, 남아프리카공화국 파를, 빅터버스터 교도소, 1989년 6~7월경

극심한 분노와 폭력은 결코 나라를 건설할 수 없다.
— 집회에서 연설하며, 남아프리카공화국 더반, 킹스파크 스타디움,
 1990년 2월 25일

우리에게 평화적인 소통의 통로가 있었다면 폭력에 의지할 생각은 결코 하지 않았을 것이다. 아파르트헤이트의 폭력이 없었다면 우리의 폭력도 없었을 것이다.
— 집에서, 남아프리카공화국 소웨토, 1990년 2월

평화를 바라는 많은 국민들이 이 폭력의 종식을 매일 빌고 있다는 것을 우리도 안다. 우리 역시 기도하고 있다. 여러분이 일을 마치고 돌아갈 때 집까지 갈 수 있을지 없을지 확신하지 못한다는 걸 우리도 알기 때문이다. 사랑하는 아내와 자식이 살아 있을지 확신할 수 없는 것은 정부와 경찰의 무관심 때문이다.
— 카기소에서 연설하며, 남아프리카공화국 웨스트랜드, 1991년경

우리는 무기가 없는 무방비 상태의 일반 시민에게 주저 없이 총알을, 실탄을 사용하는 무자비한 정부를 상대하고 있었습니다.
— 리처드 스텡글과 나눈 대화에서, 1993년 4월 5일

불의를 살상 능력으로 영속시킬 수 있으며 폭력적 수단을 통해 분쟁을 가장 잘 해결할 수 있다는 환상 때문에 무기를 찬미하고 무력을 추종하는 원시적 경향과 끊임없이 싸워야 한다.
— 제53차 국제연합 총회에서 연설하며, 미국 뉴욕 시, 1998년 9월 21일

적을 비인간화하고 악마화하는 것은 우리의 차이를 평화적으로 해결할 수 있는 가능성을 버리고 그들에 대한 폭력을 정당화하려는 행동이다.

— 미국 주재 사우디아라비아 대사 반다르 빈 술탄 왕자와 제이크스 거웰 교수에게 국가 훈장을 수여하며, 남아프리카공화국 케이프타운, 1999년 5월 11일

비전 Vision

이는 우리 모두가 삶의 지침으로 삼아야 할 교훈이다. 즉, 우리가 목표를 달성하는 방법은 상황에 달려 있으며, 우리가 비전에 충실할 때에도 그 방법은 사정에 따라 달라질 수 있는 것이다.

— 제10차 SACP(남아프리카 공산당) 전국 회의에서 크리스 하니 상을 받으며, 남아프리카공화국 요하네스버그, 1998년 7월 1일

우리의 비전은 모든 국민이 풍요롭고 보람 있게 살 수 있는 정의롭고 민주적인 남아프리카이다.

— 비디오 〈넬슨 만델라 재단〉에서, 2006년

투표 Voting

우리는 인종, 피부색, 신조, 성별에 관계없이 모든 국민이 투표할 권리와 모든 국가 기관에 선출될 수 있는 권리를 지니는 미래를 꿈꾸고 그런 미래를 쟁취하기 위해 싸운다.

— 미국 상하원 합동 회의에서 연설하며, 미국 워싱턴 D. C.,
 1990년 6월 26일

27년 만에 돌아왔는데 아직도 투표를 할 수가 없다. 이는 남아프리카의 중대 문제이며, 남아프리카의 모든 국민이 투표할 수 있을 때까지, 투표를 통해 자신의 운명을 스스로 결정할 수 있을 때까지 우리의 전략을 재검토하는 일은 없다. 남아프리카에 대한 제재와 고립 정책은 계속 유지되어야 한다.

— 제5차 OAU(아프리카 통일 기구) 남아프리카 특별 위원회 회의에서 브리핑하며, 1990년 9월 8일

식량과 집, 의료가 없는 투표권은 겉보기에만 평등의 실현으로 보일 뿐, 실제로는 불평등이 더욱 고착되는 결과를 낳는다. 우리는 빵 없는 자유를 원치 않고, 자유 없는 빵도 원치 않는다.

— 클라크 대학교로부터 명예박사 학위를 받으며, 미국 애틀랜타,
 1993년 7월 10일

투쟁을 위해 희생한 많은 동지들이 그들의 가장 큰 꿈이 실현된 모습을 보지 못할 거라 생각하니 희비가 교차한다. 그래서 이 역사적

인 날이 다가올수록 기쁘면서도 슬프다.
— 다큐멘터리 〈자유로의 마지막 여정 : 남아프리카공화국을 바꾼 열흘〉에서, 1994년

음, 아직 결정을 내리지 않았다.
— 다큐멘터리 〈자유로의 마지막 여정 : 남아프리카공화국을 바꾼 열흘〉에서 누구에게 투표하겠느냐는 질문을 받고, 1994년

ANC라는 글자 옆에 X라고 표시한 뒤 투표용지를 접어 소박한 나무 상자 속으로 살짝 밀어 넣었다. 내 평생 처음으로 투표를 한 것이다.
— 『자유를 향한 머나먼 길』에서, 1994년

이 일은 모든 남아프리카 국민에게 잊을 수 없는 사건이다. 우리가 수십 년 동안 소중히 간직했던 꿈과 희망이, 모든 남아프리카 국민을 대변하는 남아프리카라는 꿈이 실현된 것이다.
— 생애 최초로 투표한 후 올랑게 고등학교에서, 남아프리카공화국, 1994년 4월 27일

단순히 한 표를 던지는 이 일이 모든 남아프리카 국민들에게 희망을 주기를, 우리 남아프리카 국민들이 이 나라가 우리나라임을, 우리가 한 국민임을 깨닫게 되기를 진심으로 소망한다.
— 같은 곳

우리가 수십 년 동안 소중히 간직했던 꿈과 희망이 실현되었다.
— 같은 곳

70년이 넘는 세월을 기다린 끝에 첫 투표를 하게 되었다. 나는 1912년에 ANC의 창립을 도왔던 ANC의 초대 의장 존 두베의 묘 근처에서 첫 투표를 하기로 했다. 나는 나 자신만을 위해서가 아니라 우리 투쟁에 참여한 수많은 이들을 위해 투표했다.
— 브람 피셔 추모 강연에서, 남아프리카공화국 요하네스버그, 마켓 시어터, 1995년 6월 9일

투표할 때 마치 올리버 탐보와 크리스 하니, 앨버트 루툴리 족장, 브람 피셔가 내 곁에 있는 것 같았다. 조사이어 구메데, G. M. 나이커, 압둘라 압두라만 박사, 릴리언 응고이, 헬렌 조지프, 유서프 다두, 모지스 코타네, 스티브 비코를 비롯한 많은 이들이 그곳에 있는 것 같았다. 그들 모두가 내 손을 잡아 X 표시를 하고, 내가 투표용지를 접어 투표함에 넣는 것을 돕는 것 같았다.
— 같은 곳

우리의 기적 같은 변화를 상징하고 우리에게 세계의 찬사를 얻어 준 것이 있다면, 1994년 4월 참을성 있게 길게 줄지어 서 있던 투표자들의 모습일 것이다. 그날, 어디에 살고 어디 출신인가에 상관없이 수백 만 명의 남아프리카 국민들은 어떤 어려움이 있어도 다시는 우리가 겪은 억압과 불의, 무자비함을 되살리지 않겠다는 결

의를 입증해 보였다.
— 대통령의 예산안 심의회 개막 연설에서, 남아프리카공화국 케이프타운, 의회, 1999년 3월 2일

우리는 남아프리카 역사에 새로운 장을 열고 있었다. 나는 그런 생각을 품고 투표했다.
— 다큐멘터리 〈만델라 : 살아 있는 전설〉에서, 2003년

방관하며 투표소에 가지 않는 것은 민주 시민의 의무를 게을리 하는 것이다. 우리 남아프리카의 경우에, 투표를 하지 않는 것은 민주주의를 이루어 낸 고되고 고통스러운 투쟁을 무시하는 행위로 해석될 수 있다.
— ANC 선거 유세에서, 소웨토, FNB(퍼스트 내셔널 뱅크) 스타디움, 2004년 4월 4일

국민 여러분은 투표소에서 여러분의 의견을 표할 수 있다. 여러분 자신의 눈으로 보고, 여러분 자신의 귀로 듣고, 여러분 자신의 머리로 생각할 수 있는 능력을 가장 분명한 방식으로 보여 줄 수 있다.
— 같은 곳

앞으로도 더 투표하고 싶다. 무덤에 묻히더라도 벌떡 일어나 투표하러 갈 것이다.
— 투표한 뒤에, 2006년 3월 1일

전쟁 War

형제끼리의 전쟁에 휘말린 여러분에게 호소한다. 여러분의 총과 칼, 단도를 바다에 던져라. 죽음의 공장을 닫아라. 이 전쟁을 당장 끝내라!

— 집회에서 연설하며, 남아프리카공화국 더반, 킹스파크 스타디움, 1990년 2월 25일

나는 19세기의 사건들이 남긴 사회정치적 유산과 싸우는 일에 평생을 바쳐야 했던 나라와 대륙에서 거의 20세기 전체를 살았다. 그런데 21세기에 선진국의 젊은 정치 지도자들이 그런 역사의 유산을 처리하려는 인류의 고귀한 노력을 손상시키는 모습을 보면 정말 가슴이 아프고 우리의 미래가 심히 걱정스럽다.

— 영국 적십자 인류애 강의에서 토니 블레어 수상과 조지 W. 부시 대통령과 이라크 침공에 관해 이야기하며, 영국 런던, 엘리자베스 2세 컨퍼런스 센터, 2003년 7월 10일

불행하게 지난 두 세기 동안에도 인간이 서로 무자비하게 싸우는 전쟁들이 너무나 많이 벌어졌다. 21세기는 세계 평화가 승리하고 전 세계가 서로를 배려하는 세기가 되기를 바랐건만 출발이 그다지 순조롭지 않았다. 여전히 많은 지역이 갈등에 휩싸여 있고, 강대국의 일방적인 군사 개입도 일어났다.

— 같은 곳

아직도 지구상의 너무 많은 지역들이 파멸적 갈등과 분쟁, 전쟁에 시달리고 있다. 그리고 안타깝게 우리 가운데 그 누구도 인류의 현재 상황에 대한 책임을 피할 수 없다.
— 평화와 비폭력을 위한 세계 대회에 전한 메시지에서, 인도 뉴델리, 2004년 1월 31일

물 Water

전 세계적으로 물이 생명만큼 귀한 것으로 여겨지고 있다. 여기 남아프리카에서는 물이 생명보다 훨씬 더 귀하다. 그런데 48년 넘게 수백만 명의 우리 국민은 이런 소박하면서도 기초적인 필수품조차 누릴 자격이 없는 사람들로 여겨졌다. 우리는 민주주의의 도래를 기다려야 했다.
— 모레텔레 물 프로젝트 출범식에서, 남아프리카공화국 세캄파넹, 1995년 10월 14일

소망 Wish

내 소망을 하나 말하자면, 모든 남아프리카 국민들이 이 땅을 우리가 꿈꾸던 땅으로 바꾸는 데 다시 전념했으면 하는 것이다. 증오와 차별이 없는 곳, 집 없는 설움과 굶주림이 사라진 곳, 우리 아이들이 미래 지도자로 자랄 수 있는 안전한 곳으로 말이다.
— 여든 번째 생일 축하 행사에서, 남아프리카공화국 미드랜드, 갤러거 이스테이트, 1998년 7월 19일

나의 소망은 남아프리카 사람들이 선에 대한 믿음을 포기하지 않고, 우리 민주주의의 초석인 인간에 대한 신뢰를 소중히 간직하는 것이다.
— 민주주의 10년을 기념하는 상하원 합동 회의에서, 남아프리카공화국 케이프타운, 의회, 2004년 5월 10일

여성 Women

남아프리카는 우리 역사에서 독자적 역할을 한 걸출한 여성을 많이 배출했습니다.
— 헬렌 수즈먼에게 쓴 편지에서, 로벤 섬, 1974년 3월 1일

어떤 점에서든 여성이 남성보다 무능력하다고 생각한 적은 한 번도 없습니다.
— 펄리시티 켄트리지 변호사에게 쓴 편지에서, 로벤 섬, 1976년 5월 9일

우리나라의 어머니와 아내와 자매들에게 경의를 표한다. 여러분은 우리 투쟁의 단단한 토대이다. 아파르트헤이트는 누구보다도 여러분에게 큰 고통을 주었다.
— 석방 후 첫 연설에서, 남아프리카공화국 케이프타운, 시청, 1990년 2월 11일

우리는 남아프리카 안팎에서 벌어진 전투로 목숨을 잃은 움콘토 웨 시즈웨 간부들의 어머니들에게 경의를 표한다. 자유를 쟁취하기 위해 아파르트헤이트 체제와 싸우다가 죽은 모든 이의 어머니에게 경의를 표한다. 아파르트헤이트 체제의 군에 징집되는 것을 거부한 아들의 편에 선 백인 어머니들에게도 찬사를 보낸다. 아파르트헤이트 정권의 엄숙한 약속에도 여전히 감옥에 남아 있는 남편과 아들의 아내와 어머니에게도 경의를 표한다. 인종차별 없는 정의로운 민주 남아프리카를 위해 헌신한 대가로 현재 감옥에 갇혀 있는, 이 나라의 용감한 딸들에게도 경의를 표한다.

— 같은 곳

여성이 모든 형태의 억압에서 해방되지 않으면 자유도 성취할 수 없다.

— 첫 국정 연설에서, 남아프리카공화국 케이프타운, 1994년 5월 24일

반아파르트헤이트 투쟁은 아프리카인, 혼혈인, 인도인, 백인을 막론하고 모든 남아프리카 국민들을 해방시켰다. 성 평등을 위한 투쟁 역시 여성과 남성 모두에게 이익이 될 것이다. 우리가 열망하는 미래의 번영을 이루기 위해서는 모든 남아프리카 국민들이 피부색과 성별의 차이를 뛰어넘어 공동전선을 펼쳐야 한다.

— 젠더와 여성의 권익 향상에 관한 전국 회의에서 연설하며, 남아프리카공화국, 켐프턴 파크, 1996년 2월 23일

시대에 뒤떨어진 낡은 관습과 편견에 맞선 우리의 국가적 투쟁에는 여성 해방 운동도 포함된다. 남성과 여성이 똑같이 노력을 기울여야 할 투쟁이다.

— 같은 곳

이 문제들을 여성 혼자서 풀어야 한다고 생각하는 한, 강간과 아동 학대의 높은 발생률을 줄일 수 없다. 가정 폭력도 근절되지 않을 것이다. 우리 사회의 힘을 총동원하여 싸우지 않는 한, 우리 모두에게 악영향을 끼치는 이 사회악을 물리치지 못할 것이다.

— 여성·아동 학대에 반대하는 전국 남성 행진 대회에서 연설하며, 남아프리카공화국 프리토리아, 1997년 11월 22일

시골과 도시 지역의 수많은 여성들이 사회적 박탈과 경제적 궁핍에 계속 시달리고 있다. 가정 폭력, 강간, 여성 학대는 기적의 나라로 불리는 우리나라의 명성에 수치스러운 오점을 남긴다. 아이들의 고통은 언제나 남성보다 여성에게 더 큰 영향을 미친다.

— 여성의 달 기념 만찬에서 연설하며, 남아프리카공화국 요하네스버그, 요하네스버그 컨트리클럽, 2003년 8월 25일

이제 더는 국가 문제를 여성 문제 위에 놓을 수 없다. 아니, 국가 문제를 여성의 사회적 역할이나 지위와 동떨어진 것으로 생각할 수 없다.

— 같은 곳

템부족의 땅에는 지도적 위치에서 나라를 통치하는 여성들이 있었고, 지금도 마찬가지이다. 만델라의 어머니가 바로 그런 사람이었다.
— 『만델라 : 공인된 초상화』(2006년)를 위해 팀 쿠즌스, 번 해리스, 맥 마하라지와 인터뷰하며, 2005년 8월 13일

감옥에서 우리는 책을 읽고 생각을 넓힐 수 있는 특권을 누렸다. 전 세계의 수많은 여성들이 나라를 이끌었다.
— 같은 곳

말 Words

말을 내뱉었으면 그 말의 진짜 의미를 실제 행동으로 증명해 보여야 한다.
— 프랑스 의회에서 연설하며, 프랑스 파리, 부르봉 궁, 1990년 6월 7일

써놓은 연설문을 읽으면 부자연스러울 수 있다.
— 셸하우스(ANC 본부)에서 연설하며, 남아프리카공화국 요하네스버그, 1993년 10월 28일

나는 말을 가볍게 하지 않는다. 교도소에서 보낸 27년 동안 고독의 침묵 덕분에 말이 얼마나 소중한지, 사람들의 생사에 얼마나 큰 영향을 미치는지 알게 되었다.
— 제13차 국제 에이즈 회의 폐막식 연설에서, 남아프리카공화국 더반, 2000년 7월 14일

어떤 지위에 있는 동지든, 정리하고 여과하는 과정 없이 주요 정책에 대해 발언해서는 안 된다.

― 공책에서, 날짜 미상

일 Work

많은 가족들의 경우, 괜찮은 삶과 비참한 삶을 가르는 경계선은 바로 일자리, 일자리, 일자리이다. 많은 이들은 일자리의 유무에 따라 자부심을 느끼거나 혹은 무력감에 빠진다.

― 대통령의 예산안 심의회에서, 남아프리카공화국 케이프타운, 의회, 1996년 6월 20일

노동자 Workers

반아파르트헤이트 투쟁에서 흑인 노동자들이 가장 큰 결정타를 날릴 것이다. 그들의 참여 없이는 해방 운동의 영향이 제한적일 수밖에 없다. 다행히도 그들은 인종차별에 맞선 투쟁의 중심에서 막강한 세력을 이루고 있으며, 장차 민주 남아프리카로 가는 길을 선도할 것이다.

― 「장애물을 없애고 적에 맞서라」라는 글에서, 로벤 섬, 1976년

우리 국민에게는 소웨토 같은 빈민굴이 아닌 제대로 된 집이 필요하다. 노동자들에게는 최저 생활 임금, 자신이 선택한 노동조합에 가입할 수 있는 권리, 그들의 삶에 영향을 미치는 정책을 결정하는 데 참여할 수 있는 권리가 필요하다.
— 집회에서 연설하며, 남아프리카공화국 소웨토, 사커시티, 1990년 2월

세계 World

멀리서 팔짱만 끼고 있는 사람들이 아니라, 투쟁의 장 안에서 폭풍우에 옷이 찢기고 싸우면서 몸을 다치기도 하는 사람들이 새로운 세계를 쟁취할 것이오.
— 위니 만델라에게 쓴 편지에서, 로벤 섬, 1969년 6월 23일

우리 인간들이 살고 있는 우주는 국경이라는 인류 사이의 딱딱한 경계선이 점점 더 무시당하는 인류 공동의 집이 되어 가고 있다.
— 영국 하원에서 연설하며, 영국 런던, 1993년 5월 5일

따라서 지구 어느 곳의 독재, 불안정, 빈곤을 우리의 이익과 미래에 그다지 중요하지 않은 문제로 취급하는 것을 이제 그만 멈추어야 하지 않을까?
— 미국 상하원 합동 회의에서 연설하며, 미국 워싱턴 D. C., 1994년 10월 6일

우리는 독단의 감옥에서 벗어나 더 나은 삶을 추구하는 세계에서 일하고 있다.

— 제50차 ANC 전국 회의 폐회식에서, 남아프리카공화국, 노스웨스트 대학교 마피켕 캠퍼스, 1997년 12월 20일

세계는 여전히 큰 고통과 빈곤, 탈취에 시달리고 있다. 모두를 위해, 특히 주변으로 밀려난 취약한 빈자들을 위해 더 나은 세상을 만드는 일이 여러분의 손에 달려 있다.

— 아흔 번째 생일 만찬에서, 영국 런던, 하이드파크, 2008년 6월 25일

글쓰기 Writing

내가 어릴 적에 쓰고 말한 것을 돌이켜보면, 그 현학적이고 인위적이고 진부한 면에 질겁하게 된다오. 다른 사람들에게 깊은 인상을 남기려는 욕심이 빤히 보이지.

— 위니 만델라에게 쓴 편지에서, 로벤 섬, 1970년 6월 20일

감옥에서 몰래 자서전을 쓸 때에는, 그리고 재소자를 박해하는 재미로 사는 관리들과 날마다 부딪히며 힘들고 긴장되는 감옥살이를 하는 정치적 동료들의 이야기를 다룰 때에는 특히 조심할 필요가 있다.

— 미출간 자서전 원고에서, 로벤 섬, 1975년

글쓰기는 자신을 세상의 중심에 놓는 고귀한 일이지. 늘 최고의 자리에 있으려면 훌륭하고 독창적인 주제 설정, 그리고 단순명쾌한 표현과 대체 불가능한 언어의 사용을 목표로 삼고 정말 열심히 노력해야 한단다.
— 진드지 만델라에게 쓴 편지에서, 로벤 섬, 1977년 9월 4일

일주일이나 한 달에 하루는 편지 쓰기에 할애해서 글 쓰는 습관을 잘 기르도록 하렴. 먼저 편지의 초안을 잡은 다음, 쭉 훑어보면서 실수를 확인하고 네 생각을 명확하고 조리 있게 표현하는 게 좋다.
— 마카지웨 만델라에게 쓴 편지에서, 로벤 섬, 1979년 5월 13일

좋은 펜은 우리 삶의 가장 행복한 순간들을 떠올리게 해주고, 우리의 은신처와 우리의 피, 우리의 영혼에 고귀한 생각을 불어넣기도 한단다. 비극을 희망과 승리로 바꾸기도 하지.
— 진드지 만델라에게 쓴 편지에서, 로벤 섬, 1980년 2월 10일

감옥에서 편지를 쓰다가 값비싼 대가를 치르거나 좌절감에 시달려야 하는 일이 생길 수도 있습니다. 어떤 편지들은 프리토리아에 있는 교정당국으로 보내져 승인을 받아야 하는데, 그 절차는 항상 장기적으로 지연되고 때로는 몇 달이 걸리기도 합니다. 그렇게 오랫동안 기다렸다가 받는 답신은 그저 짤막하니 '불가'일 때가 태반이고, 왜 그런 결정이 내려졌는지에 대한 설명도 대개는 없지요.
— 새뮤얼 대시 교수에게 쓴 편지에서, 남아프리카공화국 케이프타운, 폴스무어 교도소, 1986년 5월 12일

예전에는 친구들에게 편지 쓰는 것을 취미로 삼아 무척 즐겼고, 편지 한 통 한 통이 큰 즐거움이었다. 그러나 지금은 일에 짓눌려 이런 취미를 즐길 수 없다.

── 공책에서, 1993년경

아파르트헤이트 정권 하에서는 당국이 그들의 적으로 간주되는 사람들의 문서를 빼앗아 가는 일이 다반사였다. 때로 그들은 그 문서들을 법정에서 증거로 사용했다. 때로는 다양한 형태의 협박 수단으로 쓰기도 했다. 때로는 그냥 파기해 버렸다. 정의와 자유를 위한 투쟁에 참여한 우리 모두에게 정보를 종이에 적는 것은 아주 위험한 일이었다.

── 넬슨 만델라 메모리 센터 출범식에서, 남아프리카공화국 요하네스버그, 2004년 9월 21일

외국인 혐오 Xenophobia

우리의 곤경을 남 탓으로 돌릴 수 없다. 우리는 남아프리카로 유입된 외국인들의 피해자가 아니다. 아파르트헤이트 정권의 공격적이고 적대적인 정책이 우리 이웃들의 경제 발전을 저해했다는 사실을 잊어서는 안 된다.

── 집회에서 연설하며, 남아프리카공화국 요하네스버그, 알렉산드라 스타디움, 1995년 8월 19일

내가 여기서 사는 동안, 알렉산드라 사람들은 부족과 인종의 구분을 무시했다. 우리는 코사족이나 소토족이나 줄루족이나 샹간족이 아니라 알렉산드리아 사람이었다. 우리는 하나였고, 아파르트헤이트 정부가 그토록 강요했던 구분을 무력화했다. 그런데 외국인에 대한 혐오가 수면에 떠오르는 모습을 보니 슬프고 화가 난다.
— 같은 곳

현재 서유럽에서 외국인을 혐오하는 편협한 우익이 급부상하는 것은 세계를 두려움에서 해방시키는 데 기여한 우리에게 결코 고무적인 현상이 아니다.
— 프랭클린 D. 루스벨트 네 가지 자유 상을 받으며, 2002년 6월 8일

젊은이 Youth

학생들의 자유 투쟁 참여는 결정적인 요소인 만큼, 강력한 학생 운동의 출현은 반길 만한 일이다.
— 「흑인 의식 운동은 어디로」라는 글에서, 로벤 섬, 1978년

주로 흑인에게 영향을 끼치는 많은 공공 문제들에 백인 학생들이 앞장서자 흑인 학생들은 양심의 가책을 느꼈다. 백인 학생들이 공격받을 때 자기들은 팔짱 끼고 앉아 있는 것이 얼마나 아이러니한 일인지 깨달았다.
— 같은 곳

억압받는 사람들이, 그중에서도 특히 젊은이들이 인종차별적 억압에 저항하고 군과 경찰의 무자비한 처사에 맞서 장기 시위를 벌이며 이토록 단합된 행동을 보인 적은 역사상 한 번도 없었습니다.
— P. W. 보타 대통령에게 쓴 편지에서, 남아프리카공화국 케이프타운, 폴스무어 교도소, 1985년 2월 13일

남아프리카공화국은 의식 수준이 아주 높은 결단력 있는 젊은이들을 배출하고 있습니다.
— 힐다 번스타인에게 쓴 편지에서, 남아프리카공화국 케이프타운, 폴스무어 교도소, 1985년 7월 8일

케이프 청년회의 회원들의 용기는 위험한 상황일수록 더욱 커지는 것 같습니다. 그들은 아무리 힘겨운 상황에서도 단호함을 잃지 않으며 이미 젊은 국민 영웅이 되었고, 다른 젊은이들은 그들의 삶을 본보기로 삼고 있습니다.
— 케이프 청년 회의에 쓴 편지에서, 남아프리카공화국 파를, 빅터버스터 교도소, 1989년 8월 21일

전국의 젊은이들로부터 확고한 지지를 받는 운동이 결국 승리할 수밖에 없네. 그러한 지지 덕분에 우리는 아주 많은 사람들이 목숨 바쳐 추구한 숭고한 이상을 계속 간직할 수 있고, 그런 이상을 고수하는 사람들은 물질적으로는 가난할지 몰라도 정신적인 풍요 속에 죽을 수 있지.
— 피터 모카바에게 쓴 편지에서, 남아프리카공화국 파를, 빅터버스터 교도소, 1989년 8월 21일

전 세계 젊은이들, 특히 학생들은 그들 생전에 행복하고 희망 찬 새로운 세계를 건설하기로 결의를 다졌습니다.
— 파를 학생 연합회에 쓴 편지에서, 남아프리카공화국 파를, 빅터버스터 교도소, 1989년 8월 21일

젊은이들, 젊은 사자들의 끊임없는 영웅적 행동에 경의를 표한다. 젊은 사자 여러분이 우리 투쟁에 활기를 불어넣었다.
— 석방 후 첫 연설에서, 남아프리카공화국 케이프타운, 시청, 1990년 2월 11일

남아프리카 젊은이들에게 특별히 전할 메시지가 있다. 여러분은 위대한 영웅을 잃었다. 여러분은 자유에 대한 여러분의 사랑이 가장 고귀한 선물인 생명보다도 더 위대하다는 사실을 거듭 증명해 보였다. 그러나 여러분은 내일의 지도자들이다. 여러분의 나라, 여러분의 국민, 여러분의 조직을 위해서라도 현명하게 행동해야 한다. 여러분이 짊어져야 할 특별한 책임이 있다.
— 크리스 하니가 암살된 뒤 텔레비전을 통해 발표한 대국민 담화에서, 남아프리카공화국 요하네스버그, 1993년 4월 13일

남아프리카의 미래를 위해 가장 중요한 일은 우리 젊은이들의 잠재력을 실현하는 것이다. 그들의 활기를 억누르고 삶에 대한 열정을 꺾고 그들의 자부심에 찬물을 끼얹은 무거운 짐으로부터 젊은이들을 해방시키지 않으면 자유는 빈껍데기가 될 것이다.
— 연례 대통령 상 금상 시상식에서, 남아프리카공화국, 1994년 11월 25일

우리가 이 50주년에 의식 제고 운동을 벌이면서 가장 큰 대상으로 삼았던 젊은이들은 우리 의도의 고귀함에 놀랄 것이다. 동시에 왜 지금도 세계의 많은 지역이 빈곤에 시달리고 있는지, 왜 지금도 계속 전쟁이 일어나고 있는지, 왜 권력과 특권을 가진 많은 자들이 "내가 알 게 뭐야!"라는 끔찍한 선언을 뱉으며 비정한 철학을 추구하는지 어리둥절할 것이다. 선진국이든 아니든 우리가 한 인류라는 엄연한 사실을 피할 수 있는 사람은 아무도 없다.

— 국제연합 창설 50주년 기념식에서, 미국 뉴욕 시, 국제연합 총회,
 1995년 10월 23일

남아프리카의 젊은이들이 해방 투쟁에 결정적인 기여를 했고, 따라서 나는 과거의 불의에서 벗어나는 데 필요한 자질을 그들이 가지고 있다고 믿어 의심치 않는다.

— 청년 기독교 노동자 세계 위원회 개회식에서, 남아프리카공화국 우카시,
 1995년 11월 26일

여러분은 이 나라를 흔들어 깨우고, 흑인들이 노예 신분을 받아들이게 하기 위한 목적으로 아파르트헤이트 정권이 시행한 노예 교육을 거부했다. 여러분은 역사의 행로를 바꾸어, 아파르트헤이트 체제의 몰락을 재촉했다.

— 남아프리카공화국 청년의 날, 남아프리카공화국, 1996년 6월 16일

일하는 젊은이는 우리의 미래에 결정적인 역할을 할 것이다. 경제가 그들의 손에 달려 있다. 여러분이 열심히 일하고 기술 향상에 매진한다면, 우리나라를 세계에서 가장 번영한 국가로 만들 수 있다.
— 같은 곳

남아프리카 젊은이들이 반드시 귀담아들어야 할 교훈이 있다. 여러분이 성취한 바에서도 알 수 있듯이, 단호한 의지를 가지고 노력하고 훈련하면 누구나 책임 있는 자리에 오를 수 있다. 오늘날에는 배움의 문이 활짝 열려 있으니, 모든 지역 사회의 남아프리카 젊은이들은 그러한 과제를 받아들여야 한다.
— 남아프리카공화국 준비은행 창립 75주년 기념식에서, 남아프리카공화국 프리토리아, 1996년 6월 28일

나는 지역사회와 국가의 일에 관심을 기울이는 젊은이들을 보면 감탄스럽다. 나 역시도 학교에 다닐 때 투쟁에 참여했기 때문일 것이다. 그런 젊은이들이 있는 한, 우리가 오늘 기리는 이상은 결코 사라지지 않을 것이다. 각성한 젊은이들은 억압의 탑을 무너뜨리고 자유의 깃발을 들어 올릴 수 있다.
— 프랑스 혁명 기념일에, 프랑스 파리, 1996년 7월 14일

지난 세기에 전 세계가 지나치게 큰 고통과 불의에 시달렸지만, 우리 학교에서 교육받는 젊은 세대는 더 나은 세상을 기대할 충분한 이유가 있다.
— 라운드 스퀘어 캠페인에 보낸 육성 메시지에서, 남아프리카공화국, 1996년 10월 4일

우리 젊은이들은 우리의 미래이다. 우리나라가 아파르트헤이트의 잿더미에서 일어나 세계의 성공담으로 우뚝 서느냐 마느냐는 젊은이를 교육하고 훈련하는 데 얼마나 투자하느냐에 달려 있다.

― 데이플린 경영대학원에서 연설하며, 남아프리카공화국 요하네스버그, 1997년 2월 13일

우리 국민이 밤에 평화롭게 잠들 수 있고 우리 아이들이 두려움 없이 학교에 다닐 수 있는 환경을 만들기 위한 노력에 우리 젊은이들이 앞장서야 한다.

― 콰줄루나탈 대학교로부터 명예박사 학위를 받으며, 남아프리카공화국, 1998년 5월 30일

미래는 우리 젊은이들의 것이다. 우리 가운데 일부는 정계에서 물러날 때가 되었으니 젊은이들이 우리 자리를 물려받아야 한다. 그들은 평화에 가장 기본이 되는 조건, 즉 다양성 속의 통합을 모색하고 소중히 여기며, 그 목표에 도달할 확고한 방법을 찾아야 한다.

― 같은 곳

개인을 지목하는 것은 대개는 불쾌한 일이지만, 오늘 6월 16일은 민주주의 쟁취에 우리 젊은이들이 기여한 바를 기념하고 정의로운 사회를 창조하겠다는 결심을 새로이 다지는 날이다.

― 카디프 시·카운티의 명예시민권을 받는 자리에서, 영국 웨일스, 1998년 6월 16일

오늘날의 젊은 세대는 자기만의 독특한 가치관을 가지고 명확하고 독립적인 사고를 하는 사람들이 많다.
— 개인 서류에서, 날짜 미상

젊은이들의 무관심이 자주 비난받는 세상에서 우리는 자신의 참신한 생각과 통통 튀는 열정을 기부하고자 하는 청소년들을 두 팔 벌려 환영한다.
— 아이들을 위한 세계적 협력을 구축하자는 취지의 성명서에서,
  2000년 5월 6일

진정한 보편적 인간 해방을 위한 투쟁은 어린이와 젊은이, 미래 세대의 몫으로 남아 있다.
— 로버트 F. 와그너 공공정책 대학원의 아프리카 공공정책 장학 기금을 창설하며, 미국 뉴욕 시, 뉴욕 대학교, 2002년 5월 7일

우리 젊은이들은 아파르트헤이트의 무자비함에 크나큰 고통을 받았다. 하지만 그들의 용기와 희생정신이 아파르트헤이트 정권의 무자비함을 이겼다.
— 앤톤 렘베데의 이장식에서, 남아프리카공화국, 음붐불루,
  2002년 10월 27일

우리 젊은이들은 우리를 위축시키고 분열시키는 과거의 사슬로부터 우리 사회를 완전히 해방시킬 책임이 있다.
— 같은 곳

ANC 청년 동맹의 역사는 한 나라의 청년 조직이 그 사회의 항로를 결정짓는 데 건설적 역할을 할 수 있고 또 그래야 한다는 것을 보여 주는 증거이다.

— ANC 청년 동맹 창립 58주년을 기념하는 집회에서, 2002년 10월 27일

남아프리카 젊은이들은 아파르트헤이트를 물리치는 데 아주 중요한 역사적 역할을 했다. 그들이 아파르트헤이트 국가의 막강한 힘에 저항하느라 젊음의 순수함을 희생하는 모습을 지켜보는 것은 무척 슬픈 일이었다. 하지만 슬프면서도, 우리나라 젊은이들의 용기와 헌신에 감탄하는 마음이 더 컸다.

— HIV·에이즈 청년 포럼, 남아프리카공화국 요하네스버그, 비트바테르스란트 대학교, 2003년 9월 22일

우리가 민주주의를 건설하고 확장하면서 해결해야 할 과제는 우리 젊은이들에게 우리가 어디서 왔는지, 억압의 족쇄를 깨부수기 위해 어떤 일을 했는지, 자유와 정의를 쟁취하기 위해 어떤 길을 걸어왔는지 확실하게 알려 주는 것이다.

— 넬슨 만델라 재단의 메모리 센터 출범식에서, 남아프리카공화국 요하네스버그, 2004년 9월 21일

오늘의 젊은이들에게 바라는 것이 있다. 자신의 운명을 스스로 개척하고, 밝은 미래로 나아가는 길을 밝혀 주는 별이 되도록 노력하라는 것이다.

— 넬슨 만델라 아동 기금 창립 기념식에서, 남아프리카공화국 요하네스버그, 프랑스 국제학교, 2008년 7월 9일

오늘날 우리 젊은이들이 보여 주는 지도력은 아직 희망이 남아 있다는 위안을 준다.

─ 같은 곳

시오니즘 Zionism

유대인 공동체가 집으로 여길 수 있는 자신의 조국, 자신의 국가를 요구하는 시오니즘이라면 나도 지지를 보내겠습니다. 그러나 유대인 공동체가 다른 나라의 영토를 빼앗아 차지하는 것을 의미하는 시오니즘이라면 반대합니다.

─ 리처드 스텡글과 나눈 대화에서, 1993년 1월 13일

· 감사의 말 ·
· Nelson Mandela By Himself ·

오랜 세월 충실한 삶을 살면서 주옥같은 말을 들려 준 넬슨 놀리랄라 만델라에게 고마움을 전한다. 그의 말은 우리에게 지혜를 빌려 주고 용기를 불러일으키며 따뜻함을 전해 준다. 만델라 가족의 끊임없는 지원 또한 고맙게 생각한다.

넬슨 만델라 메모리 센터는 넬슨 만델라의 생애와 시간과 유산과 관련된 작업에 발판을 마련해 주었고, 덕분에 본서와 같은 책들이 탄생할 수 있게 되었다. 이 점에서 넬슨 만델라 재단 이사장인 G. J. 거웰 교수와 넬슨 만델라 재단 이사회의 아메드 카트라다, 크리스 리벤버그, 아이린 메널, 칼레마 모틀란테, 푸티 음토바, 은자불로 은데벨레 교수, 맘펠라 람펠레 박사, 토코 세칼레, 넬슨 만델라 재단 최고 책임자 아흐마트 당고르에게 감사한다.

번 해리슨은 메모리 센터의 수장이며, 그의 지원 덕분에 이 책을 출판할 기회가 생겼다. 그리고 PQ 블랙웰 출판사의 제프 블랙웰과 루스 홉데이의 열정과 에너지가 없었다면 이 어록은 빛을 볼 수 없었을 것이다.

메모리 센터의 우리 팀원들인 리 데이비스, 보니스와 은야티, 루시아 라드셀더스, 자넬레 리바, 라지아 살레 역시 중요한 지원을 해주었다. 우리 동료들인 야세 고들로와 젤다 라 그란지, 토코 마부소, 빔라 나이두, 마레타 슬라버트도 소중한 도움을 주었다.

또한 아주 많은 시간 만델라와 인터뷰한 녹취 기록들(만델라의 자서전 『자유를 향한 머나먼 길』과 앤서니 샘슨의 공인 만델라 전기 『만델라 : 공인 전기』를 펴내는 과정에서 만들어졌다)을 제공해 준 아메드 카트라다와 리처드 스텡글, 그리고 남아프리카 국립 기록보관소에도 감사의 말을 전하고 싶다.

레이철 클레어, 세라 앤더슨, 조 가든, 헬렌 데머, 애넌트 싱과 닐레시 싱, P. R. 앤더슨 박사, 제니퍼 포그런드, 앤턴 스워트, 케리 해리스, 게일 버만, 존 배터스비, 찰스 빌라-비센치오 교수, 베아타 립먼에게도 고마움을 전한다.

만델라의 말과 유산을 정확하게 보존할 목적을 가진 모든 사람의 작업에도 감사드린다. 이 프로젝트와 관련해서 이마니 메디아, 세라 해프페니, 리처드 애킨슨, 브라이언 위들레이크에게 특별히 감사드린다.

연표

1918년	롤리랄라 만델라가 7월 18일에 트란스케이에 있는 음베조에서 노세케니 파니와 은코시 음파카니스와 가들라 만델라의 아들로 태어나다.
1925년	쿠누 마을 근처에 있는 초등학교에 들어가다. 교사가 만델라에게 '넬슨'이라는 이름을 주다.
1927년	아버지가 죽은 뒤 템부족 섭정 욘긴타바 달린디에보의 보살핌을 받게 되어, 대궁전에서 그와 함께 살러 가다.
1934년	전통적인 할례 의식을 치르고 성인이 되다. 엥코보 지역에 있는 클라크베리 기숙학교에 들어가다.
1937년	포트보포트에 있는 웨슬리교파 대학인 힐트타운 칼리지에 들어가다.
1939년	남아프리카에서 유일한 흑인 대학인, 앨리스에 있는 포트하레 대학교에 들어가다. 올리버 탐보를 만나다.
1940년	시위에 나섰다는 이유로 포트하레 대학교에서 제적당하다.
1941년	중매결혼을 피해 요하네스버그로 가다. 그곳에 있는 금광에서 야간 경비원으로 일할 자리를 얻다. 월터 시술루를 만나다. 그가 법률회사 '위트킨과 시델스키, 에이델만'에서 수습사원으로 일할 수 있게 해주다.
1942년	남아프리카 대학(UNISA) 통신 강좌로 문학사 학위를 따기 위해 계속 공부하다. 아프리카 민족회의(ANC) 모임에 비공식적으로 참여하기 시작하다.
1943년	문학사 학위를 받고 졸업한 뒤 법학사 학위를 받기 위해 비트바테르스란트 대학교에 들어가다.

1944년	ANC 청년 동맹(ANCYL)을 공동 창립하다. 에벌린 은토코 마세와 결혼해 템베킬레(1945~1969년), 마카지웨(1947년; 아홉 달 만에 죽다), 마카토(1950~2005년), 마카지웨(1954년) 이렇게 네 자녀를 두다.
1948년	ANCYL의 전국 서기로 선출되어 ANC 트란스발 전국 집행위원회에 참석하다.
1951년	ANCYL 의장으로 선출되다.
1952년	ANC 트란스발 지부장으로 선출되어 자동으로 ANC 부회장이 되다. 1952년 6월 26일에 시작된 불복종 운동의 대변인이자 전국에서 불복종 운동에 자발적으로 참여한 사람들의 대표가 되다. 여러 가지 일로 체포되어 며칠 동안 수감되다. 공산주의 활동 금지법으로 다른 19명과 함께 기소되어, 9개월 징역형에 2년 집행유예를 받다. 일련의 금지령 중 첫 번째 금지령이 내려져 모든 정치 활동이 금지되다. 올리버 탐보와 함께 '만델라와 탐보' 법률 회사를 만들어, 남아프리카 최초의 아프리카인 법률 회사가 탄생하다.
1953년	ANC가 장래 지하에서 움직일 수 있도록 M 계획을 세우다.
1955년	클립타운에서 열린 국민회의에서 자유 헌장이 채택되다. 만델라가 같이 금지령을 받은 동료들과 함께 근처 상점 지붕에서 몰래 그 과정을 지켜보다.
1956년	회의 동맹의 일원 155명과 함께 체포되어 반역죄로 기소되다. 4년 반 동안 재판이 계속되다.
1958년	에벌린 마세와 이혼하다. 놈자모 위니프레드 마디키젤라와 결혼해 딸 둘을 낳다. 제나니는 1959년에, 진드지스와는 1960년에 태어나다.
1960년	3월 21일에 샤프빌 학살 사건이 일어나자 정부에서 비상사태를 선포하고, 만델라가 구금되다. 4월 8일에 ANC와 범아프리카 회의(PAC)에 금지령이 내려지다.
1961년	1956년 반역죄 재판에서 마지막 30명이 무죄 선고를 받다. 나머지 기소된 사람들도 재판 중에 차례로 기소가 취하되다. 4월에 만델라가 지하로 들어가고, 피터마리츠버그에서 열린 전아프리카 회의에 기조 연설자로 나타나 전국 대회를 열어 남아프리카의 새로운 헌법을 만들자고 하다. 6월에 ANC의 군사 조직 움콘토 웨 시즈웨(MK)가 결성되어 만델라가 초대 총사령관이 되고, 12월 16일에 일련의 폭파 작전을 개시하다.
1962년	1월에 만델라가 군사훈련을 받고 ANC에 대한 지지를 모으기 위해 남아프리카를 떠나다. 보츠나와(그때는 베추아날란드)를 통해 떠났다가 7월에 다시 보츠나와를 통해 들어오다. 에티오피아와 모로코에서 군사훈련을 받다. 모두 합쳐 아프리카 12개국을 방문하고, 영국 런던에도 가 올리버 탐보와 함께 2주를 보내다. 8월 5일에 콰줄루나탈에 있는 호윅 근처에서 체포되어, 여권 없이 출국하고 노동자 파업을 선동한 죄로 11월 7일에 5년형을 선고받다.

1963년	만델라가 5월에 로벤 섬으로 이송되었다가 2주 뒤에 갑자기 프리토리아 중앙 교도소로 다시 이감되다. 7월 11일에 경찰이 리보니아에 있는 릴리프리스 농장을 급습해 MK 최고사령부에 있는 사람들을 거의 모두 체포하다. 10월에 훗날 리보이아 재판으로 알려진 재판에서 다른 9명과 함께 재판을 받다. 제임스 캔토는 기소가 취하되고, 러스티 번스타인은 무죄 선고를 받다.
1964년	6월에 만델라와 월터 시술루, 아메드 카트라다, 고반 음베키, 레이먼드 음라바, 데니스 골드버그, 앤드루 음랑게니, 일라이어스 모초알레디가 유죄 판결을 받고 종신형을 선고받다. 골드버그를 제외하고는 모두 프리토리아에서 형을 살다가 로벤 섬 교도소로 이감되다.
1968년	9월 24일에 만델라의 어머니가 세상을 떠나다. 어머니의 장례식에 참석하게 해달라는 만델라의 요청이 거부되다.
1969년	7월 13일에 만델라의 장남 마디바 템베킬레(템비)가 교통사고로 죽다. 만델라가 교도소 당국에 편지를 써 아들의 장례식에 참석하게 해달라고 했으나 무시되다.
1975년	몰래 자서전을 쓰기 시작하다. 시술루와 카트라다가 원고를 검토하고 의견을 말하다. 맥 마하라지와 랄루 치바가 그것을 아주 작은 글씨로 옮겨 쓰고, 치바가 그것을 마하라지의 공책 안에 숨기다. 마하라지가 1976년에 석방될 때 그것을 몰래 가지고 나가다.
1982년	만델라가 월터 시술루와 레이먼드 음라바, 앤드루 음랑게니와 함께 폴스무어 교도소로 이감되고, 나중에 카트라다도 그곳으로 이감되다. 독방동 꼭대기 층에 있는 큰 공동 감방을 함께 쓰다.
1984년	만델라의 조카이며 명목상 독립 국가(반투스탄)인 트란스케이의 대통령, K. D. 마탄지마가 트란스케이에 머무는 조건으로 석방되게 해주겠다고 했으나 거절하다.
1985년	폭력을 정치적 전략으로 쓰지 않겠다고 하면 풀어 주겠다는 P. W. 보타 대통령의 제안을 거절하다. 2월 10일에 이러한 내용의 성명서를 만델라의 딸 진드지가 소웨토에서 열린 대규모 집회에서 낭독하다. 11월에 폭스 병원에서 전립선 수술을 받다. 법무장관 코비 쿠시가 병원에 찾아오다. 교도소에 돌아가서는 동료들과 떨어져 혼자 수감되다. 정부와 ANC와 화해할 수 있는 조건을 놓고 정부 관료들과 서로 의견을 탐색하는 회담을 갖기 시작하다.
1988년	만델라의 70번째 생일을 축하하는 12시간 팝 콘서트가 런던에 있는 웸블리 경기장에서 열리고, 이것이 67개국에서 방송되다. 폐결핵에 걸려 타이거버그 병원에 입원해 치료를 받고, 콘스탄티아버그 병원에서 다시 치료를 받다. 12월에 퇴원하여 파를 근처에 있는 빅터버스터 교도소로 가다.
1989년	남아프리카 대학교를 통해 법학사 과정을 마치다.

1990년	2월 2일 ANC에 대한 금지령이 해제되다. 만델라가 2월 11일 교도소에서 풀려나다.
1991년	1960년에 ANC에 대한 금지령이 내려진 뒤 남아프리카에서 처음 열린 ANC 전국회의에서 ANC 의장에 선출되다.
1993년	F. W. 데클레르크 대통령과 함께 노벨 평화상을 수상하다.
1994년	4월 27일에 남아프리카에서 처음으로 민주적인 선거가 실시되어 만델라가 평생 처음 투표하다. 5월 9일에 민주 남아프리카공화국의 초대 대통령으로 선출되어, 5월 10일에 프리토리아에서 대통령 취임식을 하다. 그의 자서전『자유를 향한 머나먼 길(Long Walk to Freedom)』이 출판되다.
1996년	위니 만델라와 이혼하다.
1998년	80번째 생일에 그라사 마셸과 결혼하다.
1999년	대통령 임기를 마치고 퇴임하다.
2001년	전립선암 진단을 받다.
2004년	모든 공직에서 물러나겠다고 선언하다.
2005년	1월에 만델라의 둘째 아들 마카토가 죽다. 만델라가 아들이 에이즈 합병증으로 죽었다고 공표하다.
2006년	『만델라 : 공인된 초상화(Mandela : The Authorised Portrait)』가 출판되다.
2007년	손자 만들라 만델라가 음베조 전통 회의의 의장에 취임하는 것을 지켜보다.
2008년	90세가 되다. 새로운 세대에게 사회 정의를 위해 계속 싸워 달라고 하다.
2009년	UN에서 만델라의 생일인 7월 18일을 '세계 넬슨 만델라의 날'로 정하다.
2010년	6월에 증손녀 제나니 만델라가 교통사고로 죽다. 10월에『나 자신과의 대화(Conversations with Myself)』가 출판되다.
2011년	폐 감염으로 입원하다.
2012년	복부 병으로 입원하다. 대통령직에서 물러난 후 사용하던 집무실을 폐쇄하다. 94번째 생일을 축하하다.
2013년	폐감염증 재발로 몇 차례 입원하고 퇴원 후 자택치료를 받다. 12월 5일 자택에서 95세로 타계하다.

참고자료

도서

Daymond, MJ and Corinne Sandwith (eds), *Africa South : Viewpoints 1956~1961*, University of KwaZulu-Natal Press, Scottsville, 2011.

Mandela, Nelson, *Conversations with Myself*, Macmillan Publishers, London, 2010.

Mandela, Nelson, *Long Walk to Freedom*, Little, Brown and Company, London, 1994.

Meer, Fatima, *Higher than Hope*, Skotaville Publishers, Johannesburg, 1988.

Nelson Mandela Foundation, *A Prisoner in the Garden : Opening Nelson Mandela's Prison Archive*, Penguin, Johannesburg, 2005.

Nicol, Mike, *Mandela : The Authorised Portrait*, PQ Blackwell, Auckland, 2006.

Villa-Vicencio, Charles, *The Spirit of Freedom : South African Leaders on Religion and Politics*, University of California Press, Berkeley and Los Angeles, California, 2006.

다큐멘터리

Countdown to Freedom : Ten Days that Changed South Africa, directed by Danny Schecter, Globalvision, USA, 1994.

"Nelson Mandela", *Headliners and Legends*, MSNBC, USA, 2006.

The Last Mile : Mandela, Africa and Democracy, directed by Jennifer Pogrund, South Africa, 1991.

Legends : Nelson Mandela, directed by Walter Sucher, SWR, Germany, 2005.

Mandela at 90, directed by Clifford Bestall, Giant Media Productions, UK, 2008.

Mandela in America, directed by Danny Schecter, Globalvision, USA, 1990.

Mandela : Son of Africa, Father of a Nation, directed by Joe Menell and Angus Gibson, Clinica Estetico and Island Pictures, USA, 1996.

Mandela : The Living Legend, directed by Dominic Allan, BBC Television (UK), UK, 2003.

Nelson Mandela Life Story, Imani Media for the Nelson Mandela Foundation, South Africa, 2008.

A South African Love Story : Walter and Albertina, directed by Toni Strasburg, XOXA Productions and Quest Star Communication, South Africa, 2004.

Viva Madiba : A Hero for All Seasons, directed by Catherine Meyburgh and Danny Schecter (consulting director), Videovision Entertainment, South Africa, 2010.

웹사이트

www.nelsonmandela.org

넬슨 만델라
NELSON ROLIHLAHLA MANDELA

1918년 7월 18일에 남아프리카 트란스케이에서 태어났다. 1944년 아프리카 민족회의(ANC)에 들어간 후 1962년 8월 체포될 때까지 오랫동안, 집권당인 국민당의 아파르트헤이트 정책에 저항하는 운동에 매진했다. 27년 넘게 감옥에 갇혀 있었고, 그동안 반아파르트헤이트 운동을 상징하는 강력한 인물로서 그 명성이 점점 높아졌다. 1990년 2월 출소했으며, 1993년에 노벨 평화상을 수상하고, 1994년에 남아프리카공화국에서 민주적으로 선출된 첫 대통령으로 취임했다. 이후 발표한 자서전 『자유를 향한 머나먼 길(Long Walk to Freedom, 1994)』은 전 세계에서 600만 부 이상 팔린 베스트셀러가 되었고, 만델라 최후의 자서전 『나 자신과의 대화(Conversations with Myself, 2011)』 역시 국제 출판계의 일대 사건으로 관심을 모았다. 자와할랄 네루 상, 유네스코 시몬 볼리바르 국제상 등 지금까지 1,115회 이상 각종 상을 수상하는 영예를 안았다. UN 총회는 만델라의 생일인 7월 18일을 '세계 넬슨 만델라의 날'로 선포하고 그가 세계의 자유에 기여한 공을 치하했다.

옮긴이 **윤길순**

한국외국어대학교 영어과를 졸업했고, 출판사 편집장을 역임하는 등 출판계에서 오랫동안 일했다. 현재 전문번역가로 활동 중이며, 영미권의 뜻깊은 인문·사회·과학·예술 도서들을 우리말로 옮기는 데 매진하고 있다. 그동안 옮긴 책으로 『나 자신과의 대화』, 『건축은 왜 중요한가』, 『지구 위의 모든 역사』, 『제국의 탄생』, 『스탈린』, 『새 인문학 사전』, 『용병』, 『세상에서 가장 놀라운 생물들』, 『산파 일기』, 『내 영혼의 달콤한 자유』 등 다수가 있다.

Nelson Mandela By Himself
넬슨 만델라 어록

1판 1쇄 인쇄 2013년 12월 11일
1판 1쇄 발행 2013년 12월 18일

지은이 넬슨 만델라
옮긴이 윤길순

발행인 양원석
총편집인 이헌상
편집장 송명주
보조진행 박지예
교정교열 이영아
전산편집 김미선
해외저작권 황지현, 지소연
제작 문태일, 김수진
영업마케팅 김경만, 정재만, 곽희은, 임충진, 김민수, 장현기, 송기현, 우지연, 임우열, 정미진, 윤선미, 이선미, 최경민

펴낸 곳 ㈜알에이치코리아
주소 서울시 금천구 가산동 345-90 한라시그마밸리 20층
편집문의 02-6443-8850 **구입문의** 02-6443-8838
홈페이지 http://rhk.co.kr
등록 2004년 1월 15일 제2-3726호

ISBN 978-89-255-5122-7 (03840)

※ 이 책은 ㈜알에이치코리아가 저작권자와의 계약에 따라 발행한 것이므로
본사의 서면 허락 없이는 어떠한 형태나 수단으로도 이 책의 내용을 이용하지 못합니다.
※ 잘못된 책은 구입하신 서점에서 바꾸어 드립니다.
※ 책값은 뒤표지에 있습니다.

RHK 는 랜덤하우스코리아의 새 이름입니다.